新编21世纪金融学系列教材

金融风险管理

马 勇 编著

Financial Risk Management

中国人民大学出版社
· 北京 ·

内容简介

本教材系统介绍了金融风险管理的基本理论、主要方法及相关技术，同时结合国内外的实践做法和经典案例，深入浅出地对金融风险管理的核心要点和关键知识进行了讲解。与同类教材相比，本教材具有以下三个方面的主要特点：一是全面深入。本教材在对金融风险管理的一般理论、方法和实践进行系统介绍的基础上，逐一对主要的风险类型及其管理方法进行了细致、全面、深入的讲解，既包括微观层面各种风险的分析与管理，也包括宏观层面的系统性风险分析与管理。二是理论和实践相结合。全书撰写坚持理论和实践并重的原则，通过引入国内外的大量经典案例，加深读者对金融风险管理的现实理解，使读者能够在轻松愉悦的阅读过程中增强“代入感”，体验场景式阅读的乐趣。三是深入浅出和重点突破。本教材采用化繁为简、由浅入深的讲授方法，略去过于数学化、实际应用不多的纯数理模型，重点围绕基本理论、核心方法和关键技术进行讲解，使部分数理金融基础较为薄弱的学生也能循序渐进地掌握金融风险管理的主要理论和方法。本教材适用的读者范围广泛，不仅适用于金融、经济、管理等专业的高年级本科生和硕士生，也适用于MBA、EMBA学生。同时，对于金融相关行业的从业者以及金融监管部门的工作者，本教材也具有一定的参考价值。此外，本教材还可以作为金融风险管理师（FRM）备考人员的参考书。

作者简介

马　勇　经济学博士，现为中国人民大学财政金融学院教授、博士生导师；入选国家级人才计划，哈佛大学访问学者，中国金融学会理事，中国国际金融学会理事，国家社会科学基金重大项目首席专家，国家社会科学基金和自然科学基金项目评审专家。论文发表于《经济研究》《管理世界》《金融研究》《世界经济》《经济学（季刊）》以及 *Journal of Banking & Finance* 等国内外权威学术期刊上。主持和参与国家级、省部级重大课题10余项，出版著作7部，其中2部已被译为英文在国际上出版。相关著作入选《国家哲学社会科学成果文库》，并曾获黄达蒙代尔经济学奖、北京市哲学社会科学优秀成果奖一等奖、和讯华文年度15大财经图书奖、中国金融图书“金羊奖”等重要奖项。

序言

无论是从微观角度，还是从宏观角度，金融风险都是金融学理论和实践需要面对和处理的核心问题之一：从微观角度，资产定价理论是整个微观金融学的基础，而这一基础是围绕风险与收益的权衡关系建立的；从宏观角度，金融体系要实现其基本功能，必须在稳定性和效率性之间维持一种合理的平衡，这使得风险的防范和控制“当仁不让”地成为宏观金融理论的两大基本支柱之一。因此，无论是从宏观还是微观的角度，理解金融风险和管理好金融风险都成为所有金融理论和实践工作者必须掌握的基本技能。

尽管在金融学的学科体系中，金融风险管理这门课程具有基础性的重要地位，但在教学实践中，如何讲授好这门课程却一直是一个难题：金融风险存在于几乎所有的金融机构和金融活动之中，以至于究竟从什么点切入，才能在有限的篇幅和课程量之内言简意赅而又不失要旨和精髓地为学习者提供一个可靠的知识基础，成为一个棘手的问题。对这一问题的思考和回答，也成了本教材的写作初衷和整体定位所在。特别是，在大部分教材“越写越厚”“越写越难”的情况下，如何在去粗取精的过程中做好“减法”，给教材“瘦身”和“提质”，成为我长期以来重点考虑的问题之一。

对上述问题的持续思考和探索，最终形成了本教材的如下定位：围绕基础理论、基本模型和基础实践，简明扼要地为初学者提供一个易于掌握、理解和应用的教程。为此，相关教学内容旨在使学生能够比较全面系统地理解金融风险的相关现象和成因，并能运用一些常见的数理模型和方法，对金融风险进行初步的定量分析和判断。根据过往的教学经验，由于大部分初学者难以“一步到位”地掌握复杂的数理模型，因此，本教材在写作过程中对此类模型进行了分层处理：正文主要讲述模型的思想、方法和逻辑，而比较数理化的推导过程则放在专栏和拓展阅读中予以介绍，以供学有余力和有兴趣的读者参考。

在具体内容的安排上，本教材首先从整体上扼要介绍了金融风险及其管理的基本理论和框架；其次，按照人们对金融风险类型的常见认识顺序，分章依次讲述了信用风险、市场风险、操作风险、流动性风险以及其他金融风险（国家风险、声誉风险、合规风险、战略风险）的特征、机理、影响和管理方法。这一金融风险的分类和写作顺序，是与三代《巴塞尔协议》对金融风险的定位和演进一致的。这种分类和结构安排既提供了一个帮助读者认识和理解金融风险的简明框架，同时也有助于读者在学习过程中将一般性理论与现实实践（以《巴塞尔协议》和中国政策当局的监管要求为代表）自然而然地融合和衔接在一起。

在教学安排方面，由于不同类型的金融风险在实践中的重要性存在差异，同时金融学理论和实践对不同类型金融风险的认识目前也处在不同的阶段，因此，各章的容量和教学时长难以强求一致。综合考虑本教材的全部十章内容，按照常见的18周（次）课程考虑，一个可供参考的教学时间安排为：第1～3章，各安排1次课；第4～10章，各安排2次课；剩下的1次课可作机动安排。当然，上述安排不是绝对的，授课教师完全可以根据课程对象和自身课程定位的不同，进行教学内容的调整取舍和详略判断，并据以分配相应的课时。

本教材的编写自始至终都是在与中国人民大学出版社的相关编辑老师进行充分沟通的基础上进行的，因此，本书的高质量出版毫无疑问地凝聚着他们在选题、编辑、校对和出版过程中的大量心血和付出，在此表示真诚的感谢。同时，本教材的写作还受益于在教学实践中与来自不同方面学生的长期互动讨论与教学相长。此外，中国人民大学财政金融学院的梁佳琛和程春花两位同志分别参与编写了本教材第1～2章和第9章的部分内容，在此一并致谢。

目录

第1章

金融风险概述

本章要点

1. 金融风险的定义；
2. 金融风险的类型；
3. 金融风险的特点；
4. 金融风险的影响。

背景材料

自2007年美国次贷危机爆发以来，全球范围内金融机构的巨额损失就不断涌现，次贷危机波及之广、影响之深为人们所始料未及。进入2008年以后，美国银行业倒闭危机频现，在恐慌情绪呈弥漫态势之下，次贷危机引致的又一轮金融危机正在逐渐显露并在整个银行体系内扩散。

截至2008年9月5日，美国已先后有11家银行倒闭，银行破产倒闭频率已经创下了近14年之最。不良贷款比重上升、资产流失、资本不足、收益下降是这些银行倒闭的共同原因。

据统计，2004年初至2007年中期，美国七大投行的获利高达2 540亿美元；但2007年7月以来，美林、高盛、摩根大通、雷曼兄弟、摩根士丹利、美国银行、花旗等七家公司已累计冲销资产总额约1 285亿美元，表明这些大投行前几年风光时期累积的庞大获利，已有一半在最近一年内泡汤。

美国银行业监管部门——联邦存款保险公司主席希拉·贝尔（Sheila Bair）警告称，未来一段时间内，还将有更多美国银行可能面临破产危险。在美国大约8 500家银行中，截至2008年6月30日，列入“有问题名单”的银行数量已经达到117家，比第一季度的90家大幅上升30%，这已是2003年中期以来的最高值。随着时间的推移，这一名单的数量还在继续扩大。

根据联邦存款保险公司的历史数据，在进入“有问题名单”的银行中，约有13%会最终破产，其他大部分银行将能最终通过各种手段渡过难关，或被其他机构收购。而市场估计较这一历史数据更为悲观。有分析认为，由于曾经集中在次级贷款上的损失扩散到了其他曾被认为是安全的住房贷款和债务上，未来三年美国最多可能会有300家银行倒闭，而其他国家的银行也将受到波及。

受次贷危机的影响，欧美国家几乎所有企业活动领域的交易存量都在缩减，这意味着投行市场的主流领域都要受损，大幅裁员在所难免。投资银行业在美国和欧洲的雇员人数约为 1 200 万人，自 2007 年夏季次贷危机爆发以来，已有大约 15 万个职位被裁撤。为削减成本，华尔街 2008 年下半年将展开新一轮大规模的裁员，全年裁员比率在 15%左右。预计欧洲投行的裁员比率为 10%，将集中在伦敦金融城与其他欧洲金融中心。

资料来源：以上材料根据互联网公开信息综合编撰。

1.1 金融风险的定义与类型

1.1.1 金融风险的定义

在社会经济生活中，风险是一个非常常见和使用十分普遍的概念。比如，对于企业而言，存在由于成本上升、销售收入下降等因素而导致经营损失的风险；对于股票投资者而言，存在由于股票价格不利变动而导致资产价值下降的风险；对于债券投资者而言，存在由于债务人财务状况恶化而违约的风险；等等。

由于出发点和认识上的不同，可以从多个不同的角度对风险进行定义，比如：(1) 将事件本身存在的不确定性视为风险；(2) 将未来结果的变动可能性视为风险；(3) 将各种可能出现的结果中的不利结果视为风险；(4) 将不利结果的可能性及不利程度视为风险；(5) 将各种可能结果之间的差异本身视为风险；(6) 以客观实际结果为参照对象，将主观预期结果与实际结果的差距视为风险；(7) 以主观预期结果为参照对象，将未来结果与主观预期结果的差距视为风险。

在经济学中，常用的风险定义是未来结果的不确定性或波动性，如未来收益、资产或债务价值的波动性或不确定性，具体可以从广义和狭义两个角度予以理解。从广义角度，风险泛指结果的不确定性，即在一定的条件和时间内各种可能结果的变动程度，变动程度越大，风险越高；从狭义角度，风险指的是损失发生的可能性，既包括损失发生的概率，也包括损失的大小或程度。显而易见，与广义的风险定义相比，狭义的风险定义强调风险的负面影响，而弱化了风险所可能带来的潜在收益。

在理解风险这一概念时，明确其与不确定性之间的区别和联系非常重要。1921 年，美国经济学家富兰克·奈特（Frank Knight）在其名著《风险、不确定性及利润》中，对风险和不确定性的定义及其关系进行了系统阐释。奈特认为，不确定性（uncertainty）是经济主体所面对的影响经济活动的各种无法预知的因素，是造成现实市场和理论上的完美市场之间差异的主要原因，其中，不可以度量的不确定性是纯粹的不确定性，即人们无法预知的将来事件；而风险（risk）则主要是指可以度量的不确定性，即人们可以确定其概率分布的不确定性，它是一个二维概念，包括损失出现的概率和损失的大小（取决于不确定性的大小以及收益函数的性质）。因此，是否可以度量是区分不确定性和风险的一个重要标准。

在理解风险定义的基础上，就可以基于风险的一般共性和金融活动的特性，相应地对金融风险进行定义。具体而言，从狭义角度，金融风险主要是指在一定的条件和时间内，由各种经济金融变量的不确定性因素所导致的经济主体遭受损失的可能性及大小；从广义角度，金融风险泛指金融活动结果的不确定性，这种结果的不确定性在经济上既可以体现为损失，也可以体现为收益。在现实中，当我们谈及金融风险时，通常是指其狭义角度的定义。

1.1.2　金融风险的内涵

金融作为现代经济的核心，其风险对经济金融活动具有广泛影响。在掌握金融风险定义的基础上，进一步探究金融风险的内涵，有助于我们更好地认识金融风险。

（一）金融风险内含于金融活动之中

参与金融活动的每一个经济主体，包括居民、企业、金融机构和政府等，都会面临相应的金融风险。金融风险作为金融活动的一种内在属性，自然地包含、融于和演化于金融活动之中。

首先，与自然风险、技术风险不同的是，金融风险产生于金融活动的进行。例如，火灾的发生会给一家上市公司造成严重的损失，并且会引起其股价的下跌；但发生火灾只是一种自然风险，本身并不属于金融风险。

其次，金融风险蕴含在具体事件的发展中，如果没有这些具体事件，就不存在金融风险。例如，如果银行不发放贷款，那么也就不存在企业债务违约的风险；又如，在国际金融市场上，汇率的频繁变动会带来风险，但是对于一个并不持有外汇和不进行相关交易的金融主体而言，汇率变动不会给其带来损益，也就不存在汇率风险。

最后，金融风险是金融市场的内在推动与制约力量。金融市场客观存在着大量的金融风险，一方面可以促进金融市场的参与者提高风险管理效率，增强金融市场发展的活力；另一方面，金融风险所导致的严重后果能够在一定程度上警示和约束金融市场参与者的过度冒险行为。

（二）金融风险与损失之间的关系

金融风险可能会导致损失。对于金融活动来说，存在损失的可能性即存在金融风险。但值得注意的是，金融风险并不能简单地等同于经济损失：一是金融风险既可能导致损失，也可能带来盈利，比如当投资者买进股票后，既存在股价下跌从而产生损失的可能性，但也存在股价上涨从而获得收益的可能性；二是金融风险是一种指向未来的可能性，是一个事前的概念，而损失则通常指已经发生的事实和结果，是一个事后的概念，比如，金融危机一旦发生，就应该被视为金融风险实现的一种结果和表现，而非金融风险本身。

从理论上看，金融风险导致损失存在以下三种常见情形：（1）直接损失，比如股价下降给股票投资者带来本金或收益的损失，一般而言，金融风险可能导致的直接损失越大，风险也就越大；（2）相对损失，当一笔投资的收益未来存在多个可能性时，获得较低的收益与获得较高的收益相比就是一种相对意义上的损失（机会成本），在这种情况下，未来面临的结果越多，结果之间的收益差异越大，相应的风险也就越大；（3）其他各种潜在或关联的损失，比如，金融机构缺乏流动性会导致其融资成本上升，从而降低其收益和影响其业务经营，严重时可能导致声誉损失和股价崩溃。

总体而言，在理解和使用金融风险概念时，尽管风险与损失联系密切，但也要注意避免将风险与损失相互混淆。风险通常采用损失的可能性以及潜在的损失规模来计量，但风险绝不等同于损失本身。从本质上看，损失是一个事后概念，反映的是风险事件发生后造成的实际结果；而风险是一个明确的事前概念，反映损失发生前的不确定状态，可以采用概率和统计方法计算出风险发生的可能性及损失规模。在一般情况下，损失可以分为预期损失、非预期损失和极端损失。

预期损失（expected loss）是指银行承担的风险在未来一段时间内可能造成损失的均值，与数理统计中的期望概念相对应。实践中，一般以历史上的平均损失为依据对未来的平均损失进行预测。

非预期损失（unexpected loss）是指在未来一段时间内，一定置信度（如 99.9%）下，银行承担的超出预期损失的损失部分。银行一般根据历史损失数据或采用计算机模拟方法，建立内部模型，构造损失分布图，并根据银行的风险偏好设定置信度，从而确定非预期损失。银行的风险偏好越谨慎，相应置信度越大，所确定的非预期损失就越高。

极端损失（extreme loss）是指战争、重大灾难等异常情况导致的、银行一般无法预见的损失，也叫不可抗拒力造成的损失。如“9·11”恐怖事件这类事件发生的概率虽极低，但“小而致命”，造成的损失可能非常大。国际上很多银行倒闭都是因为小概率事件引起的极端损失而造成的。由于极端损失的偶发性特征，银行不可能也不需要为极端损失准备巨额的资本，或在具体交易中分摊巨额的成本。

关于预期损失、非预期损失和极端损失之间的差异，图 1－1 给出了一个示例性的说明，而专栏 1－1 则给出了一些直观的例子。

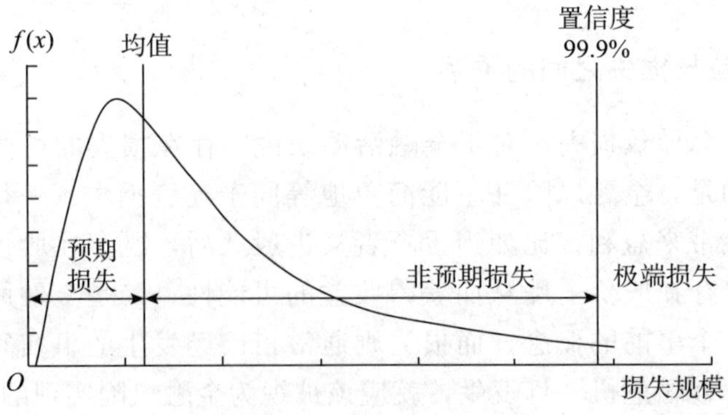

图 1－1　风险损失分布图

专栏1-1

预期损失、非预期损失与极端损失

预期损失是损失的长期平均值。举例来说，小刚距离单位有8公里远，小刚上班在路上所用的时间平均为30分钟，这30分钟可以理解为预期损失。

非预期损失是指在一定可靠程度下，最大损失超过预期损失的部分。在过去的1 000天中，小刚有990天上班所花时间没有超过50分钟，那么这20（=50—30）分钟可以理解为99%可靠程度（置信水平）下的非预期损失，即小刚上班时间用时超过50分钟的可能性仅有1%。因此，小刚提前50分钟出门，则在99%的情况下不迟到；若想进一步降低不迟到的可能性，需要更早时间出门。

极端损失发生的可能性很小，但损失的金额极大。在过去的1 000天中，小刚有2天上班所花时间超过了90分钟，这可能是由于遇到了车祸、道路管制等，这种情况发生的可能性很小（仅有0.2%），多耗时40（=90—50）分钟可理解为极端损失。

（三）金融风险的构成要素

从构成要素的角度，金融风险可分解为金融风险因素、金融风险事故和金融风险结果。

金融风险因素是金融风险形成的必要条件，是金融风险产生和存在的前提。金融风险事故只有在一定的客观条件下通过一定的诱因才能发生，这些导致金融风险事故的客观条件和诱因就是金融风险因素。

金融风险因素的不断积累会引发金融风险事故，后者是导致金融风险结果的直接原因。金融风险事故将金融风险发生的可能性变为现实，是连接金融风险因素和金融风险结果的事件载体，同时也在很大程度上决定着金融风险的性质和程度。比如，股价的上下波动会对投资者产生有利或不利的风险结果，同时也决定着其损益的大小。

金融风险结果是金融风险事故给经济主体带来的直接影响。这种影响一般表现为实际收益与预期收益之间的差异，或者实际成本与预期成本之间的偏离，而这些差异和偏离会给相关经济主体造成非预期和非意愿的经济损益。

概要言之，金融风险因素、金融风险事故和金融风险结果三者之间的关系为：金融风险因素的积聚会引发金融风险事故，而金融风险事故的发生会导致金融风险结果。从这个角度，金融风险也可以理解为：在一定时期内，以相应的金融风险因素为前提（必要条件），以相应的金融风险事故为载体（充分条件），给经济主体造成金融风险结果的可能性。

1.1.3 金融风险的类型

按照不同的标准，金融风险可以划分为不同的种类。

(一)按照金融风险的表现形式分类

1. 信用风险

信用风险(credit risk)又称违约风险,是最为古老和最广为人知的一种金融风险。具体而言,信用风险是指交易一方(如借款人)由于种种原因而未能履行合同义务(违约),从而给交易对方造成经济损失的可能性。

信用是商品经济发展到一定阶段的产物,现代信用根据不同的主体可以分为以赊销商品和预付账款等形式出现的商业信用,以金融机构为媒介、以货币资金为借贷对象等形式出现的银行信用,以及以国家为债务主体的国家信用。从信用等级上来看,国家信用的风险最小,银行信用次之,商业信用的风险通常最大。

信用风险的影响因素包括主观和客观两个方面。其中,主观因素是指债务人缺乏还款意愿(不想还或故意不还),一般由债务人的品质和能力等因素决定;而客观因素主要是指债务人没有还款能力,通常由债务人的财务状况、再融资能力等因素决定。

2. 市场风险

市场风险(market risk),指的是由于金融市场变量的变动而给金融机构交易头寸带来盈利或损失的不确定性。金融市场变量也称市场风险因子(market risk factor),主要包括利率、汇率、证券价格和金融衍生品价格等。因此,市场风险也被称为价格风险。

根据不同的市场风险因子,市场风险可分为利率风险、汇率风险、证券价格风险、商品风险、通货膨胀风险等。

(1)利率风险。

利率风险(interest rate risk)是指由于利率水平变动的不确定性而给经济主体造成损失的可能性。利率是资金的价格,受到宏观经济状况、货币政策、物价水平、证券市场形势、投资者预期及国际经济形势等多种因素的影响。

利率风险会导致现金流的不确定,从而导致收益和损失的不确定。例如,按固定利率收取利息的投资者在市场利率上升时,其实际收取的利息要少于按市场利率收取的利息;利率风险还会给金融资产的市场价值带来不确定性,从而导致损益的不确定,比如,根据资产定价原理,利率上升会导致证券价格下降,从而使得预期收益减少。此外,利率风险也会影响金融机构的经营环境。比如,利率的变动会引起金融机构资金来源(如存款)和运用(如贷款)的不确定性,从而给金融机构带来资产负债不匹配的风险。

(2)汇率风险。

汇率风险(exchange rate risk)也称外汇风险,是指在不同货币的兑换或折算中,由于汇率波动的不确定性而给经济主体造成损失的可能性。汇率风险一般受到国际收支及外汇储备、利率、通货膨胀、政治形势等因素的影响。根据作用对象和表现形式的不同,汇率风险可分为交易风险、折算风险和经济风险等基本类型。

交易风险指的是经济主体在交割、清算对外债权债务时,由于汇率的波动而导致现金流量的价值变化,从而使得经济主体遭受损失的可能性。作为一种常见的汇率风险,交易风险常出现在进出口贸易、对外直接投资、外汇买卖等具体情形中。

折算风险指的是由于汇率波动的不确定性而引起涉外企业的会计科目中以外币记账的科目的账面价值的损益的可能性。通常情况下，如果一个企业在两个或两个以上的国家或地区设有分支机构，并且在合并母子公司的财务报表时，需要把子公司所在地的货币换算为统一的基准货币，那么在进行汇率换算时，就会发生由汇率变动所导致的账面价值变化。

经济风险指的是汇率的变动影响国家的经济环境和企业的经营活动，从而给经济主体带来损失的可能性。比如，汇率的变化会导致企业在海外市场的竞争力上升或下降，进而影响其销售量，最终对企业的收入和利润产生影响。

（3）证券价格风险。

证券价格风险（security price risk）指的是由于证券价格变动的不确定性而给经济主体造成损失的可能性。以股票为例，投资者购买股票时所投入的金额是确定的，但在未来获得的收益却具有不确定性，因为在这段时间中，股票价格受各种因素的影响，其变动具有不确定性，从而导致投资者的损益变化也具有不确定性。

（4）商品风险。

商品风险（commodity risk）是指由于大宗商品（包括农产品、金属和能源产品）契约价格变动的不确定性而给经济主体造成损失的可能性。与金融产品不同，商品交易的合约一般需要设定交割的形式和地点，在交易过程中会产生运输、储蓄、保险等费用，因此，时间、交割地点、交割登记等方面的错配是影响商品风险敞口的重要因素。

（5）通货膨胀风险。

通货膨胀风险（inflation risk）又称购买力风险，主要是指由于物价水平波动的不确定性而给经济主体造成损失的可能性。通货膨胀会导致单位货币的购买力下降，还会引发实际收益率的变化（由于实际利率等于名义利率与通货膨胀率之差，因此，在名义利率一定的情况下，通货膨胀率上升将导致实际利率下降），最终对居民的消费、储蓄以及企业的投资、生产经营等产生影响。

3. 操作风险

操作风险（operational risk）是指由信息系统或内部控制的缺陷所导致的风险，常见原因包括人为失误、电脑故障、工作程序或流程不当等。相较于其他风险，操作风险多由内部因素引发，广泛存在于金融机构的经营管理中，具有较强的人为性。

操作风险主要产生于两个方面：一是技术层面，即信息系统、风险测量和识别系统不完善，技术人员违规操作等；二是组织层面，包括内部管理机制不完善、组织机构不科学、相关的法律法规不健全等。

4. 流动性风险

流动性风险（liquidity risk）是指由于资产流动性的不确定性而给经济主体造成损失的可能性。

关于流动性，一般有两种含义：一是金融资产在金融市场上的变现能力，即金融资产转换为现金的难易程度，通常用密度、深度、弹性等概念来刻画；二是金融机构或企业满足资金流动需要的能力，即金融机构（企业）能够以合理的价格将其资产出售，或者以合理的利率借入资金，以满足其对外支付需要的能力。

与上述两种含义相对应，流动性风险也可以相应划分为以下两类：一是相关交易无法及时以合理的价格成交而造成损失的可能性；二是金融机构或企业的现金流不足，但同时又没有能力以合理的价格（利率）筹集到所需资金而造成损失的可能性。

在现实中，导致流动性风险的原因主要有经济主体的资产负债不匹配、其他风险（如市场风险、信用风险、操作风险等）的间接影响、中央银行的货币政策调整等。流动性风险往往被视为一种综合性的风险，可能由其他风险引发，比如，当金融机构由于贷款出现大量坏账而面临破产，无法满足客户的提现需求时，就出现了由信用风险所引发的流动性风险。

5. 国家风险

国家风险（country risk）是指在国际经济金融活动中，由于国家政治、经济、社会等方面的重大变化而给经济主体造成损失的可能性。

国家风险按其成因，可分为由一国国内经济因素的不确定性所引起的经济风险，以及由一国政治环境或国际关系等因素的不确定性所引起的政治风险。国家风险的影响范围非常广泛，涉及居民、企业、金融机构和政府等。

6. 声誉风险

声誉风险（reputation risk）是指由于声誉事件的发生，社会对金融机构的评价降低，从而给金融机构造成损失的可能性。声誉事件是指导致商业银行声誉受损的相关行为或事件。声誉事件的发生，不仅会对金融机构的信誉造成直接损害，而且会给金融机构的运营和股价等带来较大影响，严重时甚至会危及金融机构的生存和发展。

在现实中，导致声誉风险的原因非常多，既有可能是单一风险因素作用的结果，也有可能是多种因素共同作用的结果。常见的导致声誉风险的因素主要包括公众投诉、民事诉讼、金融犯罪、监管处罚、评级下降和市场传言等。在多元化的新媒体时代，各类负面案件和风险事件的发生极易被媒体炒作和放大，从而给相关金融机构带来严重的声誉风险。

7. 合规风险

合规风险（compliance risk）是指金融机构因未能遵循法律法规、监管要求、行业规则、道德准则等而遭受法律制裁或监管处罚，引发重大财务损失或声誉损失的风险。合规风险中的“合规”可细分为三个层次：（1）规制，即遵守所在国的相关法律法规和行业准则；（2）规则，即遵守公司内部的规章制度，包括企业价值观、商业行为准则；（3）规范，即遵守公司内部的规范流程，包括职业道德规范。在这三个层次中，遵守法律法规及行业准则一般被视为必须满足的硬性要求。

过去，金融机构常把合规风险视同操作风险，但这并不准确。虽然大量的操作风险主要表现在操作环节和操作人员身上，但其背后往往潜藏着操作环节的不合理以及操作人员的守法守规意识缺乏。合规风险在绝大多数情况下发端于金融机构的制度决策层面和各级管理人员身上，往往带有制度缺陷和上层色彩。因此，金融机构即使防范了人员操作风险的发生，也未必能防范制度或管理上合规风险的发生。

8. 战略风险

战略风险（strategic risk）是指金融机构在追求短期商业目的和长期发展目标的过程中，因不适当的发展规划和战略决策而造成损失的风险。美国货币监理署（OCC）认为，战略风险是指经营决策错误，或决策执行不当，或对行业变化束手无策，而对商业银行的收益或资本形成现实和长远的不利影响。

战略风险主要体现在以下四个方面：一是战略目标缺乏整体兼容性，二是为实现这些目标而制定的经营战略存在缺陷，三是为实现目标所需要的资源匮乏，四是整个战略实施过程的质量难以保证。与声誉风险相似，战略风险也是一种多维风险，并且与其他主要类型的风险存在密切关联和相互作用的关系。

9. 其他风险

对于金融机构而言，除了上述八类主要的金融风险外，还包括以下角度的风险类型划分：

（1）法律风险（legal risk），是指经济主体没有适当地履行法律法规和条例规章所规定的职责，或者没有正确实施法律条款而可能遭受法律制裁或监管处罚、财务损失或声誉损失的风险，包括所签订的合约具有可执行性方面的问题，以及经济主体因违约、侵权等事由被提起诉讼或申请仲裁，依法承担法律责任等方面的内容。

（2）政策风险（policy risk），是指由于国家政策变动的不确定性而给经济主体造成损失的可能性。一国的货币政策、财政政策、汇率政策等要在不同时期根据不同的情况加以调整，以起到调节宏观经济的作用，这可能会给金融活动的参与者带来影响，这种影响既可能是正面的，也可能是负面的。

（3）技术风险（technical risk），是指在金融活动中由电子信息系统的技术和管理而引发的网络金融风险给经济主体造成损失的可能性。

（二）按照金融风险的性质分类

金融风险按照其影响的范围、性质以及是否可以通过分散化予以降低，可以分为系统风险和非系统风险。

1. 系统风险

在微观金融学的资产定价理论中，系统风险（systematic risk）与非系统风险（non-systematic risk）是一组相对应的概念。其中，系统风险又称市场风险或不可分散风险（non-diversifiable risk），是指与整个证券市场波动相联系的风险，由于它会对市场中所有证券的价格产生普遍性的影响，因此，无法通过分散化策略（构建包含多个证券的投资组合）予以消除或降低。系统风险虽然不能通过分散化消除，但可以通过风险对冲进行管理。

在现实中，系统风险是由多个方面的共同因素引起的。其中，经济方面的因素有利率、汇率、通货膨胀、经济政策、经济周期循环等；政治方面的因素有战争冲突、社会动荡、政权更迭、政治（选举）周期等；自然和社会方面的因素有灾难事件、气候变化、制度改革、社会危机事件等。由于系统风险是个别企业或行业所不能控制的，会影响绝大多数企业的运营，因此其在证券市场的直接表现之一就是大量公司股价下跌所导致的股价指数下降。

2. 非系统风险

与系统风险相对应的非系统风险，也是微观金融学的资产定价理论中的一个特定概念，又称非市场风险（non-market risk）、特质风险（idiosyncratic risk）或可分散风险（diversifiable risk）。非系统风险是指仅对证券市场中的个别或少数特定企业及其股价产生影响，而不会对市场中的大部分企业及其股价产生影响的风险。

非系统风险一般是由与个体企业相关的特殊因素所引起的，如企业的经营管理、财务状况、市场销售、重大投资决策等。由于非系统风险属于个体风险（特定公司的风险），主要是由个别人、个别企业或个别行业等可控因素带来的，因此，此类风险对证券市场中的绝大部分证券并无影响，因而可以通过有效的分散化投资策略降低此类风险（见图1-2）。

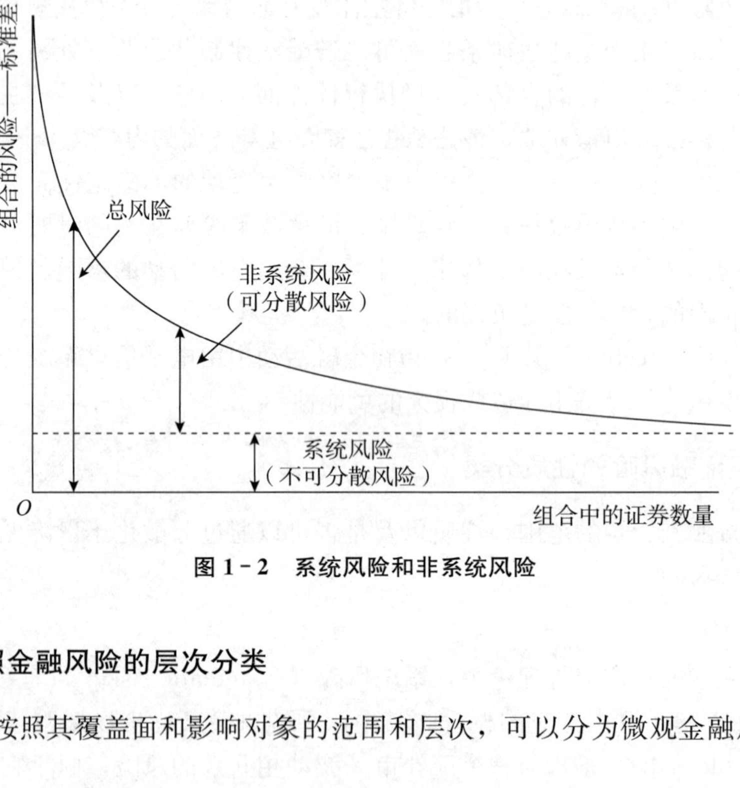

图1-2　系统风险和非系统风险

（三）按照金融风险的层次分类

金融风险按照其覆盖面和影响对象的范围和层次，可以分为微观金融风险和宏观金融风险。

1. 微观金融风险

微观金融风险是指金融体系中的微观金融主体在参与金融活动的过程中，由于各种不确定性因素的影响而导致损失的可能性。其中，微观金融主体既包括商业银行、证券公司、保险公司、基金公司、信托公司等个体金融机构，也包括进行股票、债券、保险、基金等金融产品投资或交易的个体投资者。

在微观层面上，金融风险所造成的后果主要有微观主体收益下降、损失增加、资产缩水等，严重时可能导致相关微观主体的重组、合并、破产清算和倒闭等。市场主体进行风险控制的主要对象是自身的微观金融风险；而对影响整个金融体系的宏观金融风险的控制，则主要由政府的相关政策部门（如中央银行、监管部门等）负责。

2. 宏观金融风险

宏观金融风险是指对一个国家的金融体系造成整体性、普遍性和大面积影响的风险，其结果是金融体系的功能丧失或紊乱，严重时可能导致金融危机。从广义角度，任何可能对一国的金融体系的整体稳定性产生影响的风险，不论其来源是经济、政治、社会、自然还是文化的因素，都可以被视为宏观金融风险。

从狭义角度，宏观金融风险主要是指系统性风险（systemic risk），即金融体系由于遭受了普遍的大规模冲击而无法持续有效运转的可能性，这种冲击常常表现为相当多数量金融机构的倒闭和支付困难、金融市场的崩溃和价格信号失灵、货币的大幅贬值和资本外逃、金融市场恐慌情绪蔓延等。冲击的具体来源可以是任何一个源自金融体系内部或者外部的随机事件，但这种冲击得以实现的基础却是长期在金融体系中滞留和酝酿的内在风险的集中爆发。

值得注意的是，系统性风险区别于前文所讲的系统风险，后者是微观金融学的资产定价理论中的一个特定概念，主要强调的是微观主体所承担的来自外界的同质性风险，在资产定价理论中具体表现为个体证券与证券市场整体运行（股价指数）的关联性。简言之，系统风险主要立足于微观主体所受到的影响，而系统性风险则主要立足于金融体系所受到的影响。

不过，系统性风险与系统风险也存在联系：系统性风险事件往往会导致引发企业股价普遍下跌的系统风险。关于系统性风险和系统风险之间差别的进一步阐释，可参考专栏1-2。

专栏1-2

系统性风险和系统风险

系统性风险常常与系统风险相混淆。在金融领域中，所谓系统性风险，是指整个金融体系出现普遍的不稳定或大面积崩溃的风险。这种普遍的不稳定或崩溃会导致金融体系活动的中断或异常，从而导致金融体系的功能丧失或严重失调。一般而言，系统性风险的产生和积累需要一段较长的时间，而金融危机的爆发则具有一定的偶然性，一般是系统性风险积累到一定程度同时又遭受外部冲击引发的。

系统风险又称市场风险或不可分散风险，是指那些对市场上的所有企业同时产生影响的风险。从成因上看，系统风险是由企业自身因素之外（即其自身无法控制）的原因所引起的，如战争、自然灾害、经济周期、通货膨胀、政权更迭、社会动荡、宏观政策调整等。系统风险在本质上是与所谓特质风险相对应的一个概念：系统风险无法通过系统内的投资分散化予以消除，而特质风险却可以通过投资分散化予以降低或通过充分的投资分散化予以消除。

最后，需要特别指出的是，国内对“systemic risk”和“systematic risk”这两个词的翻译目前并不统一，也有将“systemic risk”译为“系统风险”而把“systematic risk”译为“系统性风险”的。不过，语言习惯只是形式，在约定俗成的用词形成之前，关键是明确概念所适用的场景。

资料来源：马勇. 中央银行学. 北京：中国人民大学出版社，2020.

3. 微观金融风险和宏观金融风险的联系与区别

微观金融风险与宏观金融风险有广泛的联系。具体而言，宏观金融风险可从微观金融风险转化而来：一是众多金融机构遭遇大规模损失，到达破产边缘，以至整个金融体系都面临崩溃；二是由重要金融机构破产所引发的多米诺骨牌效应，即一个金融机构的破产可能会经过债务关系链传导或者预期的影响，导致更广泛的挤兑风潮，最终引发金融市场的恐慌和金融机构的大规模倒闭危机。

但与此同时，微观金融风险与宏观金融风险也在主体、成因、影响及风险管理方法等方面存在明显的区别。具体而言，微观金融风险的承担主体主要是金融机构和个体投资者，而宏观金融风险的承担主体则是国家或社会大众；微观金融风险由于属于个体风险，因此主要由相关金融主体来防范与化解，其风险后果一般不具有连带性，而宏观金融风险则属于公共风险，因而主要由政府来防范与化解，其风险后果往往具有普遍性、连带性和外溢性，最终会对整个经济和金融体系产生冲击。

1.2 金融风险的主要特点

1.2.1 金融风险的一般特性

（一）普遍性

金融风险普遍存在于金融体系之中，在整个金融活动过程中无时不有、无处不在。由于金融活动不仅存在于生产和流通领域，还存在于分配和消费领域，金融风险的影响范围会自然覆盖社会再生产的所有环节，即在社会经济的每一个具体行业、每一个经营机构、每一次交易行为、每一个金融产品之中，金融风险都有可能存在。

金融风险普遍存在的原因主要在于：一方面，在金融活动中，信用关系几乎无处不在，并且相互交织，个人、企业、政府等金融活动的参与者之间的债权债务关系绝大多数都是以金融机构作为媒介而建立的，通过金融机构这一中介相互交织和相互联系，在任何一处发生的金融风险都有可能通过这一中介传递给其他信用关系；另一方面，个人、企业、政府等金融活动的参与者是复杂多变的，时刻可能面临各种各样的金融风险，这也决定了信用环节和关系网络上的对象是复杂的，因而控制和防范金融风险也就是十分必要的。

（二）客观性

金融风险是一种不以人的主观意志为转移的客观存在，产生于具体的金融活动之中，存在于具体的金融事件的发展过程之中。

金融风险的客观性主要源于以下原因：(1) 经济主体是有限理性的，在金融市场上，由于信息不对称以及市场主体的认识客观上存在局限性，市场主体的决策往往是不准确、不全面、不及时的，从而在客观上导致金融活动存在风险；(2) 经济主体往往具有机会主义倾向，出于趋利避害的动机或商业上的冒险精神，一些主体可能会采取诸如欺骗、违约、逃避监管、钻法律及政策空子等手段以谋求私利，这些都会导致相应的金融风险；(3) 随着金融机构的发展，信用关系网络逐渐演变为相互交织和联动的复杂体系，这可能导致金融发展脱离实体经济，从而增加金融风险发生的可能性。

(三) 主观性

金融风险的主观性指的是一些金融风险的发生是因为经济主体的主观认知能力具有局限性，从而导致其行为出现失误或偏差。金融活动及其外部环境复杂多变，而人们的知识水平和认知能力往往是有限的，因此很难准确全面地认知和把握金融活动的各个层面，这很容易导致人们参与金融活动的行为出现失误或偏差，从而进一步引发金融风险。

金融风险的主观性主要源于以下两个原因：一是经济主体对金融活动本身及其发展变化的规律缺乏认知；二是每个人的知识水平、经验阅历、思维方式等存在差异，从而导致由个体能力欠缺或不足所引发的金融风险。一般而言，通过深入学习金融理论知识，同时不断提高自身的知识素养和行为能力，可以在很大程度上降低金融风险的主观性。

(四) 扩张性

扩张性指的是金融风险在时间上和空间上具有强大的扩张能力。从时间维度上来看，金融风险一旦出现，短则持续数月，长可至数年才能恢复；从空间维度上看，小的金融风险可能会在局部区域内引发持续动荡，而大的金融风险则可能导致国家和地区的金融市场，乃至全球金融市场的持续动荡。

金融风险具有扩张性，主要是因为，随着现代市场经济的发展，以金融机构为中介的信用网络关系延伸到了社会生活的方方面面，参与金融活动的各经济主体之间的联系也越来越紧密。而与此同时，现代金融体系中的金融机构（如银行、证券公司、保险公司等）在业务活动中相互拆借资金，债权债务关系日益复杂。在这种情况下，如果一家金融机构出现问题，由于同一时点上的金融风险相互交织，就会出现金融机构之间以及金融机构和金融市场之间的相互作用和相互影响，最终蔓延传染至整个金融体系，而最初的金融风险也被数倍放大。

(五) 隐蔽性

金融风险的隐蔽性指的是金融风险往往会被金融产品和业务的复杂性和不透明性所掩盖，从而导致金融风险长期不能得到有效识别。从理论上看，金融风险时时存在，并非在金融危机爆发时才存在，但在金融危机爆发之前，金融风险可能由于其极强的隐蔽性而被人们所忽略。

金融风险的隐蔽性主要是源于以下因素：(1) 信用网络和借贷关系在现实中是复杂

的，往往表现为有借有贷、此借彼取、此贷彼还等嵌套式多重借贷关系，许多风险因素在这种复杂的信用关系中难以被及时有效地识别；（2）现代商业银行具有创造信用货币的功能，这意味着即期金融风险所造成的损失可能会由于通货膨胀、借新还旧、贷款还息等原因而被掩盖；（3）由于政府等外部力量对金融市场的干预，一些原本应该显现的金融风险可能会被压制或延迟显现。

（六）相对性

金融风险的相对性是指对于不同的经济或金融主体而言，同一种经济行为所引起的风险及其影响可能存在差异。一方面，金融风险的相对性表现为同一种行为对于某些主体而言将产生风险或产生的风险较大，但对其他主体却并不产生风险或产生的风险较小。比如，信用贷款对于借款者来说风险较小甚至不存在，而对于为其提供贷款的银行而言则直接面临信用风险。

另一方面，金融风险的相对性表现为金融风险对群体与个体的影响存在差异。具体而言，对于同一种金融风险，分散的个体在加入某一群体后，相对而言会更倾向于接受风险，比如在投资基金中，个体认为自己至少要与其他成员一同接受风险，在此情况下，客观风险并没有质的变化，但相对于每一个个体来说，金融风险的影响力有所减弱。金融风险具有相对性这一特点，为分类（针对不同的经济或金融主体）设置不同的风险控制底线和合理分担风险提供了理论基础。

（七）双重性

金融风险的双重性是指金融风险同时具有消极影响和积极作用。不过，在金融风险管理过程中，人们往往会更加重视金融风险所造成的损失（即主要关注金融风险的消极影响），而忽视金融风险的积极作用。

金融风险的积极作用主要表现在：（1）风险与机会共存，金融风险是金融市场创新的源泉，当人们准备从事金融风险活动时，金融风险所带来的机会损失与机会收益共存，这种不确定性会使金融活动的参与者对未来的收益有不同的预期和判断，并且通过参与金融交易活动来实现预期目标；（2）为了降低金融风险和提高收益，金融活动的参与者需要通过金融创新来降低或规避金融风险，而金融创新会增加金融市场的活力，从而推动金融市场的发展；（3）金融风险可能对当事企业（个人）造成严重的后果，从而起到警示和约束的作用，进而促进金融企业（个人）自觉规范和约束自身的行为，维护金融市场的稳定。

（八）可测性

金融风险的可测性是指根据过去发生的一系列相关事件的历史资料，对某种金融风险的风险因素、损失发生的可能性及造成的损失大小进行主观判断，从而对可能发生的金融风险进行预测、衡量与评估。

金融风险具有可测性的意义在于，风险事件作为金融活动的环节之一，是经济主体有意识、有目的的冒险行为，虽然对可能发生的金融风险进行预测、衡量与评估带有一定的主观色彩，相关的预测、衡量和评估结果也可能与现实情况存在一定差距，但对于金融风险的防范和管理而言，增强金融风险的预测分析仍然具有积极作用。

（九）可控性

金融风险的可控性是指金融活动的参与者通过不断地增强自身识别和抵御金融风险的能力，可以在一定程度上预测和控制金融风险，从而有效降低或规避金融风险。

金融风险之所以具有可控性，主要是因为：（1）金融市场是有组织、有秩序的市场，金融风险的存在及发生是有规律的，特别是随着金融制度的不断完善，市场主体的行为也会朝着越来越规范的方向发展；（2）金融风险理论研究的不断发展和金融管理工具的不断创新，分别从理论上和实践上为管理金融风险提供了丰富有效的手段；（3）计算机和网络等先进技术的涌现为金融风险管理提供了有力支持。

总体来看，金融主体在有关理论的指引下，按照一定的方法，选择合适的金融工具，对金融风险进行事前的识别与预测，以及事中的防范和事后的化解，这些都可以在很大程度上减轻甚至消除金融风险。不过，值得注意的是，管理和控制金融风险并不是要彻底消灭金融风险，而是将其降低到自身可以接受的范围内。

（十）周期性

金融活动由于天然地受到经济金融周期和货币政策的影响，因而会体现出相当程度的周期性特征。一般而言，在经济、金融或货币政策的扩张（上升、景气）周期，金融风险暴露的可能性和引发的损失通常较小；而在经济、金融或货币政策的收缩（下降、衰退）周期，金融风险暴露的可能性和引发的损失会明显上升。

具体来看，在经济和金融的繁荣时期，政策当局往往采用的是较为宽松的货币政策，企业经营活动健康，金融机构资金充足，此时金融风险导致损失的可能性较小。相比之下，在经济和金融活动的衰退时期，或当政策当局采用紧缩性的货币政策时，金融机构容易发生资金短缺，从而出现企业和个人借贷困难的情况，加之企业本身的经营情况不容乐观，很可能面临财务困境，在这种情况下，金融机构和企业的困境彼此强化，都有可能面临由于资金不足而破产倒闭的风险。

1.2.2　金融风险的特殊性

金融风险除上述一般特性外，还具有一些自身相对独特的属性，如极强的投机性、敏感的传导性、显著的集中性和强大的破坏性等。

（一）极强的投机性

金融风险之所以具有极强的投机性，主要是因为，经营金融资产业务的过程相比于经营实物的研发、生产、销售等过程更加简单，既没有买进原材料、制造产品的生产过程，也没有产品运输、推销的销售过程，盈利周期短，潜在收益高，这使得很多无意或无力进行实物投资的人会把资金投入金融领域之中。

特别是随着金融市场不断开放，金融产品数量和种类逐渐增加，金融能够更多地服务于普通民众，金融市场参与者也更加广泛，金融中介机构的出现使许多没有专业技能的投资者也能参与金融产品的买卖，这些都使得金融市场的主体范围不断扩大。同时，随着金融创新在广度和深度上的拓展，金融衍生品出现爆发式增长，基金公司大量涌现，量化投资被广泛使用，这些都为投机性的金融交易和活动提供了对象、载体和手段。

（二）敏感的传导性

金融风险具有敏感的传导性，这一点主要表现为金融风险的传导速度快和传播范围广。具体而言，在现代金融体系下，一旦某个金融损失事件发生，或者某种金融资产的价格波动导致其持有者大幅亏损以至无法保持正常的流动性，单个金融损失事件或者流动性枯竭就有可能引发波及整体金融体系的全面危机。

金融风险之所以具有敏感的传导性，主要是因为通信技术的不断发展、通信手段和交易方式的迭代创新及升级推动了金融信息的快速传播、交易范围的不断拓展以及交易速度的不断加快，这些都使得金融风险可以通过多种方式和途径传导给金融体系中的其他相关主体。此外，随着全球经济与金融一体化程度的不断加深，国际资本流动愈加频繁，金融资源的流动呈现出速度快、范围广的特征，金融风险在不同国家和市场之间的传导性也不断加强。

（三）显著的集中性

金融风险具有显著的集中性，主要是指在不完全信息和有限理性的影响下，金融风险因素不断产生和积累，最终会在某个领域集中爆发。从现实情况来看，金融风险一般主要集中在借贷活动、证券交易、期货交易、外汇交易、房地产金融等领域。

金融风险之所以容易在上述领域集中，主要是因为这些领域的金融产品供求关系并不十分明确，参与者可以根据金融资产价格的变化随时改变头寸，特别是在允许融资融券和衍生品交易的情况下，由于有杠杆资金的参与，风险的改变更快且更为迅猛。此外，在这些领域，投资者的情绪更容易被影响、传播和感染，并在羊群效应和从众心理的推动下，加速金融风险的集中爆发。

（四）强大的破坏性

金融风险一旦发生，其破坏性就会非常大。微观金融风险的发生可能会给相关微观个体带来严重的损失甚至导致其破产，如果微观金融风险进一步转化为宏观金融风险，则会对整个金融体系和国民经济造成破坏性影响，导致金融崩溃、经济停滞和人民生活水平下降等严重后果。

在金融全球化的背景之下，金融风险还会迅速扩散、传导到其他国家和地区，进而给周边国家和地区的经济金融发展带来严重的负面影响，甚至引发区域性或全球性的经济金融危机。根据相关学者的测算，自 20 世纪 70 年代以来，全球已发生多次金融危

拓展阅读

金融危机的经济与社会成本

机，并造成了巨大的经济和社会成本。

1.3　金融风险的宏微观影响

金融风险会从微观和宏观两个层面对经济金融体系的运行产生影响。从微观角度看，金融风险不仅会影响微观主体的正常生产、经营和发展，而且可能给其带来严重的经济损失甚至导致其破产；从宏观角度看，金融风险会干扰经济和金融体系的整体运行状态和效率，严重时可能导致金融崩溃、经济危机和社会动荡。

1.3.1　金融风险对微观经济的影响

1. 直接经济损失

一般来说，金融风险的直接后果可能是给经济主体带来直接经济损失。例如，股票投资者在购买股票以后，可能由于股价下跌而亏损；外汇持有者买进外汇进行套汇或套利时，可能由于汇率发生不利波动而产生损失。

2. 潜在损失

金融风险也有可能给经济主体带来一系列潜在损失。例如，一家企业可能因为其交易对象无法按时偿还债务而影响其生产经营的正常开展；通货膨胀风险一方面会导致实际收益率的下降，影响经济主体的投资行为，另一方面会使经济主体持有的货币的实际购买力下降，从而影响其投资和消费行为。

3. 投资者心理预期和信心变动

金融风险同时也会影响投资者的心理预期和信心。一般而言，金融风险越大，风险溢价就越大，未来收益就可能越多；而金融风险越小，风险溢价就越小，未来收益就可能越少。同时，金融体系的稳定需要依靠投资者的信心来维护。当金融风险爆发后，投资者的信心可能遭受打击，导致金融市场出现恐慌情绪，进而加剧金融市场的动荡。例如，一家商业银行发生信用危机，当存款者对该银行失去信心而集体性挤兑存款时，银行可能发生流动性危机，严重时可能破产倒闭。

4. 生产率下降

在企业的生产经营过程中，各种产品的边际生产率随着企业投入生产要素的增加而递减，只有在各种投入的生产要素的边际生产率都相等时，各种生产要素的组合比例才是最优的，即实现了资源的最优化配置。然而，企业出于规避金融风险的需要，可能会让更多的资源流向风险相对较小的金融产品（项目），由于极少有资源被投向高风险的产品（项目），这在客观上会使得不同产品和不同要素的边际生产率不同，从而导致企业的整体生产率下降。此外，由于长期的不确定性要大于短期的不确定性，同时开发新产品的风险较大等原因，一些企业的行为短期化，固守传统、不敢创新，也在一定程度上使企业的生产率下降。

5. 经营管理成本和交易成本增加

金融风险的客观存在，增加了经济主体的经营管理成本。具体而言，金融风险一方面增加了经济主体收集信息和整理信息的工作量、难度，另一方面也增加了经济主体预测和计划未来工作的成本和难度，这些都会增加经济主体的经营管理成本。与此同时，金融风险也会导致经济主体的交易成本增加。具体而言，由于信息不对称，投资者难以对金融市场上的金融资产进行正确的估价，加之估价的程序烦琐复杂，不利于交易的正常进行，这会增加信息成本和议价成本。此外，在进行交易的过程中，各经济主体间的矛盾与冲突更容易爆发，协调管理这些矛盾和冲突需要相应的时间和人力成本投入，从而导致相关成本上升。

6. 资金利用率下降

资金利用率主要用来衡量资金使用的有效性和充分性。由于金融风险广泛存在，且会给经济主体造成严重后果，因此，经济主体通常需要持有一定的风险准备金来应对金融风险。比如，为了保证生产过程的正常运行，企业需要预留一笔保证金，以备在原材料价格上涨时，可以及时购买到原材料，但与此同时，预留的这笔资金也会被闲置；对于银行等金融机构来说，由于流动性的变化是不确定的，因此很难准确地安排备付金的数额，这也会导致大量资金的闲置；对于消费者和投资者来说，出于对金融风险的担忧，他们可能会选择减少消费和投资，同时增加储蓄，这也会造成社会闲置资金的上升，导致资金利用率下降。

1.3.2 金融风险对宏观经济的影响

1. 产出、消费和投资下降

金融风险会引发产出、消费和投资的下降，且风险越大，这些代表宏观经济状况的指标的下降幅度就会越大，金融风险给宏观经济造成的负面影响也就越大。一般而言，企业为了减少生产过程的不确定性，会在金融风险上升时减少生产以降低潜在损失和破产风险。同时，金融风险会导致未来收入的不确定性，在个人财富可能在未来出现较大波动的情况下，消费者出于避险需要，就倾向于减少当前的消费，以保障未来的消费。此外，金融风险也会导致投资者增加对投资安全性的担忧，从而导致整个社会的投资水平下降。

因此，总体来看，金融风险对企业生产以及相关经济主体的消费、投资都有负面影响，从而不利于经济繁荣运转，甚至可能引发经济衰退。例如，2007 年受次贷危机的影响，美国经济深陷金融危机的泥潭，由于市场恐慌情绪蔓延，信贷紧缩，金融机构不得不加速变现资产，减少投资和贷款，金融市场上股价指数大幅下跌，市值大幅缩水，债券市场交易量明显萎缩，流动性陷于枯竭。在此情况下，企业和金融机构大量破产，社会失业率显著上升，居民消费呈现出明显颓势，经济陷入长期衰退之中。

2. 产业结构失衡和创新抑制

当金融风险较高时，大量资源会出于避险需要而流向安全性比较高的产业，从而引起不同产业的边际生产力下降和资源配置失衡，那些资源流入较少甚至流出的产业会因此而发展缓慢，从而导致国家产业结构失衡。

同时，当金融风险较高而又缺乏必要的风险控制手段时，出于规避和防范金融风险的需要，一些经济主体会倾向于选择确定性相对更高、风险相对较低的传统生产方式和技术工具，而那些需要技术创新的行业或领域，则会由于创新风险较大、还款能力缺乏保障等原因，难以筹集到用以创新的资金投入，这不仅会阻碍创新技术的发展，而且在长期中不利于一个国家创新能力的提升。

3. 金融市场动荡和市场秩序紊乱

严重的金融风险会引发金融市场动荡和市场秩序紊乱，从而进一步破坏社会正常的生产和生活秩序。比如，在金融风险的影响下，金融市场波动加剧，资产价格大幅震荡，个人和企业的财富会在激烈的市场动荡中发生严重损失，这会导致金融情绪崩溃和市场秩序紊乱。一旦发生系统性风险，个人和企业极易陷入财务困境，从而进一步破坏社会正常的生产、生活秩序，严重时会引发社会恐慌。

以 1997 年东南亚金融危机为例，随着危机的酝酿、发酵和扩散，其影响开始突破国界，并通过金融市场传导至其他国家和地区，并最终对全球的经济增长产生了明显的负面影响。据统计，受东南亚金融危机的影响，全球经济的增长率下降了 1%以上，而处于危机中心的国家和地区则出现了金融市场混乱和崩溃。为了规避风险，外国资本纷纷撤出东南亚，导致资本大量外流，货币贬值，通胀加剧，社会正常的生产和生活秩序被打乱，印度尼西亚等国甚至爆发了政治危机。

4. 宏观经济政策的制定和实施受到影响

金融风险会影响政府制定和实施宏观经济政策。一国的宏观经济政策，主要包括货币政策、财政政策、汇率政策等。通过实施宏观政策，政府可以调节宏观经济，控制总供给或总需求，以促进经济的稳定发展。

金融风险会对宏观经济政策产生影响，主要表现在：（1）从政策制定来看，由于金融风险的存在，政府难以及时准确地掌握社会的供求状况，容易导致决策滞后。（2）从政策传导来看，金融风险可能导致政策传导过程中的一些关键变量（如利率、流动性、资产价格等）出现异常变化，从而影响政策的正常传导。（3）从政策效果来看，经济主体为了防范和规避政策风险，会尽可能地充分搜集和利用信息，以此来判断未来的宏观经济政策的内容及效果，从而采取相应的应对措施，这可能导致宏观政策难以达到预期效果。例如，为了促进就业和刺激经济，政府可能会增加货币供应量，但如果市场主体已经预期到了由货币供应量变化所导致的通胀风险和利率风险，就会在物价上涨之前要求增加工资或提高风险补偿（导致市场利率上升），这会导致政府的政策初衷（促进就业和刺激经济）被市场主体的理性预期和提前反应所抵消。

5. 国际收支状况受到影响

金融风险会影响一国与其他国家或地区的资金往来和交易，从而影响一国的国际收支状况，具体体现在以下四个方面：（1）汇率的变化表现为本币相对于外币的贬值与升值，这会直接影响一国的进出口情况，从而影响一国的贸易收支情况；（2）利率风险与汇率风险会引起国内资本的流出或国外资本的流入，比如，利率上升或本币贬值会促使国外资本流入，而信用风险和国家风险则会影响直接投资、跨国交易和政府借贷等，从而对一国的资本项目造成直接影响；（3）一个国家金融风险的上升会恶化投资环境，从而导致外资流入减少、停止流入或资本流出，进而影响国际收支的稳定；（4）汇率波动会影响一国外汇储备价值的变化，从而影响其调节国际收支差额和维护国际收支平衡的能力。

关键词

风险	不确定性	金融风险	损失	预期损失
非预期损失	极端损失	金融风险因素	金融风险事故	金融风险结果
信用风险	市场风险	操作风险	流动性风险	国家风险
声誉风险	合规风险	战略风险	法律风险	政策风险
技术风险	系统风险	非系统风险	系统性风险	

复习思考题

1. 简述金融风险的定义和特点。
2. 简述金融风险的主要类型及相互关系。
3. 简要解释金融风险与损失之间的关系。
4. 作图说明预期损失、非预期损失和极端损失之间的关系。
5. 举例说明金融风险对经济、金融和社会运行的可能影响。

本章小结

第2章

金融风险的识别与度量

本章要点

1. 金融风险的识别方法；
2. 金融风险的度量理论；
3. 金融风险的度量方法；
4. 金融风险的度量模型。

背景材料

现代经济发展呈现的是一种周期性的、不规则的、起伏不定的、波浪似的运动，但在我们能掌握周期变化规律从而很好地避免危机到来之前，辨识经济发展所处的周期与危机发生的征候就显得特别重要。

金融危机是诱发经济危机的根源与主因，尤其是进入20世纪以来，以虚拟经济为特征的现代金融对社会生活渗入的广度与深度大大地超越了过去工业革命发展的几百年，甚至可以说经济危机的本质就是金融危机，即金融资产、金融机构、金融市场的危机。由于金融危机是经济运行中长期积累问题的爆发和强制调整，因此对实体经济的发展会产生很大的冲击。

金融危机与金融风险存在量变与质变的区别，因此，当我们把金融风险的防范与预警列为金融监管的首要工作时，总是可以寻找到蛛丝马迹，因为风险只是危机的前兆，能预见风险的出现并加以应对好，不仅可以制止风险的蔓延，而且可能阻止危机的爆发。

金融危机一定是由金融风险诱发的，金融机构判断的失误有可能导致金融风险的产生，并进一步触发金融危机。危机到来时，整个经济社会运行遇到严重的阻滞和障碍，出现机构倒闭、基金清盘、流动性困难甚至枯竭。

因此，判别金融风险的征候并发出预警尤为重要。关于预警，有经验的牧民会说：天上的云朵看上去也许没有人的巴掌大，但可能预示着风暴的到来。情报工作的职责就是在局势演变成危机之前拉响警报，否则就是重大的情报失误。

显然，在金融风险的征候出现时，如果不及时抓住机遇分析判断、预见到事件的发展及其后果，并向金融监管机构发出预警，根除风险蔓延的外部条件，则会引发更大的金融风险甚至导致危机爆发。

金融市场发展的历史表明，金融风险是金融与生俱来的属性，任何金融系统在运行过程中都可能会出现严重的波动与偏差。为防患于未然，避免或缓和严重的市场波动和偏差对宏观金融运行的不良影响，必须在金融监管机构对金融市场监测的基础上加强宏观金融风险的预警工作，及时准确地把握金融市场的运行轨迹，分析金融市场未来的发展趋势，并对其运行中的险情进行预报，采取有效措施加以排除。

资料来源：王幸平. 金融风险就在那儿. 证券市场周刊，2016－09－19.

2.1 金融风险的识别

金融风险管理的首要环节是金融风险识别。做好金融风险识别工作，对于后续金融风险的度量和管理具有重要的基础性意义。

2.1.1 金融风险识别的意义与要求

（一）金融风险识别的意义

金融风险识别是指运用相关的知识、技术和方法，对金融活动主体所面临的金融风险类型、受险部位、风险源、严重程度等进行判断、辨别、分类和分析等，从而为金融风险的度量和管理提供依据。金融风险的识别可以从以下两个方面进一步理解：

（1）金融风险识别的根本任务是识别金融风险的类型和风险产生的原因，即导致金融风险的根源和驱动因素。金融风险的产生是各种金融风险因素不断累积的结果，识别风险类型和找到相关风险源是金融风险管理的第一步。

（2）金融风险的识别是一项持续、动态的系统工作，主要原因在于：①金融风险普遍存在，其识别往往需要多个相关部门的参与和配合，加之市场环境瞬息万变，金融风险因素也可能随时发生变化；②金融风险的酝酿、显现、变化和发展是一个动态的过程，这要求金融风险的识别也应该体现动态化思维，并根据其变化情况灵活调整风险识别的技术与方法；③金融机构在其经营过程中通常面临不同类型和层次的金融风险，这些风险彼此关联而又相互影响，这使得实践中的金融风险识别存在技术上的难度。

金融风险识别是金融风险管理的基本步骤之一，对于金融风险管理而言非常重要。金融风险识别的核心目的在于辨识和分析金融活动主体所面临的各种风险类型和风险源，分析这些风险产生的原因并初步判断其影响，从而为后续金融风险的度量和管理提供基础和依据。对于金融主体而言，如果不进行金融风险识别，或者金融风险识别有误，就会导致其金融风险管理缺乏针对性，其效果也会相应地大打折扣。

（二）金融风险识别的要求

如上所述，金融风险的识别非常重要，但也存在相当程度的复杂性和难度。因此，要做好金融风险识别工作，通常需要满足及时准确、全面深入和系统连续等方面的要求。

（1）及时性和准确性。所谓及时性，是指金融主体在发现了所面临的金融风险后，仍然有充足的时间去反应和应对，这要求金融主体在相关风险产生前或较小时就能将其识别出来，而不是等到风险已经扩散或非常严重时才做出反应。所谓准确性，是指金融主体需要正确把握其所面对的金融风险类型、受险部位和风险来源，从而对相关风险的严重性进行初步判断，避免识别错误或风险遗漏所造成的损失。对于金融风险管理主体而言，只有及时而又准确地识别金融风险，才能留有充分的空间和余地来完成后续的风险管理和化解。

（2）全面性和深入性。由于金融活动深入地影响着社会生活的各个方面，因此，金融风险也涉及社会生活的方方面面，它可能存在于金融主体所经营的同一种业务或多种业务之中，并贯穿经营的全过程。因此，金融主体必须对其所面临的金融风险有清晰、全面和深刻的认识，包括自身经营的各项业务以及每项业务的每个环节所可能遭遇的金融风险，忽视任何一种风险都可能导致金融风险管理的失败，并给相关金融主体造成重大损失。与此同时，由于金融风险的复杂性和多变性，全面识别金融风险可能存在一定的难度，为此，金融主体必须深入地进行研究分析，并对自身的经营状况不断进行审查，以准确把握其中的风险。

（3）连续性和系统性。金融风险的识别过程是一个动态变化的过程。随着风险环境的变化，金融主体所面临的金融风险类型、受险部位、严重程度等都是动态变化的，这要求相关金融主体必须根据其业务经营的具体情况，不间断地关注其所面临的各种金融风险及其变化情况。同时，在金融主体的经营过程中，由于各业务和各环节之间的紧密关系，加之金融风险具有扩散性特征，金融主体所面临的整体风险可能大于或者小于单个金融风险之和，因此，金融主体需要从整体上和全局上把握金融风险，形成一套全面的风险管理系统。

2.1.2 金融风险识别的基本原则

为了保证金融风险识别的可靠性和有效性，金融风险识别一般需要遵循一定的原则，主要包括全面原则、准确原则、综合原则、效率原则和科学原则。

（1）全面原则。识别金融风险，就要全面地考察金融主体所面临的各种金融风险类型、风险部位、风险来源、损失概率及其程度等。金融风险所可能导致的损失概率及其大小将直接影响金融主体的风险度量，同时决定其风险管理措施的选择和运用。因此，必须全面了解金融主体所面临各种金融风险的具体情况，为后续的金融风险管理提供全面充分的信息。

（2）准确原则。准确识别金融风险，首先要对金融主体所面临的金融风险类型和风险产生的原因进行准确判断，其次要对金融风险所可能造成的损失进行初步估计。在这一过程中，过度低估金融风险的严重性会导致风险管理不足，从而增加潜在的金融风险；而过度高估金融风险则会增加风险管理的成本，并可能滋生新的金融风险。

（3）综合原则。对于金融主体而言，金融风险并不是单独存在于某一经营业务或某个特定的经营环节之中，而是广泛存在于多个不同的业务和环节之中，并且体现为不同类型和性质的金融风险。因此，要正确识别金融风险，必须有系统性视角，并综合运用各种分析方法，从整体上把握金融风险。

（4）效率原则。金融风险识别的主要收益是风险事件发生概率的下降或风险损失的减少，但与此同时，金融风险识别也是一项有成本的工作，需要人力、物力、时间等方面的成本支出。因此，作为一项经济活动，金融风险识别需要考虑效率性，即尽可能以最小的成本来实现风险发生概率的最小化或风险损失的最小化。

（5）科学原则。在识别金融风险的过程中，相关金融主体需要对自身的生产经营状况及所面临的经营环境进行量化分析，这经常需要用到数学、统计和计算机科学等方面的理论模型和分析工具。在这一过程中，相关金融主体需要遵循科学原则，以获得更加客观、准确和有效的分析结果。

2.1.3 金融风险识别的主要内容

金融风险识别的主要内容包括识别金融主体所面临的金融风险类型、受险部位、风险产生原因及严重程度等。从过程上看，识别金融风险首先从辨别金融风险开始，即确认金融主体所面临的金融风险类型及受险部位，其次是分析金融风险，即对已分类的金融风险的产生原因和严重程度进行分析。

（一）金融风险类型及受险部位的识别

1. 从运营过程和业务特征进行识别

金融风险蕴藏于金融机构的运营活动之中，因此可以从运营过程中的资金来源、资金运用和资金管理等方面对金融风险进行识别。

（1）资金来源。

金融机构的资金来源主要有存款类负债、借入资金、证券发行、提供金融服务获得资金等。

从存款类负债来看，支票存款和储蓄存款业务由于存款者可以随时提取存款，因此其流动性风险较大。无论是浮动利率存款还是固定利率存款，都可能由于市场利率变动而导致融资成本增加，因而具有利率风险，但由于利息相对较低（部分存款可能不支付利息），因此利率风险比较小。此外，外币存款业务还可能存在汇率风险。

从借入资金来看，金融机构借入的资金需要还本付息，从而面临流动性风险和利率风险。具体而言，银行间的同业拆借多为隔夜拆借，利率波动的不确定性相对较小，因此利率风险通常较小；在国际金融市场上借款会面临汇率风险。此外，银行的回购业务在本质上也属于借入负债，由于到期日的资产价格可能上升，其购买者存在违约的可能性，因而面临信用风险。

从证券发行来看，发行股票和债券等有价证券也面临着相应的金融风险，具体包括：①在不同的融资方式下，经济主体承担的义务、负担的融资成本都存在差异，因此会给金融机构带来财务风险；②发行股票和债券，为其进行定价的过程中可能会存在经营风险，比如因决策失误而导致定价不恰当和融资失败；③销售股票和债券的过程中，市场利率的上升会导致股票和债券的价格下降，从而有可能无法实现预定的融资目标，因此存在利率风险和流动性风险；④已销售在外的浮动利率债券可能由于市场利率上升而需要多支付利息，导致融资成本上升，而已销售在外的固定利率债券在市场利率下降时（以至利息的支付比按市场利率重新融资的利息支付更高）也面临融资成本的上升，因而均存在利率风险。

从提供金融服务获得资金来看，金融机构在为客户提供证券发行、证券承销、证券经纪、资金结算、信托、租赁和信息咨询等服务时，也面临相应的金融风险。具体来看，金融机构为客户提供证券发行服务时，发行成功与否将直接影响到金融机构的声誉，从而影响其融资能力，因而会给金融机构带来声誉风险、经营风险和流动性风险；在提供证券承销服务时，存在多种可能导致金融机构面临金融风险的情况，如客户的信用等级降低、市场风险因子发生不利变动而引起有关产品价值下降、金融机构的承销费用下降等；在提供证券经纪服务时，金融机构受客户委托和代理客户证券，面临技术风险、操作风险和道德风险等；在提供信托业务时，金融机构面临经营风险，同时具有国际结算功能的信用证业务还会面临汇率风险和国家风险。

（2）资金运用。

金融机构的资金运用主要是持有现金资产、进行证券投资以及发放贷款等。少数金融机构也会通过金融衍生工具进行风险套利。

现金资产是金融机构所有资产中最富有流动性的部分，也是满足金融机构流动性需要的第一道防线，因而直接与流动性风险相关。但由于现金资产没有利息收入，持有过多的现金资产会面临较高的机会成本，而利率上升时机会成本也会提高，因此也面临利率风险。

证券投资指的是经营政府债券、企业债券、股票等有价证券的发行和购买。由于证券价格波动受到多方面因素的影响，存在较大的不确定性，因而证券投资的收益和损失也具有较高的不确定性和风险。

贷款业务可能会由于借款人违约而面临信用风险，同时也可能由于利率的波动而面临市场风险，此外还可能受到资产的流动性影响而面临流动性风险。

金融衍生工具一般交易数额较大且市场波动剧烈，这使得价格的微小变化都可能导致严重的损失，从而使金融机构面临极端金融风险。

（3）资金管理。

金融机构在进行资金管理时，出于资产和负债合理搭配的目的，在调整金融资产头寸的时候，可能会面临流动性风险。同时，套期保值的远期、期货合约可能会由于标的资产价格的不确定性而带来市场风险。此外，远期合约还存在交易对手违约的信用风险。

2. 从财务报表的角度识别

财务报表反映了经济金融主体在一定时期内（某个时点上）的现金流、利润和资产负债等情况，因此，财务报表可以提供有关金融风险类型和受险部位的相关信息。以商业银行的资产负债表为例：资产项目主要包括现金资产、各类贷款、证券投资等，负债项目主要包括各类存款和借款等，不同资产和负债的风险类型、特征等存在差异，需要根据不同项目的具体情况进行识别和分析。

同时，资产和负债的匹配情况也与金融风险直接相关，只有资产与负债合理匹配才能有效地转嫁、分散和冲销风险。反之，过多地持有某类资产会相应地增大金融风险，比如：过多持有长期资产可能导致流动性不足，从而引发流动性风险；过多地持有贷款，会面临更多的信用风险。此外，各种资产之间的正相关性越大，风险分散和冲销的难度也越大。

（二）金融风险产生原因和严重程度的识别

在对金融风险的类型和受险部位进行有效识别后，还需要进一步分析这些风险产生的原因和严重性，比如，通过对借款人的情况进行深入的调查分析，确定可能引发信用风险的原因，这将有助于金融机构前瞻性地做好信用风险的管理工作。

（1）金融风险产生原因的识别。

金融风险的产生主要是由于经济金融活动的不确定性，因此，经济金融主体可能同时面临多种不同类型的金融风险，并且即使是同一类型的金融风险，也有可能存在多个诱因。例如，证券价格风险源于证券价格波动的不确定性，而证券价格波动的不确定性又与企业的生产经营、行业的发展情况、国家的宏观环境以及相关经济金融政策等多种内外部因素有关。

（2）金融风险严重程度的识别。

识别金融风险的严重程度主要是对金融风险所造成的损失概率以及潜在损失的大小进行分析和判断。一般而言，在其他条件不变的情况下，风险暴露越大则相关风险越大，反之则相关风险越小。比如，如果对单一企业贷款过多，那么一旦由于该企业经营不善而产生信用风险，金融机构就会遭受严重损失。

同时，如果金融机构存在多种风险暴露，那么就需要关注各种风险暴露之间的相关性：当风险暴露之间呈现出正相关性时，金融风险所导致的损失可能会更大；而当风险暴露之间呈现出负相关性时，那么一种风险暴露产生的损失可能由其他风险暴露带来的收益所抵消。因此，识别金融风险的严重程度，需要对金融主体的整体风险暴露情况进行全面系统的分析。

2.2 金融风险的识别方法

识别金融风险需要采用合适的识别技术和方法，特别是针对不同类型和性质的金融风险，为提高风险识别的准确性和效率，往往需要用到不同的识别方法。在本节，我们对一些常用的金融风险识别方法及其原理、步骤和优缺点等进行简要介绍。

2.2.1 现场调查法

现场调查法（method of scene investigation）是指风险管理主体通过对可能存在金融风险的各个机构、部门和相关经营活动进行详尽的现场检查来识别相关金融风险的方法。

现场调查法一般包括以下步骤：

(1) 调查前的准备工作。在现场调查前，调查人员需要了解过往的背景资料，确定调查的对象、目标和地点等基本信息，同时编制现场调查表，确定调查的具体内容和重点；在此基础上，确定调查的步骤、方法、流程和时间等。

(2) 现场调查。在现场调查的过程中，调查人员可以通过访问、座谈、实地观察业务活动以及查阅有关的文件档案等方式，完成前期编制的现场调查表中的内容。同时，调查人员可以根据在现场调查中发现的新信息或新情况，适时调整调查的重点。

(3) 撰写调查报告。在现场调查结束后，风险管理人员要基于现场调查所获得的资料与信息，对其进行整理、分析和研究，并在此基础上撰写调查报告。报告内容一般包括以下三个部分：一是根据调查的目标，梳理与总结调查资料，对调查资料的真实性进行检查，形成全面、完整、规范的调查资料和信息处理报告；二是通过对相关资料的分析研究，得到初步的结论、对策与建议；三是在报告的文末附上现场调查得到的一手资料。

现场调查法简单、实用、经济，在金融风险识别中得到了广泛的应用。此外，它还具有以下优点：①现场调查可以在一定程度上保证所获得信息的真实性和可靠性；②现场调查可以增进风险管理人员与基层业务人员之间的沟通、了解和联系；③现场调查有助于发现业务一线的各种潜在风险，从而有助于将风险控制在萌芽阶段。

现场调查法也存在一些缺点，主要包括：①成本较高，现场调查通常需要花费大量的人力、物力和时间，且过于频繁的调查可能会影响被调查对象的正常工作，从而对正常的生产经营产生不利影响；②对调查者的要求较高，一方面调查人员要深入地了解被调查者的各种专业（可能非常复杂）的生产和经营活动，另一方面由于现场调查的灵活度大（没有固定方法），因而对调查人员的观察力、敏感性和辨识力是一种考验。

2.2.2　问卷调查法

问卷调查法（method of questionnaire survey）又称审核表调查法（method of application form survey），是指调查人员通过发放问卷调查表，从而识别金融风险的一种方法。问卷调查法可以视为现场调查的一种替代方法。

正确运用问卷调查法的核心与关键在于问卷调查表的编制是否合理、科学、有效和适用。一般而言，调查人员在编制问卷调查表时，需要考虑被调查人员的知识、态度、素养和责任心等，尽可能做到简单易懂，易于回答和填写，避免歧义。此外，针对不同类别的调查对象和内容，通常需要根据对象的特点而编制不同内容的调查表。

相较于现场调查法，问卷调查法更加节省时间、人力、物力，因而可以降低风险管理的成本。不过，问卷调查法同样对调查人员的要求较高：调查人员既要深入了解调查对象的运转机制、组织结构等，又要具有较强的发现风险的能力；问卷调查表上的微小漏洞都可能导致调查信息的不准确和不可靠。由于这些潜在缺点，问卷调查法一般很少单独使用，通常是与其他风险识别方法结合使用。

2.2.3 组织结构图示法

组织结构图示法（organization diagramming method）指的是用图形描绘出经济金融主体的组织结构，并以此识别金融风险的方法。该方法一般包括以下几个步骤：（1）识别出经济金融主体的整体组织结构及各组成部分；（2）绘制组织结构图，如果涉及多个子组织结构，则先绘制出各子组织的结构图，再组合为总的组织结构图；（3）解释与剖析组织结构图；（4）根据组织结构图，识别金融风险。

风险管理部门通过组织结构图可以判断组织结构的设置是否合理，包括是否存在漏洞和不足、是否能提高经营管理效率、是否能适应竞争和环境变化等，从而进一步判断这些问题所可能导致的金融风险。判断组织结构的设置是否合理，主要有以下四个基本原则：（1）分工协调原则，即各部门之间应明确分工，各司其事，各负其责，同时相互协调；（2）统一指挥原则，即下级部门应由明确统一的上级部门进行指挥，避免管理混乱；（3）权责一致原则，即各个部门应享有与其职责一致的权力，避免有权无责或滥用权力；（4）效率原则，即组织结构应尽可能精炼和有效，避免出现权责重复的部门。

组织结构图示法的最大优点是简单明了，但也存在一些缺点，主要是对绘制组织结构图的人员的要求较高，不仅要深入了解调查对象的生产经营活动、运转机制和管理机制，而且要进行简洁、全面和准确的描绘以形成组织结构图，并确保相关信息的准确性。

2.2.4 流程图法

流程图法（flow charts method）是指按照业务活动的内在逻辑关系，把整个业务活动的过程绘制为流程图，并以此来识别金融风险的方法。

该方法主要包括以下步骤：（1）分析经济金融主体的业务活动及其内在的逻辑关系；（2）绘制流程图，如果涉及多个子流程，可以先绘制子流程图，然后组合为综合流程图；（3）解释流程图及其揭示的业务逻辑关系，并以此编制流程图解释表；（4）通过观察流程图及其解释表，识别相关业务活动及其各环节之中可能存在的金融风险。

流程图法的优点是简单、易于识别和分析，但同时也存在一些缺点：（1）绘制流程图的成本较高，通常需要花费较多的人力、物力和时间；（2）对绘图人员的要求较高，绘图人员不仅要拥有对相关业务活动之间内在关联的认识和判断能力，而且还要进行科学的概括和提炼，否则就有可能导致对金融风险识别的不准确和不全面。

2.2.5 主观风险测定法

主观风险测定法是指风险的识别主要依靠风险管理人员的主观经验和判断进行，具体包括以下几类：（1）直接观察法，指风险管理人员根据客户所表现出的情况判断和识别金融风险；（2）连锁推测法，指风险管理人员根据客户已经发生的典型事件判断和识别金融风险；（3）财务报表透视法，指风险管理人员通过观察客户的财务报表和相关会计科目信息来判断和识别金融风险；（4）证券市场追踪法，指风险管理人员通过观察公司在证券市场上的表现来推断和识别上市公司的金融风险。

主观风险测定法一般适用于数据获取难度较大或可获取数据量比较少的情况，其优点是简单直接，同时能够发挥风险管理人员的经验和主观能动性，其主要缺点是受风险管理人员的主观判断影响较大，容易出现由各种主客观因素所导致的认识偏差。

2.2.6　客观风险测定法

客观风险测定法是通过反映客户经营活动的实际数据来判断和识别金融风险的一种方法。传统的客观风险测定法一般根据企业的单一财务指标来识别金融风险，但随着金融风险变得越来越复杂，单一的财务指标分析已经难以满足金融风险识别的客观需要，因而出现了包含多指标的综合性指标体系，以实现对金融风险更加准确和全面的识别。

相较于主观风险测定法，客观风险测定法的可靠性和真实性更强，在数据和方法运用合理的情况下，其风险识别和判断的结果更加具有可信度和说服力。该方法的主要不足之处在于，在实践中，正确选择可用于准确度量金融风险的相关指标并非易事。

2.2.7　幕景分析法

幕景分析法（method of scenarios analysis）又称情景分析法，是用于识别引发金融风险的关键因素及其严重性的一种方法。情景是对被分析对象未来的某种状态的描述，常以图表等方式展现。

幕景分析法的主要步骤包括两个过程：首先是情景构造，即利用有关数据和图表等资料，对经济金融主体的未来可能状态进行描述，这是情景分析的前提和基础，具体的构建方法包括历史模拟情景法、典型情景法和假设特殊事件法等；其次是情景评估，即在完成情景的构造后，分析对应的情景发生后（或其中的某些因素发生变化时）会对分析对象产生何种影响，以及将导致何种金融风险与损失等。

幕景分析法的主要优点在于能够拓宽风险管理人员的视野，使其对各种可能的情景（通常对应风险事件的发生）进行充分的分析，特别是重视对各种极端事件的预测、判断与评估，从而做好充分的准备。幕景分析法的主要缺点在于，其实施的成效在很大程度上依赖于情景构造的合理性，这需要风险管理人员有非常丰富的经验与技巧。同时，幕景分析法通常只能给出在特定情景下的损失大小，而无法给出很多情景发生的概率，因为很多极端情景的设置在历史上尚未实际发生过，缺乏相应的数据和概率统计。

2.2.8　故障树分析法

故障树分析法（method of fault tree analysis）是指通过图解的方式选定研究对象最可能出现的、影响最大的故障作为分析的目标（即顶事件），将导致顶事件的原因逐层分解为中间事件，直至不能或不需要分解的基本事件（即底事件），并以相应的符号代表这些事件，然后根据相应的逻辑和因果关系将这些事件连接成树形图，即故障树，以故障树为工具，分析导致故障的原因和解决途径。图 2-1 给出了故障树分析的一个示例性结构。

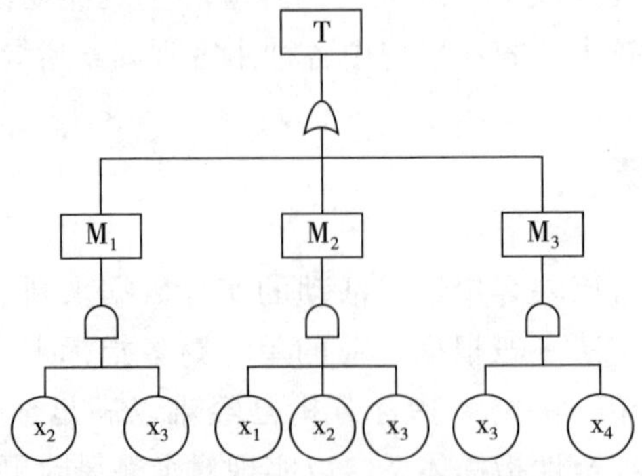

图 2-1　故障树分析的一个示例性结构

说明：图中的 T 代表顶事件，M 代表中间事件，x 代表底事件。

故障树分析法的主要用途包括：(1) 在直接经验较少时，使用故障树分析法可以从逻辑角度对金融风险进行识别；(2) 通过找到所有引起故障的风险因素及其关系，在计算出各种风险因素发生的概率之后进行加总，可以得到故障风险的总概率；(3) 使用故障树分析法可以研究故障风险对于引起故障的风险因素变化的敏感性，确定哪些风险因素的影响较大，从而采取更加具有针对性和更加有效的风险控制措施。

故障树分析法基于客观存在的事实，具有很强的可靠性，适用于对复杂系统的风险进行识别和描述。但与此同时，该方法也存在一些缺点，比如：掌握和使用故障树分析法的难度较大，一般需要花费较多的时间成本；对故障因素的分析比较敏感，一旦对某一故障风险因素的识别出现了偏差，就可能导致结论出现大的偏差。

除上述几种常见方法外，识别金融风险还可以使用平衡点法、风险清单分析法等方法。平衡点法指的是通过寻找收益和成本平衡（即盈亏平衡）的平衡点从而识别金融风险的方法。风险清单分析法指的是按照直接损失风险、间接损失风险和责任损失风险编制和记载人们已经识别的、最基本的各类损失风险的风险清单表，然后使用规范的方法检查风险管理对象所面临的相关风险，并根据具体的情况决定需要采取的风险管理措施。

2.3　金融风险的度量

对金融风险进行度量，是金融风险管理过程中的重要环节，其目标是在金融风险识别的基础上，进一步确定金融风险的严重性程度，从而构建合适的风险管理策略。准确地度量风险对于经济主体减少损失和实现利润最大化十分重要：如果经济主体对风险估计过小，会导致对风险重视程度不足，难以达到风险管理的目标；反之，如果经济主体对风险估计过大，则可能导致矫枉过正，增加管理成本或降低收益。

2.3.1 金融风险度量的基本原则

金融风险度量指的是对金融风险存在及发生的可能性、损失范围与程度进行估计和衡量，具体包括以下三方面的内容：首先，确定风险事件在一定时间内发生的可能性；其次，根据风险事件发生的概率及后果的严重性，具体估计可能造成的损失的大小；最后，基于上述结果，预测风险事件的发生次数及后果。

金融风险度量对于有效控制金融风险具有重要意义，但控制金融风险需要付出成本，因此，必须从经济角度综合考虑金融风险控制的成本与收益，从而确定具体的风险管理方案。为实现这一目标，金融风险度量需要遵循以下基本原则：

（1）目的性。目的性指的是在度量金融风险时，必须与金融风险管理的目的和要求综合起来，因为认识金融风险并不是最终目的，通过认识金融风险从而有效管理金融风险才是最终目的。因此，在选择度量金融风险所需的指标及确定指标的口径、计算时间、计算方法时，都要考虑到金融风险管理的要求。

（2）科学性。科学性指的是在度量金融风险时，所需选取的指标的数量、口径、计算时间、计算方法等都要符合所研究对象本身的性质、特点、关系和运动过程，否则就会产生认识偏差，从而导致度量结果不准确。

（3）全局性。全局性指的是在度量金融风险时，要从研究对象整体的角度考虑度量指标之间的关系，使指标体系能够全面反映金融风险的性质、程度及影响。

（4）可比性。可比性指的是在度量金融风险时，设计和改进度量指标要注意不同地区、不同部门之间的一致性以及不同时期的相对稳定性，从而使相关度量结果具有横向和纵向的可比性。

2.3.2 金融风险度量的主要内容

金融风险度量的主要内容包括风险分析和风险评估。风险分析指的是根据风险事件发生的过程，寻找风险发生的原因、条件和环节。风险评估则指的是通过数据分析和模型估计来量化风险发生的可能性及其后果。

风险分析的具体方法包括以下三种：（1）风险逻辑法，指的是从最直接的风险开始，根据逻辑关系层层深入地分析导致风险产生的原因；（2）指标体系法，指的是从财务报表的相关指标入手来分析目标对象的财务状况及可能存在的金融风险；（3）风险清单法，指的是全面地列出目标对象的风险环境、资产情况和负债情况，从而找出导致风险发生的所有潜在因素以及可能造成的影响。

风险评估的具体内容包括预测风险发生的概率和结果两个方面，具体方法包括以下三种：（1）主观概率法，即由风险管理人员根据主观经验来估计概率，一般针对没有确定性规律或统计性规律的风险。（2）时间序列分析法，即采用移动平均法、回归法等时间序列方法来分析风险环境变动的规律性和趋势性，从而估计出未来风险因素的可能范围和相应概率。（3）累积频率分析法，具体包括静态风险和动态风险两种累积频率分析法。前者主要针对静态风险，通过对原始材料进行分析，描绘出风险发生的累积频率分布，在样本相互独立、数量足够多的情况下，该方法能够以较小的误差获得接近真实情况的概率分布，比较适合在风险环境稳定的情况下使用；而后者则主要是针对动态风险的概率分析，一般使用向量自回归模型、迁移矩阵模型、压力测试等方法，分析风险的特性及风险的严重性在不同动态条件下的变化。

2.3.3 金融风险度量的理论演变

金融是现代经济的核心。近年来，随着金融创新和金融科技的发展，加之金融体系越来越朝着一体化、自由化、工程化的方向发展，金融风险的准确度量变得越来越棘手。从理论演变来看，金融风险度量主要经历了三个大的阶段：首先是以方差法为主要测度的传统风险度量阶段，其次是以在险价值模型为代表的现代风险度量阶段，最后则是近年来以条件在险价值模型和预期损失模型为代表的一致性风险度量阶段。

在 20 世纪 50 年代之前，由于受到技术、经济和金融市场本身的限制，对金融风险的研究尚停留在定性研究阶段。1952 年，哈里·马科维茨（Harry Markowitz）发表了其博士学位论文《资产组合选择——投资的有效分散化》，正式开启了对金融风险进行量化研究的道路，金融风险度量进入定量分析的时代。马科维茨在文章中首次提出了投资组合理论，内容主要包括均值-方差分析方法和投资组合有效边界模型。

在均值-方差分析方法中，马科维茨选择以方差作为金融风险的度量工具。马科维茨资产组合理论的提出标志着现代资产组合理论的开端，奠定了现代金融学的基础。不过，在实际应用中，马科维茨资产组合理论存在一些明显的缺陷：一是模型计算复杂，尤其是在证券数量较多时，计算难度较大；二是假设前提的可靠性存疑，比如风险与收益的概率密度函数满足对称性分布的假设在现实中往往是不成立的。

为解决马科维茨资产组合理论存在的问题，威廉·夏普（William Sharpe）、约翰·林特纳（John Lintner）和简·莫辛（Jan Mossin）在 20 世纪 60 年代提出了著名的资本资产定价模型（capital asset pricing model）。该模型通过标准差 α 和 β 计量风险的大小，其中 α 用于衡量非系统风险，即单个证券的特有风险；而 β 则用于衡量单个证券对整个市场组合风险的贡献率，主要用于测度系统风险。资本资产定价模型的提出，为金融市场的风险测度提供了基本的数量工具。在此基础上，巴尔·罗森伯格（Barr Rosenberg）和詹姆斯·盖伊（James Guy）进一步给出了 β 值的具体预测方法，但由于该方法涉及多个变量，计算比较复杂，加之应用效果不佳，因此未得到广泛使用。

1976 年，理查德·罗尔（Richard Roll）认为，资本资产定价模型中的假设之一——投资组合包含市场上的所有证券，在现实中是无法实现的，因此该模型无法得到检验。由于罗尔的批评，人们开始探索资本资产定价模型以外的理论。1976 年，史蒂芬·罗斯（Stephen Ross）在因子模型的基础上，突破性地提出了套利定价理论（arbitrage pricing theory）。该理论基于无套利分析方法，以收益率形成过程的多因子模型为基础，认为证券收益率与一组因子线性相关，这组因子代表证券收益率的一些基本因素。当收益率通过单一因子（市场组合）形成时，套利定价理论会产生与资本资产定价模型相同的关系。

因此，套利定价理论可视为一种广义的资本资产定价模型。一般认为，套利定价理论与现代资产组合理论、资本资产定价模型、期权定价模型等一起构成了现代金融学的理论基础。

以马科维茨的资产组合理论为开端，经过不断修正与完善，现代资产组合理论不断创新和发展，但以方差作为风险计量工具的基本特征一直得以保留。在 20 世纪 80 年代后期，随着全球经济体系的重大变革，金融创新的浪潮席卷而来，金融机构所面临的金融风险也日益复杂，以资本资产定价模型和有效市场假说为核心的现代金融理论由于难以解释一些新的金融市场现象而遭到批评，在此背景下，行为金融理论逐渐兴起和发展。

行为金融理论认为，使用方差法度量投资人的风险存在问题，因为在实际投资过程中，投资人一般并不把高于初始值的结果视为风险，而仅把小于初始值的结果视为真正的风险，即投资人更看重风险的负面影响（即损失）。但在方差法中，风险所带来的两种结果却被赋予了相同的权重，这并不符合实际情况。为此，一些学者提出了另外一种表示风险的方法，即用变量的实际值小于其均值（或某个目标效用函数所认为的安全值）的概率来表示风险，其典型形式是 $\text{Prob}\{x \leqslant E(X)\}$。

这种观点同样起源于 20 世纪 50 年代，其早期代表人物安德鲁·罗伊（Andrew Roy）提出了著名的安全第一（safety first）理论。该理论认为，投资者的目标是使自己的期末财富 w 低于生存水平 s 的概率 $\text{Prob}\{w<s\}$ 最小化，即安全第一原则。莱斯特·特尔泽（Lester Telser）在此基础上，构建了一个更为精细的安全第一模型。之后，戴维·派尔（David Pyle）、史蒂芬·托洛维斯基（Stephen Turnovsky）和约瑟夫·阿特伍德（Joseph Atwood）进一步拓展了安全第一模型，允许模型概率 $\text{Prob}\{w<s\}\leqslant b$ 中的 b 变动，从而更好地反映不同投资者的风险心理特征。此外，威廉·鲍莫尔（William Baumol）于 1953 年在其关于现金交易需求的文章中，也认为方差并不能代表风险，风险指的是未来结果小于一定置信水平下最低值的可能性。但由于当时以均值-方差分析方法为基础的资产组合理论方兴未艾，罗伊和鲍莫尔等人的观点并未得到充分的重视。

20 世纪 90 年代，行为金融理论开始兴起。在此背景之下，一种新的金融风险度量评判模型——在险价值模型应运而生。在险价值（value at risk，VaR）也称风险价值，主要是指在一定的市场条件和置信水平下，投资组合在目标持有期内所面临的风险大小和可能遭受的最大损失。在险价值模型借助概率论和数理统计方法对金融风险进行量化测度，可以简单明了地衡量金融风险的大小。在在险价值模型下，不同金融风险都可以被看作同质风险，因而可以进行度量和加总，从而用一个数值表示出来。相较于其他风险测度方法，在险价值模型可以在事前计算风险，并从整体上衡量风险的大小。由于具有这些优点，在险价值模型方法很快被广泛应用于金融风险管理的各个领域。

2008 年金融危机以后，作为危机的主要教训之一，从整体性和关联性的角度来研究系统性金融风险的文献日益增多。比如，Adrian 和 Brunnermeier（2014）将条件在险价值法引入系统性金融风险的研究中，不仅有助于识别系统重要性的金融机构，而且可以捕捉到某个机构对于系统性风险的边际贡献，从而帮助监管当局更好地实施逆周期调控。国际货币基金组织开发了包括网络模型（network model）、违约强度模型（default intensity model）、共同风险模型（co-risk model）和危机依存度矩阵模型（distress dependence matrix model）

在内的四种用于评估金融机构关联性的定量分析模型，这些模型从多个视角对金融机构之间的关联机制和风险传导机制进行了研究，具体如表2-1所示。

表2-1　国际货币基金组织开发的四种评估金融机构关联性的模型

模型分类	网络模型	违约强度模型	共同风险模型	危机依存度矩阵模型
所需数据	国际清算银行提供的跨境银行间风险敞口数据	穆迪公司的违约数据	金融机构五年期的信用违约互换（CDS）数据	单个CDS的违约概率或股价数据
主要功能	衡量灾难事件的多米诺效应；识别系统性关联和易受冲击的国家/机构及其潜在的资本损失；追踪潜在的风险传染路径	为直接和间接的系统性关联所引起的潜在银行失败事件提供衡量的尺度；衡量尾部事件发生的概率	可估计不同置信度下的有/无条件的信用风险；可估计压力时期“源头”机构和“发源地”机构的有条件信用风险	恢复多变量的密度以及系统中的共同压力：联合违约概率（JpoD）；银行稳定指数（BSI）；危机依存度矩阵；由某一特定机构所引起的瀑布效应的概率
模型优点	可在一个系统内识别大部分具有系统重要性和易受冲击的机构；可用于绘制传递效应带来的“风险地图”	捕获金融机构之间的关联效应，及其违约率的制度依存行为；具有较强的预测能力	捕获因直接和间接关联所产生的机构依存度风险；可用于绘制“风险地图”	可使用其他的违约概率（PoDs）；可产生多个结果，包括线性与非线性依存，内生的时变危机依存
模型不足	需获取机构间风险敞口数据；属于静态模型	模型简化	模型有效性受制于市场效率因素	CDS可能会高估客观性违约概率

最近10多年来，随着互联网、信息技术和金融科技的发展，基于大数据和相关技术的风险管理理论和方法开始涌现，各类模型算法不断迭代更新。所谓大数据风险控制，是指通过运用大数据构建模型，进行业务的风险控制，并针对业务对象进行相应的风险提示。到目前为止，基于大数据和金融科技的风险管理技术和方法已渗透至多个应用场景，特别是综合运用大数据、人工智能和云计算等技术的风险管理模型系统，成为越来越多金融机构的重点研发对象。

在中国，2019年中国人民银行印发了《金融科技（FinTech）发展规划（2019—2021年）》，其中明确提出了金融科技工作的指导思想、基本原则、发展目标、重点任务和保障措施。在金融风险管理方面，该规划特别指出，要增强金融风险技防能力，正确处理安全与发展的关系，运用金融科技提升跨市场、跨业态、跨区域金融风险的识别、预警和处置能力，加强网络安全风险管控和金融信息保护，做好新技术应用风险防范，坚决守住不发生系统性金融风险的底线。

2.4　金融风险的度量方法

金融风险的度量方法有很多种，大体可分为定性分析法与定量分析法两类。其中，定量分析法主要是通过数学建模对金融风险进行基于客观数据的量化分析，而当金融风险无法量化或难以量化时，则采用定性分析法进行分析。在实践中，每一种风险度量方法都有其优缺点和适用对象，需根据实际情况和需要进行选择或搭配使用。本节主要对金融风险的度量方法进行一个概览性的介绍，更具体的应用举例留在本教材的后续相关章节展开。

2.4.1　定性分析法

（一）经验判断法

经验判断法是指风险管理人员根据经验对金融风险进行主观分析和判断，一般适用于风险暴露较小或涉及的金融因素较多的情况，因为在这些情况下，使用定量分析的难度过大或成本过高。比如，股票市场中的大多数散户在进行股票投资时，是无法通过系统的定量分析进行风险度量的，因而只能通过个人的主观经验进行判断。这种方法的优点在于简单直接，且成本较低，缺点在于主观随意性较强，判断结果通常只是个人的感性认识，缺乏客观性、系统性和稳定性。

（二）专家调查法

专家调查法即根据专家所掌握的专业知识和经验来对金融风险进行分析和预测。专家是指在相关领域有充分的知识储备或深刻的个人见解，或对金融风险有着丰富实践经验的专业人士。根据具体调查方式的差异，专家调查法可分为专家个人判断法、专家会议法和德尔菲法等。

专家个人判断法与经验判断法类似，都是给出个人的主观分析和判断，主要差异在于判断主体的知识储备和知识结构不同。一般来说，专家对于金融风险水平的判断相对更为全面和准确。这种方法的优点在于能够利用专家的知识与能力做出相对合理的判断，主要缺点则在于判断的结果与专家的个人能力有直接关系，受到专家的知识广度、深度以及拥有信息量的影响。

专家会议法是指把一定数量的专家集中在一起，以讨论和辩论等形式对金融风险进行研判，以互相借鉴和取长补短。专家会议法的优点在于参加会议的专家较多，因而对金融风险的讨论会相对更加全面和准确，其主要的缺点在于，由于会议以面对面的形式出现，专家之间容易相互影响，或在一些情况下隐藏自己的真实想法。

德尔菲法是在专家个人判断法和专家会议法的基础上发展起来的一种专家调查方法。该方法通过匿名函询给专家发放一系列的调查征询表，进行多轮的反复问询，问询后统计汇总反馈意见，并根据统计结果进行问题的更正，最终取得尽可能一致的意见。与专家个人判断法和专家会议法相比，德尔菲法可以避免专家之间互相影响，形成相对独立但最终具有共识性的意见。但德尔菲法也有一些缺点，主要是选择合适的专家具有一定难度，且结果的合理性在很大程度上受到专家个人能力和风险偏好等因素的影响。

2.4.2 定量分析法

总体来看，金融风险度量经历了从定性到定量、从相对风险度量到绝对风险度量的演变过程。按照金融风险度量模型的发展阶段，主要的定量分析方法包括敏感性分析、波动性分析、下行风险分析、风险价值模型、一致性风险度量和压力测试等。

（一）敏感性分析

金融资产的未来价值受到多种市场风险因子的影响，如果某一市场风险因子变动，可以通过测度由之引起的金融资产未来价值的相对变动进行敏感性分析（sensitivity analysis）。常见的市场风险因子有利率、汇率、股价指数、商品价格等。

敏感性是指市场风险因子变动一个百分比所引起的金融资产价值变动的百分比，因而敏感性越高，金融资产面临的市场风险通常越大。敏感性分析方法的基础应用公式如下所示：

$$\frac{\Delta P_t}{P_t}=\sum_{i=1}^{n} D_{i,\ t}\ \frac{\Delta x_{i,\ t}}{x_{i,\ t}}$$

其中，P_t 表示金融资产价值，ΔP_t 表示金融资产价值的变动，$\{x_{i,\ t}\}_{i=1}^{n}$ 表示一系列市场风险因子，$\{D_{i,\ t}\}_{i=1}^{n}$ 表示金融资产价值对不同市场风险因子变动的敏感性。

在实践中，针对不同的金融资产和不同的市场风险因子，敏感性分析指标有不同的类型，如针对贷款与债券的久期（duration），针对股票的 β 系数，针对金融衍生工具的希腊字母等。

（二）波动性分析

收益的波动性是指实际收益与预期收益之间的偏离程度。由于波动性在一定程度上度量了未来收益的不确定性，因而波动性分析方法常被用于金融风险的度量。在现实中，人们常用标准差、方差来衡量投资组合的波动性，并基于金融数据的实际特征对其进行相应修正，例如收益率的波动性在不同的资产收益率下具有非对称性，负收益率下的条件方差要大于正收益率下的条件方差，等等。

马科维茨在1952年发表论文《资产组合选择——投资的有效分散化》时，首次使用方差法来度量金融风险，其基本思想是：方差越大，说明各种可能结果相对于收益的期望值的离散程度越大，因而不确定性越大，相应的风险也就越大。因此，方差可用于度量金融风险。从应用角度，在获得金融资产收益的概率分布之后，就可以计算出其方差，并以此度量其风险水平。

使用方差法来度量金融风险具有计算简便和易于理解的优点，但也存在一些缺陷。比如，该方法通常假设收益的概率密度为对称分布，这与现实情况不符；同时，该方法考虑的是平均的偏差，

拓展阅读

马科维茨的均值-方差模型及风险度量

而未能对收益的“左尾问题”予以充分重视，因而无法用来描述小概率、大损失的极端风险事件。

（三）下行风险分析

马科维茨提出用方差来度量风险，虽然简单且比较容易理解，但也有一些弊端。特别是，方差不仅将价格的向下变动视为风险，同样也将价格的向上波动视为风险，这显然有悖于一般的风险感受和投资心理：风险是潜在的损失，而方差是一个中性的概念，只有向下的波动才和风险定义的初衷契合，因为向上的波动反而会让投资者获益。

此外，马科维茨在构建均值-方差模型时，将收益率看成服从正态分布，这在技术上是一个非常重要的假设，因为只有基于这样的假设，才能忽略收益率的偏度和峰度等统计特性，只需考虑均值和方差；但实际上，很多金融产品的收益率不仅不服从正态分布，而且常常具有明显的偏度和峰度特征，此时用方差来度量风险无疑会产生较大偏差。

针对方差度量风险的上述问题，下行风险（downside risk）的概念和分析方法被提出，其核心是引入风险基准（或参照水平）来代替方差法中的均值，以着重考虑收益在左尾的分布问题，即强调损失在风险度量中的作用。

在马科维茨之后，罗伊于 1952 年提出用下行偏离（downside deviation）来度量风险。下行偏离法和方差法类似，不过更加贴近现实中投资者对风险的理解，即只考虑收益率低于目标收益率的波动。在计算下行偏离时，一个重要的变量是目标收益率，通常用可接受的最低收益率（minimum acceptable rate of return，MARR）来表示。MARR 可以是无风险利率或者 0，或者资产收益率的平均值。

自罗伊基于安全第一原则提出“仅考虑收益率低于既定目标值的概率来计算风险”后，陆续有学者提出了不同的下行风险计算方法。其中，马科维茨本人在 1959 年做出修正，提出了半方差（semivariance）概念。

此外，为度量下行风险，哈洛（Harlow）提出了基于下偏矩（lower partial moments，LPM）的资产配置模型，其基本思想是只有收益率低于目标值 T 时，才视为发生风险，因此可以对损失（低于 T 的收益率）取概率加权的平均值来度量风险，其数学表达为：

$$LPM_n = P_p(T - R_p)^n$$

其中，R_p 为资产组合的收益率，P_p 为 R_p 条件下的概率水平，T 为目标收益率水平，n 为正整数。对于 T 和 n 的不同选择，LPM_n 有不同的含义，比如：当 $n=0$ 时，LPM_0 表示的是收益率低于某一目标水平的概率；当 $n=1$ 时，LPM_1 表示单侧偏离 T 的均值；当 $n=2$ 时，LPM_2 表示半方差。

（四）在险价值模型

在险价值模型是一种简单可行的度量总体市场风险的计量方法，它的出现弥补了波动性分析、敏感性分析等传统风险管理技术在精确性与全面性方面的缺陷。

在险价值模型由J. P. 摩根（J. P. Morgan）于1994年提出。在该模型下，只要能获得金融资产或投资组合的收益率分布，在险价值就是对应置信水平下可能出现的最大损失，即置信水平对应的分位数用数学公式表示为：

$$1-\alpha=\mathrm{Prob}\{\Delta P\leqslant -VaR\}=\int_{-\infty}^{-VaR}f_p(r)\mathrm{d}r$$

其中，α表示所选取的置信水平，r代表损益，ΔP为给定时间内的损失。总体来看，在计算在险价值时通常需要确定三个要素：一是金融资产的持有区间，二是置信水平，三是数据窗口。2004年发布的《巴塞尔新资本协议》（即《巴塞尔协议Ⅱ》）正式将在险价值模型方法确立为管理市场风险的标准工具，规定在险价值为99%置信水平下未来10天内金融资产可能发生的最大损失，并要求银行准备至少3倍于在险价值的资金以应对市场风险。

从风险度量来看，在险价值是综合考虑了所有可能的风险因素后得到的一个概括性的风险度量值，一般而言，该值越小，说明投资组合面临的风险越小。相较于传统风险度量方法，在险价值模型具有以下优势：（1）在险价值模型能够应用于任何类型的风险资产及其组合；（2）在险价值模型可以同时考虑多种风险因素，综合度量投资组合乃至整个金融机构或业务部门面临的风险；（3）在险价值模型直观地提供了一个风险损失值及相应的概率信息，简单有效，且易于理解和掌握。

由于这些优势，在险价值模型在实践中迅速得以运用，特别是在市场风险的度量方面。在后续发展中，随着计量技术的进步，在险价值模型方法被进一步应用于信用风险和操作风险的度量，其中比较著名的有J. P. 摩根开发的信用计量模型、加拿大帝国商业银行（Canadian Imperial Bank of Commerce，CIBC）提出的信用在险价值模型以及衡量操作风险的损失分布方法等。

不过，在现实应用中，在险价值模型也存在一些欠缺和不足，主要包括以下三个方面：

（1）在险价值模型不满足一致公理性准则。公理性的概念是模型具有普遍的意义和应用。但在实践中，若直接采用在险价值来计量和评估风险，则计算的投资组合风险会小于或等于各资产单独投资时的风险，这意味着分散化投资没有降低非系统风险，这和投资组合理论及市场现象相背离。在险价值模型不满足一致性公理准则主要表现在：①在险价值模型不是一致性风险度量，因为它不满足次可加性，这意味着用在险价值模型来度量风险时，证券组合的风险不一定小于各证券风险之组合，这与风险分散化的市场现象相违背，从经济意义上讲是不合理的；②在险价值模型不一定满足凸性，这意味着使用在险价值模型对证券组合进行优化时，可能存在多个局部极值，整体优化在数学上难以实现；③在险价值模型只依赖单一的损失函数，虽能以较大的概率保证损失不超过在险价值，但不能显示损失一旦超过在险价值的极端情况下的损失大小，同时容易通过特定和狡诈的交易策略操纵在险价值。

（2）在险价值模型存在尾部风险测量的非充分性。在险价值本质上是某个置信水平下的分位点，故又称分位点在险价值（quantile VaR），因此它无法考察超过分位点的风险信息，即所谓的尾部风险。在险价值模型尾部风险测量的非充分性容易诱导人们忽略小概率的巨额损失（典型地，如金融危机事件），而这正是金融风险最具有摧毁性的情况。在险价值模型尾部风险测量的非充分性本质上是在险价值模型测量风险的概念简单所付出的一种代价。

（3）在险价值模型对金融市场的分布要求过于严格。在险价值模型的应用前提是收益率的分布严格服从正态分布，但在现实中，很多金融资产的收益率的分布都并非严格意义上的正态分布，因此必然产生偏差。

（五）一致性风险度量

1999年，阿尔茨纳（Artzner）等学者提出了一致性风险度量标准，认为一个完美的风险度量模型必须满足下面的约束条件：单调性、一次齐次性、平移不变性和次可加性（详见专栏2-1）。

专栏2-1

一致性风险度量

Artzner等（1999）认为，一种良好定义的风险度量应该满足单调性、一次齐次性、平移不变性和次可加性四条公理，并将满足这些公理的风险度量称为一致性风险度量。

（1）单调性。

如果投资组合 X_1 在任意情况下的价值都比投资组合 X_2 的价值大，则一致性风险度量得出的 X_1 的风险至少不应该比 X_2 的风险大。也就是说，优质资产的风险应该比劣质资产的风险小。

（2）一次齐次性。

$$\rho(\lambda X)=\lambda\rho(X),\ \forall\lambda>0$$

（3）平移不变性。

$$\rho(X+c)=\rho(X)+c,\ \forall c>const$$

如果将数量为 $\rho(X)$ 的资本或保证金加入投资组合 X 之中，则恰好可以抵消投资组合 X 的风险。因此平移不变性公理要求风险度量在数值上就是为抵消投资组合的风险而需要提供的资本或保证金的数量。

（4）次可加性。

$$\rho(X_1+X_2)\leqslant\rho(X_1)+\rho(X_2)$$

次可加性公理意味着用一致性风险度量得出的所有被监管对象的总体风险 ρ 不能比各单个被监管对象的风险之和大。否则，即使各单个被监管对象都设置了足够的资本或保证金 $\rho(X_i)$，也不能保证所有监管对象总的资本或保证金 $\rho(X_i)$ 足以抵消整体风险，因此监管措施就可能失效。可见，次可加性公理主要是从保证风险监管有效性的角度提出的，为监管目的而设计的风险度量应该满足次可加性公理。

由于上述四条公理具有合理性，所以一致性风险度量被认为是未来的一种发展方向。事实上，巴塞尔委员会在《巴塞尔协议Ⅲ》（征求意见稿）中曾着重讨论关于一致性风险度量的相关内容，相信随着度量方法和模型的逐步成熟，一致性风险度量方法有望在实践中得到重要运用。

基于在险价值模型存在的缺点，条件在险价值（conditional value at risk，CVaR）模型和预期损失（expected shortfall，ES）模型被相继提出。

条件在险价值是指在给定的置信水平下，测算出的投资组合在给定的时间段内损失大于某个给定的在险价值时的条件期望。条件在险价值模型在一定程度上克服了在险价值模型的缺点，改善了在险价值模型在处理损失"厚尾"方面的不足。不过，需要指出的是：当损失的密度函数是连续函数时，条件在险价值模型具有次可加性，是一致性风险度量模型；但当其密度函数不是连续函数时，条件在险价值模型则不再是一致性风险度量模型。关于条件在险价值模型的更多介绍详见专栏 2-2。

专栏 2-2

条件在险价值模型

条件在险价值模型是由 Rockafeller 和 Uryasev（1997）基于在险价值模型提出的优化金融风险计量方法。它从价格条件出发，研究在一定价格水平上股票收益率的统计分布特征，并以此为基础来研究在险价值理论及其应用，使在险价值理论更加符合市场的实际情况。

从定义上来看，条件在险价值是在一定置信水平下，投资组合超过了潜在价值时，我们对这些超额损失进行平均计算，从而得到的最终损失值。这也可以理解成在一定时间段里投资组合的预期损失超过了在险价值的条件期望，因此可以称为平均超额损失：

$$CVaR(\Delta P)=E[\Delta P:\Delta P\geqslant VaR(\Delta P)]=-E[\Delta P:\Delta P\leqslant -VaR(\Delta P)]$$

为更好地理解条件在险价值的概念，可以举一个例子来说明：假定某一投资组合在 2015 年 7 月 29 日置信度为 95%时日在险价值为 100 万元，日条件在险价值为 130 万元，根据在险价值和条件在险价值的定义可知，该组合有 95%的把握可以保证，这一天由于市场价格的变动而带来的损失不会超过 100 万元，同时也有 95%的把握可以保证该组合由于多种因素而带来的极端潜在损失不会超过 130 万元，或者说损失超过 100 万元的条件损失为 130 万元。

条件在险价值模型具有传递不变性、正齐次性、单调性、次可加性、凸性等优点，这些优点使得其相较于在险价值模型，可以对尾部损失的分布加以考虑和计量，而不仅仅是单一的分位点计算。

此外，在实际应用中，相比于在险价值模型，条件在险价值模型可以更好地体现出一项投资或一个投资组合的潜在风险，在实际计算中更加简便，应用范围也更加广泛，比如：金融监管部门可以通过条件在险价值模型对上市公司和金融机构的信息披露情况进行监管；金融机构可以利用条件在险价值模型对信用风险进行度量和套期保值。

预期损失模型在条件在险价值模型的基础上进行了进一步改进，是一个一致性风险度量模型。预期损失是投资组合在给定置信水平决定的左尾概率区间内可能发生的平均损失。预期损失模型对于损失的分布没有特殊要求，在连续和不连续的情况下都能保持一致性风险度量的性质。这使预期损失模型不仅可以用于任何一种金融工具的风险度量，而且可以处理具有任何分布形式的风险源，同时可以保证在给定风险量的约束条件下最大化预期收益组合的唯一性。

从数学角度，预期损失模型的定义为：

$$ES_c = -E[X \mid X \leqslant -VaR_c(X)]$$

其中，ES_c 指的是在给定的置信水平下，超过临界风险的事件给投资组合带来的损失或收益 X 的平均值或期望值。VaR_c 即置信水平为 c 时的在险价值。

当收益或损失的分布为离散分布时，预期损失可以表示为：

$$ES_c = \frac{1}{1-c}\sum_{\alpha=c}^{1} X_\alpha P_\alpha$$

其中，X_α 为置信水平为 α 时的最大损失，P_α 为置信水平为 α 时取得最大损失的概率。

当收益或损失的分布为连续分布时，预期损失可以表示为：

$$ES_c = \frac{1}{1-c}\int_c^1 VaR_p \mathrm{d}p$$

当损失的分布连续时，通过预期损失模型计算出的结果与通过条件在险价值模型计算出的结果是相同的。

（六）压力测试

压力测试是指采用一系列定性与定量分析方法，测算金融机构在各种不利情景下可能发生的损失，并分析这些损失对金融机构盈利能力和持续经营造成的负面影响，进而评估金融机构或金融系统的脆弱性程度。如前文所述，压力测试是情景分析法的一种具体应用。

压力测试中的情景设置既可以是历史中已经发生过的重大风险事件，也可以是某种假设的突发事件，前者被称为历史情景分析，可用以评估当前资产组合能否有效应对历史风险事件，后者被称为假设情景分析，有助于降低未来风险造成的损失。

压力测试是一种系统全面的风险计量方法，它既能对市场风险、信用风险、操作风险等一系列风险进行综合评估，又可以分析特定情景下的损失状况，是对在险价值模型等其他风险管理技术的有益补充。不少国家的金融监管部门都提倡或者强制要求金融机构将压力测试应用于各项业务的风险管理与经营决策中。

关键词

金融风险识别	现场调查法	问卷调查法	组织结构图示法	流程图法
主观风险测定法	客观风险测定法	幕景分析法	故障树分析法	平衡点法
风险清单分析法	金融风险度量	经验判断法	专家调查法	德尔菲法

敏感性分析　波动性分析　下行风险分析　在险价值模型
一致性风险度量　压力测试　条件在险价值　预期损失

复习思考题

1. 举例说明金融风险识别方法。
2. 简述金融风险度量的理论发展脉络。
3. 简述金融风险度量的主要方法及其优缺点。
4. 简述金融风险度量的主要模型及其优缺点。

本章小结

第3章
金融风险的管理框架

本章要点

1. 金融风险管理的目标与功能；
2. 金融风险管理的基本流程；
3. 金融风险管理的组织架构；
4. 金融风险管理的绩效度量方法；
5. 金融风险管理的监管框架演变。

背景材料

2016年9月，为提升银行业金融机构全面风险管理水平，引导银行业金融机构更好服务实体经济，中国银监会正式发布《银行业金融机构全面风险管理指引》（以下简称《指引》）。

近年来，为加强和规范商业银行风险管理，银监会借鉴国际金融监管改革成果，紧密结合我国银行业实际，陆续制定了各类审慎监管规则，覆盖了资本管理、信用风险、市场风险、流动性风险、操作风险、并表管理等各个领域，初步建立起一套较为完整的风险管理规制体系。在此基础上，银监会从现有规则中梳理提炼出共性要素，同时参照巴塞尔委员会《有效银行监管的核心原则》的基本要求，借鉴国际经验，制定了《指引》，形成了我国银行业全面风险管理的统领性、综合性规则，引导银行业树立全面风险管理意识，建立稳健的风险文化，健全风险管理治理架构和要素，完善全面风险管理体系，持续提高风险管理水平。

《指引》共8章54条，包括总则，风险治理架构，风险管理策略、风险偏好和风险限额，风险管理政策和程序，管理信息系统和数据质量，内部控制和审计，监督管理及附则，强调银行业金融机构按照匹配性、全覆盖、独立性和有效性的原则，建立健全全面风险管理体系，并加强外部监管。

《指引》采用了风险管理“三道防线”的理念，强调银行业金融机构董事会承担全面风险管理的最终责任。银行业金融机构监事会承担全面风险管理的监督责任，负责监督检查董事会和高级管理层在风险管理方面的履职尽责情况并督促整改。银行业金融机构应当设立或指定部门负责全面风险管理，牵头履行全面风险的日常管理。银行业金融机构各业务经营条线承担风险管理的直接责任。

银监会相关负责人表示，《指引》定位于为银行业金融机构完善全面风险管理体系提供系统性指导框架。在此基础上，《指引》充分考虑了各类银行业金融机构的差异化情况。一是区分适用和参照执行。适用范围明确为我国境内设立的银行业金融机构，经银行业监督管理机构批准设立的其他金融机构参照本指引执行。二是明确匹配性原则。考虑到各类机构特点的差异性，《指引》明确提出全面风险管理体系应当与风险状况和系统重要性等相匹配，并根据环境变化进行调整。三是部分条款增加了适用的前提条件。如对规模较大或业务复杂的银行业金融机构，提出设立风险总监（首席风险官）的要求。

资料来源：银监会发布《银行业金融机构全面风险管理指引》. 中国政府网，2016-09-30；银行业金融机构全面风险管理指引发布. 中证网，2016-10-01.

3.1 金融风险管理的目标与功能

3.1.1 金融风险管理的目标

金融风险管理是指金融机构等风险管理主体，为了最大限度地减少由金融风险所带来的不利影响，通过使用适当的方法、策略和措施，对金融风险进行识别、度量、监测、评估、控制（缓释）的行为过程。

金融风险管理的最终目标，是通过消除或尽量减轻金融风险对金融机构和金融体系运行的不利影响，改善金融机构的经营管理，提高金融体系的整体稳定性，进而对宏观经济的稳定运行起到促进作用。

在实践中，为支撑上述最终目标的实现，金融风险管理者在具体的风险管理过程中，通常还会设置分部门或分阶段的各种具体目标，比如：降低风险发生的概率，控制风险造成的损失程度，将特定风险的发生次数控制在一定数量之内，避免遭受监管部门的处罚，等等。

3.1.2 金融风险管理的功能

金融风险管理的主要功能可以从微观和宏观两个层面加以分析。其中，微观层面的功能是基础，而宏观层面的功能则是表现和依托，两个层面的功能紧密关联又彼此支持，是相互依存和相互促进的关系。

（一）微观层面的主要功能

从金融机构、企业、家庭等微观个体的层面来看，金融风险管理的主要功能包括以下几个基本方面：

一是为金融机构创造持续稳定的生存环境，同时以最经济的方式减少损失。通过金融风险管理，金融机构能够制定和实施各种防范措施和对策，在各种经济变量发生变化的情况下，保持相对稳定的收入和支出；在损失发生后，能在一段合理时间内恢复经营。同时，金融风险管理能在损失发生后及时、合理地提供预先准备的补偿基金，从而直接或间接地降低费用开支，并以最经济的方法预防潜在损失。

二是保障经济主体经营目标的顺利实现。经济主体筹集和经营货币资金的目的就是盈利，金融风险管理通过管理风险，使各项资金的直接或间接费用降到最低，从而有利于经济实体盈利的增加和经营目标的实现。同时，金融风险管理能促进经济主体资金筹集和资金经营决策的合理化和科学化，避免行为短期化，促进资源的优化配置。此外，金融风险管理能减少或消除各经济主体（包括居民个人、家庭、企业、银行、非银行金融机构、政府）的紧张不安和恐惧心理，为他们提供一个安全稳定的金融环境，从而提高工作的效率和效益。

三是最大化股东价值。除管理收益波动外，风险管理还可以帮助企业实现股东价值的最大化。在实务中，基于股东价值承担风险进行项目投资的公司大多数都认同风险管理和经营最优化可以将股东价值提升20%～30%。美国弗吉尼亚大学的乔治·阿莱亚尼斯（George Allayannis）和詹姆斯·韦斯顿（James Weston）的实证研究支持了这一结论，他们对1990—1995年积极从事市场风险管理的公司的股票市值与面值的比率进行研究后发现，那些更加积极地从事市场风险管理的公司得到了平均20%的市值增长回报，这意味着风险管理使公司获得了资本市场的溢价。此外，风险管理还可以通过降低外部融资成本和降低经济活动的不确定性来提升公司效益。

（二）宏观层面的主要功能

从宏观层面来看，金融风险管理的主要功能包括以下四个方面：

一是规范金融市场的运行秩序。通过金融风险管理，建立完善的风险管理机制（如市场准入条件、交易规则、保证金制度等），可以保证市场上各参与者行为的合理化和规范化，防止市场参与者投机冒险和扰乱市场，从而维护金融市场的平稳有序运行，提高资源配置的效率。

二是维护金融体系的安全稳健。货币资金的筹集和经营不仅涉及生产领域和分配领域，而且涉及流通领域、消费领域和社会再生产的各个环节，而金融风险管理可以通过规范各类交易的规则和秩序，保证市场参与者行为的合理化和规范化，有效防范金融风险，维护金融市场参与者对金融体系安全性和稳健性的信心。

三是促进国民经济结构的优化。随着现代科技的进步，国民经济中会出现一些新的高科技行业与部门，需要有相应的资金支持，而由此产生的融资风险较大，一旦新技术、新产品开发失败，融入的资金便难以回流，使融出方遭受损失。通过金融风险管理，可以在有效控制风险的前提下，加强对高科技行业和创新领域的金融支持。

四是保护社会公众的权益。金融市场的各类投资者（包括银行存款人、证券市场的普通投资者等）作为金融风险的承受者，在信息获取和市场地位等方面都不占优势，而这个庞大的群体恰恰是金融市场的基础支撑，因此其合法权益必须得到妥善保护，从而金融才能实现可持续发展。而金融风险管理的基本目标之一，就是要通过主动积极的风险防范和控制（包括金融监管部门的外部监管），保护社会公众的金融权益。

3.2　金融风险管理的基本流程

金融风险管理的基本流程是指以金融机构为代表的风险管理主体，采用定性和定量相结合的方法，对其相关业务经营和管理活动过程中所承担的各类金融风险进行识别、度量、监测、控制（缓释）的过程。在此基础上，金融风险报告制度作为金融机构对其风险管理活动的一种常规性总结、分析和反馈机制，同时也作为一种风险管理工具，可以定期将相关风险信息传递到内外相关部门和机构，特别是内部的管理层和外部的监管当局，供其了解金融机构的风险及其管理情况。

3.2.1　金融风险的识别

金融风险识别作为金融风险管理的前提和基础，主要是指在金融风险事故发生之前，金融机构采用一定的方法和流程，对各种潜在金融风险的性质及其原因和影响等进行分析和鉴别的过程。金融风险识别是金融风险管理的首要步骤，为金融风险管理的目标对象定位指明了方向。概括而言，金融风险识别的主要内容包括以下几个方面：

一是识别风险来源，即找出金融机构的哪些金融业务或环节存在金融风险，具体存在什么类型和性质的金融风险。按照前面第 1 章的金融风险分类，一般而言，金融机构需要按照信用风险、市场风险、操作风险、流动性风险、国家风险、战略风险、声誉风险、合规风险等基本类型的划分，对其所面临的风险进行分类识别。

二是辨别风险因子，主要是指金融机构在风险类型和性质识别的基础上，进一步对风险背后的因素（因子）进行解析（包括分解、分析和归并等），其目的是根据风险管理（特别是量化管理）的实际需要，把某种具体的金融风险分解为一种或多种单一的风险因子，或者把几种具有相同风险因子的金融风险适当归并，为后续的风险计量和分析做准备。

三是分析风险效应，主要是指金融机构采用现场调查法、问卷调查法、专家调查法、流程图法、幕景分析法与故障树分析法等前文所述的各种风险识别方法，对金融风险的可能效应（包括积极效应和消极效应）进行分析。这一分析的目的不仅在于辨别相关金融风险对收益的影响方向（盈利或亏损），还在于为金融机构的风险-收益权衡取舍提供参考。

3.2.2　金融风险的度量与监测

金融风险的度量是指在金融风险识别的基础上，进一步对相关风险事件所可能导致的损失概率、程度以及范围进行量化分析，这是整个金融风险管理的核心环节。

在金融风险管理过程中，从定量角度准确判断金融风险的大小和范围非常重要。如果对金融风险估计不足，就会导致风险管理主体低估风险的影响和防范不到位，进而引发超预期的损失，给金融机构的正常经营造成不良影响；反之，如果对金融风险估计过高，则会导致对风险管理的资源配置过度，引发不必要的成本支出，最终降低金融机构的效益。

在实践中，金融风险的度量方法主要有两大类：一类是定性评估，如主观判断法、评分法和评级法等；另一类是定量评估，主要是运用数理建模和统计分析等技术方法，对金融风险的暴露头寸大小、风险事件的发生概率及其分布、风险因子的敏感度和波动性、潜在损失的大小等进行测度，具体的测度方法如前文所述的敏感性分析、波动性分析、在险价值模型和压力测试等，这些方法目前仍在不断发展和更新过程中。

此外，由于金融风险具有易变性和难以准确预见等不稳定的特征，金融风险的度量并不是一劳永逸的静态工作，而是内含着持续动态监测更新的过程。在这一过程中，金融风险的动态监测主要包括两个方面：一是持续跟踪那些已经经过识别和度量的金融风险，监测其发展和演化的情况及趋势等；二是根据风险的演化情况，适时对新增风险和存量风险的变化趋势等进行及时有效的识别、度量和监测，以便及时采取适当的管控策略和措施。

3.2.3　金融风险的控制

金融风险识别与金融风险度量是金融风险管理的底层基础，是对金融机构风险状况的客观评价。在对金融风险进行有效识别和度量的基础上，金融机构需要采用合理的策略、工具或手段，对其所面临的金融风险进行评估、防范和控制。

（一）金融风险的评估与限额管理

金融风险的评估是指金融机构根据自身的财务状况、风险状况、风险偏好等因素制定风险管理策略的主观过程。在这一过程中，金融机构首先需要结合战略目标、资本规划、经营计划等因素确定风险偏好，其次需要基于自身风险偏好与资本、流动性状况决定愿意以及能够承受的风险总量（即风险限额），并从产品、客户、行业、区域等不同维度细化风险限额。

扩展阅读

风险限额政策

此外，当宏观经济、经营计划、风险状况等因素发生变化时，金融机构应当及时调整风险偏好与风险限额，对突破风险偏好与风险限额的情况进行纠正，以保证风险管理的有效性。在实践中，当风险计量完成之后，金融机构根据实际风险与风险限额的相对大小制定相应的风险管理策略，对风险进行有效控制（缓释）。

（二）金融风险的控制与缓释方法

从介入时间来看，金融风险的控制策略主要分为两大类：事前的风险控制和事后的风险处置。所谓事前的风险控制，是指金融机构在损失发生前就尽可能地采取措施，以尽量降低损失事件发生的概率，或降低风险损失的严重程度。事后的风险处置本质上是一种“亡羊补牢”的策略，主要是指金融机构在风险事件已经发生的情况下，通过及时采取必要的处置措施，尽可能控制和降低风险事件的不良后果。显而易见，从损失最小化的角度，金融风险管理的关键在于有效的事前风险控制，而事后的风险处置只能作为一种辅助性或补救性的策略使用。

根据不同的风险管理策略，金融机构风险控制与缓释的方法主要包括风险规避、风险分散、风险转移、风险保留、风险补偿、损失控制等。

1. 风险规避

当实际风险超过风险限额时，金融机构可以采取一定措施避免风险的出现，这种风险控制手段被称为风险规避。具体而言，金融机构可以放弃蕴含此项风险的业务，或者在业务开展过程中针对此项风险实施相应的限制，这种限制通常是以放弃部分收益为代价的。此外，在以下两种情形下，金融机构也可能采取风险规避措施：一是蕴含某种风险的业务并非金融机构的主要业务；二是管理某种风险所需要的知识技能超出了金融机构的能力范围，且这种风险难以转移。

2. 风险分散

对于投资组合的风险管理而言，风险分散是一个常用的风险管理策略，其核心是通过多样化的投资来分散非系统风险和降低总体风险。根据马科维茨的资产组合理论，只要资产组合中各资产间的相关系数小于 1，那么资产组合的标准差就会小于单个资产标准差的加权平均数。因此，通过构建彼此相关性较弱的资产并加以组合，就可以在不影响预期收益的前提下尽可能地降低风险。当资产数目趋于无穷大时，组合的非系统风险将趋于零。

3. 风险转移

风险转移是指金融机构利用一定的金融工具将相关风险转移给其他市场主体承担。转移的风险一般是其他风险管理方法无法消除或难以减少的系统风险，这意味着风险本身并未消失或降低，而只是从转移者那里转到了被转移者那里（承担主体改变）。在风险转移过程中，由于被转移的一方成了实质性的风险承担者，因此，此类策略在使用时必须以被转移者同意为前提条件。在实践中，风险转移的具体方式包括保险、担保和对冲等。

（1）保险。保险是最为常见和被广泛应用的风险转移方法之一，主要是指初始的风险承担主体通过向保险公司或某些担保机构投保，以支付保险费为代价，将风险转移给这些机构。通常情况下，保险是通过具备法律效力的合同（保险单）来实施的。在一个典型的保险合同中，保险公司承诺在合同期限内，对被保险人所遭受的（合同约定的）金融损失进行相应的赔偿。但在实践中，如果保额巨大，为避免单家保险公司破产而无法支付赔偿的风险，可分散在多家保险公司投保，或找实力雄厚的保险公司投保。

（2）担保。担保是指金融机构在从事相关交易或发放贷款时，要求交易对手或借款人以第三方信用或其拥有的各种资产作为还款保证的一种形式。在一个典型的担保合同中，当债务人不履行或无法履行债务偿还义务时，担保人必须依照合同的规定承担相应的连带责任，替借款人还清债务。因此，担保本质上是将违约风险转嫁给了第三方担保人，这一方面可以缓解金融机构和债务人之间的信息不对称风险，另一方面也可以通过担保人的作用，监督和促使借款人到期如数还本付息。

（3）对冲。风险对冲又称套期保值，主要是指通过购买与标的资产的收益反向波动的某种资产或期货、远期、期权等金融衍生工具，来冲销标的资产潜在风险损失的一种风险管理策略。风险对冲可以同时管理系统风险和非系统风险，还可以根据投资者的风险承受能力和偏好，通过对冲比率的调节来对风险承担水平进行动态调节。

4. 风险保留

在实践中，有一些风险（如信用风险）是金融机构无法从根本上予以避免的。对于此类风险，金融机构只能采取风险保留的管理方法。然而，风险保留并不意味着不对风险进行积极管理。相反，金融机构既要做好事前的预防与监测，降低风险事件发生的概率，又要做好事后的补救措施，降低损失的严重性。

风险保留的核心在于保证金融机构具有充足的资本和流动性来吸收风险所造成的损失。以商业银行为例，2010 年正式发布的《巴塞尔协议Ⅲ》明确规定，银行的核心一级资本充足率、一级资本充足率和总资本充足率应分别不低于 4.5%、6%和 8%，并要求银行持有一定的留存超额资本、逆周期超额资本、系统重要性银行附加资本以防范系统性金融风险。此外，该协议还对银行的杠杆率与流动性等方面提出了相关要求。

5. 风险补偿

风险补偿是一种基于定价的风险控制策略，主要是指金融机构在相关业务活动遭受实质性损失之前，对相关风险进行事前的价格补偿，补偿的原则是高风险要求高回报（风险溢价）。特别是对于那些无法通过分散、对冲、转移或规避等方式予以控制的风险，金融机构可以考虑通过提高风险定价，要求借款人或交易对手给出更高的价格补偿。

在实践中，金融机构可以在其定价策略（模型）中充分考虑各种可能的风险因素，并通过风险与收益相匹配来实现预期收益对潜在风险损失的覆盖。比如，金融机构在贷款定价中，对于信用较低的借款人或风险较大的项目，可以相应地提高贷款利率；反之，对于那些信用较好的借款人或风险较低的项目，则可以相应地降低贷款利率。

6. 损失控制

当金融风险不能规避时，应采取措施以减少其相关损失，这种处理金融风险的方法是损失控制。损失控制与风险规避不同，风险承担者仍然进行金融风险的有关活动。损失控制不是放弃这些活动，而是在开展活动的过程中，通过采取一系列措施，来减少和避免最后的风险损失，或是降低损失发生时产生的成本。

风险承担者是否采用损失控制策略依赖于采用这种方法所花的成本是否能够由所获得的预期收益抵补。若成本远远超出收益，则这种损失控制的投资就是不值得的。此时，损失控制的收益应能够被合理量化。

3.2.4　金融风险的报告与监控

为了实现对金融风险的有效管理，金融机构应该设立专门的金融风险管理部门，并由董事会与内部审计部门对其进行监督。金融风险管理部门需要持续监控风险偏好、风险限额以及风险管理策略的实施状况，并对可能突破风险偏好与风险限额的情况，以金融风险报告的形式及时提交管理层、相关部门和外部监管机构等。

一般而言，金融风险报告和监控的内容包括但不限于以下内容：潜在风险及其在产品、客户、行业、区域等不同维度的分布；使用的风险计量模型与方法；资本与流动性的风险承担能力；风险偏好、风险限额以及风险管理策略的执行情况。此外，为了提高风险监测与报告的准确性和可靠性，金融机构还需建立完备的信息科技系统与数据质量控制机制。

在金融风险管理流程中，金融风险报告（监控）制度是确保将相关金融风险信息有效传递至内外部门和监管机构，以便相关方面能够及时了解金融机构的风险和管理状况的重要机制和工具。一方面，可靠的金融风险报告（监控）可以为管理层和内审等部门提供全面有效的风险信息，从而为风险管理决策提供依据和支持；另一方面，可靠的金融风险报告（监控）也是外部投资人和监管者了解金融机构风险状况和管理情况的一种重要途径，有助于缓解信息不对称、提高信息沟通效率和共同应对可能的金融风险。

综合 3.2 节的相关内容，金融风险管理的基本流程可由图 3－1 简要概括。

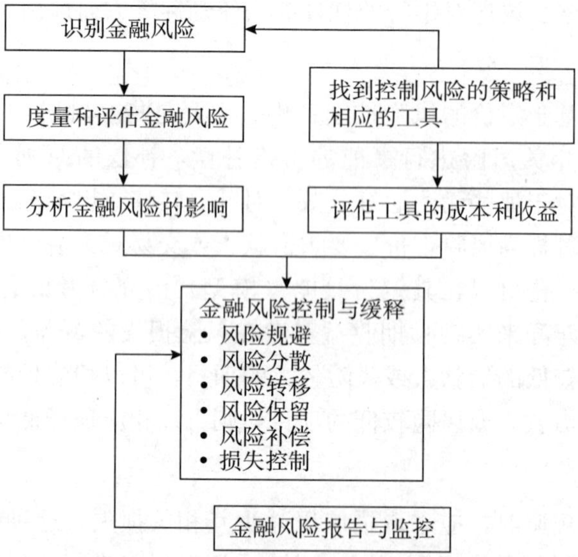

图 3－1 金融风险管理的基本流程

3.3 金融风险管理的组织架构

3.3.1 全面风险管理理论

（一）全面风险管理理念的提出

在传统的风险管理模式下，每种风险分别由企业中的一个单独部门或条线来管理，相互之间彼此分离，比如，管理层主要关注经营风险，交易员负责市场风险，保险精算师负责保险风险等。

这种单线条的、分割的风险管理模式在市场平稳时期可以基本满足企业的风险管理需求，但由于它忽略了风险的动态性和不同风险之间的关联性，因而很难从企业整体角度对各种风险进行有效的管理，容易出现低估或高估风险、风险应对不足或应对过度、风险管理无效或低效的情况。特别是，从组织架构的角度，如果企业没有一个中心化的集成风险管理系统，而各部门在评估和测度风险时又各行其是（分别采用不同的方法和描述方式），那么，企业的管理层将面临碎片化和难以整合的信息，导致风险管理的整体效率显著下降。

因此，考虑到企业（包括金融机构）内部各种风险之间的关联性，为在企业整体层面上增强风险识别、度量和管理的统一性、一致性及效率性，需要建立一个中心化的风险管理框架，全面风险管理（enterprise risk management）的理念应运而生。从现代风险管理理论角度来看，全面风险管理对于确定整个企业层面的风险管理政策、流程以及标准来说非常重要。

一般认为，全面风险管理是一个综合集成的风险管理框架，用于从整体上管理各种风险，以降低收益波动和最大化公司价值。根据美国反虚假财务报告委员会下属的发起人委员会在2004年给出的定义，“风险管理是一个过程，受企业董事会、管理层和其他员工的影响，包括内部控制及其在战略和整个公司中的应用，旨在为实现经营的效率和效果、财务报告的可靠性及法规的遵循提供合理的保证。”

根据SAS软件公司在2006年7月对全世界339家金融机构进行的一项问卷调查，改善企业经营和满足监管条件是推动金融机构实施全面风险管理的主要推动力，其他原因包括改善企业管理绩效、对风险进行合理定价、节约资本分配和减少风险损失等。根据该问卷调查结果，应用全面风险管理系统平均可以减少10%左右的资本要求。比如，对于一个需要100亿美元资本分配的银行而言，其中60亿美元被分配给信用风险，那么通过采用先进的、系统化的全面风险管理，可以减少6亿美元的资本分配。如果按照10%的年度资本回报率计算，银行可因此在1年中净增加6 000万美元的收益。

总体而言，大部分研究认为，全面风险管理由于其集成的风险组织结构而具有更高的组织管理效率。在全面风险管理理念下，企业内部的各个风险管理部门，如市场部门、信贷部门和其他部门等，可以把相关风险集成在一个风险管理系统和流程之中。在这个系统和流程中，各个风险管理部门都向首席风险官（CRO）汇报，而首席风险官则向董事会或首席执行官汇报，从而形成一个自上而下、相互协调的风险管理框架，实现对风险的一致测度和统一管理。

（二）全面风险管理的框架构成

全面风险管理框架主要由公司治理、生产管理、投资组合管理、风险转移、风险分析、数据技术和资源以及利益相关者管理7个核心部分构成，下面分别予以简要说明。

（1）公司治理（corporate governance）。全面风险管理需要董事会和高级管理层开展必要的组织活动，同时制定相关的流程，来对风险进行全面的管理和控制。成功的公司治理框架通常包含以下主要内容：①董事会和高级管理层合理地确定公司的风险偏好和风险承受度；②管理层需要采取相应的风险措施，确保公司具有相应的风险管理组织结构和能力；③将所有关键风险集成到风险管理框架中，并为其中的人员确立明确的角色和责任；④监督和审计目标的完成情况。

（2）生产管理（line management）。生产管理主要是指与公司产品和服务相关的管理活动，包括如何将公司决策融入风险管理过程，如何评估相关风险，以及如何将风险融入定价和投资决策等。具体的评估流程应当包含充分的尽职调查，以决定哪些风险无须上报管理层和董事会；同时，在对产品进行定价或投资决策时，应该将风险资本的成本和预期损失纳入考虑。

（3）投资组合管理（portfolio management）。投资组合管理可以为公司提供一个总体风险的概览。积极的投资组合管理通过将所有的风险敞口加总，并允许进行风险分散化，可以实现对风险集中度的测量与监控。根据这一观点，公司内部的每一种风险都应该与全面风险管理相结合，从而实现风险和收益的最优配置。

（4）风险转移（risk transfer）。对于那些公司无力承担的风险，或能承担但过于集中的风险，可以通过风险转移予以减轻或消除。对于任何一个公司来说，集中度风险都是非常危险的，因此需要进行监控和缓释。如果风险管理成本过高，可以将其转移。此外，还可以通过衍生品和保险等金融工具进行套期保值。

（5）风险分析（risk analysis）。在风险管理技术日益成熟的今天，公司面临的大部分风险（如信用风险、市场风险、操作风险、流动性风险等）都可以被测量出来。风险分析既可以用于在减少风险敞口时进行成本核算，也可以用于在管理或转移风险时进行成本效益分析。从经济角度，风险分析可以增加公司的净现值和经济附加值。

（6）数据技术和资源（data technology and resources）。在公司内部，一般由不同的部门和系统来提供相关价格、波动率、相关系数等数据，而数据技术可以将这些数据集中到全面风险管理的流程之中。因此，在评估风险时，合理使用数据技术和资源可以显著提高数据利用效率。

（7）利益相关者管理（stakeholder management）。一个公司的内部风险管理流程对于利益相关者应该是透明的，因此，风险管理流程应该向股东、债权人、监管者、社会公众等利益相关者展示，并向他们保证公司采取了合理的风险管理措施。公司应该定期更新风险管理的各种指标信息，这些信息对于评级机构和分析员而言也非常重要。

（三）全面风险管理系统的开发与实施

在开发全面风险管理系统的时候，公司的管理层应该遵循以下四个方面的原则：一是决定公司可以接受的风险水平，特别是确定在各种不同的财务情境（包括财务困境）下，公司如何能够最大化公司的价值；二是基于公司的目标债务评级，评估公司所需要的资本金，即需要多少资本金，才能使公司在正常运营中避免陷入财务困境；三是决定资本金和所承担风险之间的最优比例，以达到公司预期的债务评级水平；四是为公司管理层提供信息和激励方面的措施，以促使他们在风险和资本之间维持适度的平衡。

对于全面风险管理系统的实施而言，其主要步骤包括：一是采用“自上而下”（从董事会和高级管理层开始）和“自下而上”（从单个业务部门的经理开始）相结合的方式，有效识别公司面临的各种风险，包括信用风险、市场风险、操作风险、流动性风险、声誉风险、合规风险、战略风险等；二是开发和使用具有一致性的方法，对公司识别出来的各种风险暴露进行评估，如果方法并不一致，全面风险管理系统就会失效，进而导致资本在不同业务部门之间的错误分配；三是强化系统学习和管理，为确保全面风险管理系统在公司的顺利实施，应当让公司所有层级的员工和管理层都充分理解该系统是如何设计、运作和创造价值的。

3.3.2 全面风险管理框架下金融风险管理的组织架构

为贯彻实施全面风险管理的理念，金融机构必须有合理有效的组织架构作为支撑。在传统的组织架构下，金融风险通常分别由相应的业务条线来管理。比如，信贷部门的风险管理者主要负责批准交易、设定和监控信贷相关风险的敞口和限额；国债交易部门的风险管理者主要负责度量并监控头寸，同时通过合适的交易和对冲控制风险；各业务条线的管理者主要负责制定自身的业务和产品战略，同时控制经营风险；而外部和内部的审计部门则主要对公司的业务和管理流程等进行监督检查。

在实践中，上述传统的组织架构存在着诸多弊端，其中最为棘手的问题之一是，市场风险管理的结果主要向交易部门报告，而非向独立的“中台”报告，这会导致风险管理报告缺乏独立性。同时，不同业务条线间的风险管理分散化还可能导致不同类型风险之间的相关性被忽略，进而低估总体风险的程度。比如，信用风险管理者可能会更倾向于通过资产证券化等方式将信用风险转化为操作风险，从而降低自身的风险责任，在缺乏沟通的情况下，这种转化可能导致风险管理过程产生各种“盲区”，进而在不知不觉中增加了金融机构的风险。

按照风险管理的独立性原则，在一个科学合理的风险管理组织架构中，风险管理者应该向金融机构的最高管理层汇报，而不是向交易部门报告。从全面风险管理的角度看，一种理想的风险管理模式应该全面覆盖金融机构所面临的信用风险、市场风险、操作风险、流动性风险及其他主要类型的风险。这样的架构既可以防止风险从容易度量的领域向其他领域转换，同时也可以将不同类型风险之间的相互作用考虑在内。

在考虑了金融风险管理的独立性和分散化需要之后，一个自然而然的选择就是使风险管理部门独立于交易部门之外。图3-2给出了这样的一种组织架构，其中：“前台”（front office）主要根据风险管理部门预先设定的限额来构造头寸，或进行一些局部性的对冲交易；“后台”（back office）关注的是交易过程和现金管理的协调；而“中台”（middle office）则具有一些扩展功能，如数据获取、损益分析、各类风险的度量和控制等。

在金融风险管理的组织架构中，风险管理部门作为核心部门的主要职责包括：（1）建立风险管理策略、方法以及与整体风险管理策略相一致的程序；（2）检查和改进用于定价和度量风险的模型；（3）从全局的角度评估风险、控制风险敞口和风险因子的变动情况；（4）加强对交易员风险限额的管理；（5）与高级管理层沟通风险管理的结果。

在理想的情况下，风险管理的组织架构应在首席风险官的领导下集中运行。首席风险官下设信用风险管理、市场风险管理、操作风险管理等条线。其中，信用风险管理主要负责管理银行和交易账户中的信用风险，市场风险管理主要负责管理银行及交易账户

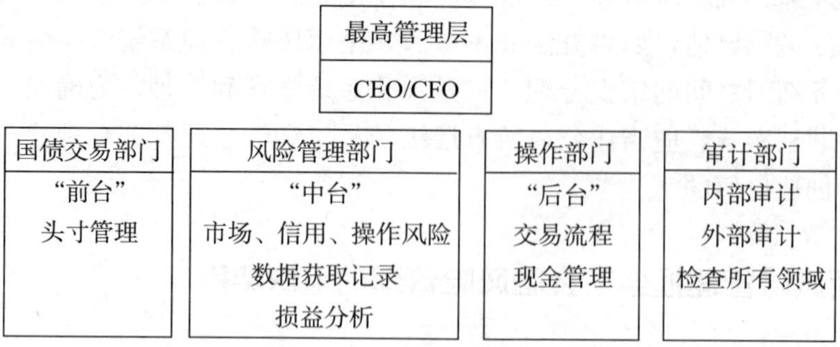

图 3-2　金融风险管理的基本组织架构

中的市场风险，而操作风险管理则主要负责管控操作风险。根据资本市场风险顾问公司(Capital Market Risk Advisors) 在 2010 年的调查，近 90%的金融机构样本中均存在首席风险官。可见，绝大多数主要的金融机构已经开始使用首席风险官模式来构建金融风险管理的组织架构。

3.3.3　金融风险管理的内部控制体系

在实践中，无论是哪种类型的风险管理组织架构，通常都需要满足"三道防线"的要求，包括由各职能部门和业务单位构成的第一道防线，由风险管理委员会和风险管理部门构成的第二道防线，以及由审计委员会和内部审计部门构成的第三道防线（见图 3-3）。

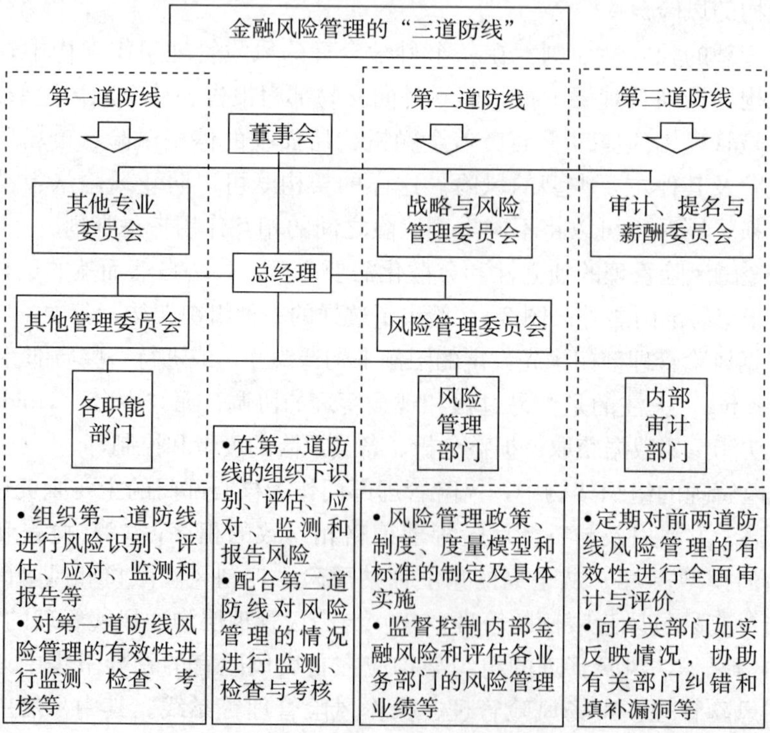

图 3-3　金融风险管理的"三道防线"

上述“三道防线”主要是从风险管理流程的角度设计的。从公司内部的组织架构来看，一个科学合理的金融风险内部管理架构大致可分为三个层级：

第一层：董事会与风险管理委员会。该层级位于金融风险管理架构的最高层，主要负责制定和处理有关风险的战略决策，并对管理层和各部门的风险管理工作进行引导。

第二层：风险管理部门。这是风险管理委员会下设的独立于日常交易管理的实务部门，包括战略组和监控组两个分部，主要负责具体金融风险管理策略的制定以及工作的协调和实施等工作，其中，战略组主要负责风险管理政策、制度、风险度量模型和标准的制定，而监控组则主要负责监督控制内部金融风险以及对各业务部门的风险管理业绩进行评估等。

第三层：业务系统。各业务部门主要负责自身部门的风险管理，它既与第二层的风险管理部门相独立，又与其有联系：业务部门需要遵循风险管理部门所制定的风险管理制度和策略，并给予工作上的支持和协助，如及时向风险管理部门汇报和反馈有关信息等。

此外，针对金融机构的内部风险控制体系，中国人民银行于1997年发布了《加强金融机构内部控制的指导原则》，为金融机构建立循序渐进的“三道监控防线”提供了依据。

第一道监控防线：岗位制约，主要是指建立完善的岗位责任制度和规范的岗位管理措施，通过实行“双人、双职、双责”制度，确保金融机构的业务操作在“职责分离、交叉核对、资产双重控制和双人签字”等约束措施下展开，实现不同岗位之间的相互配合、督促和制约。

第二道监控防线：部门制约，即通过建立相关部门和相关岗位之间的互相监督制约机制和工作程序来控制金融风险的发生，比如，在商业银行中，业务部门的数据处理程序应该受到科技部门的控制，而信贷部门的贷款规模则应受到资金计划部门的约束等。

第三道监控防线：内部稽核，主要由金融机构顶部的稽核部来执行，主要是通过对机构内各岗位、各部门和各项业务实施全面监督，及时发现问题与潜在风险点，并向有关部门真实反映情况，同时协助有关部门纠正错误和填补漏洞，确保各项规章制度的正确执行和各项政策的准确实施。

3.4 金融风险管理的绩效度量

3.4.1 风险损失与经济资本

(一) 风险损失的分类

金融机构在经营过程中不可避免地会产生损失，这些损失有大有小，一般可被划分为预期损失、非预期损失和极端损失。其中，预期损失一般指平均损失，由于损失的平均值比较容易确定，因而此类损失被视为可提前预期的损失；非预期损失是一定条件下的最大损失值超过平均损失值的部分，这部分损失相对不确定，通常情况下，实际损失会在平均值附近，不会达到最大损失值的程度，只有少数时候会接近最大损失值，因此这部分损失被称为非预期损失；极端损失是超过一定条件下的最大损失值的损失，这部分损失的最大值无法封顶，在风险管理上是难以完全解决的一个缺口，但其发生概率极小，一般对应现实中的极端事件。

综上，预期损失、非预期损失和极端损失可以简单表述为：

(1) 全部损失＝预期损失＋非预期损失＋极端损失。

(2) 预期损失是指平均损失值，与容忍度的设定无关。

(3) 非预期损失是指在给定的风险容忍度下，最大损失值超出预期损失（平均损失）的那部分损失。

(4) 极端损失是指在给定的风险容忍度下，超过最大损失值的那部分损失。

其中，风险容忍度是金融机构对风险损失容忍的程度，是计量最大风险值时，损失未被资本覆盖的可能性。尽管风险容忍度是人为设定的，可大可小，但作为风险管理中的一个关键变量，风险容忍度并不是可以随意设定的，因为不同的风险容忍度决定了非预期损失和极端损失之间的划分，进而直接决定了所需资本金的大小（详见专栏 3-1）。

专栏 3-1

风险容忍度与资本计提

在风险管理过程中，如果风险容忍度被设置得过高，就会导致测算出的非预期损失过小，从而所要求的资本金也就过少，这样大量的可能损失将被视为极端损失，没有资本金覆盖。在这种情况下，金融机构很可能因为低估风险而没有足够的资本应对。

反之，如果风险容忍度被设置得太低，就会把非预期损失估计得过大，金融机构就需要持有很多资本去覆盖风险，从而降低资本的使用效率。换言之，极低的风险容忍度虽然覆盖了更多的风险可能性，使金融机构更为安全，但其代价可能是几十倍上百倍地增加资本金，这不仅对金融机构的盈利性形成挑战，而且金融机构可能很难筹措到数量如此巨大的资本。

从统计学的角度来看待上述情况似乎更为直接明了。比如，在典型的正态分布或 β 分布下，概率分布的尾巴都是越往右越细，但可以无限延长，这个尾部现象在风险管理中的解释就是：为了再多覆盖那么一丁点儿的可能损失，所需要计提的资本金却是按照几何级数增长的。因此，从根本上讲，风险容忍度的设定是金融机构在风险与效率之间的权衡问题。

在实践中，上述分类对于金融机构的风险管理具有直接的应用价值：对于预期损失，金融机构可以通过提取损失准备金予以常规性地提前应对（即通过利润消化预期损失）；对于非预期损失，一般首先靠利润消化，但如果利润无法完全消化，那么就需要用资本金来覆盖，如果资本金无法覆盖，那么金融机构从财务角度就将面临（技术性）破产的境地；而对于极端损失，则超出了通常意义上的资本金可以覆盖的范围，一般只能通过压力测试等手段予以预防。

(二) 经济资本及其含义

有了上述风险损失的分类，我们就可以方便地定义经济资本（economic capital）这一概念。在风险管理中，一定条件下的非预期损失被称为经济资本或风险资本。传统上，经济资本主要用来回答如下问题：在考虑了金融机构所从事业务的风险状况之后，该机构需要持有多少资本金来保证具有足够的偿付能力？从技术角度，经济资本可以被更确切地定义为：在给定的风险容忍度水平下，金融机构用来吸收潜在风险损失所需要的成本。经济资本的概念可以用图3-4来描述。

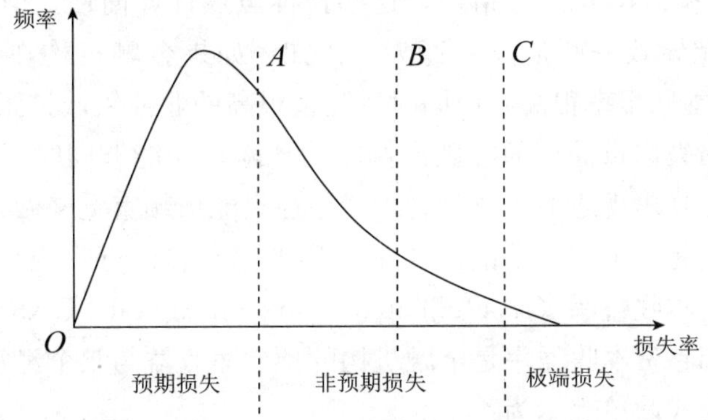

图3-4　损失分布与经济资本

在图3-4中，横轴代表损失率，纵轴代表频率，曲线代表损失率的概率密度分布函数，曲线下的面积代表累计损失：A线左边的面积代表预期损失（EL）；A线和B线之间的面积代表损失的标准差；A线和C线之间的面积代表非预期损失，一般是标准差的一定倍数（倍数的确定取决于风险容忍度），这部分损失被称为经济资本（EC）；C线右边的面积代表极端损失。

从图3-4可以看出，经济资本取决于三个因素：一是损失的分布特征，曲线形状对经济资本影响很大；二是风险容忍度水平，即C线的位置；三是损失方差的大小。一个一般化的经济资本统计定义可以由下式给出：

$$p(x \leqslant EC + EL) = \alpha$$

上式的含义是，金融机构的损失小于预期损失与经济资本之和的概率为α，这相当于说我们有α的把握能确保金融机构的损失小于预期损失和经济资本之和。前面已经提到，经济资本通常表示为损失标准差的一定倍数，这个倍数一般被称为资本乘数，于是，经济资本就等于组合的损失标准差与资本乘数的乘积。

总体来看，经济资本是描述在一定的置信度水平下（如99%）和一定时间内（如1年），为了弥补金融机构的非预期损失所需要的资本。它是根据金融机构资产的风险程度计算出来的。在计算过程中，需要对金融机构相关业务的风险进行模型化和量化，从而计算出各个业务部门或各个业务产品所需要的资本。

经济资本作为一种虚拟资本，是指金融机构所“需要的”资本，或者说“应该有”

多少资本，而不是指金融机构所实实在在已经拥有的资本，也不是指监管部门所要求金融机构持有的资本（监管资本）。在本质上，经济资本是一个管理性的概念：当它在数量上接近或超过可用资本时，说明它的风险水平接近或超过其实际承受能力，这时要么通过一些途径增加实际资本，要么控制其风险承担行为。

3.4.2 风险调整资本收益率

在经济资本概念出现之前，金融机构的绩效度量和投资决策等主要使用资产报酬率（ROA）和资本回报率（ROE）等指标，这些指标虽然计算简便，但因为没有考虑风险因素，在实践中可能导致一些危险的行为，比如：如果金融机构在那些预期收益很高（如资产报酬率和资本回报率很高）但同时风险也很高的业务领域扩张，那么当风险发生时，金融机构可能损失惨重甚至面临破产倒闭的危险。在能够同时考虑风险与收益之间权衡的综合性度量工具出现之前，风险管理者往往只能依赖直觉来做判断和决策。

为了解决上述问题，美国信孚银行（1998 年被德意志银行收购）在 20 世纪 70 年代末提出了风险调整资本收益率（risk-adjusted return on capital，RAROC）的概念。从一般意义上看，风险调整资本收益率是金融机构的预期净收益与某个经济成本（风险成本）指标的比值，可用公式简单表示为：

$$\text{风险调整资本收益率}=\frac{\text{预期净收益}}{\text{经济成本}}$$

其中，分子中的预期净收益是指金融机构贷款或某项投资的预期净收益，分母中的经济成本根据金融机构所使用的金融风险度量模型的不同，可以有多个具体的指标，常见的如贷款风险（违约损失）、在险价值、在险资本等。

风险调整资本收益率指标的基本思想是，将风险带来的未来可预计的损失量化为金融机构当期的成本，并据以对金融机构的当期盈利进行调整。简言之，风险调整资本收益率指标试图获取单位风险下的最大收益，这使得金融机构在对其资金使用进行决策的时候，不以盈利的绝对水平作为评判依据，而是以该笔资金经投资风险“贴现”后的盈利作为依据。特别是，在预期收益一定的情况下，决定风险调整资本收益率的关键是经济成本（潜在风险）的大小，经济成本越高，投资报酬的贴现“惩罚”就越多。

根据金融学的基本规律，一项投资的风险越大，其预期的收益或亏损也相应越大，在这种情况下，尽管可能博得更高的收益，但一旦产生亏损，资本就可能遭到严重侵蚀。因此，金融机构作为“经营风险”的企业，其承担风险是为了获取收益，而过度承担风险又会导致极端损失发生的可能性上升，使金融机构面临更大的破产威胁。在这种情况下，问题的关键在于如何在风险与收益之间寻找一个适当的平衡点，这也是风险调整资本收益率指标的核心意义所在。

在实践中，风险调整资本收益率指标可直接用于对金融机构的风险管理水平进行绩效评估：在其他条件不变的情况下，风险调整资本收益率越高，金融机构的风险管理绩效越好。比如，如果信贷经理或交易员从事高风险的贷款或投资项目，那么虽然利润较高，但由于经济成本的值也很大，最终风险调整资本收益率的值可能不会很大，这样的贷款或投资项目从风险绩效评价的角度来看就不是很具有吸引力。从这个意义上看，使用风险调整资本收益率方法进行相关业务的风险绩效评估，可以更为合理地反映信贷经理或交易员的实际经营业绩，同时抑制投机冒险行为，避免出现极端亏损现象。

3.4.3 风险调整资本收益率的应用

对于金融机构的风险管理能力或水平而言，评价其绩效显然不能只看绝对收益率这样的会计绩效概念，而应该更多地使用类似风险调整资本收益率这样的经济绩效概念。在实践中，风险调整资本收益率作为风险绩效的度量指标有很多具体的应用场景（对应不同的公式变种），如资本配置、风险度量与贷款定价、投资绩效与薪酬考核等。

（一）资本配置

假设某金融机构拥有资本金200亿元，其对应的经济资本总量最大可以为200亿元。现在，该金融机构有两个事业部 D_1 和 D_2，其中事业部 D_1 的风险调整资本收益率为20%，事业部 D_2 的风险调整资本收益率为10%，那么，按照资本配置绩效最大化的原则，该金融机构应该如何将其资本在两个事业部之间进行配置呢？

显而易见，存在以下三种可能的经济资本配置方案：

（1）将全部资本配置给事业部 D_1，在这种情况下，金融机构的整体风险调整资本收益率为20%。

（2）将全部资本配置给事业部 D_2，在这种情况下，金融机构的整体风险调整资本收益率为10%。

（3）将一定比例（α）的资本配置给事业部 D_1，将剩余比例（$1-\alpha$）的资本配置给事业部 D_2，在这种情况下，金融机构的整体风险调整资本收益率为两个事业部的加权平均：$RAROC=\alpha\times 20\%+(1-\alpha)\times 10\%=10\%+10\%\times\alpha$。显而易见，整体风险调整资本收益率随着 α 的增大而上升，当 $\alpha=1$ 时，整体风险调整资本收益率最高，为20%，这意味着最优的资本配置策略是将全部的经济资本配置给事业部 D_1。

在上述第（3）种情况下，之所以结果是将全部经济资本配置给事业部 D_1，主要原因是假定事业部 D_1 的风险调整资本收益率大于事业部 D_2。反之，如果事业部 D_1 的风险调整资本收益率小于事业部 D_2，那么上述结论是反向成立的，即全部经济资本应该配置给事业部 D_2。可见，在各事业部的风险调整资本收益率不随其风险承担量变化的情况下，经济资本应该被严格优先配置给风险调整资本收益率更高的部门。

不过，通常而言，一个部门随着其风险承担量的不断上升（比如从事了越来越多的高风险项目），其风险调整资本收益率至少会在某个临界点之后相应下降，因此，上述情况（3）中金融机构的整体风险调整资本收益率与 α 之间的简单线性关系是不存在的，这意味着，一般金融机构不会把全部的经济资本配置给某一个部门。

（二）风险度量与贷款定价

当使用风险调整资本收益率来衡量贷款的风险调整绩效时，可用一个简单的公式表示为：

$$风险调整资本收益率=\frac{1元贷款的预期年净收益}{经济资本}=\frac{1元贷款的预期年净收益}{非预期违约率\times贷款违约损失率}$$

假设1元贷款的预期净收益为0.6分（即0.006元），此类借款人在99%置信水平下的历史（极端）违约率为5%，且此类贷款的违约损失率为80%，那么：

$$风险调整资本收益率=\frac{0.006}{0.05\times0.8}=15\%$$

需要指出的是，在实践中，计算非预期违约率一般涉及对此类贷款年违约率标准差（σ）的计算，并且用某个系数乘以σ，以使得99%（或更多）的违约能够被资本覆盖。比如，如果损失呈正态分布，那么违约率的标准差乘以2.33就可得到99%置信水平的极端违约率。从现实情况来看，违约率的分布通常会向右偏离形成“肥尾”，这意味着实际乘数远高于2.33。比如，美洲银行曾为包含99.97%的违约而使用的乘数为6。

上述贷款的风险调整资本收益率的一个决策应用是：一般只有当风险调整资本收益率高于金融机构的资本收益率时，贷款才能获得批准，因为只有当贷款的风险调整收益能够使金融机构的权益价值（用金融机构股东所要求的必要回报率即资本收益率来表示）增加时，贷款才能被发放。因此，如果金融机构的资本收益率为20%，那么提供贷款的必要条件是，所估算出的风险调整资本收益率要高于金融机构股东所要求的回报率，即20%。换言之，如果现有贷款的风险调整资本收益率低于金融机构的标准，那么信贷主管就应该设法调整贷款条件，从而使这笔贷款能够再次“盈利”。因此，对金融机构的管理者而言，风险调整资本收益率既是对风险的度量，同时也是一种贷款定价工具。

（三）投资绩效与薪酬考核

假设某金融机构有两位看上去都很优秀的投资经理A和B，他们在过去一年中都表现得非常优秀，各自为所在部门挣得了2 000万美元的利润。对于这两位投资经理，金融机构的管理层现在需要考虑和决策的问题是：如何衡量A和B的投资业绩？谁更善于管理和控制风险？给他们的薪酬激励如何设置才合理？谁的业务应该被优先支持？

假定两位投资经理在过去1年各自资产组合的名义金额、利润及波动率如表3-1所示。其中，A经理的投资组合的名义金额更大（4亿美元），波动率更低（5%），而B经理的投资组合的名义金额更小（3亿美元），波动率更高（10%）。参考信孚银行的做法，经济资本使用在险价值方法计算，具体取1年99%置信水平下的在险价值。在正态分布假定下，B经理的经济资本为6 990万美元，而A经理的经济资本为4 660万美元。

表3-1 两位投资经理的风险调整资本收益率比较

	利润（万美元）	名义金额（万美元）	波动率	经济资本（万美元）	$风险调整资本收益率=\frac{利润}{经济资本}$
投资经理A	2 000	40 000	5%	4 660	42.9%
投资经理B	2 000	30 000	10%	6 990	28.6%

说明：经济资本是在标准正态分布下按照单尾2.33倍标准差计算的在险价值。

基于上述信息，如果我们用风险调整资本收益率来衡量两位投资经理上述投资的风险调整绩效，那么可使用如下公式：

$$风险调整资本收益率=\frac{利润}{经济资本}$$

基于上式计算的两位投资经理A和B的风险调整资本收益率由表3-1的最后一列给出。从两位投资经理的风险调整资本收益率比较可以看出，尽管投资经理A的投资额更大，会计回报率更低（2 000/40 000=5%<2 000/30 000=6.66%），但由于其资产组合的风险更小（要求更少的经济资本），故其经风险调整后的业绩（风险调整资本收益率）实际上比B要好。因此，从金融机构资本配置与薪酬考核的角度，应该对A配置更高的头寸来最大化金融机构的整体收益，并给予其更高的薪酬作为激励。

3.5　金融风险管理的监管框架

从外部监管框架来看，世界各国监管部门对银行业金融机构的风险管理要求，主要是依据各个版本的《巴塞尔协议》制定的。自1974年成立以来，巴塞尔委员会借助其三个版本的《巴塞尔协议》，为世界各国银行业监管规则的制定提供了基本的国际标准。可以说，《巴塞尔协议》的演变史基本上就是现代金融风险管理的实践发展史。

3.5.1　《巴塞尔协议Ⅰ》

巴塞尔委员会自成立伊始，就积极推动银行监管的国际合作，并制定了一系列银行监管的重要文件。1975年9月，巴塞尔委员会通过了《对银行国外机构的监管报告》（又称《库克协议》），强调对跨国银行国外分支机构的监管，并对海外银行监管责任进行了明确分工。1978年，巴塞尔委员会又进一步通过了《综合资产负债表原则》，强调实行并表监管，要求将跨国银行的总行、国内外分行和子银行作为一个整体，综合考察其资本充足性和流动性等。1983年，《对银行国外机构的监管原则》对《库克协议》进行了进一步的说明和细化，要求母国和东道国的监管当局进行联系与合作，并明确了二者各自的监管责任。

基于以上不断的尝试，1988年7月，巴塞尔委员会颁布了《关于统一国际银行资本衡量和资本标准的协议》（International Convergence of Capital Measurement and Capital Standards），即通称的《巴塞尔协议Ⅰ》。《巴塞尔协议Ⅰ》首次建立了一套国际通用的银行资本充足率标准和计算方法，对世界各国监管方法的发展产生了重要影响。

（一）《巴塞尔协议Ⅰ》的主要内容

《巴塞尔协议Ⅰ》主要包括三个方面的内容：一是明确资本的组成和分类，二是规定资产风险加权的计算，三是设定标准比率的目标水平。

(1) 资本的组成和分类。《巴塞尔协议Ⅰ》将银行资本分为两类：第一类为核心资本（一级资本），包括股份和公开准备金；第二类为附属资本（二级资本），包括未公开的准备金、资产重估准备金、普通准备金（呆账准备金）、次级债工具等。其中，核心资本至少应达到银行总资本的50%。

(2) 资产的风险加权计算。《巴塞尔协议Ⅰ》制定了银行资产负债表上各种资产和表外科目的风险度量标准，将资本与加权计算的风险资产挂钩，用以定量评估银行资本应当具有的适当规模。具体而言，该协议根据银行资产类别、性质和债务主体的不同，将其划分为五个等级，从"无风险"到"完全风险"，对应的风险权重分别为0、10%、20%、50%和100%，风险越大，风险权重越高。对于表外科目，首先要根据风险的不同，将账面价值乘以转换系数，折算出对等数量的银行贷款，其次乘以对应的风险权重。在银行面对的信用风险、投资风险、利率风险、汇率风险和国家转移风险等多种风险中，该协议主要关注的是信用风险。

(3) 标准比率的目标水平。《巴塞尔协议Ⅰ》要求到1992年底，商业银行的核心资本充足率不得低于4%，总资本充足率不得低于8%。

$$\text{总资本充足率}=\frac{\text{总资本}}{\text{风险加权总资产}}$$

$$\text{核心资本充足率}=\frac{\text{核心资本}}{\text{风险加权总资产}}$$

$$\begin{array}{c}\text{风险加权}\\\text{总资产}\end{array}=\begin{array}{c}\text{资产负债表内资产}\\\text{科目账面价值}\end{array}\times\begin{array}{c}\text{对应风险}\\\text{权重}\end{array}+\begin{array}{c}\text{表外科目}\\\text{账面价值}\end{array}\times\begin{array}{c}\text{信用转换}\\\text{系数}\end{array}\times\begin{array}{c}\text{表内相同性质}\\\text{资产的风险权重}\end{array}$$

《巴塞尔协议Ⅰ》发布后，影响广泛，不仅在成员国内部的银行体系中得到实施，而且在成员国之外也得到了广泛认可，并逐渐发展成国际社会所普遍认可的银行监管标准。该协议提出的银行资本充足率作为衡量银行稳健与否的标准，改变了过去注重资产规模而忽视资产质量的传统观念，同时强化了对银行信贷资产和表外业务的监管，增加了商业银行对自身经营活动和资产结构的要求，有效遏制了与债务危机相关的金融风险。

20世纪90年代之后，随着金融自由化的展开和金融创新的不断涌现，银行开始拓展金融衍生品业务，出现了以资产证券化等方式逃避资本监管的现象。这使得《巴塞尔协议Ⅰ》及资本充足率要求对银行的风险监管出现了明显漏洞。最典型的案例即1995年2月的巴林银行接管事件。1993年，巴林银行的总资本充足率远超8%，甚至到1995年1月，巴林银行都还被认为是安全的，但仅一个月之后，巴林银行就由于巨大的金融衍生品亏损而被迫宣布破产。

有鉴于此，巴塞尔委员会对《巴塞尔协议Ⅰ》进行了补充。1996年1月，巴塞尔委员会公布《巴塞尔资本金协议市场风险修正案》，其中增加了对商业银行市场风险计提资本的要求，并提出了两种计量风险的新办法，即标准法和内部模型法。1997年7月，亚洲金融危机爆发，同年9月，巴塞尔委员会正式通过《有效银行监管的核心原则》，提出了涉及银行监管七大方面的25条核心原则，确立了全面风险管理的理念，第一次将银行监管作为一个系统进行考察，从审慎监管的角度对银行内部的风险约束机制提出了更高的要求。

(二)《巴塞尔协议Ⅰ》的局限性

巴林银行的倒闭事件和20世纪90年代后发生的一系列金融危机表明，《巴塞尔协议Ⅰ》无法对银行风险进行全面的识别和监管，存在一定的局限性，主要表现在以下三个方面：

(1) 过度强调信用风险，忽视了其他风险。协议首次提出了采用资本与风险加权资产的比率作为指标来判定银行的稳健程度，相较之前的资本资产比率、资本存款比率考虑了资产质量。但是，风险加权资产的计算仅考虑了信用风险，在银行的实际经营中，操作风险、法律风险、声誉风险等都会影响银行的经营状况，而《巴塞尔协议Ⅰ》并未考虑如何控制这些风险。

(2) 过度强调资本充足率指标，风险度量方法有待改进。《巴塞尔协议Ⅰ》为银行设定的总资本充足率目标是高于8%，市场主要关注银行是否满足资本充足率指标要求，忽视了潜在的风险。以巴林银行为例，由于其总资本充足率水平一直高于8%，市场就一直错误地认为其依旧是安全的。而且，在实际操作中，协议中的风险度量方法难以适应现代银行发展和金融创新的需要，以至于监管资本无法准确反映银行的风险，诱发了多起重大银行倒闭和巨额亏损事件。

(3) 金融创新的发展削弱了协议的有效性。《巴塞尔协议Ⅰ》首次提出了基于信用风险的资本监管要求，将监管重心从银行的资产负债情况转移到银行的风险资产上，实现了以风险为导向的监管。但随着金融创新和风险量化技术的不断发展，银行可以通过各种手段将表内业务转移至表外，从而逃避监管要求。例如，银行可以将低质量的信贷资产证券化，将其转移至表外，从而降低该部分资产对应的风险权重，最终需要计提的资本就会减少。这在一定程度上增加了银行的表外业务风险。

3.5.2　《巴塞尔协议Ⅱ》

考虑到《巴塞尔协议Ⅰ》已经无法满足不断变化的银行监管需求，1999年6月，巴塞尔委员会发布了一个旨在替代《巴塞尔协议Ⅰ》的新资本协议草案第一稿，并在全球范围内征求意见，此后又相继发布两个征求意见稿，并于2004年6月正式推出了《统一资本计量和资本标准的国际协议：修订框架》，即通称的《巴塞尔协议Ⅱ》。

(一)《巴塞尔协议Ⅱ》的主要内容

《巴塞尔协议Ⅱ》在最低资本要求的基础上，增加了外部监管和市场纪律两个新的"支柱"，从而形成了具有"三大支柱"的全面风险监管框架。从结构上看，《巴塞尔协议Ⅱ》的核心内容可以概括为"三个三"：一是"三大支柱"，即最低资本要求、外部监管和市场纪律；二是"三类风险"，即信用风险、市场风险和操作风险；三是"三种方法"，即标准法、初级内部评级法和高级内部评级法（见图3-5）。

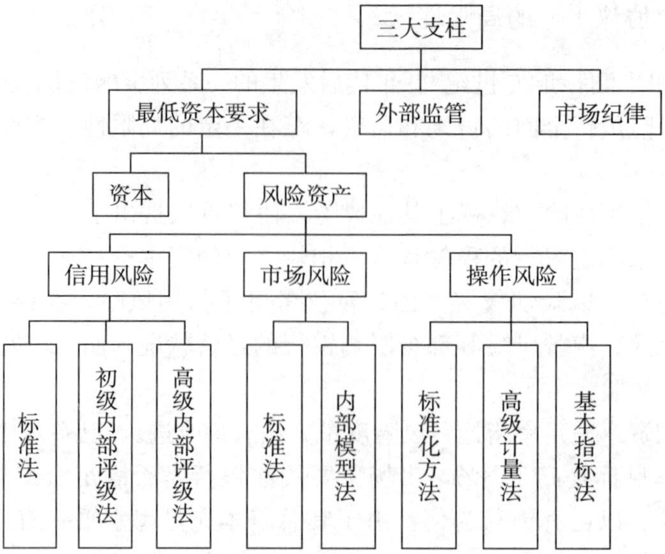

图 3－5　《巴塞尔协议Ⅱ》的结构框架

（1）第一支柱：最低资本要求。

《巴塞尔协议Ⅱ》依旧强调对银行资本充足率的要求，但在《巴塞尔协议Ⅰ》的基础上提升了计量方法的有效性，并从单独关注信用风险扩展至全面关注信用风险、市场风险和操作风险。

首先，《巴塞尔协议Ⅱ》未修改资本的定义和 8%的最低总资本充足率要求，但在计算风险加权资产时，需要额外计提应对市场风险和操作风险的资本金。《巴塞尔协议Ⅱ》下的资本充足率公式为：

$$总资本充足率=\frac{总资本}{风险加权总资产}$$

$$核心资本充足率=\frac{核心资本}{风险加权总资产}$$

$$\begin{aligned}风险加权总资产=&信用风险加权资产+12.5\times(市场风险资本要求\\&+操作风险资本要求)\end{aligned}$$

其次，《巴塞尔协议Ⅱ》提出了更精确和全面地评估风险的多种方法，比如：计算信用风险，银行可以采用标准法、初级内部评级法和高级内部评级法；计算市场风险，有标准法和内部模型法；计算操作风险，可以使用基本指示法、标准化方法和高级计量法。银行可以根据自身风险管理能力的不同，选择最合适的风险计算方式。

最后，《巴塞尔协议Ⅱ》针对银行间产权关系日益复杂的状况，扩大了资本约束的范围，进一步强调了并表监管，使银行内部不同层次的商业银行和银行集团的持股公司均需受到资本充足率要求的约束。协议还要求银行将投资于非银行机构的大额投资从资本中扣除，以消除银行集团内部相互持股而造成的资本充足率高估。

（2）第二支柱：外部监管。

《巴塞尔协议Ⅱ》明确要求各国的监管当局根据各国银行的实际风险对银行进行灵活监管，并加强与银行的对话和交流，确保监管有效。协议确定了外部监管的四项原则：一是监管当局应当根据银行的风险状况和外部经营环境，全面判断银行的资本充足率是否达到要求；二是银行应根据自身风险建立严格的内部评估体系，保证资本水平与风险承担水平相匹配，并制定维持资本充足的相关战略；三是监管当局应及时对银行的内部评价程序、资本战略和资本充足状况进行检查和评估，以确保每家银行都有合理的内部评级制度；四是当银行的资本充足率未达到要求时，监管当局应及时地进行干预，并可要求银行持有超过最低比率的资本。

（3）第三支柱：市场纪律。

除最低资本要求和外部监管外，《巴塞尔协议Ⅱ》还首次引入了市场纪律。市场纪律的核心在于信息披露。在信息相对透明的情况下，经营良好的银行能够以更有利的价格和条件在市场上获得资金，而风险高的银行则需要支付更高的风险溢价，提供额外的担保或者采取其他增信措施来获取资金，市场的这种天然激励机制能够促使银行控制风险和保持充足的资本水平。巴塞尔委员会制定了标准统一的信息披露框架，要求商业银行及时、充分、客观地披露自身经营、财务、风险及资本等方面的信息，提高经营与风险的透明度。

（二）《巴塞尔协议Ⅱ》的局限性

总体来看，在现代金融业不断发展的背景下，各家银行之间的风险结构和特征差异较大，《巴塞尔协议Ⅱ》提供了不同的风险计算方式，保证风险加权资产更准确地反映银行经营的风险状况，同时通过“三大支柱”的相互配合，增强银行体系的稳定性。尽管《巴塞尔协议Ⅱ》较《巴塞尔协议Ⅰ》已经有了长足进步，但也并非没有问题。特别是，2008年国际金融危机的爆发使得金融风险的一些深层次特性得到新的检视，《巴塞尔协议Ⅱ》的局限性也因此逐渐显现了出来。概括而言，《巴塞尔协议Ⅱ》的欠缺与不足主要体现在以下四个方面：

（1）尚未关注系统性风险。《巴塞尔协议Ⅱ》的监管重点是银行的微观稳健，因此，一系列监管指标的设置均从个体银行的角度出发，强调风险从个体银行的转移，至于转移到哪里了，转移之后的总体风险是上升还是下降，整体的金融风险是否存在总量和结构上的失衡，并不在《巴塞尔协议Ⅱ》的监控范围之内，而后者恰恰是系统性风险形成的重要原因。简言之，《巴塞尔协议Ⅱ》无法避免“个体银行稳健，但个个稳健的银行加在一起却并不稳健（宏观失衡）”的所谓“合成谬误”问题。

（2）资本分类存在缺陷。《巴塞尔协议Ⅱ》延续了《巴塞尔协议Ⅰ》对银行资本的划分档次，即核心资本和附属资本。其中，次级债券在一定条件下可计入附属资本。相较于普通股和优先股，次级债券的发行程序更加简单且周期更短，因而用次级债券补充银行资本以满足监管要求成为非常便捷的手段，这就激励了银行发行次级债券，导致银行负债结构中的次级债券占比逐步攀升。但在金融危机期间，这些次级债券和其他的一些资本工具被证实几乎没有吸收损失的能力。而且，部分银行为了达到资本充足率要求，会交叉持有银行的次级债券，在这种情况下，整个银行体系并没有新的资金流入，只是将单个银行的风险转嫁给了整个银行体系，表面上单个银行的风险下降了，但事实上整个银行体系的系统性风险却增加了。

（3）加剧顺周期性。《巴塞尔协议Ⅱ》具有非常明显的顺周期性：第一支柱的资本充足率本身是顺周期变化的（资本充足率在经济繁荣期会自动提高，而在经济衰退期则会自动下降）；引入公允价值会计准则之后，由于资产价格与经济金融周期同向变动，从而再次增强了监管规则的顺周期性。此外，《巴塞尔协议Ⅱ》所强调的内部评级法对风险的计量也具有顺周期性：在经济繁荣时期，银行对违约概率和违约损失率等风险要素的估计较低，导致基于内部评级法的监管资本要求较低，这会刺激银行的信贷扩张，而一旦经济进入衰退期，上述过程就会逆转。

（4）对表外业务的监管不到位。《巴塞尔协议Ⅱ》对某些领域的潜在风险存在低估倾向，特别是在复杂的证券化和表外金融工具等领域，相关监管措施并不到位。比如，在2004—2010年间，银行的总资产大幅增加，但风险加权资产只是呈现出温和增长的趋势，这主要是因为银行开展了大量的金融衍生品业务，而《巴塞尔协议Ⅱ》给予金融衍生品的风险权重系数较低，难以充分反映金融衍生品的真实风险。此外，《巴塞尔协议Ⅱ》缺少对特殊金融机构和场外金融产品的监管标准，导致影子银行等金融机构和创新活动长期游离于监管视野之外，最终导致风险的积累和失控。

3.5.3 《巴塞尔协议Ⅲ》

2008年国际金融危机之后，《巴塞尔协议Ⅱ》在资本要求和风险计量等方面的缺陷暴露出来，巴塞尔委员会开始讨论对风险管理准则和计量方法进行改进。2010年12月16日，巴塞尔委员会发布第三版《巴塞尔协议》的一系列文件，统称为《巴塞尔协议Ⅲ》。《巴塞尔协议Ⅲ》延续了传统的以风险为本的监管理念，从银行个体和金融系统两方面加强监管，确立了宏微观审慎相结合的金融监管新模式。

（一）《巴塞尔协议Ⅲ》的新增内容

《巴塞尔协议Ⅲ》相较于《巴塞尔协议Ⅱ》的改进之处主要表现在以下四个方面：

一是更加强调资本吸收损失的能力。《巴塞尔协议Ⅲ》重新确定了银行的资本分类，规定银行的一级资本只包括普通股、永久非累积优先股和公开储备，而原来的次级债等资本工具则部分被判定为二级资本，未公开储备、重估储备、普通准备金、混合资本工具、长期附属债务等均属于二级资本，且二级资本最高不能超过一级资本的规模。同时，《巴塞尔协议Ⅲ》制定了资本工具的普通标准和个性标准，进一步提高了一级资本工具吸收损失的能力。此外，《巴塞尔协议Ⅲ》还统一了资本扣除和调整项目，要求在普通股权益层面上实时扣除。最后，巴塞尔委员会还重新审视了《巴塞尔协议Ⅱ》中关于资本充足率的监管标准，要求商业银行在达到最低的核心一级资本充足率4.5%的基础上，还需要建立2.5%的留存超额资本以及0～2.5%的逆周期超额资本。这意味着全球各主要商业银行的核心一级资本充足率将提升至7%及以上，大幅高于之前4%的要求。

二是引入杠杆率监管标准作为风险资本的补充。《巴塞尔协议Ⅰ》和《巴塞尔协议Ⅱ》对银行资产结构的监管重点均立足于资本充足率这一单一指标，而《巴塞尔协议Ⅲ》则进一步引入了杠杆率要求。杠杆率被定义为一级资本与总风险暴露（表内和表外资产之和）的比率，并要求该比率不能低于3%，以防范风险加权资产计算过程中的模型风险。这说明《巴塞尔协议Ⅲ》的监管模式已经从银行的资产方扩展到了资产负债表的全部要素上。

三是增加流动性风险监管指标。针对银行的流动性风险，《巴塞尔协议Ⅲ》增加了两个监管指标，即流动性覆盖率和净稳定资金比例指标，用于监测和防范流动性风险。这两个指标的计算公式为：流动性覆盖率＝合格优质流动性资产/未来30天现金净流出量；净稳定资金比例＝可用的稳定资金/所需的稳定资金。流动性覆盖率可以衡量在设定的压力情景下，优质流动性资产能否充分满足短期流动性需要，而净稳定资金比例则可以衡量在未来一年内，银行在设定的压力情景下，用稳定资金支持表内外资产业务发展的能力。这两个指标均要求大于等于100%，以维持良好的流动性。

拓展阅读

宏观审慎监管及代表性工具

四是引入宏观审慎监管框架。《巴塞尔协议Ⅲ》提出的宏观审慎监管框架旨在从宏观层面抑制金融体系的系统性风险，并促进长期的金融稳定和经济增长。在宏观审慎监管工具方面，《巴塞尔协议Ⅲ》基于时间维度和跨部门维度设计了一系列备选工具，典型的如逆周期资本缓冲、动态拨备、系统重要性资本附加要求等。

（二）《巴塞尔协议Ⅲ》的局限性

《巴塞尔协议Ⅲ》自发布以来，部分国家的实施意愿并不高。例如，2012年11月美联储宣布会无限期推迟《巴塞尔协议Ⅲ》的实施，欧洲中央银行紧随其后。这些国家和地区不愿意实施《巴塞尔协议Ⅲ》的部分原因在于，过度追求资本金的充足可能影响金融机构的放贷能力，从而影响金融体系的运行效率和金融竞争力。

同时，《巴塞尔协议Ⅲ》并没有对风险资产的计量方法进行有效改革，对2008年全球金融危机所暴露出来的监管问题也未能全面解决。比如，《巴塞尔协议Ⅲ》还是无法避免资本的监管套利行为。由于《巴塞尔协议Ⅲ》只规定了逆周期资本缓释的0～2.5%的范围，允许各国依据自己的情况设定具体的数值，这会刺激部分资本的监管套利行为，导致部分资金流向监管要求更为宽松的国家。

不过，需要指出的是，《巴塞尔协议Ⅲ》主要是为各国金融监管当局提供一个参考范本，并尽量缩小国家之间的监管差异以避免监管套利。在实际工作中，各国监管机构还是应该根据本国金融体系的特征和需要来设计相应的监管框架。

关键词

金融风险管理	风险识别	风险度量	风险限额	风险偏好
风险规避	风险分散	风险转移	风险保留	风险补偿
损失控制	保险	担保	对冲	风险报告

全面风险管理　　预期损失　　非预期损失　　极端损失　　风险容忍度
经济资本　　风险调整资本收益率

复习思考题

1. 简述金融风险管理的目标与功能。
2. 作图说明金融风险管理的基本流程。
3. 解释金融风险管理的组织架构及其特点。
4. 举例说明金融风险管理的绩效度量方法。
5. 阐释金融风险监管框架的演变及其原因。

本章小结

第4章

信用风险的度量和管理

本章要点

1. 信用风险的定义、特征和影响因素；
2. 信用风险度量的主要模型和方法；
3. 《巴塞尔协议》中的信用风险度量方法；
4. 信用风险管理的流程、方法和工具；
5. 信用风险管理在中国的主要实践做法。

背景材料

（一）

信用风险，也称借款人的违约风险，是银行的贷款或者投资债券的一类风险。借款人通常因为种种原因不能及时地将自己所拖欠的债款还上，从而违反了信用约定。无视信用风险的控制和管理会给企业甚至整个国家的金融系统带来毁灭性的打击。

2008年美国的金融危机就是一个例子，造成这场危机的原因是房地产泡沫。根据借款人的信用等级的高低，美国将住房抵押贷款的信用等级分为优质和次级。次级抵押贷款人就是指那些没有稳定的收入来源，缺少良好的信用额度，违约风险也相应较高的人。

由于次级抵押贷款的信用风险非常大，因此违约风险是优质贷款的7倍。当时在美国次贷市场上占有七成份额的买方主要是房利美和房地美，为了争相使这两家公司购买其贷款，部分金融机构在次贷市场巨额利润的驱使下，丢掉了风险防范的理念，违背标准大量发放次级抵押贷款。

过度的无节制的信用扩张，加之当时过度消费、提前消费的理念太深入人心，因此借款人和放贷人都沉浸在一场埋藏着信用危机的欢乐海洋里。从现在来看，危机的影响面已经远远超过了银行体系所能控制的范围。

（二）

无锡尚德太阳能电力有限公司（以下简称尚德电力）2005年在英属维尔京群岛注册成立，在纽交所上市。2006年其每股股价达40美元以上，施正荣（尚德电力的董事长）以23亿美元成为当年中国首富。2012年9月，尚德电力遭纽交所退市警告；9月28日，尚德电力获无锡政府2亿元贷款救助。2013年3月4日，施正荣等被指转移资产掏空尚德电力，在美国遭到起诉；3月18日，债权银行联合向无锡中级人民法院递交破产重整申请；3月20日，中院裁定实施破产重整；11月15日，无锡中级人民法院批准顺风光电公司收购方案。尚德电力从成立到破产仅8年。

尚德电力似乎具备银行优先放贷的一切条件，例如外资高科技、上市公司、中国首富、政府支持、外向型、生产繁荣。各银行均将其作为优质企业全力支持，唯恐不能进入，被其所谓的光环迷惑，容忍、忽视了风险问题。2005年末尚德电力贷款仅0.56亿元，到2012年末已达37亿美元。债权银行的资料显示，12家银行确认债权金额为94.64亿元，主要有国开行（32.72亿元）、中行（17.56亿元）、工行（9.12亿元）、农行（7.1亿元）、上海银行（6.09亿元）、江苏银行（3.12亿元）、光大金融租赁（2.51亿元）等。据称，最终由顺风光电公司支付30亿元偿还94亿元贷款，500余家普通债权人的受偿比率为32%，债权银行将损失近七成，债务关系清零。

资料来源：盛世下的危机：信用风险启示录. 高顿教育网，2015-11-10；张衢. 信贷与风险. 北京：中国金融出版社，2020.

4.1 信用风险概述

4.1.1 信用风险的定义

信用风险又称违约风险，是借款人因为各种原因未能及时、足额地偿还债务或银行贷款的可能性。发生违约时，债权人、银行或交易对手方会因为未能得到预期收益而承担财务上的损失，且单个风险事件可能会导致很多贷款组合的损失。信用风险是金融机构面临的主要风险类型之一。

传统观点认为，信用风险有广义和狭义之分：广义的信用风险是指交易一方违约引发信用产品卖方（贷款人或金融机构）的资产质量发生问题从而发生损失或无法应对其他风险的可能性；而狭义的信用风险则主要是指信用产品买方（借款人或债务人）的违约风险。广义和狭义的观点都认为，信用风险是针对购买方违约造成信用产品卖方发生经济损失。

不过，传统观点下的定义已经不能覆盖日益复杂的信用风险的全部内涵。从现代观点来看，信用风险不仅包括违约风险，还包括因违约风险造成的资产价值变化的风险，因为银行资产价值会因买方的还款能力变化而发生相应的变化。比如，债务人的信用状况或信用评级发生变化，从而导致债权人（如金融机构）所持有的资产贬值的风险，也属于现代意义上的信用风险。

信用风险按照性质可以分为主观信用风险和客观信用风险。所谓主观信用风险，是指合同一方的履约意愿出现了问题（主观上就不愿意还款）而导致的信用风险。此类风险由于主要是由债务人或交易对手的品格决定的，因此也被称为道德风险。客观信用风险主要是指合同一方的履约能力出现了问题，即在债务人或交易对手有还款意愿的情况下，由于一些客观因素而导致其无法实际履约的信用风险。

信用风险对发行主体（债务人）、金融机构和投资者而言都具有重要意义：对于发行主体而言，随着信用风险上升，借款成本也相应上升，这会导致盈利下降，还款压力上升；对于金融机构而言，信用风险及其管理在很多时候关系生死存亡，因为在高杠杆负债经营的条件下，信用风险的发生会直接侵蚀利润和资本，加剧金融脆弱性；对于投资者而言，债务人的信用等级越高，其潜在的违约风险就越低，从而债务安全性越高，流动性也越好，因而要求的风险补偿也就越少。

4.1.2 信用风险的类型与特征

（一）信用风险的主要类型

总体而言，信用风险是一种非常复杂的风险，根据其成因可以分为违约风险、交易对手风险、信用转移风险、可归因于信用风险的结算风险等主要类型。

（1）违约风险（default risk）。违约风险主要是指债务人不愿或无力履行合同条件而发生违约，导致债权人（投资者）遭受损失的风险。违约风险普遍存在于所有需要到期还本付息的证券及借贷合同当中。

（2）交易对手风险（counterparty risk）。交易对手风险是指作为合同一方的交易对手未能履行约定的合同义务而导致另一方发生损失的风险。交易对手风险在场外衍生品等金融产品交易中普遍存在。对于商业银行而言，涉及交易对手风险的主要业务类型包括：一是持有头寸的结算交易，如银行与交易对手之间约定以证券、商品、外汇、现金或其他金融工具进行的交易；二是证券融资业务，如回购、逆回购和证券借贷等；三是借贷交易，如使用借贷资金进行证券买卖；四是场外衍生品交易，如远期、期权、互换、外汇以及各种信用衍生工具的交易。

（3）信用转移风险（credit transfer risk）。信用转移风险是指债务人的信用评级在风险期内由当前评级状态转移（评级下降）至其他评级状态的概率或可能性。此类风险一般采用信用评级转移矩阵进行管理。

（4）可归因于信用风险的结算风险（settlement risk）。可归因于信用风险的结算风险，主要是指由于交易对手的信用原因而导致转账系统中的结算不能按预期发生的风险。比如，有观点认为，表现为外汇风险的赫斯塔特风险（Herstatt risk）在本质上源于信用风险。

（二）信用风险的主要特征

信用风险作为金融机构面临的最主要风险种类之一，既具有一般金融风险的普遍特征，同时也具有自身独有的特征。概括而言，信用风险的主要特征包括综合性、客观性、内生性、传染性和非系统性等。

（1）综合性。信用风险在结果上表现为违约行为，因此，只要是导致信用主体（债务人）可能发生违约的风险，在本质上都属于信用风险的范畴。从这个意义上看，信用风险实际上是一种综合性风险，而各种不同类型的基础性风险，如市场风险、操作风险、流动性风险等，最终都会通过信用风险体现出来，具体表现为相关信用主体的违约行为。

(2) 客观性。高风险和高收益是金融业经营的基本特征。在现实中，家庭、企业、社会组织乃至国家等信用主体的每一笔债务，都必然伴随着相应的信用风险和违约可能，区别仅在于信用风险的大小和违约概率的高低。信用风险的客观存在性意味着它无法被根本消除，而只能通过适当的预警、预防和管理，以尽可能地降低风险发生的概率和风险损失的程度。

(3) 内生性。很多实证研究表明，信用风险和违约的周期分布与经济金融体系的运行周期具有高度的内生关联性：一般而言，在经济和金融的上行周期，信用主体的整体状况趋于改善，信用风险的发生概率和损失程度相应降低；反之，在经济和金融的下行周期，信用主体的整体状况趋于恶化，信用风险的发生概率和损失程度会相应上升。信用风险内生于经济金融周期的核心原因在于金融活动的固有顺周期性，后者被认为是导致系统性金融风险和金融危机的重要原因。

(4) 传染性。在金融活动中，各种各样的债权债务关系将不同的市场主体和金融机构广泛地联结起来，信用关系不仅发生在金融机构和借款人之间，而且发生在金融机构彼此之间。在这种情况下，一个重要金融机构或交易对手的违约或信用下降，可能导致信用风险沿着债权债务关系的相关链条产生连锁反应，最终产生多米诺骨牌式的信用风险传染，严重时甚至可能诱发金融危机。

(5) 非系统性。虽然宏观上的经济金融周期、社会自然环境等系统性因素的变化确实会对债务人的还款能力产生一般性影响，但信用风险最主要还是表现为债务人的特质风险，即主要受到债务人自身的发展战略、交易策略、经营管理和财务状况等非系统性因素的影响。信用风险的非系统性特征使得分散化策略可以在信用资产组合的整体风险管理方面发挥作用。

4.1.3 信用风险的影响因素

信用风险的产生有宏微观两方面的原因。从宏观因素来看，经济运行具有明显的周期性，在经济发展势头良好和金融市场处于繁荣状态时，信用风险总体上会处于较低的水平；而当经济下行、金融泡沫破裂和企业盈利能力下降时，信用风险会迅速上升并逐渐开始暴露。

从微观因素来看，一方面，借款人由于自身经营、管理和财务筹划等方面的失误，因而还款能力不足或还款意愿下降，进而无法如期足额偿还本息，会导致相应的信用风险；另一方面，贷款人（金融机构）的信贷策略失误（比如贷款集中度过高），或者信贷的发放和管理过程存在缺陷，也会导致相应的信用风险。

如果从技术角度对信用风险的影响因素进行结构化分解，那么，按照信用风险测度和管理的相关理论，影响信用风险的因素可分解为以下四个概念性的部分：

(一) 违约风险暴露

所谓违约风险暴露（exposure at default，EAD），是指在一段时间内债务人所承诺的清偿值，即存在违约风险的本息和，用公式表达为：违约风险暴露＝本金＋利息。通俗地讲，违约风险暴露就是借款人的借贷本金加利息。违约风险暴露越大，表示债务人的借款本息和越多，在其他条件不变的情况下，债权人所承担的信用违约风险也就越大。

（二）违约概率

所谓违约概率（probability of default，PD），是指借款人在未来一段时间内发生违约或不能按要求履约的可能性的大小，具体表示为一个概率值。比如，如果违约概率为0，那么说明借款人百分之百不会违约；如果违约概率是100%，那么意味着借款人肯定会违约。对于其他位于0至100%之间的数值，违约概率越高，表示债权人遭受信用风险和相应损失的可能性也就越大。对于违约概率的估算，有历史数据法和信用价差法两种。

1. 历史数据法

历史数据法是指根据历史上信用评级相同的公司在不同时期的违约概率差值，估计出当前债券的违约概率。引入风险率的概念：

$$\frac{V(t+\Delta t)-V(t)}{\Delta t}=-\lambda(t)V(t)$$

$$V(t)=\mathrm{e}^{-\int_0^t \lambda(\tau)\mathrm{d}\tau}$$

$$Q(t)=1-\mathrm{e}^{-\int_0^t \lambda(\tau)\mathrm{d}\tau}=1-\mathrm{e}^{-\bar{\lambda}(t)t}$$

其中，$V(t)$ 为公司存活到 t 时刻的累积可能性，$\lambda(t)$ 为 t 时刻的风险率，$Q(t)$ 为公司在 t 时刻可能的违约概率；$\bar{\lambda}(t)$ 为0至 t 时刻内的平均风险率。由于根据历史数据，$V(t)$ 或 $Q(t)$ 均可知，于是可对应求出风险率，然后再计算得到任一时间 t 下的违约概率。

2. 信用价差法

信用价差是指投资者每额外承担一单位的信用风险所要求的利息补偿，其衡量方式主要有以下两种：

信用价差＝信用违约互换价差

信用价差＝债券的风险溢价＝公司债券收益率－无风险收益率

其中，信用违约互换价差指违约事件发生前，信用违约互换买方每年向卖方支付的数量，通常表示为面值的百分比。

在信用价差法下，风险率可表示为：

$$\bar{\lambda}(t)=\frac{s(t)}{1-R}$$

其中，$s(t)$ 为 t 时刻的信用价差，R 为违约回收率。类似地，通过计算出平均风险率，可以推出相应的违约概率。违约概率的计算是度量信用风险的重要环节，在后文介绍的现代风险度量方法中，还有其他各种计算违约概率的方法。

（三）违约损失率

所谓违约损失率（loss given default，LGD），是指当违约发生时，因为部分债务无法回收而遭受的损失，具体表示为无法回收部分占总债务的比例。违约损失率是一个可变的因子，不同的债务种类、优先偿还规定、风险缓释比例及所处的不同经济周期等因素都会影响违约损失率，与之相反的概念是违约回收率（recovery rate）：违约回收率＝1－违约损失率。

简单而言，违约损失率表示的是，如果借款方违约了，出借方会承担多大比例的损失。在很多情况下，由于抵押、担保和破产清算等机制的存在，违约并不会导致债务100%的损失。相关经验统计显示，在没有抵押品的情况下，违约损失率通常在60%～80%之间；在有抵押品的情况下，违约损失率在0～40%之间。相应地，在其他条件不变的情况下，违约损失率越大，债权人所承担的信用风险也就越大。

有了上述违约风险暴露、违约概率、违约损失率三个概念，我们就可以用预期损失与非预期损失两个基本概念来衡量信用风险所带来的损失程度。其中，预期损失指以金融机构为代表的债权人能够预期到的损失，其计算公式为：预期损失＝违约风险暴露×违约概率×违约损失率。预期损失往往是一段时间内某一特定资产所遭受损失的平均值，金融机构通常会对此设置损失准备金。

相比之下，非预期损失是实际损失相对于预期损失的一种偏差，表现为在一定置信度水平下超过预期损失部分的损失。由于违约概率、违约损失率、违约风险暴露这三个风险因子是不断变动的，其中非预期的变动会相应产生非预期损失。对银行而言，因为抵御非预期损失通常需要用到自身的资本金，因而重大的非预期损失会直接影响银行的生存能力。特别是考虑到信用风险本身的概率分布带有左偏性，即发生大额损失的概率要高于正态分布下的假设，在这种情况下，银行更应该加强对非预期损失的防范和管理。

（四）剩余期限

所谓剩余期限（residual maturity，RM），是指债务从考察所在时点来看，离最终到期还剩多长时间。比如，如果一笔债务的借款期限为3年，那么1年之后，对应的剩余期限就是2年。一般而言，在其他条件不变的情况下，剩余期限越长，债务人发生违约的可能性越高，债权人所承担的风险也就越大。

4.2 信用风险的度量

信用风险度量的历史大致可分为三个阶段：一是1970年以前，大多数金融机构基本上采取专家分析法，即依据银行专家的经验和主观分析来评估信用风险，主要分析工具有5C法、5P法、6C法、LAPP法等；二是大约在20世纪70年代初到80年代末，金融机构主要采用基于财务指标的信用评分方法，如线性概率模型、Logit模型、Probit模型、*Z*值模型与ZETA模型等；三是20世纪90年代之后，一些著名的金融机构开始探索使用现代金融理论和定量工具来评估信用风险，逐步建立了以风险价值为基础、以违约概率和预期损失为核心指标的信用风险度量模型，比较典型的如信用监控模型、信用计量模型、信用组合观点模型和信用风险模型等。本节主要从传统信用风险度量和现代信用风险度量两个角度对信用风险的度量方法进行介绍。

4.2.1　传统信用风险度量模型

传统信用风险度量模型和方法主要包括专家分析法、信用评级法、信用评分法等。其中，专家分析法包括5C法、5P法、6C法、LAPP法等；信用评级法包括OCC评级法以及国际三大评级机构（标准普尔、穆迪和惠誉）的评级方法等；信用评分法比较常见的有Z值模型、ZETA模型和FICO信用评分系统等。

（一）专家分析法

以专家分析法中最常见的5C法为例，5C指的是：品格（character）、资本（capital）、能力（capacity）、抵押品（collateral）和环境/状态（condition）。商业银行从上述五个维度，根据专家的主观经验判断对目标对象（如申请贷款的企业）的各方面情况进行打分。在打分过程中，各因素的权重设置也是基于专家的经验判断。各项打分完成后，按照设定的权重，可以得到一个综合分值。该分值反映了目标对象的综合信用状况和潜在风险（还款能力），因而成为商业银行进行信贷决策的重要依据。在5C法中，各个维度的含义如下：

（1）品格是指对借款人声誉的度量，包括对借款人借款意愿、既往借款历史及借款目的的评估。

（2）资本主要是指借款人的财务杠杆率，高杠杆企业面临更高的偿债压力及破产风险，因此也会面临更高的风险溢价。

（3）能力主要是指借款人的还款能力，一般用企业未来现金流的稳定性来衡量。如果一家企业未来收益的波动性大，偿债的不确定性高，那么企业往往也会面临着更高的风险溢价，例如一些初创期的企业在贷款难度或者资金成本上就要高于成熟的“现金牛”企业。

（4）抵押品的作用是在有担保的情况下，当违约发生时，银行可以以借款人抵押的物品的价值冲抵一部分损失，代表了银行对该物品的求偿权。求偿权越强，相关抵押品的市场价值越高，贷款的风险暴露也就会越低。

（5）环境/状态包括借款人自身经营状况和企业所处的经济周期阶段，当经济过热导致投机过热，出现资质较差的借款人愿意以高利率借款时，银行应对此保持谨慎，以防经济衰退时出现大量违约现象。

5C法作为一种经典的专家评价模型，后续有很多衍生的变种，如5P法（people、purpose、payment、protection、perspective）、6C法（character、capacity、cash、collateral、circumstance、control）和LAPP法（liquidity、activity、profitability、potentialities）等。这些方法的共同点都是依据公司过往和现在的表现，进行基于经验的定性分析和判断，并将此作为对公司信用风险的一种评价。

专家分析法系列模型的主要缺点在于严重依赖专家的主观经验判断。在现实中，即使是拥有专业技能的人才，也很难保证其评价不受个人知识、情感以及外界因素的干扰，因此，专家分析法下的信用风险评估往往难以确保其评价过程的客观性、一致性和可靠性。尽管如此，专家分析法在实践中具有简单、清晰和易于操作等优点，同时在一些复杂的分析中，专家的分析和判断可以很好地弥补客观数据不足所造成的评价空缺。因此，即使在信用风险分析高度量化的今天，专家分析法这种看似简单的评价方法也仍然有其用武之地，并常常作为一种辅助性的信用分析工具，与各种定量分析手段配合使用。

（二）信用评级法

信用评级法是最常用的信用风险评估方法之一。从评定主体的角度，信用风险评级可分为内部评级和外部评级。内部评级一般指金融机构按照《巴塞尔协议》的相关要求，基于自身风险控制的特点和需要，在机构内部建立和使用的信用风险评价体系。而外部评级则主要是由第三方专业的评级机构（如全球三大评级机构标准普尔、穆迪、惠誉以及我国的评级机构中诚信、鹏元等），根据借款人的历史表现、信用质量等评估指标所给出的评级。关于内部评级，本章的稍后部分将做具体介绍，此处主要对外部评级进行介绍。

从评级方法的基本思路来看，大多数评级体系都是既考虑质量方面的因素，也考虑数量方面的因素，而最后的评级结果则取决于多方面的因素，不一定是纯数学或统计模型计算得到的结果。从本质上看，评级体系所赖以建立的根基还是在于对风险因素的（尽可能）全面考虑、数据和评级指标的预测能力以及研究人员的经验。在很多时候，评级结果的产生及其分析在很大程度上依赖于评级人员的主观判断。目前国际上常见的评级方法有以下几种：

1. OCC 评级法

OCC 评级法是由美国货币监理署（Office of the Comptroller of the Currency，OCC）开发出来的一种信用风险度量方法。OCC 评级法将贷款组合分为 5 类，其中 4 类为低质量级别，1 类为高质量级别。多年来，金融机构的评级专家已经对 OCC 评级法进行了多方面的扩展，开发出了各种各样的内部评级法。比如，美国的银行持股公司的内部评级法一般包括 10 个级别，其中 1～6 级为合格级别，而 7～10 级则对应 4 种低质量贷款。这种评级方法也可应用于债券评级。贷款级别与债券级别的对应及其风险程度如表 4-1 所示。在具体使用此表时，贷款评级方法一般评估个别贷款，而债券评级则更倾向于对债务人的信用状况进行整体评估。

表 4-1　贷款级别与债券级别的对应及其风险程度

贷款级别	债券级别	风险程度
1	AAA	最小
2	AA	温和
3	A	平均（中等）
4	BBB	可接受
5	BB	可接受但要予以关注
6	B	管理性关注

续表

贷款级别	债券级别	风险程度
7	CCC	特别关注
8	CC	未达到标准
9	C	可疑
10	D	损失

2. 国际三大评级机构的信用评级

标准普尔、穆迪和惠誉并称为国际三大评级机构，其业务遍布全球主要市场经济国家。对于工业类公司，标准普尔公司和穆迪公司在美国和欧洲都有较高的市场覆盖率，而在拉丁美洲，标准普尔公司的市场覆盖率相对更高。作为示例，表 4－2 和表 4－3 分别给出了标准普尔公司对长期债务和短期债务的评级体系。

表 4－2　标准普尔公司长期债务评级体系

级别	含　义
AAA	债券质量最高，债务人偿付债务的能力很强
AA	和最高级别相差不大，债务人偿付债务的能力也很强
A	在市场环境和经济条件出现问题时，债务人的偿付可能存在问题
BBB	保险系数较高，但在经济情况或市场环境出现不利变化时，会削弱债务人的偿付能力
BB	违约风险比其他投机活动的级别要低一些，但商业环境、财务状况或经济情况的变化很可能导致债务人无力承担责任
B	比 BB 级别的风险要高。从目前情况看，仍有能力承担债务，但商业环境、财务状况或经济情况的变化会削弱债务人偿债的能力和愿望
CCC	目前偿付能力较低，只能依赖于商业环境、财务状况或经济情况出现有利变化，债务人才有可能偿付债务
CC	违约可能性很大
C	适用的情形是：债务人已经提交了破产申请或从事其他类似的活动，不过债务偿付仍未停止
D	评为 D 级不是对未来的预期，只有在违约实际发生后，才使用这个级别
＋或－	从 AA 到 CCC 的每个级别都要用附加的“＋”或“－”来进行调整，表明同一级别的相对质量。评级后有“＋”表示它的前景被看好，有可能很快升级。“－”表示前景不被看好，有可能很快降级
R	这个符号主要用于那些含有很高非信用风险的工具。它强调的是信用评级时未关注的本金风险或收益率波动的风险

表 4－3　标准普尔公司短期债务评级体系

级别	含　义
A－1	债务人承担义务的能力很强；如果有一个“＋”号，表明能力非常强

续表

级别	含　义
A－2	在经济环境恶化时，偿付可靠性稍低，但还是令人满意的
A－3	能表现出一定的偿付保障，不过经济情况不利变化或环境的改变可能削弱债务人的偿付能力
B	具有一定的投机性。当前具有偿付能力，但面临一些重要的不确定因素，可能导致债务人无力承担偿付义务
C	从当前看就有违约的可能，只有在财务状况和经济情况出现有利变化时，债务人才有可能偿付债务
D	在违约已经发生的情况下给予的评级

穆迪公司是著名的债券评级机构，其总部位于纽约的曼哈顿，最初由约翰·穆迪（John Moody）于1900年创立。穆迪公司的主要业务在美国，但在世界各地也有很多分支机构。在亚洲，穆迪公司有着很高的市场覆盖率。穆迪公司于2001年7月在北京设立代表办事处，开始开拓中国业务，2003年2月成立全资附属公司北京穆迪投资者服务有限公司。2018年5月，穆迪（中国）有限公司成立，经营范围包括信用评级服务、信用风险分析、研究及管理咨询等。穆迪公司对长期债务和短期债务的评级体系和标准普尔比较相近，但二者在对某项具体债务的评级上有时会存在一些差异。

惠誉公司是全球三大国际评级机构中唯一的欧资国际评级机构，其总部设在纽约和伦敦，最初由约翰·惠誉（John Fitch）于1913年成立。目前，惠誉公司97%的股权由法国FIMALAC公司控制。与标准普尔公司侧重企业评级和穆迪公司侧重机构融资（债券评级）不同，惠誉公司更加侧重于机构的评级，包括金融机构、企业、国家、地方政府和结构融资的评级。目前，惠誉公司已完成1 600多家银行及其他金融机构的评级、1 000多家企业的评级、1 400个地方政府的评级、70个主权国家的评级以及全球78%的结构融资评级。惠誉公司在全球设有40多个分支机构，拥有1 100多名分析师。在三大评级公司里，惠誉公司是最早进入中国的，2000年就进入了中国市场。2020年5月，惠誉公司获准进入中国信用评级市场。

总体来看，信用评级法可以非常直观地为银行等贷款提供者提供有关借款人的综合信用状况，从而为信贷决策、风险管理和风险定价等提供便利。当然，信用评级法也存在一些缺陷。比如，大部分评级体系比较局限于定性分析，虽然在分析过程中也运用了各种财务指标，但指标的风险权重设置依据并不十分明确，这些都会导致评级过程与评级结果的偏差。

3. 信用评级转移

当债务人在发行某债务工具（如贷款或债券）时，其信用质量（等级）可能是非常优秀的，但随着时间的推移，其信用评级很可能发生变化，既有可能改善，也有可能恶化。因此，在实践中，信用风险不仅来自违约，也来自债务人的信用评级发生变化，这在信用风险管理中被称为信用评级转移，如从A级上升至AA级，或从BB级下降至B级等。

信用评级转移是信用风险管理的重要基石，也是进行信用风险管理的关键技术之一，在现代信用风险管理技术的发展过程中起着承前启后的作用。信用评级转移可用信用评级转移矩阵（credit rating migration probability matrix）表示。信用评级转移矩阵反映了债务人（或债务工具）信用在不同信用评级之间的变动和变化趋势，可以方便地用于了解（预测）债务人（或债务工具）在未来一定时间内的信用风险变化情况。这一概念首先由 J. P. 摩根公司在 1987 年提出，后被标准普尔、穆迪和 KMV 等公司广泛采用。

表 4－4 为到期期限为 1 年的不同信用评级证券的信用评级转移矩阵。其中，信用评级由高到低的顺序依次为：AAA、AA、A、BBB、BB、B、CCC、D。对于同一信用评级的证券，在不同到期期限内的年平均违约概率见表 4－5。根据表 4－4 的数据，一个年初信用评级为 BBB 的证券，在年末转换到 D 评级的概率为 0.18%，转换到 A 评级的概率为 5.95%，而继续停留在相同评级（即 BBB）的概率最高，为 86.93%。类似地，根据表 4－5 的数据，到期期限为 1 年的评级为 B 的证券的年平均违约概率为 5.20%，其他数据可做类似解读。

表 4－4　到期期限为 1 年的不同信用评级证券的信用评级转移矩阵（%）

		年末信用评级							
		AAA	AA	A	BBB	BB	B	CCC	D
年初信用评级	AAA	90.81	8.33	0.68	0.06	0.12	0.00	0.00	0.00
	AA	0.70	90.65	7.79	0.64	0.06	0.14	0.02	0.00
	A	0.09	2.27	91.05	5.52	0.74	0.26	0.01	0.06
	BBB	0.02	0.33	5.95	86.93	5.30	1.17	0.12	0.18
	BB	0.03	0.14	0.67	7.73	80.53	8.84	1.00	1.06
	B	0.00	0.11	0.24	0.43	6.48	83.46	4.07	5.20
	CCC	0.22	0.00	0.22	1.30	2.38	11.24	64.86	19.79

说明：数据来自标准普尔 Credit Week 数据库。

表 4－5　同一信用评级的证券在不同到期期限内的年平均违约概率（%）

信用评级	年平均违约概率							
	1 年	2 年	3 年	4 年	5 年	7 年	10 年	15 年
AAA	0.00	0.00	0.07	0.15	0.24	0.66	1.40	1.40
AA	0.00	0.02	0.12	0.25	0.43	0.89	1.29	1.48
A	0.09	0.16	0.27	0.44	0.67	1.12	2.17	3.00
BBB	0.18	0.44	0.72	1.27	1.78	2.99	4.34	4.70
BB	1.06	3.48	6.12	8.68	10.97	14.46	17.73	19.91
B	5.20	11.00	15.95	19.4	21.88	25.14	29.02	30.65
CCC	19.79	26.92	31.63	35.97	40.15	42.64	45.10	45.10

说明：数据来自标准普尔 Credit Week 数据库。

信用评级转移矩阵在信用风险管理中有非常直接的应用。例如，从表 4－5 的数据可以看出，信用评级较低的债务人的违约概率更高，特别是 B 级债务人的 1 年期平均违约概率达到了5.20%，而CCC级更是高达19.79%。这意味着，当金融机构考虑将贷款提供给信用评级较低的企业时（或投资者考虑购买低评级债券时），应当对其潜在的违约风险特别小心。从大部分金融机构的实践来看，一般不对B级及B级以下的申请人发放贷款。此外，有了信用评级转移矩阵，特别是找到预期违约率后，还可以非常方便地计算相关债务的预期损失和非预期损失。

（三）信用评分法

信用评分法主要是根据借款人的特征变量和信用记录等信息，基于一定的理论模型与统计方法计算出借款人的信用得分。信用得分反映了借款人的信用或风险水平，可用于对借款人的违约风险进行评估和判断，进而达到决定是否核准贷款以及贷款定价等目的。信用评分法下包含若干具体的模型，但评分的结果均指向共同的目标，即通过对借款人进行信用评估，为信贷决策提供参考依据。信用评分法比较常见的如信用评分模型（Z值模型和ZETA模型）和FICO信用评分系统等。

1. Z值模型

1968年，纽约大学商学院教授爱德华·奥特曼（Edward Altman）通过对美国破产企业和非破产企业进行考察，基于数理统计筛选财务指标，最终建立了著名的五变量Z值模型。奥特曼教授对该模型的解释是：Z值越小，企业破产的可能性越大，Z值小于1.81的企业很可能破产。Z值模型的基本表达式如下：

$$Z=1.2X_1+1.4X_2+3.3X_3+0.6X_4+0.999X_5$$

其中：

X_1=净营运资本/总资产=（流动资产−流动负债）/总资产，这一指标反映流动性和偿债能力，净营运资本（=流动资产−流动负债）越多，不能偿债的风险越小。

X_2=留存盈余/总资产，这一指标可用于反映企业的经营年限和衡量企业的利润积累。

X_3=息税前收益/总资产=（利润总额+财务费用）/总资产，这一指标可反映企业在不考虑税收和融资影响情况下的生产能力，该比率越高，表明企业的资产利用效果越好，经营管理水平越高。

X_4=股权的市场价值/总负债的账面价值，这一指标衡量企业的价值在资不抵债前可下降的程度，主要用于反映债权人投入的资本受股东资本的保障程度。

X_5=销售额/总资产，这一指标主要衡量企业的销售能力和资产利用情况，该指标越高，说明资产的利用率越高，企业增加收入的能力越强。

基于上述模型，代入目标公司的对应财务数据，就可以得到该公司的Z值分数。Z值分数可按照如下原则进行风险判断：$Z<1.81$为破产区，$1.81\leqslant Z<2.99$为灰色区，$Z\geqslant 2.99$为安全区。简言之，当Z值大于等于2.99时，表明公司的信用状况良好，违约概率较低；当Z值小于1.81时，表明公司的信用状况较差，违约概率较高（存在破产风险）；Z值位于[1.81，2.99)之间的区域被称为灰色区域，此区域的违约风险较难进行明确的统计推断。

2. ZETA 模型

总体来看，Z 值模型是以多变量统计方法为基础，对企业的破产风险进行分析和判别的模型，该模型产生后，由于其计算简便且应用成本低，迅速在美国、澳大利亚、巴西、加拿大、英国、法国、德国、爱尔兰、日本和荷兰等国家得到广泛应用。但由于 Z 值模型中的相关指标无法衡量一些特定类型公司（如公共事业类公司、新兴公司和非上市公司等）的风险，这使得其适用范围受到一定限制。

为弥补 Z 值模型的上述不足，奥特曼教授在 1977 年进一步提出了 ZETA 模型，其基本思路是：通过在 Z 值模型的基础上增加更多不同维度的财务指标，以进一步提高对企业违约概率的估计准确度。具体而言，ZETA 模型中的变量包括：

X_1（资产收益率指标）＝息税前利润/总资产；

X_2（收益波动性指标）＝公司资产收益率在 5～10 年中变动趋势的标准差；

X_3（偿债能力指标）＝息税前利润/总利息支出；

X_4（长期盈利能力指标）＝留存收益/公司总资产，以此指标反映公司经营寿命长短、股利政策、历史盈利状况等信息；

X_5（流动性指标）＝流动资产/流动负债；

X_6（资本化程度指标）＝普通股/总资产，该指标越大，说明公司资本化程度越高，资产流动性越好，违约概率越小；

X_7（规模指标）＝公司总资产的对数。

ZETA 模型相较于 Z 值模型的优势在于考虑了更多维度的指标，可以提高模型预测的准确度，而且对于存续时间越长的企业，借助于更多的相关数据，该模型的准确度也会越高。但是，ZETA 模型同样存在缺陷，特别是存在破产的临界值难以确定的问题：如果临界值过高，会因为拒绝了好的信贷而遭受损失；而如果临界值过低，则可能提高不良信贷的比例。

综合来看，Z 值模型和 ZETA 模型的共同优势都是计算方便，适用性强，容易推广。但是，Z 值模型和 ZETA 模型也存在一些共同缺陷，比如：(1) 主要从财务指标角度预测借款人的违约概率，但一方面历史数据本身不代表未来，另一方面无法反映日渐重要的市场波动风险；(2) 模型构建的理论基础薄弱，财务指标只能反映企业生产经营和信用风险的部分问题，且通常存在一定的滞后性（财务数据变坏意味着问题已经产生）；(3) 模型的结构都是线性的，但现实中的很多风险具有典型的非线性特征，这会显著降低风险预测（特别是重大风险预测）的准确度；(4) 企业的表外信用风险无法在模型中得到反映。

除 Z 值模型和 ZETA 模型外，依据各种财务比率指标来预测公司破产或违约概率的模型还有 Logit 模型和 Probit 模型，这两种模型都是根据投资者的风险偏好程度设定信用风险的警戒线，然后据此开展相关风险决策。Logit 模型和 Probit 模型在统计建模方面的主要区别在于：Probit 模型的假设为累积正态分布函数，而 Logit 模型的假设则为 Logistic 概率函数。一般而言，研究者需要根据目标对象的性质和实际分布，选择合适的概率函数进行建模。

3. FICO 信用评分系统

对于个人客户或小型企业客户，国外金融机构一般主要使用外部的信用登记系统（信用管理局）来了解和分析客户的信用风险状况，从而实现贷款的快速审批和发放。这方面美国的个人信用评分系统比较具有代表性。

美国的个人信用评分系统主要是由费埃哲（FICO）公司推出的，FICO 信用评分系统也由此得名。20 世纪 50 年代，工程师比尔·费尔（Bill Fair）和数学家厄尔·艾萨克（Earl Isaac）发明了一个对信用得分进行统计的模型系统，从 80 年代开始在美国流行。后来，该模型系统成为美国费埃哲公司的专有产品。

实际上，费埃哲公司开发了三种不同的 FICO 信用评分系统，分别供美国的三大信用管理局使用（见表 4－6）。这三种信用评分系统都是基于相同的方法，且都经过了严格的测试。由于美国三大信用管理局都使用 FICO 信用评分系统，每一份信用报告上都附有 FICO 信用得分，因此现在美国人经常谈到的"你的得分"，通常指的是你的 FICO 信用得分。

表 4－6 美国三大信用管理局使用的 FICO 信用评分系统

信用管理局名称	FICO 信用评分系统名称
Equifax	BEACON
Experian	ExperianPFair Isaac Risk Model
TransUnion	FICO Risk Score，Classic

FICO 信用得分的计算方法至今未向社会完全公开。为了平息人们对它的疑问，费埃哲公司公布了有关模型的部分打分方法。总体来看，FICO 信用评分系统主要关注五大类因素（见图 4－1），依次分别为：信用偿还历史、信用账户数、使用信用的年限、新开立的信用账户和正在使用的信用类型。

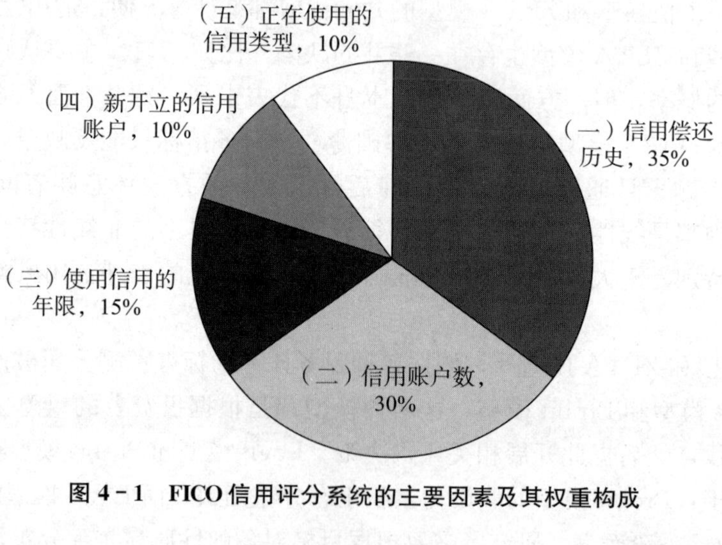

图 4－1 FICO 信用评分系统的主要因素及其权重构成

（1）信用偿还历史。客户的信用偿还历史是影响 FICO 信用得分的最重要因素，其权重约占总影响因素的 35%。支付历史主要显示客户的历史偿还情况，以帮助贷款方了解该客户是否存在历史的逾期还款记录，主要包括：各种信用账户（信用卡账户、零售账户、分期付款账户、金融公司账户、抵押贷款账户等）的还款记录；公开记录及支票存款记录，包括破产记录、丧失抵押品赎回权记录、法律诉讼事件、留置权记录及判决等；逾期偿还情况，包括逾期天数、未偿还金额、逾期还款的次数以及逾期发生时距现在的时间长度等，其中逾期较近的记录对 FICO 信用得分的影响更大。

（2）信用账户数。这是对 FICO 信用得分影响第二大的因素（仅次于信用偿还历史），其权重占到总影响因素的 30%左右。对于金融机构而言，一个客户有信用账户需要偿还贷款，并不意味着这个客户的信用风险高；如果一个客户有限的还款能力被用尽，则说明该客户存在很高的信用风险，逾期还款的可能性很高。

（3）使用信用的年限。该因素主要指信用账户的账龄（包括最早开立的信用账户的账龄、新开立信用账户的账龄以及平均的信用账户账龄），其权重占到 FICO 信用得分总影响因素的 15%左右。一般而言，使用信用的历史越长，越能增加 FICO 的信用得分。

（4）新开立的信用账户。该因素包括新开立的信用账户数、新开立的信用账户账龄、目前的信用账户申请数量、贷款方查询客户信用的时间长度以及最近的信用状况等，其权重占到 FICO 信用得分总影响因素的 10%左右。据调查，在短时间内开立多个信用账户的客户具有更高的信用风险，尤其是那些信用历史不长的人。

（5）正在使用的信用类型。该因素主要分析客户的信用卡账户、零售账户、分期付款账户、金融公司账户和抵押贷款账户的混合使用情况，具体包括持有的信用账户类型和每种类型的信用账户数，其权重占 FICO 信用得分总影响因素的 10%左右。

FICO 信用评分系统基于高达 100 万的样本数据，首先确定刻画消费者的信用、品德以及支付能力的指标，并把各个指标分成若干个档次以及确定各个档次的得分，其次计算每个指标的加权得分，最后得到消费者的总得分。FICO 信用得分的打分范围是 300～850。分数越高，说明客户的信用风险越小，但分数本身并不能说明一个客户是好还是坏，金融机构一般会将分数作为进行贷款决策的参考。通常情况下，由于每个金融机构都会有自己的贷款策略和标准，且每种金融产品也都有自己可接受的风险水平，因此，可接受的信用得分水平在不同的情况下相应也是不同的。

美国社会人群的信用得分分布状况如表 4－7 所示。从表中数据可以看出，存在两个基本的规律：一是评分整体呈现出左偏态的正态分布，大多数人的信用得分处于中等水平，而得分特别高和特别低的人都占比较小；二是信用得分的分值与违约概率呈现出负相关关系：信用得分越高，违约概率越低。这就是 FICO 信用评分系统的核心价值所在，金融机构可以参考信用得分的高低进行信贷决策，做出是否发放贷款、确定贷款额度、是否需要抵押等相关决策。一般来说，如果借款人的信用得分达到 680 分，金融机构可以认为借款人的信用卓著，从而毫不迟疑地同意发放贷款。如果借款人的信用得分低于 620 分，金融机构要么要求借款人增加担保，要么找理由拒绝贷款（美国法律禁止将信用得分作为拒绝消费贷款的唯一理由）。如果借款人的信用得分介于 620～680 分之间，金融机构就要进行进一步的调查核实，结合其他信用分析方法，作个案处理。

表 4-7 美国社会 FICO 信用得分的基本情况和对应的违约概率

信用得分	人数百分比	累计百分比	违约概率
300～499	2%	2%	87%
500～549	5%	7%	71%
550～599	8%	15%	51%
600～649	12%	27%	31%
650～699	15%	42%	15%
700～749	18%	60%	5%
750～799	27%	87%	2%
800～850	13%	100%	1%

总体来看，FICO 信用评分系统基于借款人的历史信用记录，采用基于客观指标和数据的评分方法，由计算机自动完成评估工作，可以摒弃主观偏见，帮助形成公正的信贷决策，避免人为因素的干扰。同时，客户的性别、种族、宗教、国籍和婚姻状况等因素不进入模型系统，对信用得分没有影响，有助于确保评分结果的公平公正。此外，FICO 信用得分建立在大量数据的统计基础之上，具有较高的可靠性、稳定性和准确度，成为金融机构评估客户信用风险的一个有效手段。

FICO 信用评分系统的另一个核心优势在于其方便性和快捷性。由于采用了自动化的操作，人们可以根据信用得分快速获得信用贷款，有些贷款甚至可以直接通过网络申请，不仅大大降低了交易时间，减少了交易成本，而且大幅提高了金融机构授信和决策的效率。根据美国消费银行协会的统计，在不使用信用得分的情况下，小额消费信贷的审批平均需要 12 小时，但在使用信用得分和自动处理程序后，信用卡的审批只要一两分钟，甚至几秒钟，20%～80%的抵押贷款可以在两天之内批复，其中不少贷款项目可以在 4～6 小时内完成审批。

4.2.2 现代信用风险度量模型

从 20 世纪 90 年代开始，随着现代金融理论和数量分析工具的不断发展，一些包含复杂数理统计方法的度量模型和方法开始不断涌现，这些模型和方法的核心在于对违约概率和预期损失进行量化测度。其中，比较经典的量化模型包括信用监控模型、信用计量模型、信用组合观点模型和信用风险模型等。在巴塞尔委员会要求各商业银行为信用风险建立内部评级法之后，各大银行也开始投入资源研发各种量化信用风险的内部模型，这进一步推动了此类模型的发展。

1. 信用监控模型

信用监控模型（KMV 模型）由美国 KMV 公司于 1997 年创立，主要用于对借款企业的违约概率进行量化评估。该模型认为，在给定负债的情况下，贷款的信用风险是由债务人的资产市场价值决定的，但资产并没有真实地在市场上交易，因而资产的市场价值不能被直接观测到。为此，KMV 模型转换思维角度，使用布莱克（Black）、斯科尔斯（Scholes）和默顿（Merton）所提出的期权定价模型（BS 模型）来估计预期的违约概率。

KMV 模型的基本假设包括：（1）与 BS 模型的假设一致，公司股票价格满足随机过程、交易无摩擦等基本条件；（2）如果借款人的资产价值大于其债务价值，则借款人不会违约，反之就会违约；（3）借款人的资本结构只包括所有者权益、短期债务、长期债务和可转化的优先股；（4）违约距离是对企业进行信用评级的一个合适指标。

基于上述假设，KMV 模型输入包括企业的资产结构、资产回报的波动率和资产的当前市值等财务数据，然后经过特定步骤的模型计算，最终得到企业的预期违约率（expected default frequency，EDF）。整个预测过程不考虑企业历史借贷的信用信息，也不涉及企业信用评级的相关信息。

KMV 模型的计算步骤主要包括以下三步：首先，基于 BS 模型的期权定价公式，根据企业股权的市场价值及其波动性、到期时间、无风险借贷利率及负债的账面价值估计出企业资产的市场价值、资产价值的波动性；其次，根据公司的负债计算出公司的违约实施点（default exercise point，为企业 1 年以下短期债务的价值加上未清偿长期债务账面价值的一半），计算借款人的违约距离（default distance，DD）；最后，根据企业的违约距离与预期违约率之间的对应关系，求出企业的预期违约率。

拓展阅读

KMV 模型的基本建模思路

总体来看，作为基于现代期权定价理论而建立的违约预测模型，KMV 模型较传统信用风险度量方法具有一些独特的优势。首先，KMV 模型的理论基础是现代公司金融理论和期权定价模型，因而具有较强的理论依托和数理支撑。其次，KMV 模型聚焦于市场指标，可以通过不断地更新输入的指标（如股价交易数据等）来充分利用金融市场信息，对所有公开上市公司进行信用风险量化分析。再次，KMV 模型的数据来自股票市场的动态信息而非企业的历史数据，因而更能及时反映企业当前的信用状况，前瞻性和预测能力相对更强。最后，KMV 模型提供的违约概率是对信用风险的定量刻画，不仅能反映不同企业风险水平的高低，还能反映风险水平差异的程度，因而具有更高的精准性。相比之下，序数评级只能反映信用风险的高低顺序，如 BBB 级高于 BB 级，却不能明确说明高到什么程度。

不过，KMV 模型也存在自身的一些缺陷。首先，因为使用了股票市场的大量指标，KMV 模型的使用范围主要局限于上市公司的信用风险评估，而要对非上市公司的信用风险进行评估则比较困难，需要借助一些会计信息或其他能够反映借款企业特征值的指标来替代模型中的一些重要变量，但这种替代可能导致模型丧失原有的准确性。其次，基于 BS 模型的假设，KMV 模型假设公司的资产价值服从正态分布，但现实中的公司资产价值通常会呈现非正态分布的统计特征。再次，KMV 模型未对债务的不同类型（如偿还优先顺序、担保、契约等方面的差异）进行区分，这种模型简化难免会导致模型计算结果的不准确。最后，KMV 模型假设公司的资本结构不变，但不同行业的公司在面对违约临界点时，其资产负债结构通常会被调整。

2. 信用计量模型

信用计量模型（CreditMetrics 模型）是由 J. P. 摩根公司、美国银行、KMV 公司、瑞士联合银行等金融机构在 1997 年联合推出的一种信用风险度量模型。该模型基于在险价值计算框架，特别适用于如贷款、债券等非交易性信用资产的风险评估。

CreditMetrics 模型试图回答的一个核心问题是：“如果下一年是一个坏年份，那么相应的贷款或贷款组合会损失多少？”为回答这一问题，CreditMetrics 模型的主要思路是基于信用评级转移，根据债务人的信用质量及违约事件来确定信用资产的市场价值，然后利用信用资产价值计算在险价值。因此，CreditMetrics 模型又被称为基于信用评级转移的“盯市”模型。

CreditMetrics 模型的基本假设包括：（1）市场风险与信用风险无关，在模型中唯一的变量是信用评级；（2）信用评级呈离散分布，在同一个信用评级中，债务人具有完全相同的信用评级转移矩阵和违约概率，信用评级转移概率遵循马尔可夫过程，实际违约概率等于历史平均的违约概率；（3）风险期限固定为 1 年，对应 1 年期的信用评级转移矩阵；（4）对于不同的债务人而言，其信用评级的联合分布是基于其资产回报率的联合分布来估计的，而后者则使用所有者权益收益率的联合分布予以代替；（5）每个信用评级都对应一条零利率曲线，同时假定违约不会导致资产的全部损失，而是损失一个比例，其大小等于风险敞口×(1－违约回收率)；（6）违约不仅指债务人未能如期清偿全部债务，还包括信用评级下降所导致的债务市场价值下跌。

从 CreditMetrics 模型的建模思路来看，由于假设影响信贷资产价值的因素既包括违约事件，也包括信贷资产质量的变化，因此，为获得所有信贷资产的潜在变化信息，CreditMetrics 模型采取了“盯市”的方法来计算信用风险值。如图 4－2 所示，CreditMetrics 模型构造了一个用于模拟信贷资产所有潜在变化以及违约波动的组合计量框架，其计量过程主要包括以下三个核心环节：

拓展阅读

CreditMetrics 模型的基本建模思路

（1）风险暴露或内部头寸。头寸数据包括投资组合数据、交易账簿数据以及表外项目数据等，这些数据通常保存在金融机构的相关系统之中。只要头寸数据具有一致的基础，CreditMetrics 模型就能区分出不同投资种类之间的风险差异。

（2）信用事件所引发的单个风险暴露的价值波动。信用事件包括违约以及信用评级的恶化。在计算整个组合的信用风险之前，需要先计算单个暴露的信用风险。计算的风险需要涵盖信贷资产在所有可能信用评级状态（包括违约）下的价值分布。

（3）不同信贷资产之间的相关性。由于最终目标是要计算整个信贷组合的信用风险，因此，CreditMetrics 模型必须考虑和估计不同资产变化之间的相关性，包括违约的相关性和信用评级转移的相关性，从而最终得到信贷资产组合的风险值。

总体来看，CreditMetrics 模型在建模思想上拓展了违约的概念，考虑了债务人信用评级的恶化。同时，CreditMetrics 模型具有很强的理论基础，考察的因素也比较全面，是最为流行的信用风险度量模型之一。CreditMetrics 模型的最大优点在于其广泛的适用性，不仅可以对贷款和债券等信用资产进行风险评估，还可以对诸如期货、远期、互换

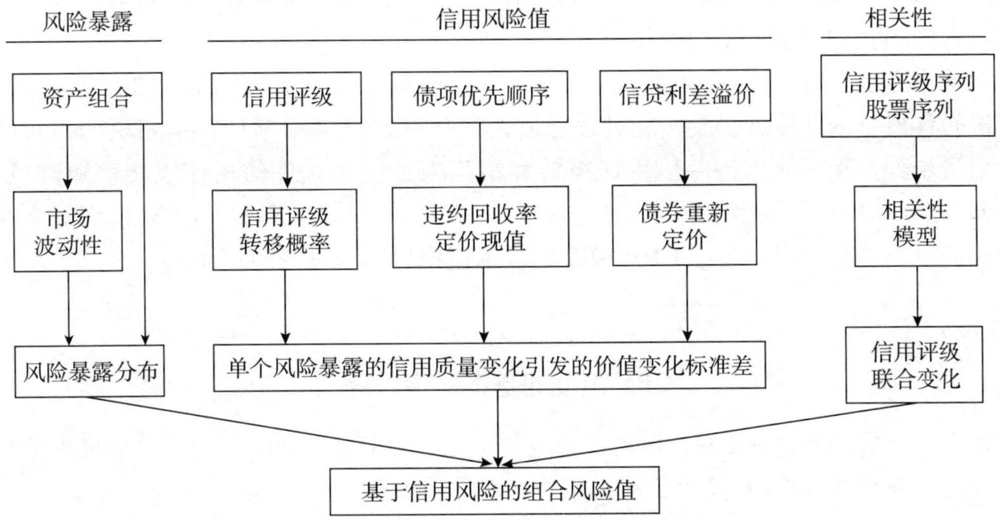

图 4－2　CreditMetrics 模型框架

等衍生金融工具进行风险评估。此外，风险管理部门还可以基于 CreditMetrics 模型估计各个风险业务部门的业绩，甚至主动配置信用风险资产，这使得该模型一经产生就拥有广泛的应用和影响。

CreditMetrics 模型的主要缺陷包括：(1) 模型中的违约概率仍然是基于历史数据得到的，这使其不能很好地预测未来的宏观经济状况和市场风险变化的影响；(2) 信用评级转移矩阵无法体现同一信用评级下的债务人在行业和资产规模等方面的不同，从而可能降低信用风险估计的准确性；(3) 由于模型中使用的违约损失率缺乏明确的理论基础，因而很难评价其可靠性，尤其是对于一些限期长、信用评级低的债券而言，其违约回收率或违约损失率的估计误差可能会更大；(4) 模型假设各个信用资产发生信用评级转移的概率是独立的，但在危机时期，同一行业（或地区）公司的违约关联性会显著上升，导致信用资产出现大面积违约；(5) 资产之间的相关系数在模型中是用股票收益率的相关系数来代替的，但并没有明确的理论或现实依据表明这两个相关系数能够相互替代。

3. 信用组合观点模型

信用组合观点模型（CPV 模型）是由麦肯锡公司（Mckinsey）在 1998 年应用计量经济学理论和蒙特卡罗模拟方法开发出的一款多因子信用风险量化模型。该模型主要用于信用资产组合风险的分析，其基本思想是，信用周期与经济周期密切相关：当经济处于衰退时期时，各信用主体信用降级和违约的概率增大；反之，当经济处于繁荣时期时，各信用主体信用降级和违约的概率减小。

CPV 模型通过将观测到的违约概率和信用评级转移概率与宏观经济因素联系起来，可方便地用于对既定宏观因素取值下各个信用评级对象之间的联合条件违约分布和信用评级转移概率进行仿真模拟。比如，在观测到诸如经济增长率、失业率、利率水平、外汇水平、政府支出和国民储蓄率等宏观经济因子时，CPV 模型可用于计算不同国家、不同行业、不同信用评级主体的违约概率和信用评级转移概率的分布函数。在数据可得的情况下，CPV 模型可以应用到每一个国家，并可应用到包括金融业、制造业、农业等不同部门在内的各种类型的信用个体。

从建模方法上看，CPV 模型是在 CreditMetrics 模型基础上发展而来的，其对条件信用评级转移概率的计算方法及实施过程是最大的亮点。CPV 模型计算信用资产组合的在险价值的步骤，除了使用条件信用评级转移矩阵来替代无条件信用评级转移矩阵以外，其余与 CreditMetrics 模型总体相同。但不同于 CreditMetrics 模型，CPV 模型对宏观经济变量的影响更为重视。关于 CPV 模型的基本建模思路可参见专栏 4-1。

专栏 4-1

CPV 模型的基本建模思路

假设一个国家或行业 i 在 t 时刻的条件违约概率为 $P_{i,t}$，且银行贷款的信用风险受到相关宏观经济变量（$Y_{i,t}$）较为稳定的影响，其关系如下：

$$P_{i,t}=\frac{1}{1+e^{-Y_{i,t}}}$$

其中，宏观经济变量 $Y_{i,t}$ 由计量方法得到，具体公式如下：

$$Y_{i,t}=a_{i,0}+a_{i,1}x_{i,1,t}+a_{i,2}x_{i,2,t}+\cdots+a_{i,n}x_{i,n,t}+v_{i,t}$$

其中，a_i 为模型回归参数，$x_{i,t}$ 为一个国家（或一个行业）i 在 t 时刻的各种宏观指标，$v_{i,t}$ 为独立正态分布的随机变量。

假设该国家（或行业）的宏观经济变量服从线性的自回归关系，由此可建立 n 个对应的线性自回归函数：

$$x_{i,j,t}=\beta_{i,j,0}+\beta_{i,j,1}x_{i,j,t-1}+\beta_{i,j,2}x_{i,j,t-2}+\cdots+\beta_{i,j,n}x_{i,j,t-n}+\varepsilon_{i,j,t}$$

其中，$x_{i,j,t}$ 为国家（或行业）i 在 t 时期的第 j 个宏观经济变量，$x_{i,j,t-1}$，$x_{i,j,t-2}$，⋯ $x_{i,j,t-n}$ 则对应宏观经济变量的滞后项，β 为待估计的参数，ε 为误差项。

将上述三个公式相结合，即可得出在给定宏观经济条件下的违约概率。

总体来看，与 CreditMetrics 模型应用的信用评级转移概率和违约概率不同，CPV 模型不是以历史信用评级转移和违约的数据来估计信用评级转移概率和违约概率，而是以当期的经济状态为条件来计算债务人的信用评级转移概率和违约概率。模型中的违约概率和信用评级转移概率都与宏观经济状况紧密相连，当经济状况恶化时，信用降级和违约增加，反之则减少。同时，尽管 CPV 模型和 KMV 模型都假设违约概率和信用评级转移概率是随时间变化的，但 KMV 模型是利用微观经济的方法将债券的违约概率和资产的市场价值结合起来，而 CPV 模型则是基于宏观经济框架，将宏观经济因子同违约概率和信用评级转移概率结合起来。

在应用过程中，CPV 模型也存在着一些局限性：一是完备可靠的违约数据很难得到；二是没有考虑债务剩余期限、债务偿还情况等微观因素的影响；三是模型对企业信用评级变化所进行的调整容易受到主观认识偏差的影响；四是模型有可能受调整信用评级转移矩阵的特定程序的限制，从而难以得到比贝叶斯模型更好的估计结果。

4. 信用风险模型

信用风险模型（CreditRisk＋模型）是由瑞士信贷第一波士顿银行于 1997 年推出的信用风险度量模型。该模型的主要思想来源于保险业，它以保险精算学的分析框架为基础，只考虑债务人违约和不违约两种状态。同时，该模型将违约视为一种随机行为，不关注引发违约的具体原因，只是采用泊松分布作为债务人违约事件的近似分布。

CreditRisk＋模型对债务人违约情况的这些简化处理，大大降低了该模型对债务人相关数据的需求，并可将贷款组合的违约损失概率生成函数表示成显式解，从而可以直接采用迭代算法进行求解，避免了蒙特卡罗模拟的使用，大大减少了贷款组合违约损失分布计算所需的时间。CreditRisk＋模型应用广泛，可用于公司贷款、零售贷款、衍生工具、可交易债券等的信用风险评估。

CreditRisk＋模型的基本假设包括：(1) 债务人在每个考查期的期末只有违约和不违约两种状态；(2) 对于债务组合中的任何一笔债务，其是否违约都是随机的；(3) 对于一个债务组合而言，任何单笔债务的违约概率都很小且相互独立。

从建模思路来看，CreditRisk＋模型的构造主要包括以下三个模块：

在第一个模块中，确定贷款组合违约次数的概率分布。根据上述假设，贷款组合在一定时期内的违约概率服从泊松分布：$P(n)=\frac{u^n e^{-u}}{n!}$，其中 $P(n)$ 表示在计算期内发生 n 个债务人违约事件的概率，u 表示贷款组合在计算期内期望的违约次数。

在第二个模块中，基于损失的严重性程度对贷款组合进行分组。尽管贷款组合的违约概率服从泊松分布，但由于违约贷款的损失额不同，因而整个贷款组合的损失将不再服从泊松分布。为此，CreditRisk＋模型对贷款组合中的每笔贷款，按损失严重性进行大小分组，这样每一组的损失都将服从泊松分布。

在第三个模块中，通过将各组的损失进行汇总，得到整个贷款组合的损失概率分布，然后使用在险价值方法求出债务的经济资本。关于 CreditRisk＋模型更具体的建模思路和数理基础可参见图 4－3 和专栏 4－2。

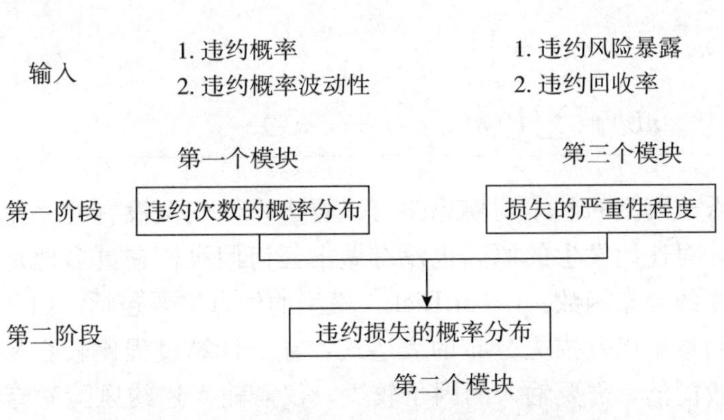

图 4－3　CreditRisk＋模型的风险度量框架

专栏 4-2

CreditRisk+模型的基本建模思路

CreditRisk+模型的基本假设为：(1) 模型覆盖的时间期限是一年，信用资产组合中包括 N 个债务人，每个债务人违约的概率都是随机的，记概率为 ρ_i ($i=1, 2, \cdots, N$)；(2) 在该信用资产组合中，任何债务人的违约概率都很小，不同期间内的违约事件彼此独立，不同的违约风险暴露也相互独立。

在上述两个假设下，违约概率服从泊松分布。由此可以得出其概率分布函数为：

$$P(\text{债务人违约数}=n)=\frac{\lambda^n e^{-\lambda}}{n!}$$

根据泊松分布的性质，该违约概率的均值和方差均为 λ。假设违约概率为 q，则$\lambda=q\times N$，由此可以推出违约概率 q。

为了改善与实际违约概率相比，泊松分布下得到的平均违约概率较低，从而低估违约概率和预期损失的问题，假设平均违约概率服从 Gamma 分布，但整个违约过程仍然用泊松分布来描述。在此假设违约数 $\lambda=q\times N$ 的均值为 μ，标准差为 σ。

$$P(\text{债务人违约数}=n)=p^m(1-p)^\alpha \frac{\Gamma(m+\alpha)}{\Gamma(m+1)\Gamma(\alpha)}$$

其中，$\alpha=\mu^2/\sigma^2$，$p=\sigma^2/(\sigma^2+\mu^2)$，$\Gamma(x)$ 表示 Gamma 函数。

在估计出违约概率后，便可估计预期违约损失，假设 N 笔贷款按不同的违约风险暴露值可以分为 m 组，即 $n_i(i=1, 2, \cdots, m)$。每组的违约风险暴露值为 $L_i(i=1, 2\cdots, m)$，每组的贷款数量为 $N_j(j=1, 2, \cdots, m)$，其中 $N_1+N_2+\cdots\cdots+N_m=N$。每组中有 j 笔贷款违约，结合泊松分布的概率公式，可得预期损失 EL：

$$EL(i, j)=L_i\cdot j\cdot\frac{\lambda^j e^{-\lambda_j}}{j!}, \ j=0, 1, 2, \cdots, N_j$$

加总 m 个组的违约组合，其违约概率和预期损失分别为：

$$P(n_1, n_2, \cdots, n_m)=\prod_{i=1}^{m}\frac{\lambda_i^{n_i} e^{-\lambda_i}}{n_i!}$$

$$EL(\text{损失}=nL)=\sum P(n_1, n_2, \cdots, n_m)$$

从 CreditRisk+模型的基本建模思路可以看出，该模型没有建立违约风险和企业资产价值间的关系，对违约发生的原因也没有做出任何假设，它更多地是从数学概率的角度来刻画违约概率的分布函数。CreditRisk+模型的优点主要包括：(1) 模型能够给出信用资产组合的违约概率以及损失分布的表达式，整个计算过程比较容易理解，也便于应用；(2) 模型比较简洁，需要输入的因子较少，仅需输入违约风险暴露和债务违约的相关数据；(3) 模型处理能力较强，可处理数万个不同地区、不同部门、不同时限等不同类型的违约风险暴露。

CreditRisk+模型的主要缺陷表现为：(1) 模型中的利率是给定的，没有考虑市场风险变化对信用变化的影响；（2）没有考虑违约风险暴露值的变化，也没有关注市场波动对信用资产组合价值的影响，这使得其缺乏足够的敏感度，难以观察到债务人信用质量可能发生的变化；（3）在对预期损失的计量过程中，假定违约概率是固定的，但实际中不同分组下的违约概率会受到宏观经济等因素的影响，因而会随时间发生变化；（4）分组过程中对每笔贷款的违约风险暴露进行近似，这将对投资组合损失方差的准确性产生影响。

4.2.3 现代信用风险度量模型的比较

上面所介绍的 KMV 模型、CreditMetrics 模型、CPV 模型和 CreditRisk＋模型是目前国际上比较流行和使用广泛的用于金融机构内部信用风险度量的模型。这些模型既存在理论和方法上的差异，也具有内在的共通性。比如，根据债务人违约概率的不同对债务人信用状况做出等级划分后，违约模型和盯市模型可以互相转化。又比如，CreditMetrics 模型和 CreditRisk＋模型具有类似的模型结构，同时，通过对模型中的一些关键变量进行充分协调，这些模型可以得到类似的结果。表 4－8 对四种模型的异同进行了简要归纳。

表 4－8 现代信用风险度量模型的特征比较

比较因素	KMV 模型	CreditMetrics 模型	CPV 模型	CreditRisk＋模型
模型特点	违约模型	盯市模型	盯市或违约模型	违约模型
风险定义	违约损失	市场价值	市场价值	违约损失
风险因素	资产价值	资产价值	宏观因素	预期违约概率
信用事件	可变	不变	可变	可变
相关性	来自股市	违约过程	宏观因素	违约过程
违约回收率	不变或随机	随机	随机	组内不变
概率	条件概率	无条件概率	条件概率	无条件概率
求解方法	分析法	模拟法或分析法	模拟法	分析法
违约类别	客观违约	客观违约	客观违约	客观违约
针对风险	客观风险	客观风险	客观风险	客观风险
决策选择方法	客观方法为主	客观方法为主	客观方法为主	客观方法为主
决策主体	单方选择	单方选择	单方选择	单方选择
风险防范漏洞	主观风险	主观风险	主观风险	主观风险

应该说，目前国际上还没有形成一个通用的信用风险度量模型或方法，而上面介绍的四种代表性模型在实际应用中也存在一些共同的问题。比如，这些模型都存在一些不切实际的假设，在预测表现上很多时候差强人意，与实际情况有一定差距。又比如，这

些模型都或多或少地遗漏了大量有关借款人、行业变化和宏观经济的变量，也没有很好地考虑借款人的道德风险，这些因素对于全面衡量信用风险是不可或缺的。此外，这些模型都是用于测算贷款组合的信用风险的，无法有效地对单一贷款进行损失测算，也无法完全满足高级内部评级法的相关要求。

4.3 《巴塞尔协议》的信用风险度量

4.3.1 《巴塞尔协议Ⅰ》：标准法

《巴塞尔协议Ⅰ》是由巴塞尔委员会于1988年发布的。受20世纪70年代发展中国家债务危机的影响，很多银行蒙受了巨大损失。在这种背景下，如何防范银行风险就成了巴塞尔委员会所关注的核心内容。作为统一商业银行监管标准的重要文件，《巴塞尔协议Ⅰ》最核心的内容是确立了资本充足率的计算方法，其公式为：

$$总资本充足率=\frac{总资本}{风险加权总资产}$$

其中，作为分子的总资本是指用于吸收未预期损失的资金，与资产的风险相联系。在风险加权总资产的计算上，《巴塞尔协议Ⅰ》强调大多数银行所面临的主要风险是信用风险。

为此，《巴塞尔协议Ⅰ》提出了信用风险计量的标准法，其公式为：

$$风险加权总资产=表内风险资产+表外风险资产$$
$$表内风险资产=资产负债表内资产科目账面价值\times对应风险权重$$
$$表外风险资产=表外科目账面价值\times信用转换系数\times表内相同性质资产的风险权重$$

其中，风险权重只分为五档：0、10%、20%、50%、100%，且以是否为OECD国家为标准，这导致在信用风险的度量方面，《巴塞尔协议Ⅰ》对OECD国家的授信风险权重明显低于非OECD国家。特别是，发展中国家由于受到债务危机的影响，其风险权重高达100%。同时，《巴塞尔协议Ⅰ》中各类资产的风险权重均由监管当局制定，计算方式虽然比较简便，但不够精确，缺乏敏感性。

4.3.2 《巴塞尔协议Ⅱ》：标准法和内部评级法

20世纪90年代之后，全球化浪潮席卷世界，金融创新风起云涌，市场交易的繁荣催生了新的金融风险度量和管理需求。随着银行业的经营环境日益复杂，《巴塞尔协议Ⅰ》中的简单风险权重确定方法越来越无法适应新的风险管理需要。与此同时，1997年亚洲金融危机爆发，为更好地度量和管理金融风险，巴塞尔委员会经过酝酿，于2004年推出了《统一资本计量和资本标准的国际协议：修订框架》，即《巴塞尔协议Ⅱ》。

《巴塞尔协议Ⅱ》扩展了风险加权总资产的定义，同时在信用风险的度量方法上也有诸多改进。具体而言，《巴塞尔协议Ⅱ》改进了信用风险资本的计算方法：一方面延续和深化了《巴塞尔协议Ⅰ》的风险加权计算法，即标准法；另一方面提出了内部评级法，鼓励金融机构开发内部评级模型，进行信用风险加权资产的自我估算，以改变《巴塞尔协议Ⅰ》中的粗略风险权重设计。根据金融机构的参数计算能力，内部评级法又分为初级内部评级法和高级内部评级法：对于金融机构而言，方法越高级，自由度越高，被监管的概率就越低。

（一）标准法

《巴塞尔协议Ⅱ》对《巴塞尔协议Ⅰ》中所使用的衡量方法做出了改进，废除了以是否为 OECD 国家来确定风险权重的做法，改为以外部评级作为计量风险权重的依据。其中，一些代表性资产的风险权重规定如表 4-9 所示。

表 4-9　《巴塞尔协议Ⅱ》中不同债权的风险权重

<table>
<tr><th>债权类型</th><th>AAA～AA⁻</th><th>A⁺～A⁻</th><th>BBB⁺～BBB⁻</th><th>BB⁺～B⁻</th><th>B⁻ 以下</th><th>未评级</th></tr>
<tr><td>对主权国家及其中央银行的债权</td><td>0</td><td>20%</td><td>50%</td><td>100%</td><td>150%</td><td>100%</td></tr>
<tr><td>对银行的债权（按照注册国的主权国家评级）</td><td>20%</td><td>50%</td><td>100%</td><td>100%</td><td>150%</td><td>100%</td></tr>
<tr><td>对银行的债权（按照银行的外部评级）</td><td>20%</td><td>50%</td><td>50%</td><td>100%</td><td>150%</td><td>50%</td></tr>
<tr><td>对公司的债权</td><td>20%</td><td>50%</td><td>100%（BBB⁺～BB⁻）</td><td colspan="2">150%（BB⁻ 以下）</td><td>100%</td></tr>
<tr><td>零售资产中的债权</td><td colspan="6">75%</td></tr>
<tr><td>对居民房产抵押的债权</td><td colspan="6">35%</td></tr>
<tr><td>对商业房地产抵押的债权</td><td colspan="6">100%</td></tr>
<tr><td>高风险债权</td><td colspan="6">150%</td></tr>
</table>

但在后来的实践中，《巴塞尔协议Ⅱ》所提倡的标准法也暴露出一些不足，主要包括以下几个方面：

一是风险敏感性有待提升。《巴塞尔协议Ⅱ》虽然对不同资产类别分别设置了不同的风险权重，但部分资产（如对居民房产抵押的债权、对商业房地产抵押的债权等）仅有单一的风险权重或风险权重的档次较少，导致风险敏感性不足。

二是对外部评级的依赖性较高。资产的风险权重仅与外部评级相关，导致商业银行过度依赖外部评级，从而忽视了自身的尽职调查和风险监管。当商业银行的内部监管出现问题时，可能会导致严重的金融风险，并对一国金融体系的稳定性产生影响。

三是与内部评级法的计量结果缺乏可比性。由于标准法与内部评级法的原理和考虑因素差异较大，二者的分析结果之间缺乏可比性。当不同的商业银行采用不同的模型方法时，其资本充足率结果会出现较大差异，这导致大多数银行倾向于使用能够产生较高资本充足率的内部评级法，这种监管套利行为会导致金融市场的不公平竞争。

四是各国的计量方法之间缺乏一致性和可比性。根据《巴塞尔协议Ⅱ》的规定，世界各国的监管当局有权自主确定部分资产的风险权重，这使得各国在资本充足率的实际实施方面可能存在明显差异，这不仅会影响计量结果的可比性，而且容易导致金融机构在不同国家之间进行监管套利（即金融机构选择将相关业务更多地转向监管要求更低的国家）。

（二）内部评级法

内部评级法的提出是《巴塞尔协议Ⅱ》最主要的创新点之一。从方法上看，《巴塞尔协议Ⅱ》的内部评级法主要包括四个核心要素：违约概率（PD）、违约损失率（LGD）、违约风险暴露（EAD）和期限（M）。于是，需要银行资本吸收的未预期损失（UL）可表示为：

$$UL = f(PD, EAD, LGD, M)$$

在初级内部评级法中，只有违约概率是银行自己内部预测的；而在高级内部评级法中，四个风险要素都由银行内部进行测算。具体而言，上述四个要素在初级内部评级法和高级内部评级法中的测算方法分别为：

1. 违约概率

（1）无第三方担保或信用保护借款人的违约概率 PD 为：

$$PD = \text{Max}(\text{借款人内部评级的违约概率}, 0.03\%)$$

（2）有担保或信用衍生工具支持借款人的违约概率的计算方法如下：

初级内部评级法：

没有期限错配的有效违约概率 PD^* 为：

$$PD^* = w \times PD_B + (1-w) \times PD_G$$

式中，w 为权重（0 或 0.15）；PD_B 为借款人内部评级的违约概率；PD_G 为担保人内部评级的违约概率。

高级内部评级法：

使用借款人或担保人内部评级的违约概率或中等级别的违约概率，期限错配的违约概率 PD^{**} 为：

$$\text{当 } t < 1 \text{ 年时，} PD^{**} = PD$$

$$\text{当 } t > 1 \text{ 年时，} PD^{**} = \left(1-\frac{t}{T}\right) \times PD + \left(\frac{t}{T}\right) \times PD^*$$

式中，PD 为债务人的违约概率；PD^* 为没有期限错配的有效违约概率；t 为保值交易的剩余期限；T 为违约风险暴露的剩余期限。

2. 违约损失率

初级内部评级法：

具体包括以下三种情况。

（1）无保证或未认可的抵押：

$$LGD = 50\%\text{（优先债权）或 } 75\%\text{（附属索赔权）}$$

（2）金融抵押：

$$\text{抵押的调整值 } C_A = \frac{C}{1+H_C+H_E+H_{FX}}$$

$$LGD^* = LGD \times \text{Max}\left[1-(1-w)\times\left(\frac{C_A}{E}\right),\ W\right]$$

式中，H_C 为收到担保品的折扣值；H_E 为债权的折扣值；H_{FX} 为货币不匹配的折扣值；C 为收到的担保品的当前价值；E 为违约风险暴露额度；W 为交易保证部分的下限系数，设为 0.15。

（3）实物抵押：

$$\text{当}\frac{C}{E}\leqslant 30\% \text{ 时，} LGD^* = 50\%$$

$$\text{当}\frac{C}{E} > 140\% \text{ 时，} LGD^* = 40\%$$

$$\text{当 } 30\% < \frac{C}{E} \leqslant 140\% \text{ 时，} LGD^* = \left(1-0.2\times\frac{(C/E)}{140\%}\right)\times 50\%$$

高级内部评级法：使用内部测算的违约风险暴露等级的违约损失率。

3. 违约风险暴露

对表内项目来说，违约风险暴露 EAD 为名义未偿值。表外项目的违约风险暴露 EAD 如下：

初级内部评级法：信用转换系数分别为 0、20%、50%、75%、100%。

高级内部评级法：采用内部测算所得的违约风险暴露。

4. 期限

在没有专门期限调整的初级内部评级法下，$M\leqslant 3$。

在高级内部评级法或有明确的期限标准的初级内部评级法下：

$$M = \text{Max}(\text{最大剩余期限，加权期限}),\ M \in (1,\ 7)$$

在求出以上几个参数之后，风险权重的计算方法如下：

初级内部评级法：

$$RW_C = \text{Min}\left[\frac{LGD}{50}\times BRW_C(PD),\ 12.5\times LGD\right]$$

高级内部评级法：

$$RW_C = \text{Min}\left\{\frac{LGD}{50}\times BRW_C(PD)\times[1+b(PD)\times(M-3)],\ 12.5\times LGD\right\}$$

$$BRW_C(PD) = 976.5\times N(1.118\times G(PD)+1.288)\times(1+0.047\,0)\times\frac{1-PD}{PD^{0.44}}$$

其中，RW_C 为与给定的违约概率和违约损失率相关的风险权重；$BRW_C(PD)$ 为与给定的违约概率相关的基准风险权重；$1+b(PD)\times(M-3)$ 为倍增的调整系数；$b(PD)$ 为期限调整系数；$N(x)$ 为具有标准正态分布的随机变量的累积分布函数；$G(z)$ 为具有标准正态分布的随机变量的累积分布函数的反函数。

总体来看，在《巴塞尔协议Ⅱ》的标准法下，商业银行主要依赖外部评级机构来对风险进行度量，而对于规模较大、风险管理水平较高的银行，则可以采用内部评级法，更加灵活地对风险进行计量和管理。在《巴塞尔协议Ⅱ》下，初级内部评级法和高级内部评级法在核心要素上的对比如表 4-10 所示。

表 4-10　《巴塞尔协议Ⅱ》中初级内部评级法和高级内部评级法的核心要素对比

项目	初级内部评级法	高级内部评级法
违约概率	银行根据客户资信评级自行决定	与初级内部评级法相同
违约损失率	监管机构提供	银行自行决定
违约风险暴露	监管机构提供	银行自行决定
期限	监管机构提供	银行自行决定

4.3.3　《巴塞尔协议Ⅲ》：标准法和内部评级法

《巴塞尔协议Ⅲ》是 2008 年金融危机后提出来的，危机在给多个国家的经济金融体系造成了严重冲击的同时，也暴露了商业银行传统监管方法所存在的缺陷。为此，《巴塞尔协议Ⅲ》“亡羊补牢”式地加强了对商业银行的审慎监管，其中包含对信用风险计量方式的改进。

（一）标准法

《巴塞尔协议Ⅲ》对标准法进行了修订，特别是针对标准法过度依赖外部评级和加剧顺周期性等方面的缺陷，巴塞尔委员会对其进行了有针对性的调整，目的是进一步提高风险敏感性，减少对外部评级的依赖，增强评估结果的可靠性和可比性。

具体的修订内容包括：一是重新划分违约风险暴露的类别，更加精细化地分类设定风险权重，以提升资本计量与风险水平的匹配性；二是针对某些业务类别，按照业务风险水平指标（如抵押率、资本充足率等）设定风险权重，提高风险计量的敏感性；三是针对某些类别业务，将风险权重和风险指标挂钩，使用更具风险敏感度的权重；四是增加风险权重的档次，增强风险敏感度，提升与内部评级法的可比性，减小资本套利空间（详见专栏 4-3）。

专栏 4-3

《巴塞尔协议Ⅲ》对标准法修订的主要内容

与《巴塞尔协议Ⅱ》相比，《巴塞尔协议Ⅲ》对标准法修订的主要内容包括以下几个具体方面：

(1) 在违约风险暴露类别的划分上，独立划分出房地产违约风险暴露，与主权违约风险暴露、公共部门实体违约风险暴露、银行违约风险暴露、公司违约风险暴露和零售违约风险暴露并列，并按照贷款价值比和业务性质设置不同的风险权重。

(2) 对银行违约风险暴露，给出了两种方案：一是以银行自身外部评级为基础确定风险权重；二是采用标准信用风险评估法，将银行违约风险暴露分为A级、B级、C级，三个等级的认定按照监管资本达标程度、财务状况、风险状况和尽职调查状况确定。

(3) 对于公司违约风险暴露给出以下方案：一是继续采用基于外部评级确定风险权重的方法；二是对于不适用外部评级的国家，银行可对“投资级”公司的违约风险暴露采用较优惠的风险权重，其中“投资级”指在不利的经济周期和环境下仍能及时偿付债务；三是对于专业贷款违约风险暴露，在运营前采用较高的风险权重，而在运营阶段采用较低的风险权重；四是对于优质项目的违约风险暴露，可采用更优惠的风险权重。

(4) 对于零售违约风险暴露，在现行风险权重的基础上，针对合格“交易者”进一步降低风险权重。

(5) 对于股权违约风险暴露，降低其风险权重，同时提高次级债和除股权以外的其他资本工具的风险权重。

(6) 对于贷款承诺，如果是不可撤销的，则无论期限长短，均适用统一的信用转换系数；对于随时可撤销的贷款承诺，应通过信用转换系数转换至表内。

(二) 内部评级法

在《巴塞尔协议Ⅲ》下，对风险权重、违约概率等参数的校准，在不同银行的内部模型中往往存在较大差异，加之各银行采用的历史数据长度及跨周期调整方法也不尽相同，这使得即使是针对同一信贷资产组合，不同银行得出的信用风险资本要求也大相径庭。如果对于类似的违约风险暴露，不同模型的计量结果差异过大（现实中可能达到数倍差异），必然降低模型结果的可比性，损害公众对风险管理的信心。

为避免对违约概率和违约损失率等关键参数的过于乐观估计，从理论上需要设定模型风险参数的底线，确保相关参数和计量结果的适度保守，以降低风险加权资产的可变性和波动幅度。此外，对于银行使用内部评级法所带来的资本节约幅度应予以必要的限制，在增强计量结果稳定性和可比性的同时，避免银行通过操弄风险加权资产的计算来进行监管套利。

基于上述考虑，在《巴塞尔协议Ⅲ》中，巴塞尔委员会对内部评级法的改革，主要是通过限制内部评级法的适用范围、对内部评级法的关键模型参数（违约概率和违约损失率）设定底线，以及限制内部评级法可以节约的资本幅度来实现的。上述改革旨在增强内部评级法结果的一致性和可比性，从而降低和限制模型风险，提高内部评级法与标准法在计量结果和风险判断上的一致性。具体而言，《巴塞尔协议Ⅲ》对内部评级法的改革主要包括以下事项：

一是关于内部评级法适用范围的限制。《巴塞尔协议Ⅲ》要求：对股权违约风险暴露只能采用标准法；对大企业（并表的营业收入超过 5 亿欧元）和金融机构的违约风险暴露，不能采用高级内部评级法。

二是关于违约概率上限调整。《巴塞尔协议Ⅲ》将非零售和零售业务的违约概率从之前的 0.03%分别进行了上调。

三是关于高级内部评级法违约损失率的限制。《巴塞尔协议Ⅲ》对于非零售业务，按照抵质押品类型分别设定了违约损失率底线，而对于零售业务，则按照产品类别设定了违约损失率底线。

四是关于初级内部评级法违约损失率的调整。《巴塞尔协议Ⅲ》对非零售业务中公司业务信用类贷款的违约损失率进行了下调，同时取消了对最低抵押比例、超额抵押比例的限制。

此外，《巴塞尔协议Ⅲ》还重新校准了资本的底线要求，要求各银行使用经监管部门批准的资本计量高级方法所计算得到的风险加权资产，不能低于用各类风险新标准法所计算出来的风险加权资产的 72.5%。

总体来看，《巴塞尔协议Ⅲ》对信用风险管理提出了更高的要求，具体表现在以下几个方面：一是提高了资本要求，不同信用评级的资产对应其不同评级有不同的资本要求，信用评级越高要求的资本增加也越多，相当于加强了信用控制；二是对标准法的估算有不同的要求，比如不再按照成员和非成员来划分信用标准，成员不会因为其身份而获得优惠的风险权重；三是提高内部评级水平，降低对标准法的依赖，减少内部评级法与标准法计提资本之间的差异，避免监管套利；四是使用信用估值调整来评估交易对手暴露头寸，提出附加资本要求。

拓展阅读

《巴塞尔协议Ⅲ》与信用估值调整

4.4 信用风险的管理

从广义角度，金融市场中的各方主体实际上都涉及对信用风险的管理，但为了简化起见，本部分主要从商业银行的角度来说明信用风险管理的相关流程和方法。大体来看，信用风险的管理主要涉及信用风险的识别、度量、监测和控制等基本流程，其中每个环节都有相应的管理方法和工具。

4.4.1 信用风险的识别

信用风险识别是商业银行根据自身经营的情况和实际需要，判断出会对日常经营管理、业务发展和稳健运营造成负面影响的因素的一个过程，主要目标是了解当前存在的信用风险原因、类型和发展变化趋势，进而为后续的管理控制流程做好准备。不过，信用风险受到诸多因素的影响，简单地通过调查分析是无法全面识别出潜在风险的。

在信用风险的识别过程中，商业银行应组织具有丰富信贷经验的人员开展尽职调查，深入了解目标客户的经营状况、管理情况和财务状况，正确识别贷款申请者的实际风险和可能变化。以中国为例，大部分商业银行的信用风险识别主要通过贷前调查和贷款审查两种方式完成。

贷前调查一般由专门的基层客户经理完成。这些客户经理通过深入企业一线进行实地考察，搜集相关资料和材料，形成调查报告，按照相应授权报上级主管部门或领导。根据实际需要，负责贷前调查的客户经理既可以由单个信贷员担任，也可以是由信贷员、中级客户经理、高级客户经理、首席客户经理等多人组成的团队。在实践中，为降低道德风险，很多银行会在工作中实行项目双人负责制，即对项目的前期调查、贷款材料的撰写都必须由两名信贷人员同时参与，并进行不定期地轮换，以起到相互监督的作用。

为保证客户和项目质量，从源头上降低信用风险，一些银行为申请贷款的客户设置了一定的门槛标准，比如只有当客户的资产规模、盈利能力、管理水平、项目定位等达到相关的要求和标准时，才能进入后续的项目调查阶段。还有些银行设置了专门的内部项目评估部门，对拟申请贷款的重要项目，都必须由项目评估部门对其可行性、获利能力、技术水平、偿债能力和潜在风险进行系统评估，并根据评估结果决定是否授信或提供贷款。

贷款审查一般主要由专门的审查委员会实施。贷款审查是风险分析和风险评估的重要环节，审查委员会需要依据统一的信贷政策要求，结合相关调查报告，对申贷企业的财务指标及非财务指标进行全面分析，并通过匿名投票对审查结果进行表决。一些银行还成立了由信贷专家所组成的信贷审批部，专门负责申报项目的最终审批决策，这些专职审批人员不参与客户营销，不负责客户评价材料的撰写，只是依据前台信贷人员提供的材料及自身搜集掌握的信息，专职从事信贷决策。这一制度既可以利用专家丰富的经验判断，也可以有效降低银行内部人员与客户相互串通，合谋骗取银行信用的风险。

4.4.2 信用风险的度量和监测

信用风险度量是在信用风险识别的基础上，针对相应的风险类型、对象和性质，对信用风险发生的可能性、影响程度以及后续危害性进行计算和测量。关于信用风险度量的具体方法，我们在前一节已经对专家分析法、信用评级法和信用评分法等传统信用风险度量模型以及 KMV 模型、CreditMetrics 模型、CPV 模型和 CreditRisk＋模型等现代信用风险度量模型进行了较为详细的介绍。除了这些运用得比较广泛的信用风险度量模型之外，近年来基于大数据和金融科技方法又诞生了一些新的信用风险度量模型和方法（本书后文将专章介绍）。

在信用风险管理的实践中，金融机构应该根据自身特点、条件和风险管理的实际需要，建立适用、稳定和有效的信用风险度量模型。信用风险度量的核心是建立以风险值为基础的动态量化风险管理系统，为此，金融机构需要建立和完善贷款、证券、信用证、衍生工具交易等方面的信用风险度量模型，并从贷款组合、证券组合的角度建立信用组合风险的衡量框架。此外，由于金融市场是动态变化的，企业信用下降、金融头寸及资产质量恶化的情况也是动态发生的，这些都使得现实中的违约过程呈现出动态性，金融机构在进行信用风险计量方法选择的时候需要相应地考虑动态调节，以更好地反映信用风险的动态变化。

在对信用风险进行科学度量的基础上，还应该加强对信用风险的持续动态监测。在风险监测过程中，除不良贷款预期损失率、单一客户授信集中度、关联授信比例、专项贷款比例、贷款风险转移率、不良贷款覆盖率和贷款损失准备金充足率等关键的风险监控指标外，还应对信用风险度量方法的敏感性、稳定性和可信度等核心模型要素进行持续动态跟踪、评估和修正，在降低模型风险和风险误判的基础上，增强信用风险度量方法和模型的可靠性和有效性。通过持续的信用风险监测，可以保持对信用风险变化和发展趋势的动态追踪，以便后续采取适当的措施，确保风险损失始终控制在预期设定的目标范围之内。

此外，对于业务范围广泛和多元化的大型金融机构而言，在信用风险度量和监测的过程中，持续加强多维数据的归集、汇总和联合分析，建立多部门之间的风险信息共享机制，对于全面理解和管理整个机构层面所面临的信用风险状况也非常重要和必要。比如，金融机构通过在内部各职能部门之间充分共享数据和风险报告，既能有效控制相关信用风险，也能提前发觉一些尚处于隐蔽和潜伏期的关联风险，从而提高风险预警和前期处置的能力，进而加强整个机构层面的总体风险控制。

4.4.3 信用风险的控制

识别、度量和监测信用风险主要是确认信用风险的性质、大小和变化情况，这些都是为最终的信用风险控制做准备。所谓信用风险控制，是指在完成对信用风险识别和测算的前提下，采取各种手段对信用风险进行有效控制，其中比较常见的手段包括信用风险规避、组合管理、信用风险缓释和信用风险转移等方法。

一般而言，对于高风险、低收益或低风险、低收益的客户，主要采用信用风险规避方法，通过限制客户准入来控制信用风险；对于存在低相关性且风险可控的客户，一般采用组合管理的方法，通过风险限额、有效分散化等手段降低非系统风险（特质风险）；而对于那些风险与收益匹配的中等风险客户，则可以主动灵活地采用一些信用风险缓释或信用风险转移的方法，通过抵（质）押、净额结算、保证、信用衍生工具等方式缓释信用风险，或通过信用衍生工具和贷款证券化等方式转移信用风险。

（一）信用风险缓释

所谓信用风险缓释（credit risk mitigation），是指商业银行运用合格的抵（质）押品、净额结算、保证和信用衍生工具等方式转移或降低信用风险。尽管很早以前银行便已开始使用抵押、担保等信用风险缓释工具，但直到《巴塞尔协议Ⅱ》发布后，世界各国金融监管部门才普遍将信用风险缓释工具的使用规范化，并鼓励银行通过适当运用信用风险缓释工具降低信用风险。

由于在商业银行计算资本充足率时，信用风险缓释工具能够抵减资本要求，这使得信用风险缓释技术逐渐成为现代商业银行进行风险管理的重要手段。不过，按照监管要求，相关工具必须首先满足监管所认定的条件和相关要求，才能被认定为信用风险缓释工具，具有抵减监管资本要求的功能。这些要求包括法律确定性、可执行性、风险缓释工具的流动性、估值频率和管理要求、保证人评级必须高于债务人评级等。自《巴塞尔协议Ⅱ》发布之后，到目前为止，初级内部评级法下得到认可的信用风险缓释工具主要包括抵（质）押品交易、表内净额结算、保证与担保、信用衍生工具四种（如图 4－4 所示），这里主要介绍前两种。

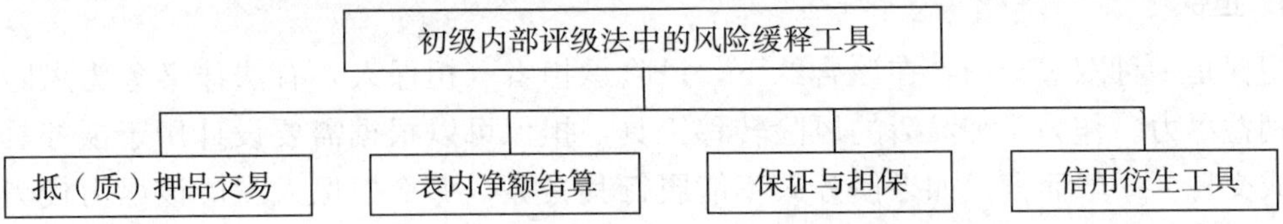

图 4－4　初级内部评级法认可的信用风险缓释工具

1. 抵（质）押品交易

在商业银行的信用风险控制过程中，抵（质）押品作为对风险的一种补偿，可以提高贷款偿还可能性或减少违约损失。商业银行常用的抵（质）押品包括应收账款、金融质押品、商用房地产以及其他抵（质）押物等。具体的担保形式包括贷款抵押、贷款质押、贷款保证和附属协议等，这里简要介绍前三种：

（1）贷款抵押。贷款抵押是指借款人或第三方在不转移财产占有权的情况下，由银行持有抵押财产的权益，当借款人违约时，银行有权将其折价出售，或以拍卖、变卖该财产的价款予以优先受偿。

（2）贷款质押。贷款质押是指借款人或者第三方将其动产（权利）移交银行占有，当借款人违约时，银行有权将其折价出售、拍卖或变卖，并以获得的价款作为还款来源进行优先受偿。

（3）贷款保证。贷款保证是由保证人以自身财产提供的一种可选择的还款来源，但只有当保证人有能力和意愿代替借款人偿还贷款，且符合法律相关规定时，贷款保证才是可靠的。

2. 表内净额结算

表内净额结算是指银行使用交易对象的债权（存款）对该交易的债务（贷款）做扣减。在《巴塞尔协议Ⅱ》的标准法下，商业银行在符合相关条件的情况下，可进行表内净额结算，并据此计算净额风险敞口和计提资本，这些条件包括：（1）无论交易对象是无力偿还债务还是破产，有完善法律基础确保净额结算协议实施；（2）在任何情况下都能确定同一交易对象在净额结算合同下的资产和负债；（3）在净头寸基础上监测和控制相关敞口；（4）监测和控制后续风险，在净头寸基础上监测和控制相关敞口。

（二）信用风险转移

信用风险转移（credit risk transfer）是指金融机构通过使用各种金融工具，把自身的信用风险转移给其他的金融机构或非金融机构承担。信用风险转移市场的主要参与者包括商业银行、证券公司和各种机构投资者等，其中，把信用风险转移出去的机构被称为信用风险转出者（或称被保险者），而那些接受信用风险的机构则被称为信用风险接受者（或称保险人）。信用风险转移市场的出现，使得金融机构可以根据自身资产组合的管理需要对信用风险进行转移，从而更为主动灵活地进行信用风险管理。从目前的情况来看，主要的信用风险转移方式包括担保、保险、信用衍生工具、贷款证券化以及信用联结票据等。

1. 担保

担保是一种双边合约，在该合约下，风险承担者（担保人）有法律义务为风险出让者的利益尽力。作为一种灵活的风险转移工具，担保可以根据需要设计用于抵补具体的敞口或交易。一般而言，如果债务人不能履行其义务，那么担保人就应该尽力代为履行义务，而金额则以潜在敞口的损失为限。

2. 保险

通过保险手段控制信用风险涉及的保险产品包括债券保险、信用保险和金融担保保险等。债券保险（bond insurance）是指债券发行人向第三方的专业保险机构支付一笔保费，保险公司承诺当债券发行人无法偿还合约中约定的债券本息金额时，代为偿还本金和利息。信用保险（credit insurance）是指对于被保险人的信用放款或信用售货，当债务人拒绝履行合同或不能清偿债务时，保险人对其所受到的经济损失承担赔偿责任的一种保险方式，主要有出口信用保险、抵押信用保险等形式。金融担保保险（financial guaranty insurance）是贷款人（金融机构）为防止借款人无法偿还贷款而投保的一种保险。

3. 信用衍生工具

通过信用衍生工具对冲信用风险，主要是指运用远期、期权、互换等信用衍生工具，将信用风险转移给交易对手承担。

（1）利用远期合约对冲信用风险。为对冲贷款的违约风险，信用远期合约为借款人的贷款（或发行的基准债券）明确设定一个信用风险价差，然后规定由合约的买方承担借款人的违约风险。

（2）利用期权合约对冲信用风险。银行在发放贷款时，收取一种类似于借款人资产看跌期权的出售者所能够得到的报酬。最早运用这种方法的是美国中西部的农业贷款。为保证偿还贷款，小麦农场主被要求从芝加哥期权交易所购买看跌期权，并把这一期权作为向银行贷款的抵押。这样一来，如果小麦价格下降，那么虽然农场主偿还全部贷款的可能性下降，但由于小麦看跌期权的市场价格上升，从而能够抵消贷款价值的下降。

（3）利用互换合约对冲信用风险。以比较典型的信用违约互换（credit default swap，CDS）为例，这是一种能够将标的资产（贷款、债券等）的信用风险从信用保护买方转移给信用保护卖方的金融合约，其基本结构如图 4－5 所示。通过该交易，信用违约互换的购买者（买方）定期向出售者（卖方）支付一定的费用（称为信用违约互换点差），而当贷款（债券）出现违约时，买方将有权将贷款（债券）以合约面值出售给卖方，从而有效规避信用风险。

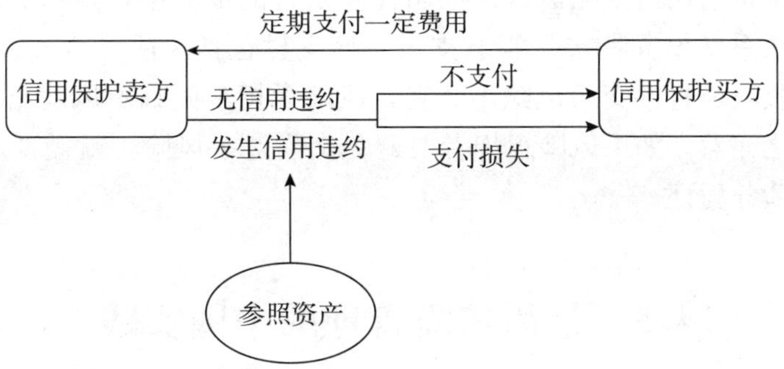

图 4-5　信用违约互换的基本结构

4. 贷款证券化

贷款证券化是指金融机构通过一定的程序将其贷款转化为证券而发行的过程，其一般做法是：金融机构将其持有的（通常是流动性较差但有预期稳定现金流的）各种贷款汇集起来，组合成若干个资产池（asset pool），将其出售给一个专门的特殊目的载体（special purpose vehicle，SPV），由其进行结构化设计与信用增级（使债券获得更高评级）后，发行以贷款现金流担保的资产支持证券（asset-backed security，ABS）。

这些资产支持证券可以通过金融市场的各种渠道出售给投资者。出售资产支持证券所收回的资金，可以作为金融机构新的资金来源，用于补充流动性或发放其他贷款。相应地，通过贷款资产的证券化，金融机构在提前收回贷款价值的同时，也将这些贷款的信用风险转移给了这些资产支持证券的购买者。贷款证券化的工具较多，主要类型包括过手结构证券和转付结构债券等。

（1）过手结构证券。这是一种权益类证券，其发行以组合资产池为支撑，代表着对具有相似的到期日、利率和特点的资产组合的直接所有权。基础资产池中的典型资产包括住宅抵押贷款和消费者应收款（汽车贷款、信用卡应收款）等。

（2）转付结构债券。这种债券主要是根据投资者的偏好，对证券化资产产生的现金流进行重新安排后发行。此类债券是发行人的债务，需要保留在资产负债表中，但基础资产的现金流用来支付给债券持有人，这一点与过手结构证券类似。

5. 信用联结票据

在资产证券化中，发起人的债权债务一般会真实销售给 SPV，以全部转移债权。但在一些特殊情况下，比如当发起人与债务人往来关系紧密，从而不愿因为转移债权影响信任关系时，由于债务人违约风险的客观存在，若债务人违约，发起人因为没有真实转让债权债务给 SPV，因而需要承担相应的法律责任，这时就需要使用信用联结票据（credit linked note，CLN）或信用违约互换等工具来分散发起人风险。

信用联结票据的运作机制是：在资产证券化过程中，当发起人的债权债务未转移给 SPV 时，由 SPV 发行信用联结票据，发行票据所获得的资金用于购买高质量、低风险的证券，这些证券的收益用于支付票据本息，而剩余部分则用于分散债务人违约而需要发起人承担的信用风险。

信用联结票据将信用衍生品嵌入风险出让者发行的证券中，票据的表现并不与参考集合的表现直接联系。投资者接受零息支付，该支付包括风险升水和到期的平价赎回。随着票据发行的收入被直接交给风险出让者，风险承担者面临着风险出让者的交易对手风险，但不是反之亦然。如果风险承担者要避免交易对手风险，就需要利用 SPV，从而变成了合成担保债务凭证。

4.5 信用风险管理的中国实践

4.5.1 信用风险管理的发展历程

信用风险管理在中国的实践主要经历了以下四个大的阶段：

第一阶段是从中华人民共和国成立至 1978 年，这一阶段的经济体制为计划经济，企业均为国有企业，没有市场意义上的破产风险，相关信用风险都由国家承担，银行的信用风险管理意识还比较淡薄。

第二阶段是 1978 年改革开放之后，随着市场经济体制的建立，银行的信贷业务得到迅猛发展，信用风险也相应暴露。在此背景下，存款准备金、呆账准备金、备付金等制度逐步建立，形成了初步的银行信用风险管理机制。特别是在一定时期内，国有企业大量亏损，企业破产频现，银行面临的信用风险急剧增加，在这种情况下，一系列关于信用风险防范、管理和处置的法律法规也相应建立起来。

第三阶段是 1997 年亚洲金融危机之后，中国的金融市场化改革提速，为配合金融机构改革和风险控制，信用风险管理变得愈发重要。在此背景下，中国人民银行于 1998 年开始推行贷款五级分类管理方法，并于 1999 年建立银行信贷咨询登记制度。2006 年，中国人民银行个人征信系统在全国各地联网使用，个人信用记录成为信用风险管理的重要工具。

第四阶段是 2004 年之后，随着商业银行股份制改革的加速，金融机构的市场化进程开始与国际接轨，信用风险管理体系也在这一过程中不断丰富和完善。2004 年以来，中国银监会（2018 年中国银监会和中国保监会合并为中国银保监会）先后发布了《股份制商业银行风险评级体系（暂行）》《外资银行风险评价手册》《农村合作金融机构风险评价和预警指标体系（试行）》以及《商业银行风险监管核心指标（试行）》等一系列评级类政策文件。这些文件从资产质量、经营管理、盈利能力、风险敏感程度等方面对商业银行的风险管理提出要求，进一步推进了商业银行信用风险管理水平的提升。

2021 年 9 月 22 日，中国银保监会发布《商业银行监管评级办法》，该办法是 2005 年开始试行、2014 年正式推出的《商业银行监管评级内部指引》的升级版。根据该办法，监管评级结果衡量着商业银行的经营状况、风险管理能力和风险程度，评级越高，表明风险越高，相应的监管关注程度也越高。其中，银行业金融机构的评级为 3 级（含）以上表明该机构存在风险；只有评级结果为 1 级的银行，才可以豁免相应的监管；评级为 5 级和 6 级的银行均为高风险机构（见表 4 - 11）。

表4-11　《商业银行监管评级内部指引》和《商业银行监管评级办法》中的评级设置

<table>
<tr><th></th><th colspan="3">《商业银行监管评级内部指引》</th><th colspan="3">《商业银行监管评级办法》</th></tr>
<tr><td rowspan="9">评级维度及其权重</td><td colspan="2">C：资本充足</td><td>20%</td><td colspan="2">C：资本充足</td><td>15%</td></tr>
<tr><td colspan="2">A：资产质量</td><td>20%</td><td colspan="2">A：资本质量</td><td>15%</td></tr>
<tr><td colspan="2">M：管理状况</td><td>25%</td><td colspan="2">M：公司治理与管理质量</td><td>20%</td></tr>
<tr><td colspan="2">E：盈利状况</td><td>10%</td><td colspan="2">E：盈利状况</td><td>5%</td></tr>
<tr><td colspan="2">L：流动性风险</td><td>15%</td><td colspan="2">L：流动性风险</td><td>15%</td></tr>
<tr><td colspan="2">S：市场风险</td><td>10%</td><td colspan="2">S：市场风险</td><td>10%</td></tr>
<tr><td colspan="3" rowspan="3"></td><td colspan="2">数据治理</td><td>5%</td></tr>
<tr><td colspan="2">信息科技风险</td><td>10%</td></tr>
<tr><td colspan="2">机构差异化要素</td><td>5%</td></tr>
<tr><td rowspan="16">不同档次及其分值范围</td><td rowspan="3">1级</td><td>1A</td><td>[97分，100分)</td><td rowspan="3">1级</td><td rowspan="2">1A</td><td rowspan="2">[95分，100分)</td></tr>
<tr><td>1B</td><td>[94分，97分)</td></tr>
<tr><td>1C</td><td>[90分，94分)</td><td>1B</td><td>[90分，95分)</td></tr>
<tr><td rowspan="3">2级</td><td>2A</td><td>[85分，90分)</td><td rowspan="3">2级</td><td>2A</td><td>[85分，90分)</td></tr>
<tr><td>2B</td><td>[80分，85分)</td><td>2B</td><td>[80分，85分)</td></tr>
<tr><td>2C</td><td>[75分，80分)</td><td>2C</td><td>[75分，80分)</td></tr>
<tr><td rowspan="3">3级</td><td>3A</td><td>[70分，75分)</td><td rowspan="3">3级</td><td>3A</td><td>[70分，75分)</td></tr>
<tr><td>3B</td><td>[65分，70分)</td><td>3B</td><td>[65分，70分)</td></tr>
<tr><td>3C</td><td>[60分，65分)</td><td>3C</td><td>[60分，65分)</td></tr>
<tr><td rowspan="3">4级</td><td rowspan="2">4A</td><td rowspan="2">[52分，60分)</td><td rowspan="3">4级</td><td>4A</td><td>[55分，60分)</td></tr>
<tr><td>4B</td><td>[50分，55分)</td></tr>
<tr><td>4B</td><td>[45分，52分)</td><td>4C</td><td>[45分，50分)</td></tr>
<tr><td rowspan="2">5级</td><td>5A</td><td>[37分，45分)</td><td rowspan="2">5级</td><td rowspan="2"></td><td rowspan="2">[30分，45分)</td></tr>
<tr><td>5B</td><td>[30分，37分)</td></tr>
<tr><td rowspan="2">6级</td><td>6A</td><td>[15分，30分)</td><td rowspan="2">6级</td><td rowspan="2"></td><td rowspan="2">30分以下</td></tr>
<tr><td>6B</td><td>[0分，15分)</td></tr>
</table>

4.5.2　信用风险管理的主要方法与工具

改革开放之后，中国在金融市场化的过程中，在借鉴国际经验的基础上，循序渐进地发展出了一些适合自身情况和现实需要的信用风险管理方法，其中比较具有代表性的包括贷款五级分类管理、外部信用评级体系、信用风险缓释工具以及基于《巴塞尔协议》要求的各种金融机构内部信用风险管理的具体方法等。

（一）贷款五级分类管理

1998年以前，中国商业银行的贷款分类办法基本上是沿袭财政部1993年颁布的《金融保险企业财务制度》中的规定，将贷款划分为正常、逾期、呆滞、呆账四类，后三类为不良贷款，简称“一逾两呆”。1998年5月，中国人民银行参照国际惯例，同时结合中国国情，制定了《贷款风险分类指导原则》，其中要求商业银行依据借款人的实际还款能力和风险程度，将贷款划分为正常、关注、次级、可疑、损失五类，后三种为不良贷款。在贷款五级分类制度下，各类贷款的含义如下：

（1）正常类贷款：借款人能够履行合同，一直能正常还本付息，不存在任何影响贷款本息及时全额偿还的消极因素，银行对借款人按时足额偿还贷款本息有充分把握。贷款损失的概率为0。

（2）关注类贷款：尽管借款人目前有能力偿还贷款本息，但存在一些可能对偿还产生不利影响的因素，如这些因素继续下去，借款人的偿还能力会受到影响，贷款损失的概率不会超过5％。

（3）次级类贷款：借款人的还款能力出现明显问题，完全依靠其正常营业收入无法足额偿还贷款本息，需要通过处分资产或对外融资乃至执行抵押担保来还款付息。贷款损失的概率在30％～50％之间。

（4）可疑类贷款：借款人无法足额偿还贷款本息，即使执行抵押或担保，也肯定要造成一部分损失，只是因为存在借款人重组、兼并、合并、抵押物处理和未决诉讼等待定因素，损失金额的多少还不能确定，贷款损失的概率在50％～75％之间。

（5）损失类贷款：借款人已无偿还本息的可能，无论采取什么措施和履行什么程序，贷款都注定要损失了，或者虽然能收回极少部分，但其价值也微乎其微，从银行的角度看，也没有意义和必要再将其作为银行资产在账目上保留下来。对于这类贷款，在履行了必要的法律程序之后应立即予以注销，贷款损失的概率在75％～100％之间。

根据贷款五级分类制度，在具体操作中，一些商业银行引入了相应的量化因素。比如，中国银行在具体执行贷款五级分类的过程中，相应地设计了贷款风险分类七大量化因素作为分类标准。这七大量化因素包括：借款人经营及资信情况评价，借款人财务状况评价，项目进展情况及项目能力评价，宏观经济、市场与行业情况评价，还款保证情况评价，银行贷款管理情况评价，保证偿还的法律责任及其他因素评价。

贷款五级分类在方法上简单易行，在信用风险管理发展的早期阶段不失为一种相对便捷、易于实施的信用风险管理手段，但随着风险管理水平的提升，该办法的弊端也逐渐显现出来。比如，对于未到期的贷款，如果无论事实上是否存在问题，一律视为正常，显然标准不明；但如果把逾期1天的贷款即归为不良贷款，似乎又过于严格。同时，贷款分类标准的量化因素存在很大的主观性，各项因素的重要性在很大程度上由具体信贷人员的好恶来决定，可比性较差。此外，该方法作为一种事后管理方式，只有超过贷款期限，才会在银行的账目上表现为不良贷款，因此，它无法对问题贷款采取前瞻性的保护措施。

总体来看，现行的贷款五级分类管理方法最为明显的缺陷是：分类标准并不是真正意义上的量化，在评级标准以人的主观判断结果为主的情况下，很难避免主观经验、偏见和倾向不同所造成的影响（如对同一现象不同人员看法不一致），使得评级结果缺乏客观性、一致性和可比性。在实践中，为解决这些问题，一些银行已经开始探索将专家经验标准化和量化，并以审批模型的方式固化在评级系统中，以提升效率和降低标准不一致性所产生的影响。

（二）外部信用评级体系

中国的信用评级行业诞生于20世纪80年代末，1988年第一家信用评级机构——上海远东资信评估有限公司成立，但由于缺乏统一的法律和制度，信用评级市场一直处于比较混沌的状态。

20世纪90年代以后，经过几次清理整顿，评级机构开始走向独立规范经营。1997年，中国人民银行认定了9家评级公司具有在全国范围内从事企业债券评级的资质。2005年，中国人民银行推动短期融资券市场建设，形成了中诚信、大公国际、联合资信、上海新世纪和上海远东5家具有全国性债券市场评级资质的评级机构。在2006年上海远东因“福禧短融”事件而逐渐淡出市场后，经过近二十年的发展和市场洗礼，目前规模较大的全国性评级机构只有大公国际、中诚信、联合资信、上海新世纪4家。

与此同时，美国的信用评级机构从2006年开始大举挺进中国信用评级市场。2006年穆迪收购中诚信49%的股权并接管了经营权，同时约定7年后持股51%，实现绝对控股；2007年，惠誉收购了联合资信49%的股权并接管经营权；2008年标准普尔也与上海新世纪开始了战略合作，双方在培训、联合研究项目以及分享信用评级技术等领域进行合作。

美国通过收购的评级机构，迅速将触角伸展到全中国，市场份额合计超过2/3。此后，三大评级公司（穆迪、标准普尔、惠誉）先后在中国设立了独资经营的子公司。2018年5月，穆迪设立穆迪（中国）有限公司；2018年6月，标准普尔设立标普信用评级（中国）有限公司；2018年7月，惠誉在中国成立惠誉博华信用评级有限公司。2019年1月28日，中国人民银行营业管理部发布公告称，对标准普尔全球公司在北京设立的全资子公司标普信用评级（中国）有限公司（下称标普信评）予以备案。2019年1月28日，中国银行间市场交易商协会发布公告，接受标普信评进入银行间债券市场开展债券评级业务的注册。2020年10月22日，标普信评在中国证监会完成从事证券评级业务的备案，成为首家完成此备案登记的外商独资评级机构。

（三）信用风险缓释工具

2010年，中国银行间市场交易商协会发布了《银行间市场信用风险缓释工具试点业务指引》，并推出了两款信用风险缓释工具：信用风险缓释合约（credit risk mitigation agreement，CRMA）和信用风险缓释凭证（credit risk mitigation warrant，CRMW）。这两款产品在性质上类似于信用违约互换，标志着中国版信用违约互换类信用风险管理工具的诞生。

2016年9月23日，中国银行间市场交易商协会发布修订后的《银行间市场信用风险缓释工具试点业务规则》，在原有的两类信用风险缓释工具基础上推出了信用违约互换和信用联结票据这两类新的信用风险缓释工具，并发布了新版的上述四种产品的指引。

从四种信用风险缓释工具的比较来看（见表4-12），可分为合约类产品和凭证类产品，前者包括信用风险缓释合约和信用违约互换，属于场外交易产品，无须中国银行间市场交易商协会备案和资格准入，而后者则包括信用风险缓释凭证和信用联结票据，属于场内交易产品，其创设发行需要在中国银行间市场交易商协会登记备案。

与信用风险缓释合约和信用风险缓释凭证相比，信用违约互换和信用联结票据的创设条件相对更为宽松灵活。信用联结票据作为信用违约互换与传统债券相结合的产品，投资人在信用保护费用的基础上，还能获得投资本金的收益，并能自由流通和转让，这意味着创设机构可以向多家投资人寻求资金用于信用保护，并可以拥有现金担保，从而降低了信用违约互换原有的交易对手风险。对于持有较大风险敞口、希望分散风险但又难以寻找到单一对手方接受风险转移的机构而言，会更有动力创设信用联结票据；相应地，对于那些拥有可投资资金并希望通过承担风险获得额外收益的机构而言，投资信用联结票据也是一个不错的选择。

表4-12　中国四种信用风险缓释工具的比较

项目	合约类产品		凭证类产品	
	信用风险缓释合约	信用违约互换	信用风险缓释凭证	信用联结票据
产品定义	交易双方达成的，约定在未来一定期限内，信用保护买方按照约定的标准和方式向信用保护卖方支付信用保护费用，由信用保护卖方就约定的标的债务向信用保护买方提供信用风险保护的金融合约	交易双方达成的，约定在未来一定期限内，信用保护买方按照约定的标准和方式向信用保护卖方支付信用保护费用，由信用保护卖方就约定的一个或多个参考实体向信用保护买方提供信用风险保护的金融合约	由标的实体以外的机构创设的，为凭证持有人就标的债务提供信用风险保护可交易流通的有价凭证	由创设机构向投资人创设的，投资人的投资回报与参考实体信用状况挂钩的附有现金担保的信用衍生品，属于一种凭证类信用风险缓释工具
交易场所	场外		场内	
创设备案	无须中国银行间市场交易商协会备案和资格准入		需要在中国银行间市场交易商协会登记备案	
创设机构	无明确要求		具备一定条件的核心交易商：净资产在40亿元以上	
创设规模	无明确限制		不得超过该标的债务总余额的500%	无明确限制
创设主体	信用保护卖方	信用保护卖方	信用保护卖方	信用保护买方
标的债务	债券、贷款或其他类似债务	金融企业债务、非金融企业债务融资工具	债券、贷款或其他类似债务	金融企业债务、非金融企业债务融资工具
交易关系	一对一	一对多	一对多	一对多

从信用风险缓释工具的作用来看，对发行主体而言，在增加诚信保障条件以后，既能够放出正面信息，减少信息不对称，也可以降低发行所需的信用风险溢价，从而降低

企业的投资成本；对于投资者而言，信用风险缓释工具可以帮助对冲债务的信用风险，相当于用一部分费用支出来换回违约后获得补偿的权利。

对于金融机构的信用风险管理而言，信用风险缓释工具可以帮助银行债券承销摆脱同质化竞争的困境，从而发挥每家银行在预期偏差和成本控制等方面的优势，最终提升综合收益。同时，信用风险缓释工具还为化解中小银行的不良贷款提供了新的途径：通过吸纳金融机构投资者，转移贷款的信用风险，可以有效化解部分中小银行的不良贷款。此外，按照《巴塞尔协议》的相关监管规定，信用风险缓释工具还可用于降低相关债务风险的权重，从而提升资本充足率水平。

4.5.3　信用风险管理的实践案例

信用风险管理是银行经营的基本内容之一，目前几乎所有的商业银行都建立起了自身的信用风险管理体系。因资料所限，本小节主要以招商银行和工商银行为例，对信用风险管理在商业银行中的一些实践做法进行示例性介绍。

（一）招商银行的信用风险管理

在信用风险管理的架构方面，招商银行有风险管理委员会、关联交易控制委员会与审计委员会共同专门负责信用风险的监测和管理。风险管理由招商银行信贷管理部门负责主导，而招商银行的授贷审批业务由授信审批管理部门来负责。此外，招商银行在信贷管理部门还设立了行业聚焦中心、风险预警室和信用线管理室等协同管理信用风险。

在信用风险管理的流程方面，招商银行以关键因素模型为基础，通过内部评级系统和专家评分法对信用风险进行评估，并在总行和分行实施专业化审贷。从 2007 年起，招商银行构建并开始使用信用风险管控预警体系，到目前为止，招商银行的客户预警模型可以成功预警 60%以上的对公逾期及不良资产，预警时间比逾期时间平均提前了 8 个月。

2009 年，招商银行实施了风险经理制改革。改革后，风险经理保持较高的独立性，其职能是负责对客户的信用风险评价、授信结构设计、授信额度审批和贷款定价等，并对风险事件提出专业性的建议。从 2013 年起，招商银行开始全面实施贷款十级分类，分类认定由客户经理发起，按权限上报上级分行或总行信用风险管理部门进行审核。

（二）工商银行的信用风险管理

作为最大的国有商业银行，工商银行建立了相对比较完整的信用风险管理体系。在四大国有商业银行中，工商银行率先于 2004 年启动了《巴塞尔协议Ⅱ》所推荐的内部评级法风险管理工程，并于 2005 年采用了公司贷款十二级分类系统。同时，对不同主体采用差异化信贷管理方式，逐步建立起了一系列的信贷风险管理制度。

总体来看，工商银行信用风险管理模式呈现出独立、垂直、集中的特征，坚持“管住人、看住钱、扎牢制度防火墙”的基本原则，对信贷调查、信用审批和贷后监控职能进行适当分离，以维持对整体授信程序的独立检查及平衡。在信用风险管理框架上，由信贷管理部门主导，风险管理部门、授信业务部门和信用审批部门共同负责，同时工商银行总行设立了信贷审核委员会和信贷中心，在分行则设立信贷审查委员会，进行贷款审核和严格的授信管理。

（1）信用风险分类管理。

工商银行的信用风险管理分为公司类贷款、个人信用贷款、信用卡业务和资金业务四大方面，针对不同的资产种类实行不同的管理方法，精准施策，重点对风险较大的房地产贷款、普惠贷款加强管理，提高信用风险管理效率，其信用风险的分类管理框架如图 4－6 所示。

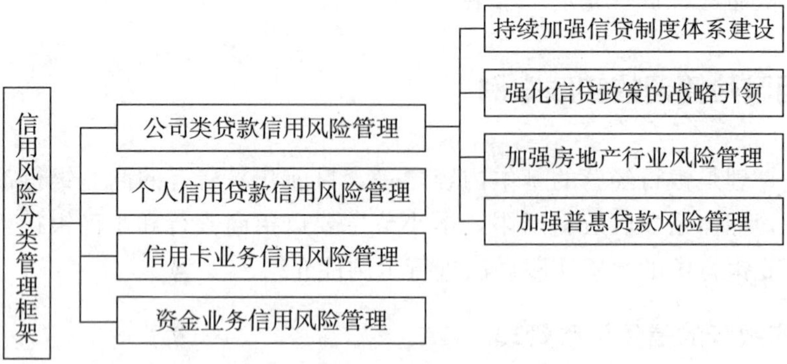

图 4－6 工商银行的信用风险分类管理框架

（2）全面的信用风险衡量体系。

基于内部评级法和权重法两大方法，工商银行建立了全方位覆盖的信用风险计量体系。

在内部评级法的应用方面，工商银行将内部评级法广泛应用于信用风险战略中，以内部评级法为基础，建立了涵盖信贷政策制定、客户准入、授信审批、贷款定价、贷后管理、资本计量、风险限额管理、拨备管理和绩效考核的全流程信用风险管理体系。具体的内部评级体系治理架构如图 4－7 所示。

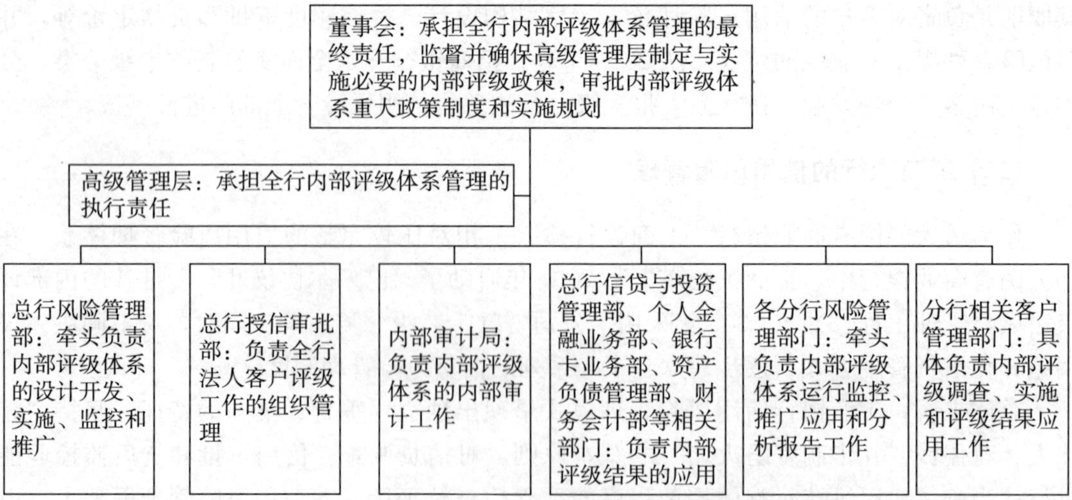

图 4－7 工商银行的内部评级体系治理架构

内部评级法在工商银行的具体应用主要分为非零售业务和零售业务两大板块，其涵盖范围是符合监管要求的非零售和零售信用风险。非零售业务面对法人客户群体，规模通常较大，客户的信用评级较高，多在银行内部有较长的借款历史。其评级方法包括定量和定性两大部分，分别根据借款人的历史违约情况和对借款人进行的多维度打分来判断其信用等级。零售业务则主要针对个体借款人，其中就包括了个人住房抵押贷款。零售业务的规模较小，分布较散，客户的信用资质参差不齐。针对零售业务，工商银行通过现代数理统计技术，对客户进行多方位信息的挖掘与提炼，建立了如申请评分、行为评分等信用评级体系，从而对个体借款人的信用状况进行较为准确的判断。

在权重法的应用方面，工商银行对内部评级法未能覆盖的部分，采用权重法进行计量，目前主要是参照《巴塞尔协议Ⅱ》的相关规定执行，其中部分资产的风险权重如表 4－13 所示。

表 4－13　工商银行的资产风险权重设置

资产种类	风险权重（%）
存放央行	0
对金融机构的股权投资	250
对工商企业的股权投资（被动持有）	400
对工商企业的股权投资（主动持有）	1 250
一般企业债权	100
小微企业债权	75
个人住房抵押贷款	50
个人其他债权	75

（3）运用适当的信用风险缓释工具。

工商银行最常用的信用风险缓释工具包括各种抵质押品和保证。常见的抵押品有房地产、土地及建设用地的使用权、土地承包经营权等，而有价证券和权利凭证一类的资产则可以作为质押品。

在日常经营的过程中，工商银行注重对抵质押品的市场价值及保证人的偿债能力进行定期监测，并根据实际需要（如出现特殊情况）进行不定期监测。通过对信用风险缓释工具的上述审查，可以有效规避部分信用风险。同时，当环境发生变化时，工商银行还会对信用风险缓释工具的集中度风险进行分析，并通过信贷结构调整等方式，对抵质押品的结构进行优化。

关键词

信用风险	主观信用风险	客观信用风险	违约风险暴露
违约概率	违约损失率	剩余期限	专家分析法
信用评级法	信用评分法	5C 法	*Z* 值模型
ZETA 模型	FICO 信用评分系统	信用评级转移	内部评级

外部评级	KMV 模型	CreditMetrics 模型	CPV 模型
CreditRisk+模型	信用风险缓释	信用风险转移	贷款五级分类
信用风险缓释合约	信用风险缓释凭证	信用违约互换	信用联结票据

复习思考题

1. 简述信用风险的主要特点和产生原因。
2. 比较分析信用风险度量模型和方法的异同。
3. 简述《巴塞尔协议》关于信用风险度量的主要方法。
4. 简要说明信用风险管理的主要流程、方法和相关工具。
5. 分析说明信用风险管理在中国的实践及未来可改进的方向。

本章小结

第5章

市场风险的度量和管理

本章要点

1. 市场风险的定义、类型和特征；
2. 市场风险度量的主要模型和方法；
3. 《巴塞尔协议》中的市场风险度量方法；
4. 市场风险的管理流程、方法和工具；
5. 市场风险管理在中国的主要实践做法。

背景材料

次贷危机不但严重威胁美国经济乃至世界经济，而且严重冲击了华尔街的金融机构，持续低迷的房地产市场、不断缩小的利差以及多种贷款质量的下降都在侵蚀金融机构的盈利空间。包括美林、高盛、花旗、雷曼兄弟、摩根大通等在内的国际知名投行都已深陷次贷泥沼，迄今全球金融机构已做出了约 4 200 亿美元的资产冲减或损失，美林、花旗、瑞银、贝尔斯登等大投行的CEO都因巨额次贷损失而引咎辞职。

创建于1923年的美国第五大投资银行——贝尔斯登，是华尔街最早卷入次贷风暴的大型金融机构。贝尔斯登在债券市场尤其是抵押担保债券市场上曾经非常风光，在次贷危机全面爆发之后，贝尔斯登开始了噩梦之旅：首先是旗下两只总规模为200亿美元的投资次级抵押贷款证券化产品的对冲基金出现严重亏损，最终"一文不值"被迫倒闭；其次，2007年第四季度该公司出现有史以来的首次季度亏损，亏损额达8.54亿美元；最后，公司运营陷入严重危机，信用评级被大幅下调，股价也持续下跌，投资者损失惨重。

美国第四大投行雷曼兄弟2008年6月16日发布财报称，该财年第二季度（至5月31日）亏损28.7亿美元，这是该公司自1994年上市以来首次出现亏损；作为华尔街最大的债务抵押债券（CDO）的承销商，美林深受次贷之苦，损失惨重，2008年7月17日宣布该年第二财季与次贷相关的减记高达94亿美元，净亏损47亿美元，这已是美林连续第四个财政季度出现大规模亏损；全美规模最大的金融集团——花旗2008年7月18日公布，该年第二财季公司证券和银行业务部门资产减记额达72亿美元，净亏损25亿美元，这是花旗连续第三个季度出现亏损，前两个季度已亏损150亿美元；债券保险商MBIA和Ambac金融的信用评级遭下调引发了进一步资产冲减的忧虑；等等。

由于金融机构的特殊性，市场不仅关注这些投行的盈利状况，而且密切关注它们的资产减记情况。据统计，2004 年初至 2007 年中期，美国七大投行的获利高达 2 540 亿美元；但 2007 年 7 月以来，美林、高盛、摩根大通、雷曼兄弟、摩根士丹利、美国银行、花旗等七家公司已累计冲销资产总额约 1 285 亿美元，表明这些大投行前几年风光时期累积的庞大获利已有一半在最近一年内泡汤。

资料来源：次贷危机严重冲击美国金融市场 金融机构陷困境. 中国证券报，2008 - 07 - 29.

5.1 市场风险概述

5.1.1 市场风险的定义

在金融风险管理中，市场风险是指金融机构或投资者所持有的金融资产、负债和衍生金融工具等的市场价值随各种市场风险因子（市场价格、利率、汇率、股票和债券行情等）的变化或波动而发生损失的可能性。在诸多不同类型的金融风险中，市场风险是极为常见且基础性的一种风险：不仅所有金融机构和金融市场的投资者都普遍面临着市场风险，而且市场风险在很多时候也是导致其他类型金融风险的基础原因。特别是近年来，随着金融自由化和金融创新的发展，金融市场的波动性不断加剧，金融工具所蕴含的风险结构也越来越复杂。在这种背景下，市场风险越来越成为金融机构所面临的主要金融风险之一。

1993 年，巴塞尔委员会在《市场风险监管措施》一文中将市场风险定义为：由于市场价格波动而导致银行资产负债表内和表外头寸发生损失的风险，包括交易账户中与利率相关的金融工具和股权的风险，以及整个银行的外汇风险和商品风险。2016 年，在巴塞尔委员会最新发布的《市场风险最低资本要求》中，交易账户的违约风险和信用利差风险亦被纳入市场风险的范畴，市场风险的范围进一步扩大，具体包括以下两个方面：一是交易账户工具的违约风险、利率风险、信用利差风险、股权风险、外汇风险和商品风险；二是银行账户的外汇风险和商品风险。2019 年，巴塞尔委员会将市场风险的主要驱动因素概括为利率、股价、信用利差、商品价格和外汇五个方面（见图 5 - 1）。

中国监管部门对市场风险的定义与国际标准类似，比如在 2012 年中国银监会发布的《商业银行资本管理办法（试行）》中，市场风险被定义为因市场价格（利率、汇率、股票价格和商品价格）的不利变动而使商业银行表内和表外业务发生损失的风险。

近三十年来，受经济全球化与金融一体化、现代金融理论及信息技术、金融创新等因素的影响，全球金融市场迅猛发展，金融市场呈现出前所未有的不确定性和波动性，不仅金融机构面临着日益严重的市场风险，而且金融机构的业务对象（贷款企业和交易对手等）也频繁暴露在市场风险之中。这些都直接或间接地对金融机构的经营和风险产生了影响，严重时甚至会危及整个银行业和金融体系的稳定性。近年来世界各国频繁发生的金融危机（银行危机、股市危机、货币汇率危机等）充分说明了这一点。

图5-1 市场风险的主要驱动因素

5.1.2 市场风险的分类

依据风险来源的不同，市场风险大体可分为利率风险、外汇风险、股票风险和商品风险四大基本类型。

（一）利率风险

利率风险主要指市场利率发生的变动导致金融机构所持的与利率相关的资产和负债的公允价值发生不利的变化，从而导致损失的风险。根据导致利率变化的原因，利率风险可进一步细分为重新定价风险、基准风险、收益率曲线风险和期权性风险。

（1）重新定价风险。

重新定价风险也称期限错配风险。此种风险主要源于商业银行的资产、负债以及表外业务产生的头寸重新定价时间和到期时间不匹配，即存在利率敏感性缺口。从理论上看，只要该缺口不为零，商业银行就会面临着重新定价风险。比如，如果商业银行“以短贷长”，即通过吸收短期存款来发放中长期贷款，那么当短期存款到期需要重新定价时，若届时市场利率提高，银行就不得不承担更高的负债成本，从而导致息差收益减少。

（2）基准风险。

基准风险也称利率定价基础风险。在商业银行资产负债两端计息所依据的基准利率变动不一致时，即使资产负债和表外业务的重新定价特征相似，利息收入和利息支出的非对称变动还是会给商业银行的收益变动带来不确定性。例如，银行用一年期存款作为一年期贷款的资金来源，存贷款均采取浮动利率方式每月重新定价一次，此时并不存在重新定价风险，但是假设存款基准利率为SHIBOR而贷款基准利率为LIBOR，两个基准利率每个月的变化的程度、方向并不同步，从而导致银行的利息收入与利息支出发生非对称变动，进而影响商业银行的收益。

（3）收益率曲线风险。

收益率曲线风险也称利率期限结构变化风险。根据利率期限结构理论，短期利率的变动可以传导至长期利率，二者的变动幅度通常相差不大，而收益率曲线风险是指由于收益率曲线变得更陡峭或更平缓，即发生了非平行移动，从而导致期限不同的两种资产的收益率波动幅度不同所产生的风险。例如，假设一家金融机构投资于10年期国债，为了防范利率风险选择卖空5年期国债来进行套期保值。如果收益率曲线突然变得更陡峭（即长期利率上升幅度相对更大），那么该金融机构所持有的资产组合也会发生亏损。

（4）期权性风险。

期权性风险也称选择权风险，主要源自商业银行的资产、负债和表外业务中所隐含的期权，如债券和存款的提前兑付、贷款的提前偿还等选择性条款。例如，一家公司在银行获得了一笔长期贷款，当市场利率下降时，这家公司就可能选择提前偿还旧的长期贷款，并以更低的利率重新获取一笔新的贷款。显而易见，对于公司而言，这一操作可以降低融资成本，但从银行的角度来看，该公司的上述操作却会导致银行的贷款利息收入下降，从而侵蚀银行的利润。

（二）外汇风险

外汇风险也称汇率风险，是指金融机构因各种业务往来而持有的外币资产和负债头寸，因汇率的波动而遭受损失的可能性。在经济和金融全球化条件下，随着国际贸易的日益增长和全球金融市场的日渐紧密，资源和资本的流动越来越频繁，金融机构的国际化程度也越来越高。随着金融机构广泛地参与国际金融市场业务，汇率波动对金融机构风险的影响也越来越直接和重要。

外汇风险按其原因和性质，可具体分为交易风险、会计风险和经济风险三类。

（1）交易风险。

交易风险一般发生在实际交易过程中，当国与国之间、机构与机构之间进行国际贸易时，双方往往会用外币进行计价收付，此时就可能会因为汇率变动而蒙受预期之外的损失。这样的风险主要发生在商品劳务进出口、资本输出入、所持外汇头寸贬值等方面。

（2）会计风险。

会计风险又称折算风险，在资产负债表编制过程中，一般需要将功能货币转换为记账货币，在这一过程中，汇率的变化可能使持有外币资产的经济主体蒙受账面损失，其原因在于：记价货币是外币，但记账货币却只能是本币。从外币资产或负债的发生日到会计结算日之间可能会经历一段很长的时间，在此期间汇率很可能产生变动，从而使企业出现以本币记账的账面损失。

（3）经济风险。

经济风险又称经营风险，主要指意料之外的汇率变动通过影响企业的生产销售数量、价格和成本等变量，进而导致企业在未来一定期间内的收益或现金流量减少。

（三）股票风险

股票风险是指由于股票、可转债、认股权证等与股票相关的权益类工具的价格波动而导致金融机构蒙受损失的风险。影响股票价格波动的因素十分复杂，从宏观经济金融政策到行业和企业层面的各种事件，再到市场情绪和投资者偏好等，都可能对股价产生影响。从风险定价的角度，股票价格风险可分为系统风险和非系统风险。

（1）系统风险。

系统风险具有全局性的特点，会对市场上的所有股票产生影响，投资者无法通过分散化予以降低。系统风险一般来源于宏观层面的影响因素，例如战争、社会动荡、大规模自然灾害、国家政策的调整等，都会对整个股市带来全面的影响。

（2）非系统风险。

非系统风险又称特定风险，是指作用于单个公司而不会对其他公司股价产生影响的风险，可以通过有效（充分）地分散化予以降低（消除）。一般而言，局限于单个公司自身生产、经营、管理、财务等方面的原因所导致的风险均为非系统风险。

（四）商品风险

商品风险是指商品现货交易价格波动，或期货、远期等衍生工具交易合约价值变动所带来的风险。这里的商品主要指以农产品、贵金属和能源等为代表的大宗商品，但贵金属中不包括黄金，因为黄金主要被视为一种外汇资产，因而被纳入外汇风险范畴予以管理。

在现代金融市场中，大宗商品市场是金融市场的重要组成部分。特别是在存款竞争日益激烈和利差不断收窄的背景下，大宗商品及其衍生类的金融业务逐渐成为商业银行重点开发的业务内容之一。在这种情况下，商业银行所持有的与大宗商品及其衍生品相关联的头寸也相应地暴露在了这些产品的价格波动风险之中。

5.1.3 市场风险的主要特征

概括而言，市场风险的主要特征包括高度不确定性、实时变化性、双侧波动性和数据充分性等。

（一）高度不确定性

尽管风险本身就意味着不确定性，但在金融市场上，由于全球接近24小时持续交易机制的存在，利率、汇率以及股票、大宗商品和各种衍生品的价格都是瞬息万变的，这使得金融市场的风险具有高度不确定性的特征，以至很多套利交易甚至要将时间间隔控制在毫秒甚至微妙级别。正是由于金融市场风险的高度不确定性，金融机构所承担的市场风险也随之时刻变动。

（二）实时变化性

实时变化性是市场风险区别于其他风险的核心特征之一。从现实情况来看，由于现代金融市场的交易机制和手段越来越先进，市场风险变动的实时性特征很强，具体表现为变化频率高，幅度不确定，很难进行精确的事前预测与控制，且相关变化产生的影响会产生联动效应，需要进行复杂的关联计算和场景分析，才能粗略估计出风险的强度与概率，这不仅加大了风险计量和管理的难度，而且提高了风险管理的成本。

（三）双侧波动性

由于市场风险的变化方向和幅度是不确定的，所以会导致相关标的资产的价格出现向上或向下的波动，因此，相关金融机构既可能会因为承担市场风险而从中获得盈利，也可能会因此而蒙受损失。简言之，至少从交易角度，整个金融市场是一个零和博弈，一方的收益必然对应另一方的损失，这使得金融机构既有承担市场风险的激励（可能获得更多利润），同时其因过度承担风险而出现损失的可能性也增大了。

（四）数据充分性

由于现代金融市场的交易规模巨大，且每时每刻都在产生新的交易数据，金融市场的数据信息非常充足，这一方面使得基于数据的分析和风险管理变得可行（比如利用量化技术对市场风险进行计量，应用衍生品和金融工程技术进行风险管理等），但另一方面，大量数据的存在必然伴随更多的噪声数据和垃圾信息，如果分析不当或产生模型错误，反而可能导致严重误判和重大风险损失。

5.2 市场风险的度量

5.2.1 市场风险度量方法的演变

风险管理的核心基础步骤之一是对风险进行定量的分析和评估，即风险度量。对于金融市场风险度量而言，主要是通过一定的方法预测或估计出由市场风险因子的不利变动所引发的金融资产（包括资产组合）价值损失的可能性和大小。

早期的金融市场风险度量方法被称为名义量分析，这种方法将金融资产组合的价值等同于该组合的市场风险。比如，某个证券组合的价值是 1 000 万元，那么其风险也对应为 1 000 万元，因为理论上这 1 000 万元有可能在交易中全部损失。显而易见，名义量分析是一种比较简单粗略的估计方法，因为在现实中，整个资产组合发生全部损失的情况非常少见，大部分情况下只是部分处于风险状态或发生部分损失。为此，有必要引入更为精确的金融市场风险度量方法。

此后，随着金融市场发展和活跃度的上升，以及金融交易动态性和复杂性的增加，特别是随着现代金融理论和金融工程技术的发展，金融市场风险度量方法也日益变得丰富、多元和复杂化。从不太严格的意义上大体划分，现有的金融市场风险度量方法主要包括两大类：一类是以敏感性分析和波动性分析为代表的相对比较简单的传统度量方法，另一类是以在险价值模型、极值理论和压力测试为代表的相对比较复杂的现代度量方法。

按照金融市场风险的相关含义，敏感性分析是一种最为直观的风险度量方法。根据这种方法，只需要测定金融市场风险因子的变化与相应的资产组合价值变化量之间的关系，一定数量的市场风险因子变化所导致的资产组合价值变化就可以非常直观地表示出来。由于这种方法的本质是在测算资产组合价值对金融市场风险因子变化的敏感性，因此被称为敏感性分析。敏感性分析由于简单直观而在现实中得以广泛应用，并针对不同类型的金融资产发展出了多个不同形式的敏感性度量指标，如针对债券等利率性金融产品的久期和凸性，针对股票系统风险的β系数，以及针对金融衍生工具的希腊字母法等。

相比之下，波动性分析旨在度量由金融市场风险因子的变化所引发的资产组合收益的波动性，即收益率偏离其均值的程度，一般用统计学中的方差、标准差及协方差等指标来表示。由于这种方法在本质上是一种反映资产收益波动性的统计方法，因此被称为波动性分析。根据这种方法，只要知道了某一资产（或资产组合）的波动性，就可以方便地得到其收益的平均波动，进而判断其风险大小。比如，如果某一证券组合的价值为5 000万元，标准差为10%，那么其可能的风险（损失）为500万元。

在现代金融市场风险度量方法中，在险价值模型是最基础也是实践中应用得最为广泛的一种方法。所谓在险价值，是指在一定的概率水平（置信度）下，金融资产组合在未来特定一段时间内所可能发生的最大损失。该方法最大的优点在于其测量上的综合性，可以方便地将不同的市场风险因子所导致的风险和不同市场的风险汇总为一个风险值，从而从整体上测量由不同风险来源及其相互作用所可能导致的损失。这种方法上的综合性正好适应了金融市场发展日益动态化、创新化和复杂化的趋势和要求，从而迅速获得金融机构和金融监管者的青睐，逐渐发展成为金融市场风险度量的主流方法。

不过，在险价值模型主要描述的是金融市场处于正常波动范围内的最大可能损失，但从现实情况来看，金融市场风险具有明显的"肥尾"特征，即不仅剧烈的市场波动随处可见，甚至大大小小的金融危机也时有发生。在这种情况下，需要有一些新的方法来对极端金融风险进行度量和处理，以弥补在险价值方法的不足。极值理论和压力测试应运而生。极值理论方法主要采用统计方法，通过捕捉资产价值变化的尾部统计特征，进而给出极端条件下在险价值与概率水平的相关描述；而压力测试的核心则在于通过假设一些超出在险价值模型预测范围的极端市场情景，并基于这些情景进行模拟和比较分析，进而判断极端风险事件对资产组合价值的影响。

图5-2对上述方法的发展演变过程进行了一个简要的概括。不过，需要指出的是，金融市场风险度量理论处于一个不断向前发展的过程中，除了上述目前看来比较经典的模型方法外，还有很多在这些方法的基础上衍生出来的改进方法，以及后续基于新的理论和模型发展出来的方法。不过，本教材作为一本初级入门教材，暂不对过于前沿的理论和方法进行讲述。

5.2.2 传统市场风险度量方法

（一）敏感性分析

敏感性分析是指在保持其他变量和条件不变的情况下，分析单个市场风险因子（利率、汇率、股票价格、商品价格、金融衍生品价格等）的变化对金融工具或资产组合的收益或价值所可能产生的影响。

在方法上，敏感性分析主要通过计算金融产品或投资组合对特定市场风险因子变化

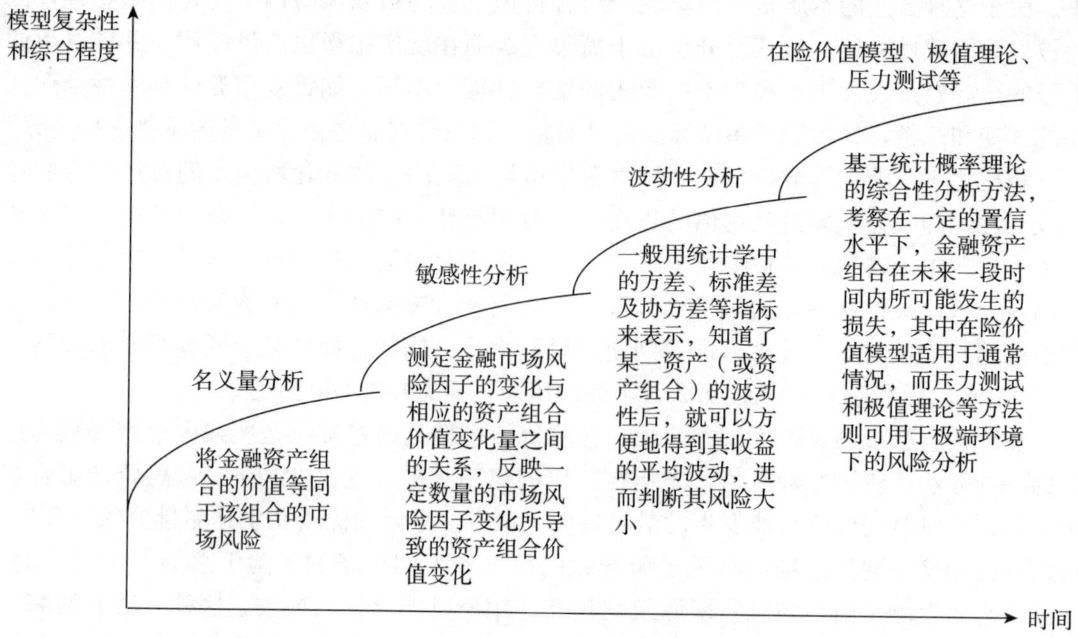

图 5-2 金融市场风险度量方法的演变

的反应敏感程度来衡量市场风险。从数学上来看，敏感度通常表示为相应价格或收益函数的导数。按照金融资产性质的不同，目前度量市场风险应用较为广泛的敏感性分析方法主要包括：一是针对股票风险分析的 β 系数法，二是针对债券等固定收益产品的久期和凸性分析法，三是针对期权等金融衍生品的希腊字母法，四是针对外汇风险的回归模型分析法。

1. 股票风险的敏感性分析：$\boldsymbol{\beta}$ 系数

在马科维茨《资产组合选择——投资的有效分散化》一文的启发下，威廉·夏普在 20 世纪 60 年代的博士论文中提出了资本资产定价模型，该模型将股票所面临的风险区分为与整个市场相关的系统风险以及与单个公司相关的非系统风险（特质风险），然后给出了一个简明扼要的用于度量股票预期收益与风险之间关系的表达式，并逐渐发展成为现代资产组合理论的核心。在资本资产定价模型中，计算出来的 β 系数度量了股票预期收益率随股票市场组合预期收益率变动的敏感性。资本资产定价模型的一般表达式如下：

$$E(r_i)=r_f+\beta_i\Big[E(r_M)-r_f\Big]，其中，\beta_i=\frac{\sigma_{iM}^2}{\sigma_M^2}$$

其中，$E(r_i)$ 是股票 i 的预期收益率，r_f 为无风险利率，$E(r_M)$ 为股票市场组合的预期收益率；σ_{iM}^2 是证券 i 与股票市场组合 M 之间的协方差，σ_M^2 是股票市场组合的方差；β_i 为股票 i 的 β 系数，它反映了股票 i 和整个股票市场的共同趋势，是股票 i 的系统风险的一种度量指标。β 系数越大，表示相关股票 i 随市场收益变化的风险就越大。

由于理论和计算方式都简单明确，β 系数逐渐发展成为度量股票风险的一个重要敏感性指标。目前，β 系数已被广泛应用于股票风险评估和投资组合管理。在目前世界各国的大部分股票市场上，都有相应的专业机构定期计算和公布β系数，供投资者参考。不过，实证研究显示，现实中大部分股票的β系数并不稳定，这成为使用β系数度量股票风险的一个主要弊端。

2. 债券风险的敏感性分析：久期和凸性

（1）久期的含义。

债券的久期（duration）主要用于度量其价格对利率水平微小变化的敏感性。假设$\bar{r}=r+\mathrm{d}r$，$\overline{P}=P+\mathrm{d}P$，其中$\bar{r}$是变化后的利率，$\overline{P}$是随利率变化后的债券价格，则久期$D$为：

$$D=-\frac{1}{P}\frac{\mathrm{d}P}{\mathrm{d}r}$$

其中，$\mathrm{d}r$是利率水平的微小变化，$\mathrm{d}P$是债券价格的相应变化。对$\overline{P}$进行一阶泰勒展开得到：

$$\overline{P}=P(r+\Delta r)=P(r)+\frac{\mathrm{d}P}{\mathrm{d}r}\Delta r+o((\Delta r)^2)$$

其中，由于Δr是利率的微小变化，故$o((\Delta r)^2)$趋近0，于是：

$$P(r+\Delta r)-P(r)\approx\frac{\mathrm{d}P}{\mathrm{d}r}\Delta r$$

由此可得债券价格的变化为：$\mathrm{d}P=-D\times P\times\mathrm{d}r$，即利率下降1%，债券价格上升$D$%。

（2）久期的计算：麦考利久期与修正久期。

久期模型最早由麦考利（Macaulay）于1938年提出，他认为可以通过衡量债券的加权平均到期期限来研究债券的时间结构，从而衡量资产和负债对利率的敏感性。麦考利久期的假设为：即期零息债券的收益率曲线是平坦的，未来现金流的折现率是固定且相等的，债券半年付息一次。基于这些假定，麦考利久期（D^{Mc}）的计算公式如下：

$$D^{Mc}=\sum_{t=1}^{n}w_t\times T_t,\ \text{其中},\ w_t=\frac{1}{P}\times\frac{CF_t}{\left(1+\frac{YTM}{2}\right)^{2T_t}},\ P=\sum_{t=1}^{n}\frac{CF_t}{\left(1+\frac{YTM}{2}\right)^{2T_t}}$$

其中，w_t为时间的权重，以每期现金流的现值占所有现金流现值之和（即债券现值的价格）的比重衡量；T_t为债券到期前的时期数；t为发生现金流的时期；CF_t为每一期现金流；YTM为到期收益率，作为折现率使用。

对P进行微分，得到：

$$\frac{\mathrm{d}P}{\mathrm{d}r}=\sum_{t=1}^{n}CF_t\times(-2T_t)\times\left(1+\frac{YTM}{2}\right)^{-2T_t-1}\times\frac{1}{2}$$

两边同乘$\left(1+\frac{YTM}{2}\right)\times\frac{1}{P}$，可得：

$$\frac{\mathrm{d}P}{\mathrm{d}r}\times\left(1+\frac{YTM}{2}\right)\times\frac{1}{P}=-\frac{\sum_{t=1}^{n}T_t\times CF_t}{\left(1+\frac{YTM}{2}\right)^{2T_t}}\times\frac{1}{P}=-D^{Mc}$$

$$D^{Mc}=-\frac{\mathrm{d}P}{\mathrm{d}r}\times\frac{1}{P}\times\left(1+\frac{YTM}{2}\right)$$

定义修正久期 MD 为：

$$MD=-\frac{\mathrm{d}P}{\mathrm{d}r}\times\frac{1}{P}=\frac{D^{Mc}}{1+\frac{YTM}{2}}$$

在现实中，利率风险管理很少使用到期收益率进行半年付息，而一般使用即期利率进行连续付息，这样做的好处是，不同资产均以相同利率（即期利率）进行复利，且无须满足到期收益率的严格假设条件。在使用即期利率进行连续复利情况下，零息债券的久期如下：

$$D=-\frac{1}{P}\times\frac{\mathrm{d}P}{\mathrm{d}r}=-\frac{1}{P}\times[-(T-t)\times P]=T-t\text{，其中，}P=100\mathrm{e}^{-r(T-t)}$$

其中，T 为零息债券的到期时间，t 为折现的时点（折现到当期取 0）。

上式说明，零息债券的久期为债券的到期时间。比如，若投资 100 万元人民币于 5 年期零息国债，那么利率每上升一个基点，该债券价格约下降 500 元（$=5\times1\ 000\ 000\times0.01\%$）。

对于付息债券而言，可将其视为各类零息债券的组合予以处理。于是，付息债券的久期可对应表示为零息债券久期的组合形式：

$$D=\sum_{i=1}^{n}w_iT_i\text{，其中，}w_i=\frac{c/2\times P_z(0,\ T_i)}{P_c(0,\ T_n)}\text{，}w_n=\frac{(1+c/2)\times P_z(0,\ T_n)}{P_c(0,\ T_n)}$$

$$P_c(0,\ T_n)=\sum_{i=1}^{n-1}\frac{c}{2}P_z(0,\ T_i)+\left(1+\frac{c}{2}\right)P_z(0,\ T_n)$$

其中，c 为票息；w_i 为第 i 期时间的权重；w_n 为第 n 期时间的权重；T_i 为现金流发生的时期，$i=1,\ \cdots,\ n-1$；T_n 为债券到期期限；$P_z(0,\ T_i)$ 为第 T_i 期到期的零息债券在第 0 期的价格；$P_z(0,\ T_n)$ 为第 T_n 期到期的零息债券在第 0 期的价格。上式表明，付息债券的久期是加权平均付息的时间。

从久期的性质来看，久期随着票息率的升高而下降。较高票息率意味着债券总现金流中的较高比例将会更快支付，这些现金流对利率的敏感性也将降低，以后支付的现金流更容易受到利率变化的影响。久期随着利率期限结构平行上移而下降。利率的整体上升导致债券的价格下降，各期现金流现值也下降，但长期现金流现值下降的幅度比短期更大，所以短期现金流占的权重更大，因此对利率的敏感性降低。

（3）凸性。

在久期的计算过程中，假定利率是微小平行变化的，且利率与债券价格是线性关系。

现通过放松这些假设，可以求得相对更为精准的利率风险度量。

如图5-3所示，当利率变动幅度较大时，用久期来衡量利率风险存在比较明显的误差。为此，可对 r 进行二阶泰勒展开，从而求得债券价格变化的更高阶表示：

$$P(r+\Delta r)=P(r)+\frac{\mathrm{d}P}{\mathrm{d}r}\Delta r+\frac{1}{2}\frac{\mathrm{d}^2P}{\mathrm{d}r^2}(\Delta r)^2+o((\Delta r)^3)$$

$$\frac{\mathrm{d}P}{P}\approx\frac{1}{P}\frac{\mathrm{d}P}{\mathrm{d}r}\Delta r+\frac{1}{2}\frac{1}{P}\frac{\mathrm{d}^2P}{\mathrm{d}r^2}(\Delta r)^2=-D\times\Delta r+\frac{1}{2}\times C\times(\Delta r)^2$$

其中，凸性（convexity）被定义为债券价格对利率的二阶导数：

$$C=\frac{1}{P}\times\frac{\mathrm{d}^2P}{\mathrm{d}r^2}$$

显而易见，在债券价格曲线实际是弯曲的而非线性的情况下，凸性是对债券价格变化更为精确的一种度量，它可以对久期度量产生的误差进行有效的修正。

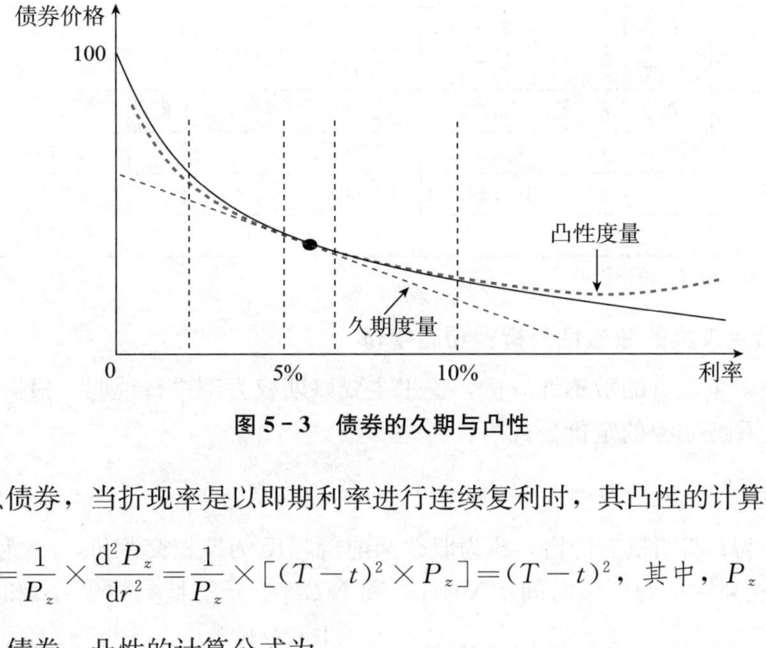

图5-3 债券的久期与凸性

对于零息债券，当折现率是以即期利率进行连续复利时，其凸性的计算公式为：

$$C_z=\frac{1}{P_z}\times\frac{\mathrm{d}^2P_z}{\mathrm{d}r^2}=\frac{1}{P_z}\times[(T-t)^2\times P_z]=(T-t)^2\text{，其中，}P_z=100\mathrm{e}^{-r(T-t)}$$

对于付息债券，凸性的计算公式为：

$$C=\sum_{i=1}^{n}w_iC_{z,\ i}$$

其中，$C_{z,\ i}=(T_i-t)^2$，$w_i=\frac{c/2\times P_z(0,\ T_i)}{P_c(0,\ T_n)}$，$w_n=\frac{(1+c/2)\times P_z(0,\ T_n)}{P_c(0,\ T_n)}$。

下面举例予以说明。假设现有每半年付息一次的债券，其票息率为5%，持有期为4年。若以即期利率进行连续复利，且即期利率曲线平坦，为6.3%，那么当利率上升1%（即 $\mathrm{d}r=1\%$）时，应用相关公式，可得对应的久期（D）和凸性（C）分别为（详见表5-1）：

$$D=3.6654,\ \frac{\mathrm{d}P}{P}=-D\times \mathrm{d}r=-3.6654\%$$

$$C=14.1730,\ \frac{\mathrm{d}P}{P}=-D\times \mathrm{d}r+\frac{1}{2}\times C\times(\mathrm{d}r)^2=-3.5945\%$$

当利率上升 1%，达到 7.3%时，对应的债券价格为 $P=91.7069$，真实的 $\frac{\mathrm{d}P}{P}=\frac{91.7069-95.1219}{95.1219}=-3.5901\%$。由此可见，相较于久期，用凸性来度量债券价格对利率变动的敏感性更为精确。

表 5-1 关于债券久期与凸性计算的示例

T_i	r_i	贴现因子	CF_i	DCF_i	w_i	$w_i\times T_i$	$w_i\times T_i^2$
0.5	6.30%	0.969 0	2.5	2.422 5	0.025 5	0.012 8	0.006 4
1	6.30%	0.938 9	2.5	2.347 3	0.024 7	0.024 7	0.024 7
1.5	6.30%	0.909 8	2.5	2.274 5	0.023 9	0.035 9	0.053 8
2	6.30%	0.881 6	2.5	2.204 0	0.023 2	0.046 4	0.092 8
2.5	6.30%	0.854 3	2.5	2.135 8	0.022 5	0.056 3	0.140 6
3	6.30%	0.827 8	2.5	2.069 5	0.021 8	0.065 4	0.196 2
3.5	6.30%	0.802 1	2.5	2.005 3	0.021 1	0.073 9	0.258 5
4	6.30%	0.777 2	102.5	79.663 0	0.837 5	3.350 0	13.400 0
				95.121 9		3.665 4	14.173 0

说明：DCF_i 为每期现金流的现值。

3. 金融衍生工具的敏感性分析：希腊字母

关于金融衍生工具的敏感性分析，这里主要以期权为例进行说明。根据经典的 BS 期权定价模型，看涨期权的定价公式为：

$$C=SN(d_1)-K\mathrm{e}^{-r_f(T-t)}N(d_2)$$

在上式中，C 为 t 期期权的价格，S 为股票当前价，K 为期权交割价，r_f 为无风险利率，$T-t$ 为距期权到期日的剩余时间；$N(d_1)$ 和 $N(d_2)$ 分别是参数为 d_1 和 d_2 的标准正态分布变量的累积概率分布函数，其中，$d_1=\frac{\ln(S/K)+(r_f+\sigma^2/2)(T-t)}{\sigma\sqrt{T-t}}$，$d_2=d_1-\sigma\sqrt{T-t}$。

根据上述期权定价模型，可以发现期权的风险由如下四个变量进行度量：标的资产价格、期权到期时间、标的资产价格波动率以及无风险利率。因为分别用 Delta（Δ）、Gamma（Γ）、Theta（θ）、Vega（Λ）和 Rho（ρ）等希腊字母表示期权对这些因素的敏感度，该敏感性分析方法被称为希腊字母法。

关于上述希腊字母在风险管理中的应用，可以通过构造一个股票的多头和与之对应的买权的空头进行对冲来说明：当基础股

拓展阅读

期权定价的
希腊字母分析

票下跌时，买权的价格也会下跌，持有买权空头就会获利，这样股票下跌带来的损失就可以被持有买权空头所带来的收益所抵销，从而使整个组合达到风险免疫。在构建 Delta 中性组合时，要使买权和基础股票头寸的比率为 1∶Delta，当期权的 Delta 为 0.6 时，组合中如果有 6 股股票，就要持有 10 份买权的空头来对冲由股票价格下跌导致组合损失的风险。

4. 外汇资产对汇率的敏感性分析：回归模型

为计算汇率对金融机构各种资产价值的影响，可以基于历史数据建立回归模型，从而得到相应的敏感性参数。以外汇资产为例，一个简单的基本回归模型如下：

$$A_t = \alpha_0 + \alpha_1 e_t + u_t$$

其中，A_t 表示第 t 期金融机构以本币计算的、扣减通胀因素后的外汇资产价值；e_t 表示第 t 期外币汇率变动率；u_t 表示随机误差，且 $E(u_t)=0$；α_0 是不受汇率影响的外汇资产部分；α_1 是汇率波动影响金融机构外汇资产变动的相关系数（即汇率敏感性系数），它表示 1 单位的汇率变动会导致 α_1 单位的外汇资产变动。

如果金融机构在未来一段时间内不出现业务结构的重大变化，那么就可以利用历史数据回归得到汇率敏感性系数 α_1，即金融机构外汇资产对汇率的敏感性，然后根据估计得到的模型参数预测金融机构所面临的外汇风险（及一定的汇率变动所导致的外汇资产变化）。

事实上，上述回归模型法是一种比较通用的敏感性分析方法，对股票、债券、衍生品等金融资产的汇率或利率敏感性分析同样适用。比如，在衡量一些上市金融机构所面临的外汇风险时，它们可能更加重视汇率对其股价的影响，因此，可将上述模型中的因变量 A_t 替换为股价，从而获得金融机构股价对汇率变动的敏感性。

(二) 缺口(敞口)分析

1. 利率风险的缺口分析

(1) 利率敏感性缺口。

对于金融机构而言，当利率发生变动时，并非所有的资产和负债都受到影响。不计息的资产和负债，以及不在利率变动期间重新定价的部分，均不受利率变动的影响；反之，那些在一定期限内，需要按照新的利率进行重新定价的资产和负债则受到利率变动的影响。这部分受影响的资产和负债分别被称为利率敏感性资产（interest rate sensitive assets）和利率敏感性负债（interest rate sensitive liabilities）。

在现实中，由于利率敏感性资产和利率敏感性负债在总量上存在差异（即利率敏感性资产和利率敏感性负债错配），利率的变动会对银行的资产价值和负债价值产生不同的影响，从而使得银行资产净值面临利率变动的风险。一般而言，我们将利率敏感性资产和利率敏感性负债之间的差额定义为利率敏感性缺口（interest rate sensitive gap）或资金缺口（funding gap），即：

利率敏感性缺口＝利率敏感性资产－利率敏感性负债

利率敏感性缺口和利率变动的幅度共同影响净利息收入，即：

$$净利息收入变动=利率敏感性缺口\times利率变动带来的利息收入变动$$

对于利率敏感性缺口的计算和报告，一般会根据再调整的期限，将利率敏感性资产与利率敏感性负债按各期限分别计算，得到相应期限的利率敏感性缺口。比如，美联储要求银行每季度按照表 5-2 内的期限分类汇报利率敏感性缺口。

根据表 5-2，在 5 年以上这个期限内，利率敏感性缺口为负，利率敏感性资产小于利率敏感性负债，利率敏感性缺口为－1 000 万美元，需要重新定价的负债比资产多，这说明负债中较快到期的部分相对更多，需要重新定价，而负债到期时部分资产还未到期，因此这些资产还不需要重新定价。当利率下降且利率期限结构斜率为正（即长期利率高于短期利率）时，借短贷长的负缺口有助于扩大净利息收入；反之，当利率上升且利率期限结构斜率为负（即短期利率高于长期利率）时，借长贷短的正缺口有助于扩大净利息收入。

表 5-2　利率敏感性缺口的计算示例　　单位：百万美元

期限	利率敏感性资产	利率敏感性负债	利率敏感性缺口	累计缺口
1 天	20	35	－15	－15
1 天～3 个月	35	40	－5	－20
3～6 个月	40	30	10	－10
6 个月～1 年	45	40	5	－5
1～5 年	60	45	15	10
5 年以上	30	40	－10	0
合计	230	230		

此外，利率风险还可以用利率敏感性系数来衡量，该系数为利率敏感性资产与利率敏感性负债的比值：

$$利率敏感性系数=\frac{利率敏感性资产}{利率敏感性负债}$$

显而易见，利率敏感性系数与利率敏感性缺口这两个指标在本质上是一致的：当利率敏感性缺口为 0 或利率敏感性系数为 1 时，不存在利率风险暴露。利率敏感性缺口和利率敏感性系数越大，金融机构的利率风险暴露就越大。

如表 5-3 所示，当利率敏感性系数>1 时，利率敏感性缺口为正，在利率曲线斜率为负的情况下，利率上升所导致的利息收入增加的幅度大于利息支出增加的幅度，因而净利息收入变动是增加的（对应表中第 1 行的情况）；反之，当利率敏感性系数<1 时，利率敏感性缺口为负，在利率曲线斜率为正的情况下，利率下降所导致的利息收入减少的幅度小于利息支出减小的幅度，因而净利息收入变动是减少的（对应表中第 4 行的情况）。对表 5-3 中的其他情况可做类似解读。

表 5－3　使用利率敏感性系数衡量利率风险

利率敏感性缺口	利率敏感性系数	利率变动	利息收入		利息支出	净利息收入变动	利率曲线
正	>1	上升	增加	>	增加	增加	斜率为负
正	>1	下降	减少	>	减少	减少	
负	<1	上升	增加	<	增加	增加	斜率为正
负	<1	下降	减少	<	减少	减少	
零	=1	上升	增加	=	增加	不变	水平
零	=1	下降	减少	=	减少	不变	

（2）久期缺口。

在前面的介绍中我们已知，资产组合的久期越大，其对利率的敏感性越高，相应的利率风险也就越大。久期缺口（duration gap）是用来测量银行资产负债的利率风险的工具，即资产加权平均久期和负债加权平均久期与资产负债率乘积的差额。当久期缺口为正值时，市场利率下降（上升），银行的市场价值将增加（减少）；当久期缺口为负值时，市场利率上升（下降），银行净值将增加（减少）。久期缺口的绝对值越大，金融机构对利率的变化越敏感，相应的利率风险暴露也就越大。

因此，从理论上看，将金融机构资产的久期减去其负债的久期，就可以得到一个净久期值，这个净值可用于衡量金融机构在整体上所面临的利率风险。在考虑了金融机构的资产负债表结构以后，久期缺口的常见计算公式如下：

$$D_{GAP}=D_A-U\times D_L$$

其中，D_{GAP} 为久期缺口；D_A 为资产的久期；D_L 为负债的久期；U 为负债资产系数，即总资产/总负债。

与利率敏感性缺口类似，当久期缺口为零时，金融机构所面临的利率风险最小。当久期缺口不为零时，其绝对值越大，金融机构所面临的利率风险也越大。不过，值得注意的是，利率敏感性缺口考虑的是净利息收入（利息和利率正相关），久期缺口考察的是资产价格（价格和利率负相关）。因此，以缺口为正为例，对于金融机构而言，正的利率敏感性缺口希望未来利率上升，而正的久期缺口则希望未来利率下降，具体分析如表 5－4 所示。

表 5－4　利率敏感性缺口和久期缺口的比较

利率敏感性缺口	利率变动	利息收入	变动程度	利息支出	净利息收入
正	上升	增加	>	增加	增加
正	下降	减少	>	减少	减少
负	上升	增加	<	增加	减少
负	下降	减少	<	减少	增加
久期缺口	**利率变动**	**资产价值**	**变动程度**	**负债价值**	**净资产价值**
正	上升	减少	>	减少	减少
正	下降	增加	>	增加	增加
负	上升	减少	<	减少	增加
负	下降	增加	<	增加	减少

2. 外汇风险的敞口分析

外汇风险的敞口分析是衡量汇率变动对金融机构外汇资产损益影响的一种简单方法。通常情况下，外汇风险敞口主要来源于金融机构表内和表外业务的货币错配。比如，当金融机构在某一个时间段内，某种货币的资产（多头头寸）与负债（空头头寸）不相等时，二者之间的差额就形成了外汇风险敞口。在外汇风险敞口不为零的情况下，汇率的变动可能给金融机构带来相应的外汇损失。

在进行外汇风险的敞口分析时，金融机构通常既要分析单一币种所存在的外汇风险敞口，也要分析各个币种外汇风险敞口经报告货币（比如本币或美元）加总轧差后所形成的外汇风险总敞口。对于单一币种外汇风险的敞口分析，一般包括对即期外汇风险敞口和远期外汇风险敞口，以及即期和远期加总轧差后的外汇风险敞口进行分析。通常情况下，金融机构还应区分交易业务和非交易业务的外汇风险敞口。

在具体的计算方法上，金融机构所承受的某一币种 i 的外汇风险可以由其净外汇风险敞口来表示：

$$\begin{aligned}\text{币种}i\text{的净外汇风险敞口} &= (\text{外币资产}i-\text{外币负债}i)+(\text{外汇购入}i-\text{外汇售出}i)\\ &= \text{净外币资产}i+\text{净外汇购入}i\end{aligned}$$

如果净外汇风险敞口为正数，那么当外币对本币贬值时，银行将面临外汇亏损；反之，当净外汇风险敞口为负数时，如果外币对本币升值，则银行将面临外汇亏损。

为了量化分析外汇风险敞口所可能导致的外汇亏损或盈利，需要在计算净外汇风险敞口的基础上，将其折算为本币，然后与汇率的预期变动关联起来：

$$\text{以本币计价的外币}i\text{的损益}=\text{以本币计价的净外汇风险敞口}\times\text{外币}i\text{的汇率变动}$$

从上式可以看出，金融机构在某一外币上所持有的净风险敞口越大，或者该币种的汇率波动幅度越大，那么潜在的以本币计价的外汇损益也就越大。下面我们通过一个简单的例子加以说明，如专栏 5-1 所示。

专栏 5-1

基于敞口分析的外汇风险计算

假设某金融机构在 2022 年年初的某个交易日结算时持有 1 000 万美元即期头寸，其经营者想知道该头寸所面临的外汇风险（用本币衡量）。为此，我们需要先计算出该头寸的本币市场价值。假设美元兑人民币的即期汇率为 6.380 0，即 1 美元等于 6.380 0 元人民币，那么该金融机构所持有的该头寸的本币市场价值为 6 380 万元人民币。

同时，基于 2021 年美元兑人民币的汇率变化历史数据，可计算得到即期汇率的标准差（波动程度）为 487.97 个基点。假定该金融机构仅关心汇率变动的不利影响，且希望不利变化的概率不超过 5%。那么，在假定汇率变化呈正态分布的情况下，可知汇率向不利方向变化的程度为 1.65 倍标准差（1.65σ），于是得到相应的外汇波动程度为：

$$\text{外汇波动}=1.65\times487.97\times0.000\,1=8.051\,5\%$$

换言之，在 2021 年 5%的时间内，人民币的价值会下降 805.15 个基点。于是，结合以本币计价的净外汇风险敞口，我们可以最终得到以本币计价的美元损失为：

以本币计价的美元损失＝以本币计价的净外汇风险敞口×价格波动
＝6 380×0.080 515＝513.685 7（万元）

总体而言，外汇风险的敞口分析是金融机构较早采用的一种外汇风险度量方法，具有计算简便、清晰易懂的优点，其主要局限在于忽略了各币种汇率变动的相关性和联动性，因而无法有效衡量由各币种汇率共同变动所导致的外汇风险。

（三）波动性分析

波动性是指金融资产的实际价格对预测或期望价格的偏离程度，通常用收益率的标准差来表示。根据随机漫步理论，金融资产的收益率变动通常是随机游走的，难以对其趋势进行统计分析，故很多时候会采用对其收益率的波动性进行分析。

1. 波动性分析的理论基础

1952 年，在《资产组合选择——投资的有效分散化》一文中，马科维茨将投资风险视为资产收益的不确定性。这种不确定性可以用统计学里的方差或标准差来度量。比如，某项资产的方差可计算为：

$$\sigma^2 = \sum_{i=1}^{n} (r_i - \bar{r})^2 \times p_i$$

其中，r_i 为该资产在 i 状态下的收益率；$\bar{r}$ 为该资产的预期收益率；p_i 为 i 状态的出现概率。

对于投资组合的风险（波动性），在考虑了各种资产之间可能的相关性之后，对于包含 n 种资产的投资组合，其波动性（方差）可计算为：

$$\sigma^2(r_p) = \sum_{i=1}^{n} w_i^2 \sigma_i^2 + 2 \sum_{0 \leqslant i \leqslant j \leqslant n} w_i w_j \sigma_i \sigma_j \rho_{ij}$$

其中，$\sigma^2(r_p)$ 为投资组合的总风险（方差），每种资产 i 的投资权重和收益率标准差分别用 w_i 和 σ_i 表示，ρ_{ij} 表示第 i 种资产和第 j 种资产收益率之间的相关系数。

不过，对于投资决策而言，由于风险和预期收益之间的正相关关系，风险并不是投资者考虑的唯一因素。

在以方差为风险度量的基础上，理性的投资者追求的是风险和预期收益之间的最佳平衡，即在一定的风险下获取最大收益，或在一定的收益下承受最小风险。为此，通过均值-方差框架下的二次规划，就可以实现投资组合中的最优构建，其简化的模型表达为：

$$\text{Min}\sigma^2(r_p) = \sum \sum w_i w_j cov(r_i, r_j)$$
$$E(r_p) = \sum w_i r_i$$

其中，$\sigma^2(r_p)$ 是指这一投资组合中的总体风险，r_p 表示该投资组合的收益率，r_i、r_j 则分别代表第 i 种和第 j 种资产的收益率，w_i、w_j 则代表其在投资组合中的权重，$cov(r_i, r_j)$为资产 i 和资产 j 收益率的协方差。

当使用方差或标准差作为金融资产的风险度量时，根据马科维茨的资产组合理论，我们易得到以下结论：（1）当随机收益的二阶矩存在时，方差存在；（2）随着资产配置数量的上升，风险相应增加；（3）在各种资产的风险不完全相关的情况下，通过分散化投资可以降低风险。

2. 使用历史数据估计波动性

目前，使用历史数据估计金融资产收益率波动性的基础模型主要包括以下几类：移动加权平均模型（MWAM 模型）、指数加权移动平均模型（EWMA 模型）、条件异方差模型（ARCH 模型和 GARCH 模型）等。目前，这些模型的计算过程都已经标准化，可以使用相关软件方便地完成对相关数据的波动性计算，因此这里不再赘述。

拓展阅读

使用历史数据估计波动性的主要模型

5.2.3 现代市场风险度量方法

现代市场风险度量方法的核心特征在于其综合性和对现代统计学理论、模型、方法的运用，代表性方法包括在险价值模型、预期损失模型、压力测试以及极值理论等，这些方法适用于对包括利率、汇率、股价、商品价格、金融衍生品价格等在内的多种市场风险因子带来的风险进行度量，并可在一定条件下对各种类型的风险进行加总分析。

（一）在险价值模型

在险价值又称风险价值，最早由三十国集团在 1993 年的研究报告《衍生品的实践和原则》中提出，此后逐渐被用于管理银行内部的资本风险。为了使得在险价值模型方法更易于应用，J. P. 摩根公司推出了以在险价值技术为基础的对市场风险进行测定和管理的软件工具。1994 年，J. P. 摩根公司研发出了一个较为完善的模型——RiskMetrics 模型，并通过网络公布于世，之后在险价值模型方法得到金融机构以及一些非金融机构的采用。巴塞尔委员会在 1996 年公布了基于风险价值度量风险的协议案，并于 1998 年执行。

1. 在险价值模型的基本原理

从一般意义上看，在险价值是指在金融市场的正常波动下，某一金融资产或有价证券组合的最大可能损失（既可以是绝对值，也可以是相对值），其对应的统计定义为：在某种给定的概率水平（置信水平）下，某一金融资产或证券组合在未来一定时间内的最大可能损失。从公式上来看，在险价值首先预定了一个置信水平（α），在该置信水平下，通过一定的计算过程，得出在未来一定时期内持有者所可能面临的最大损失，该损失值就是在险价值。

我们可以通过举例，从直观意义上来理解在险价值的含义。比如，某金融机构所持有的证券组合在未来 1 个交易日内（24 小时内），置信水平为 95%的在险价值为 1 000 万元，这意味着：在证券市场正常波动的情况下，该金融机构的上述证券组合在未来 1 个交易日内，由于市场价格变化而导致的最大损失额超过 1 000 万元的概率为 5%，对应于平均 20 个交易日才出现一次类似大小的损失。换言之，按照历史经验的常规情况，该金融机构有 95%的把握该投资在下一个交易日内的损失额度会在 1 000 万元以内。

再比如，1994 年 J. P. 摩根公司测定置信水平为 95%的每日在险价值为 960 万美元，其含义为：该公司根据其历史数据信息，有 95%的把握可以确保，在 1994 年的某个特定时点上，该公司的资产组合在未来 24 小时内，由于市场价格变动而导致的损失额不会超过 960 万美元；或者说，只有 5%的可能性其损失会超过 960 万美元（见图 5－4）。

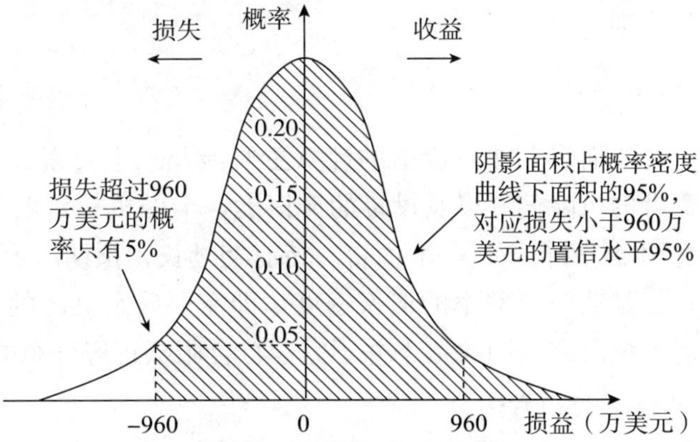

图 5－4　在险价值的示意图

在在险价值的计算过程中，置信水平 α 是一个关键参数。基于不同的置信水平 α，会得到不同的在险价值：置信水平 α 越高，相应地，资产组合的损失小于在险价值的概率就会越大（超过在险价值的概率越小），同时这也意味着，置信水平的设定越高，表示投资者对风险的厌恶程度越高。从现实情况来看，置信水平 α 一般在 95%～99%之间选取，不同机构根据自身经验和风险偏好会设定不同的数值，如巴塞尔委员会和美国信孚银行选择 99%，大通曼哈顿银行选择 97.5%，而 J. P. 摩根公司则选择 95%。

在险价值模型中还有一个重要指标是持有期 Δt，即损失可能发生的时间范围。一般而言，持有期的长短与市场风险因子的波动性具有显著的正相关关系：投资的持有期越长，其投资所遭遇的波动就会相对越大，从而资产价格调整的可能性也会越大。但在具体计算中，在险价值模型一般假设投资者的资产构成头寸不变，在这种情况下，投资者的持有期就会变短。通常而言，持有期 Δt 在 1～30 天之间。巴塞尔委员会推荐的持有期为 10 个交易日，各个金融机构也会根据自身的风险偏好和业务需求设定不同的持有期。

如果投资收益满足独立同分布的假设，那么就可以对不同持有期长度的在险价值进行转换。具体而言，在同一置信水平下，T 个时期长度的在险价值可以用其中一个时期的在险价值来表示，二者满足如下关系：

$$VaR^{(T)}=\sqrt{T}\,VaR^{(1)}$$

由于不同时期的在险价值都有上述公式关系，因此在《巴塞尔协议》中，允许用10天收益的在险价值来代替1天收益的在险价值，即用1天的在险价值乘以$\sqrt{10}$作为10天的在险价值。

总体来看，在险价值计算的核心问题，其实就是在投资组合中对未来损失ΔP的概率分布的估计问题。为此，可假设某投资组合在未来Δt持有期内的损益ΔP服从概率密度函数为$f_p(r)$的连续分布，于是，在险价值的计算公式可写为：

$$1-\alpha=\text{Prob}(\Delta P\leqslant -VaR)=\int_{-\infty}^{-VaR}f_p(r)\mathrm{d}r$$

其中，$\Delta P=P(t+\Delta t)-P(t)$

式中，Prob表示的是概率度量；VaR是在险价值；r表示损益。如果用$F_p(x)$表示风险资产ΔP的分布函数，则有：

$$F_p(-VaR)=1-\alpha$$

综合上述内容，简要而言，在险价值的计算主要涉及三个要素：一是置信水平α的大小，它反映了投资者的风险偏好以及投资的谨慎度，金融机构一般采用90%～95%的置信水平；二是持有期Δt的长短，一般而言，持有期越长，预期的价格变化就愈大，度量的风险值就愈大；三是期望收益率的概率密度，即需要确定ΔP的概率分布，常简化假设为正态分布，但大量研究表明收益率并不完全符合服从正态分布的假设。

2. 在险价值的计算步骤和方法

在险价值模型方法本质上是对证券组合价值波动的统计测量，其核心是构造证券组合价值变化的统计分布。比如，已知某一证券的价值在过去250个交易日的历史波动情况，推断第251个交易日该证券的价值，最简单的方法就是计算过去250个交易日该证券的价值波动（如标准差），以得出第251个交易日该证券的价值波动，但这样得出的值实际上是用过去的平均情况来推断未来的结果，现实中存在较大误差。

相比之下，在险价值模型的核心思路是从概率分布的角度来定义风险发生的可能性：过去250个交易日的波动构成了250种可能的波动情景，在第251个交易日，每一种波动情景都有可能发生，即第251个交易日的价值波动存在着250种可能性，这意味着其价值波动构成了一个概率分布。在在险价值的计算中，一般将每一证券映射为一系列市场风险因子的组合，而市场风险因子则一般包括影响证券价值变化的利率、汇率、股价指数和商品价格等基础变量。

计算在险价值的基本步骤包括：（1）辨识市场风险因子，并将证券组合中的每一证券的盯市价值都用市场风险因子来表示；（2）推测市场风险因子在未来某一时期的变化情景，然后根据市场风险因子的未来情景估测证券组合的未来价值；（3）构造损益分布，在给定的置信水平下计算出相应的在险价值。上述步骤中的关键有二：一是证券组合价值与市场风险因子间的关系（线性或非线性），二是对于市场风险因子未来变化的预测。

关于证券组合价值变化与市场风险因子变化间的关系，除了期权类显著非线性的金融工具外，大多数证券组合的价值变化都被假定为市场风险因子变化的线性函数，因而这类证券组合的价值变化可以用它对市场风险因子的敏感性来刻画。相比之下，对于期权类的金融工具，一般用模拟的方法来描述其价值与市场风险因子之间的非线性关系，或者用近似的方法来加以处理，比如在假设BS期权定价公式能够准确地对期权进行估价的基础上进行推断。

对于市场风险因子未来变化的预测，目前主要有三种方法：一种是非参数方法（如历史模拟法），即利用市场风险因子的历史状况直接推测市场风险因子未来的情景；二是参数方法（如方差-协方差法），即在假设市场风险因子变化服从多元正态分布的情形下，用方差和相关系数来描述市场风险因子的未来变化；三是蒙特卡罗模拟法，即采用蒙特卡罗方法模拟出市场风险因子的未来情景。

（1）历史模拟法。

历史模拟法是一种非参数方法，不需要假定市场风险因子变化的统计分布，而是借助于过去一段时间内的资产组合风险收益率的频率分布，通过找到历史上一段时间内的平均收益，以及给定置信水平下的最低收益水平，来推算在险价值，其隐含的核心假定是历史变化会在未来重现。历史模拟法建立在历史数据的经验分布的基础上，无须对资产组合价值变化的分布作特定假设，其核心是根据市场风险因子的历史样本变化模拟证券组合的未来损益分布，然后利用分位数给出一定置信水平下的在险价值估计。

历史模拟法的优点为：一是计算简单、直观且操作方便，易于实施；二是不需要对收益率的统计分布特征做出假定，而是直接根据在险价值的定义去计算，可以有效处理“肥尾”和非对称问题；三是无须估计波动性、相关性等参数，因而没有参数估计的风险，同时也不需要市场动态性模型，因此避免了模型风险；四是可以较好地处理非线性、市场大幅波动的情况。

不过，由于历史模拟法仅根据历史数据，因此隐含的假设条件中也存在一些不符合现实情况之处。首先，未来不是对历史的简单重复，历史数据能否有效预测未来一直存在争论和疑问。其次，历史模拟法的准确性建立在大量数据的基础之上，但实际中的历史数据数量往往不能满足需要（比如1年的数据只能产生约250个交易日的样本点），这会导致历史模拟法的精准度下降。再次，历史模拟法假设收益率独立同分布，给每个历史数据赋予相同的权重，但有研究显示，近期数据的影响可能相对更大，应被赋予更大的权重，而等权重的假设会使得历史模拟法下的在险价值出现计算偏差。最后，历史模拟法计算出的在险价值波动性较大，且难以进行敏感性分析。

（2）方差-协方差法。

方差-协方差法的核心思想是，通过对投资组合内资产收益率的分布做出统计假设，并且使得投资组合收益率是各资产收益率的线性组合，简化在险价值的计算。比如，在正态分布假设下，$VaR=Z_\alpha S_p\sqrt{T}$，其中 Z_α 为预设置信水平 α 下对应的临界值，S_p 为投资组合价值的日变动标准差，T 为持有期。因此，求解 VaR 只需要求出组合收益率的标准差即可，而根据马科维茨的资产组合理论，组合收益率的标准差可以使用方差-协方差矩阵求得，故该方法被称为方差-协方差法。

总体来看，方差-协方差法下的在险价值计算不需要大量数据，理解起来也比较容易，应用范围非常广泛。但该方法对分布形式的特殊假定，导致模型过于依赖对参数的估计，同时现实中的收益率分布与正态分布的假设并不完全一致，而是普遍存在异方差性、聚集性和非对称性等特征，这使得方差-协方差法下的在险价值模型很难有效处理金融市场中的“肥尾”和大幅波动等非线性问题，容易产生各种估计偏差和模型风险。

（3）蒙特卡罗模拟法。

蒙特卡罗模拟法亦称随机模拟法，其基本思想是：基于已有的市场历史数据，通过建立相应的概率模型或随机过程，来模拟某一时期不同情形下的资产组合的收益率表现。蒙特卡罗模拟法在不同分布的假设下都能较为准确地度量风险，因此是结果较为优秀的一种计算方法，近年来被广泛应用。

蒙特卡罗模拟法计算在险价值的基本步骤为：首先选择资产组合价格变化的模型和分布，并估计相关参数，其次随机模拟价格走势，形成多个不同情形，并在每一个情形下按顺序排列投资组合的价格变化值，形成分布，最后根据置信度计算得到相应的在险价值。

蒙特卡罗模拟法的主要优点包括：一是不需要估计参数和假设收益率分布，对数据量无严格要求；二是可以模拟收益率的不同特征表现（如白噪声、自回归和双线性等）和不同分布；三是能够通过模拟产生大量的数据和情景，从而比历史模拟法相对更为精确和可靠；四是可以处理非线性、大幅波动及“肥尾”等问题。

蒙特卡罗模拟法的主要缺点包括：一是计算机随机生成的数据序列是“伪随机数”（过于依赖假设），与真正世界的随机数可能存在偏差；二是计算结果依赖于模型中对随机过程的假设（如假设价格的变化服从某一特定的随机过程）和模型计算所选择的历史数据；三是比历史模拟法和方差-协方差法更加复杂，计算量大，计算时间长，且不太容易被理解。

上述三种在险价值计算方法的一个简要比较见表5-5。

表5-5 三种在险价值计算方法的比较

对比项	历史模拟法	方差-协方差法	蒙特卡罗模拟法
收集数据的难度	困难	容易	容易
方法实现的难度	较容易	容易	困难
向高层解析的难度	容易	较容易	困难
市场不稳定时的测算结果	产生偏差	产生偏差	产生偏差
检验其他假设的能力	无	可检验标准差与相关系数，不能检验分布假设	有

3. 对在险价值的返回检验

在险价值计算的关键在于估算出收益率在未来一定时期内的均值和方差，通常是通过基于收益率的历史数据对未来数据进行模拟得到的。为了确保模型的准确性和可靠性，需要经常性地对模型进行检验。返回检验（back testing）是用于评价风险计量模型的一种常见方法，在在险价值模型的评估中非常常用。它的核心思路是对实际结果与模型生成的风险值进行比较，以分析和判断风险管理者所使用的在险价值模型是否准确和可信。巴塞尔委员会在其文件《关于使用“返回检验”法检验计算市场风险资本要求的内部模型法的监管构架》中对该方法的使用有详细介绍。

采用返回检验对在险价值模型进行分析评估的具体步骤为：（1）根据所选择的参数（置信水平、观察期、持有期等）和计量方法，计算 $T-1$ 日头寸对应的在险价值；（2）通过模型理论损益计算方法，计算 $T-1$ 日至 T 日的损益；（3）比较在险价值与损益值，若损失超过在险价值，则记录为一次突破；（4）参考监管机构的量化指标，根据突破情况与累计突破次数，进行突破分析；（5）编制返回检验报告，包括返回检验结果及突破原因的解释。

影响返回检验有效性的因素通常有三个：一是样本空间的大小；二是置信水平的选定；三是对投资回报概率分布的假设，这些假设不仅使得在险价值模型的预测是合理的，而且使得较长持有期限的在险价值也可以由日在险价值合理得到，如对日在险价值乘以 $\sqrt{10}$ 就可以得到两周（10 个交易日）的在险价值。

4. 在险价值模型的主要优缺点

使用在险价值模型度量市场风险的主要优点包括：一是在险价值模型可以测量不同市场风险因子、不同金融工具构成的复杂证券组合以及不同业务部门汇集在一起的总体市场风险暴露；二是在险价值模型提供了一种测量市场风险的统一方法，从而便于风险管理者比较不同业务部门之间的风险暴露大小，开展基于风险调整的绩效评估、资产配置和风险限额设置等；三是在险价值模型充分考虑了不同资产价格变动之间的相关性，从而体现投资组合分散化对风险降低的作用；四是在险价值在概念和理解上简单明了，既便于公司内部以及公司与股东和外界之间的沟通，同时也适合监管部门的风险监管。

在险价值模型的潜在缺陷主要包括：一是在险价值模型方法本质上是一种后顾型的方法，即它对未来的损失估计主要是基于历史数据所提供的信息，并且潜在地假定变量间的关系不会随着时间推移而改变，但显而易见的是，这一假设在很多情况下并不符合现实；二是在险价值的计算有时非常复杂，且依赖于一些特定的假设，比如数据分布的正态性等，这些假定不一定符合实际情况；三是在险价值模型计算出来的风险值虽然可以作为市场正常变动下的风险有效度量，但却无法很好地处理金融市场处于极端价格变动（如金融危机、汇率崩溃、股市崩盘等）状态下的风险度量。不过，在险价值模型的上述缺陷，其根源主要不在于在险价值本身，而在于其所依据的统计方法。

（二）预期损失模型

对在险价值模型方法最大的批评之一在于，这种方法没有指出一旦损失超过在险价值数值，损失的金额或频率是多少。换言之，在险价值模型无法用于刻画所谓的尾部风险。例如，我们可能希望在 99%的置信水平下，在险价值为 1 亿美元的投资组合损失超过 1 亿美元的频率不超过每 100 天一次（即 1%的时间），或者不超过每年 2～3 次。即使假设在险价值为准确估计，我们也不能由此预期，任何 1 年约有 3 个交易日的损失超过 1 亿美元。

从现实情况来看，在金融市场上，很多资产的收益率分布往往并不符合正态分布假设，而是有明显的“尖峰肥尾”特征。“尖峰肥尾”特征意味着收益率的实际分布靠近均值的可能性更大，但是极端情况出现的概率要明显大于正态分布下的概率，因此，在险价值模型方法往往存在低估实际风险的问题。

拓展阅读

金融市场中的肥尾效应

为了将尾部事件考虑在风险度量中，预期损失这一新的概念被拓展出来。预期损失是当资产组合损失超过在险价值时所可能发生的平均损失，可用于计算“黑天鹅”事件所导致的损失均值。具体而言，预期损失解释了在一定的置信水平 α 下，当投资组合的损失高于在险价值时，预期损失有多少，其具体的定义如下：

$$ES = E[L_T \mid L_T > VaR]$$

预期损失值表示了在投资期限 T 内，在 $1-\alpha$ 的概率下，投资组合发生极端危机事件（即损失超过在险价值）后的平均损失。因此，预期损失实际上反映了在给定置信水平下损失超过在险价值的下行风险。在正态分布假设下：

$$VaR = -m_p - S_p N_{1-\alpha}^{-1}$$

$$ES = -m_p + S_p \frac{f(N_{1-\alpha}^{-1})}{1-\alpha}$$

其中，资产组合收益服从 $N \sim (m_p, S_p)$，$f(g)$ 为资产组合收益的概率密度函数，$N(g)$ 为资产组合收益的概率分布函数，$N_{1-\alpha}^{-1}$ 用于计算累积概率为 $1-\alpha$ 时所对应的临界值。从上述计算公式可以看出，预期损失包含了更多的尾部损失信息，因而能比在险价值相对更好地测试尾部风险。

总体来看，预期损失模型对于损失的分布没有特殊的要求，在分布函数连续和不连续的情况下都能保持一致性风险度量这一性质，这使预期损失模型不仅可以被应用到任何金融工具的风险测量和风险控制上，而且可以处理具有任何分布形式的风险源，同时保证了在给定风险量的约束条件下最大化预期收益组合的唯一性。目前，使用预期损失模型衡量尾部风险已经成为很多金融机构的重要能力。鉴于预期损失在风险测度方面的良好性质，在 2012 年出版的《交易账户基本综述》中，巴塞尔委员会甚至提出用该风险指标代替在险价值。

不过，由于用预期损失进行风险测度的发展时间不长，其作为一致性风险度量也并非没有缺点。从统计角度来看，在险价值模型与一阶传统随机占优是一致的，而预期损失模型则与二阶传统随机占优是一致的。但与此同时，在险价值模型与二阶及以上的传统随机占优不是一致的，而预期损失模型则与三阶及以上的传统随机占优不是一致的。简言之，无论是在险价值模型还是预期损失模型，在一些特定情况下，可能都无法给出彻底完美的风险描述。最终，模型风险是不可能彻底消失的，有经验的风险管理人员需要根据特定的情况选择合适的模型。

（三）压力测试

在金融市场运行过程中，诸如泡沫崩溃、金融危机、自然灾害、社会动荡、政治危机等极端情形时有出现，在这些极端情况下，经济变量之间以及金融市场风险因子之间的一些稳定关系就可能被破坏，导致市场风险因子之间的价格关系、相关性、波动性等发生足以影响结果的重大改变；同时，市场风险因子之间、市场风险因子与投资组合价值之间、市场风险和违约风险之间的关系也会发生明显变化，甚至会出现一些从未料想到的反常或意外变化。

在上述种种极端市场条件下，在险价值模型所依赖的假设和计算参数不再适用，从而导致用在险价值模型计算出的结果存在误判风险的可能。为更有效地度量极端市场条件下的市场风险，人们引入了压力测试和极值理论等新的方法，以作为对正常市场情况下在险价值的一种补充。其中，压力测试是考察金融机构（投资组合）在市场风险因子发生各种极端不利变化下的损失情况，包括识别那些足以对金融机构产生致命打击的情景，并评估这些情景对金融机构的影响。国际清算银行将压力测试定义为金融机构衡量潜在但可能发生的异常损失的模型。

1. 压力测试的步骤

压力测试是指将整个金融机构或投资组合置于某一特定的（主观想象的）极端市场情况下，如假设利率骤升 100 个基本点、某一货币突然贬值 30%、股价暴跌 20%等异常的市场变化，然后测试该金融机构或投资组合在这些关键市场变量突变的压力下的表现，看其是否能经受得住这种市场的突变。

压力测试的主要步骤包括：(1) 识别市场风险因子，主要依据宏观形势、极端事件、政策等确定交易组合风险暴露特性和压力测试的市场风险因子范围；(2) 设定压力测试的具体情景；(3) 基于风险因素的变化，对投资组合重新估值，基于估值结果计算相应的损益和压力风险值；(4) 进行结果分析，即分析在指定压力情景下投资组合可能面临的损失情况以及金融机构对潜在重大损失的承受能力；(5) 采取管控措施，主要是通过调整投资组合的风险暴露头寸、结构、交易量和相关限额等措施控制风险。

2. 压力测试的分类

压力测试大致可归纳为两大类：敏感性分析和情景分析。

敏感性分析是利用某一特定市场风险因子或一组市场风险因子，使市场风险因子在执行者所认定的极端变动的范围内变动，分析其对投资组合价值的影响。这一分析方法的优点在于容易了解市场风险因子在可能的极端变动中的每一变动对投资组合价值的总影响及边际影响，缺点则是执行者对于每一逐渐变动所取的幅度及范围必须十分恰当，否则将会影响到分析的结果与判断，特别是对于非线性报酬率的投资组合，这种情况将更为显著。

情景分析是将一组市场风险因子定义为某种情景，分析在每种情景下的压力损失。情景分析的具体方法有两种：历史情景分析和假设性情景分析。

(1) 历史情景分析。历史情景既可以以相对温和的市场变动（此类事件有相当大的可能性会重复发生）为基础，也可以以更加极端的市场变化（此类事件发生的概率较低，但发生后的损失会非常大）为基础。历史情景分析有两个优点：一是由于相关事件情景是历史上发生过的真实事件，因而随意性较小；二是比较容易理解，例如“如果 1987 年

10 月那样的股市崩盘明天再发生，将会造成 X 美元的损失”之类的陈述，对于风险信息的交流非常简单有效。同时，重大历史事件的深刻印象将使风险值与历史事件紧密结合，管理者在设定风险限额时，便可依历史事件的意义来进行评估，使决策更具说服力。虽然从理论上看，过去发生过的情景未来不一定会再发生，但使用历史情景分析方法来对投资组合进行风险管理，至少可以保证过去的压力事件在事前预防的情况下不会重演。历史情景分析的主要缺点在于，随着金融市场发展和创新的日新月异，历史事件无法全面涵盖不断出现的新兴产品或风险的类型（且此类产品的历史价格可能未出现真正的极端情况）。

（2）假设性情景分析。历史情景分析假定历史事件会按照与之前类似的方式重演，这在逻辑上是合理的，但由于只能给出历史上发生过且为数不多的市场波动情景，因而难以满足多样化的压力测试需要。特别是，下一次危机可能完全不同，会出现很多新的情况，而历史情景分析难以应对这些新的情况。因此，为使得压力测试更具有针对性和完整性，现实中的金融机构往往会采用假设性情景分析。这种分析可以使金融机构不受限制地自行设计各种可能的情景，从而满足复杂条件下的压力测试需要。比如，在一个尚未经历完整的房地产涨跌大周期的市场中，历史数据显示的房价下跌幅度可能不超过15%，但从国际经验来看，在一个完整的房价“繁荣—崩溃”周期中，极端情况下的房价下跌可能超过 50%。在这种情况下，金融机构可以设想房价出现超过本国历史数据极值的下跌，比如 30%～60%的下跌，并联合该下跌所可能引发的其他经济金融变量的相关波动，设置出一系列可用于分析房价出现超预期崩溃的假设性情景，并将其作为压力测试的情景设置。

（四）极值理论

极值理论（extreme value theory）是处理与概率分布的中值相离极大的情况的理论，常用来分析小概率的罕见灾难，如百年一遇的水灾、地震等，在风险管理和可靠性研究中有普遍运用。极值理论最早由提出耿贝尔分布（Gumbel distribution）的统计学家埃米尔·尤利乌斯·耿贝尔（Emil Julius Gumbel）阐述。在统计学上，极值理论与很多广泛应用的分布如正态分布、韦伯分布等相联系。

在金融风险管理中，极值理论通常被用来预测各种异常事件或小概率事件出现的风险。具体而言，极值理论方法通过对收益的尾部分布进行统计分析，从另外一个角度估计各种极端市场条件下的金融机构损失。20 世纪 50 年代后，极值理论被应用于风险研究中，产生了广义极值分布（generalized extreme value distribution，GEVD）模型。

目前，较常用的极值理论模型有 BMM（block maxima method）模型和 POT（peaks over threshold）模型。BMM 模型是将数据分组后，在每组数据中选择最大值构成新的极值数据组，并依据新构成的数据组进行建模以预测极端风险。POT 模型则是设定充分大的阈值（即门限值），用所有超过这一阈值的观测数据构成新的数据组，并对该数据组建模。POT 模型又可以进一步区分为两类模型：一类是基于希尔（Hill）估计的半参数模型，另一类是基于广义帕累托分布的完全参数模型。

应用极值理论进行风险度量的优点在于：相较于其他风险度量方法，极值理论方法能够相对更为精确地描述尾部分布的分位数，同时也不需要对数据的分布做出预先假设。不过，极值理论也有缺点：它一般主要适用于进行尾部风险的观测，而且由于参数估计中存在误差，阈值如何确定也是一个棘手的问题，目前尚无统一标准，这些都会使得极值理论估计下的结果存在误差。

5.3 《巴塞尔协议》的市场风险度量

5.3.1 从《巴塞尔协议Ⅰ》到《巴塞尔协议Ⅱ》：市场风险的引入

1988年颁布的《巴塞尔协议Ⅰ》主要以防范信用风险为主。此后，随着金融发展创新和市场风险变得越来越突出，巴塞尔委员会开始考虑将市场风险引入监管框架之中。1993年巴塞尔委员会发布了《市场风险监管措施》，分别针对债券、股权和外汇风险的标准法资本计量做出规定，但对于使用内部模型法计量风险并不认可。

此后，经过不断的调研和测试，巴塞尔委员会决定允许使用内部模型法计量市场风险。1996年，巴塞尔委员会发布《资本金协议市场风险修正案》，允许银行选择标准法或内部模型法计量市场风险，再以此为基础计算资本充足率。1998年，巴塞尔委员会颁布《有效银行监管的核心原则》，不仅明确了对市场风险的表述，而且在市场风险计量方法上，首先按照金融工具将交易分为债券、股票、外汇和商品等交易组合，其次分别量化每个交易组合净头寸的市场风险并以此计量风险资本要求，最后加总各个交易组合的风险资本得到市场风险需计提的全部资本。

此外，巴塞尔委员会在《巴塞尔协议Ⅰ》核心资本和附属资本的基础上，引入了用于防范市场风险的三级资本的概念。三级资本由短期次级债券构成，不能超过用于防范市场风险的核心资本的250%，也即交易账簿市场风险至少有28.57%需要用核心资本抵补。此外，在保证核心资本至少占全部合格资本的50%、附属资本不超过核心资本的总额、长期附属债券不能超过核心资本50%的前提下，可以使用附属资本取代三级资本。在一定限制条件下，短期次级债券也可以作为合格的三级资本满足市场风险所需的资本要求。

随着金融风险管理理论的发展和实践的需要，2005年巴塞尔委员会发布了《资本协议关于市场风险的修订》，进一步明确了特定风险的范围，主要包括资产组合的历史价格波动、集中度、与标的相关的基差风险、事件风险以及新增违约风险等。在此基础上，2006年《巴塞尔协议Ⅱ》正式实施，其中提出了基于“三大支柱”的风险管理框架。《巴塞尔协议Ⅱ》将市场风险和操作风险纳入最低资本要求，要求银行保持更多的资本金，尤其是受到利率波动影响较大的银行，需要考虑利率风险难以量化的特点，适当增加抵御市场风险的资本金，同时引入压力在险价值。改进后的资本充足率计算公式为：

$$\text{资本充足率}=\frac{\text{核心资本}+\text{附属资本}+\text{三级资本}}{\text{信用风险加权资产}+12.5\times\text{市场风险资本要求}+12.5\times\text{操作风险资本要求}}$$

5.3.2 金融危机与《巴塞尔协议Ⅱ》的持续修订

2008年发生的国际金融危机表明，《巴塞尔协议Ⅱ》在市场风险管理方面存在一些严重的内在缺陷。从2009年7月开始，巴塞尔委员会陆续对《巴塞尔协议Ⅱ》进行了大幅修订，先后发布了《巴塞尔协议Ⅱ市场风险框架的修订稿》和《交易账户新增风险资本计量指引》等文件，引入压力在险价值、新增风险模型要求和证券化产品的处理等新内容。这些对《巴塞尔协议Ⅱ》的修订被称为“巴塞尔协议Ⅱ.5”，其内容如下：

（一）在内部模型法中引入压力在险价值

金融危机暴露了在险价值模型不能反映市场突发状况下的极限损失问题。为此，巴塞尔委员会认为，在内部模型法下引入压力在险价值（stressed VaR），可以缓解市场风险最低资本要求的顺周期性。压力在险价值指的是压力情景下的风险价值，即银行需要判断投资组合在持续1年压力情景下的历史区间，并以区间内的相关市场风险因子数据为参数计算在险价值。

（二）提高内部模型法下对新增风险的要求

为鼓励更多的银行采用内部模型法计量新增风险资本，2007年巴塞尔委员会发布了《交易账户新增风险资本计量指引讨论稿》，将新增违约风险定义为交易头寸中因信用违约而计提的资本减去模型中隐含的任何违约损失计量的资本。2009年，巴塞尔委员会发布了《交易账户新增风险资本计量指引》，指出新增风险资本计量不仅应该反映违约风险，还应反映信用评级转移风险和流动性风险。新增风险资本要求代表了对资本计划期1年、置信度为99.9%的非证券化信用产品的违约和信用评级转移风险的估计（见表5-6）。

表5-6 对于市场风险的在险价值模型法风险计提

	模型方法	持有期	观察期	置信度
一般风险 特定风险	在险价值模型	最短10个交易日	最短1年	99%
	压力在险价值模型	最短10个交易日	连续12个月包含重大金融亏损的历史期间	99%
新增风险	在险价值模型	1年（流动性计划期最短3个月）		99.9%

（三）提高了标准法下证券化资产的利率风险资本要求

鉴于证券化产品的结构复杂性，巴塞尔委员会不建议将证券化头寸纳入新增风险模型，并提出在技术手段能够充分捕捉到证券化头寸的风险之前，仍应采用标准法计提其资本要求。因此，对于证券化产品的资本要求，最终由压力在险价值计算的资本要求、正常状态在险价值计算的资本要求以及标准法下（不考虑空头和多头对冲效果）计算的特定市场风险资本要求三个部分加总而成。不过，对于比较简单的关联交易组合，应计算综合风险，并计提额外的资本予以覆盖。同时，巴塞尔委员会允许关联交易活跃的银行在满足一定的条件下，采用全面风险管理模型计量关联交易组合的监管资本。

5.3.3　《巴塞尔协议Ⅲ》的市场风险度量

2010 年 12 月，巴塞尔委员会发布了《巴塞尔协议Ⅲ》，并在此后经历了多次修订。2016 年，巴塞尔委员会发布了《市场风险最低资本要求》，其内容主要包括一般要求和市场风险的资本计量方法。其中，一般要求主要涉及交易账户和银行账户的分类标准、柜台交易的管理以及内部风险转移的认定等内容；市场风险的资本计量方法则分为标准法和内部模型法，以及针对特定银行（如交易账户较小或业务较简单的银行）的简化标准法等。

（一）一般要求

在《市场风险最低资本要求》中，巴塞尔委员会进一步明确了交易账户和银行账户之间的划分界限以及内部风险转移的资本计提规则。依据业务的不同特征和盈利模式，商业银行表内表外业务产生的头寸被明确划分为交易账户和银行账户。其中，交易账户是指为了通过捕捉市场价格短期波动进行交易获得价差收益，或者对冲交易账户风险而持有的金融工具，而银行账户则一般记载存贷款等银行传统业务产生的头寸。

巴塞尔委员会规定，交易账户和银行账户适用不同的资本金要求，以恰当地反映相关风险的影响。具体而言，《市场风险最低资本要求》指定了哪些金融工具必须放在交易账户中或必须排除在交易账户外，如果一种工具被认为是不正确的指定，监管会将账户性质改变为正确的种类，以保证计提风险资本的充足。

同时，为了防止银行通过账户改变进行监管套利，巴塞尔委员会严格限制了各类工具在交易账户与银行账户之间的内部风险转移（即银行在交易账户间、银行账户间以及这两类账户之间发生的风险转移），工具的转移一般要在银行监管当局批准后才可进行，转移前后也要重新计算前后的资本要求水平。特别是，从银行账户向交易账户的内部风险转移，需要在计提监管资本时做出额外考虑。

（二）市场风险的资本计量方法

在《市场风险最低资本要求》中，巴塞尔委员会详细阐述了有关市场风险度量方法的内容。具体而言，在为计算监管资本要求而度量其市场风险时，银行在经国家监管部门批准的前提下，可使用以下两种基本方法中的一种：标准法和内部模型法。

在度量方法的选择上，监管者可能会允许那些交易账户较小或业务较简单的银行使用标准法的简化替代方法，同时还应满足不属于全球系统重要性银行、不在任何交易部门使用内部模型法、不持有任何相关交易头寸等条件。对于那些特定类别的风险，相对较大或较复杂的银行即使其满足上述条件，也建议应用完整版的标准法。

除了上述能够使用简化替代方法的银行外，所有银行都必须使用标准法计算资本要求。对于监管当局允许使用内部模型法的银行，也必须计算和报告标准法下所有工具的资本要求，并将每个有资格使用内部模型法的交易部门都视为一个独立的监管投资组合，然后在标准法下计算资本要求。

1. 标准法

标准法适用于全部商业银行，要求将四大风险类别的资本分开计算，对不同类型的风险和归属于不同风险类别内不同性质的资产头寸均赋予不同的风险权重，最后只需简单加总即可。需要强调的是，利率风险和股票风险需要划分为一般风险（对整个市场产生影响）和特定风险（仅与交易对手相关）。基于标准法的总资本要求为四大风险资本要求直接加总，简化版的计算公式为：

$$\text{资本要求} = CR_{IRR} \times SF_{IRR} + CR_{EQ} \times SF_{EQ} + CR_{FX} \times SF_{FX} + CR_{COMM} \times SF_{COMM}$$

其中，CR_{IRR}、CR_{EQ}、CR_{FX}、CR_{COMM}分别代表利率风险、股票风险、外汇风险和商品风险的资本要求；SF_{IRR}、SF_{EQ}、SF_{FX}、SF_{COMM}则分别代表四类风险的权重。

在标准法下，资本计提主要由敏感度风险资本、违约风险资本和剩余风险附加资本组成，而资本要求则是以下三部分的加总：敏感度风险的资本要求、违约风险的资本要求、剩余风险附加的资本要求。标准法下资本要求的结构如图 5-5 所示。

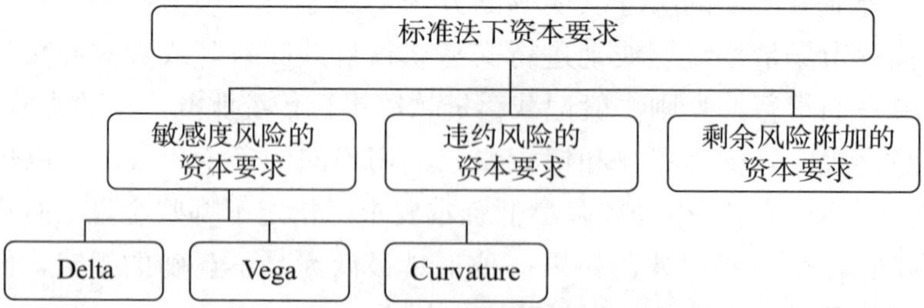

图 5-5　标准法下资本要求的结构

首先，敏感度风险的资本要求须通过三种风险度量（Delta、Vega 和 Curvature）的总和来计算。其中，Delta 风险度量是一种基于工具对 Delta 风险因素敏感性监管的风险度量法；Vega 风险度量是一种基于对 Vega 风险因素敏感性监管的风险度量法；Curvature 风险度量法致力于捕捉 Delta 风险度量未捕捉到的期权价格变化带来的增量风险，即曲率风险。曲率风险基于两种压力情景，包括每个监管风险因素的向上和向下冲击。以上三种风险度量方法规定了适用于风险因素敏感性监管的风险权重。为计算总体的资本要求，应使用指定的相关参数对风险加权敏感性进行加总，以识别风险因素之间的多样性收益。考虑到相关性可能在压力时期增加或减少的风险，银行必须基于高度、中度、低度三种不同的相关性情景，使用不同的相关参数计算三种基于敏感性方法下的资本要求值。

其次，违约风险的资本要求捕捉受信用风险影响的工具的突发性违约风险。违约风险的资本要求根据银行账户中的信用风险处理进行校准，以减少银行内部类似风险敞口在资本要求方面的潜在差异。违约风险表示为违约损失率、名义本金和对应金融工具累计损失的函数，资产证券化与非资产证券化工具以及证券化关联交易组合需计算违约风险，并且三种风险测度要分别计算，相互之间不存在分散效应。对于类似类型的风险暴露，允许进行一些对冲。

最后，当金融工具的底层资产为奇异资产，或金融工具涉及缺口风险、相关性风险和行为性风险时，需要计算剩余风险附加。剩余风险附加的资本要求致力于确保市场风险覆盖的全面性。毕竟，巴塞尔委员会认为，标准法很难将全部市场风险纳入其中，这可能需要一个过于复杂的制度。

总体来看，相较于以前版本的《巴塞尔协议》，最新修订的标准法更加强调敏感度风险的资本要求，在体现金融工具的风险敏感性方面更为突出，并且考虑了不同资产组合以及资产组合内部之间的相关性问题，要求在统一的框架下测算市场风险资本。同时，新的标准法增加了对于交易账户金融工具的违约风险和剩余风险附加的考虑，使得市场风险计量更加审慎。改进后的标准法对市场风险的计量要求如图 5－6 所示。关于标准法下三种资本要求的具体计算方法详见教材末的附录 1A。

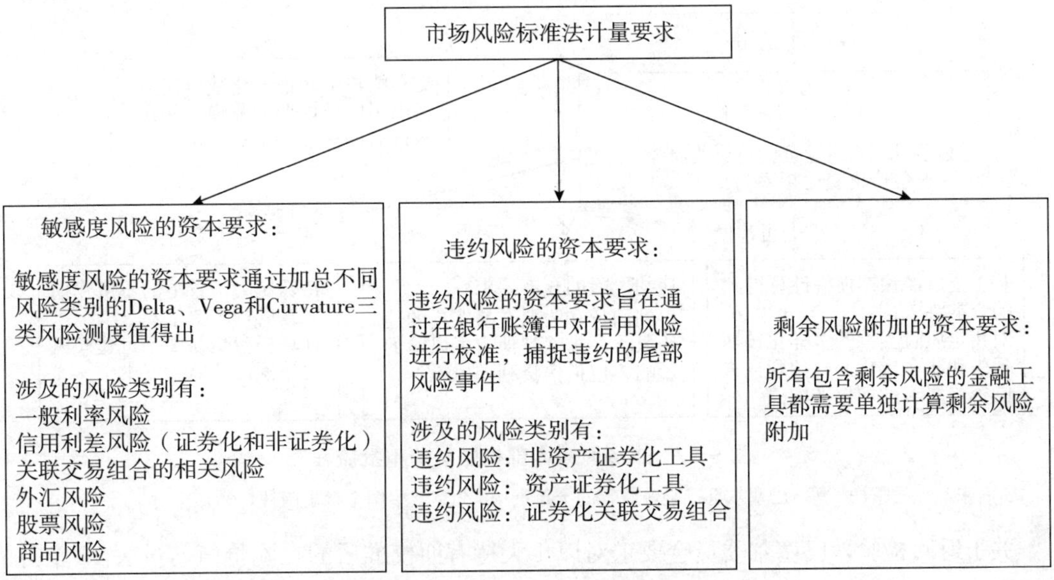

图 5－6　市场风险标准法计量要求

2. 内部模型法

内部模型法的使用是有限制的：商业银行需经其所在国银行监管当局的明确批准，才能使用内部模型法来计算市场风险的资本要求。从审批流程上看，一家商业银行如果想使用内部模型法来确定其柜台交易的市场风险资本要求，必须执行并且成功通过银行整体、交易柜台的返回检验与交易柜台层面的损益归因（profit and loss attribution，PLA）测试，具体的审批流程如图 5－7 所示。

内部模型法的实质是以在险价值或预期损失为核心来计算资本要求，同时辅以返回检验（将模型测算出的理论值与实际值进行比较）和压力测试（测算资产组合在极端市场情况下的表现）。在巴塞尔委员会建议的新内部模型法下，总资本要求为全口径预期损失计算得到的资本要求、违约风险的资本要求和特殊压力情景下的不可建模因素的资本要求三者的加总。关于内部模型法下预期损失和相关资本要求的计算，可参考教材末的附录 2A。

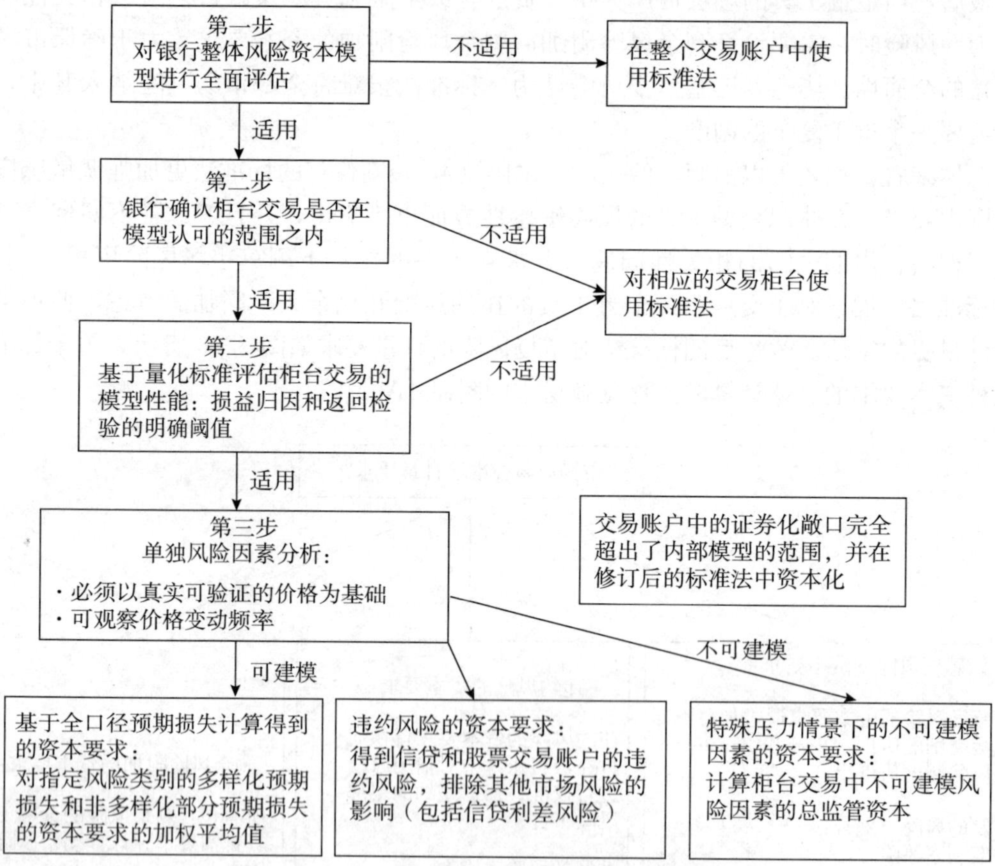

图 5-7　市场风险内部模型法的审批流程

资料来源：巴曙松，等. 巴塞尔Ⅲ：金融监管的十年重构. 北京：中国金融出版社，2019.

关于返回检验，巴塞尔委员会要求对以 1 天持有期校准后的在险价值与过去 12 个月的实际损益和假设损益进行比较。在银行整体层面的返回检验模型，必须基于在 99%的置信水平下校准的在险价值度量。对银行资本模型的返回检验结果进行监管诠释的框架根据返回检验产生信号的强度，包含了一系列可能的回应。这些回应被分为三个区域，用颜色区分出不同层次的回应：绿区、黄区与红区（见表 5-7）。绿区表示返回检验的结果不显示银行模型的质量和监测性有问题；红色则显示有问题。如果一家银行的模型被归入红区，监管机构将自动增加适用于该银行模型的乘法系数，或者可能不允许使用该模型。

表 5-7　返回检验的结果区域

返回区间	例外个数	返回依赖乘数
绿区	0	1.50
	1	1.50
	2	1.50
	3	1.50
	4	1.50

续表

返回区间	例外个数	返回依赖乘数
黄区	5	1.70
	6	1.76
	7	1.83
	8	1.88
	9	1.92
红区	10或更多	2.00

在交易柜台层面的返回检验被视为损益归因测试的补充。在交易柜台层面，返回检验模型必须在97.5%和99%的置信水平，使用至少1年时期的对交易部门1天损益的当前观测值，比较每个柜台的1天在险价值（以最近12个月的数据校准，同等加权）。如果在最近12个月期间，出现任何给定交易柜台在99%的置信水平下有超过12个例外，或在97.5%置信水平下有超过30个例外的情况，则必须使用标准法确定交易柜台所有头寸的资本要求。

关于损益归因测试，该测试对每个交易柜台的每日风险理论损益和每日假设损益进行比较。其中，每日风险理论损益是指由交易柜台风险管理模型的估值引擎生成的每日交易柜台层面的损益。损益归因测试要求基于两个测试指标：评估每日风险理论损益与每日假设损益的Spearman相关系数、评估每日风险理论损益与每日假设损益分布相似性的KS（kolmogorov-smirnov）测试（见表5-8）。基于测试结果，交易柜台同样被分为红、黄、绿三区。红区的交易柜台不能使用内部模型法确定市场风险资本要求，而必须使用标准法。

表5-8　损益归因的结果区域

区间	Spearman相关系数	KS测试
黄区临界值	0.80	0.09（p值=0.264）
红区临界值	0.70	0.12（p值=0.055）

总体来看，新内部模型法在审批程序和标准方面都更加严格，并且在以下两方面有明显改进：一是将审批主体下沉至柜台交易层面，只有交易柜台都通过了检验，银行才能采取内部模型法，同时，在返回检验的基础上引入了损益归因测试；二是主张采用预期损失模型代替传统的在险价值模型，这有利于金融机构在面临重大风险事件时能够更好地捕捉尾部风险，防范发生重大市场风险事件。

5.4　市场风险的管理

金融机构的市场风险管理通常涉及多个环节和多方面的具体内容，但从核心环节来看，市场风险的管理主要包括市场风险的识别、度量和监测以及和控制等基本环节，其中每个环节都有相应的具体方法和工具。

5.4.1 市场风险的识别

在金融市场迅速发展和金融机构创新活动越来越频繁的情况下，金融机构参与市场交易活动日益增多，这也使得金融机构越来越多地暴露在市场风险之中，即便是对于传统专注于信贷业务的商业银行也是如此。特别是随着混业（综合化）经营的发展，各种类型的金融机构开始互相跨界经营，很多金融业务以直接或间接的方式关联着债券市场、股票市场、外汇市场、商品市场、期货市场、金融衍生品市场，加之金融机构之间的各种交易往来也越来越紧密，这使得金融机构要想完全避免市场风险几乎是不可能的。与此同时，在现代金融市场条件下，随着金融市场波动性的加强，金融机构所持有的各种相关头寸也面临越来越明显的市场风险。

对于金融机构的市场风险识别而言，在前面的讲述中，我们将市场风险主要分为利率风险、外汇风险、股票风险和商品风险四大基本类别。其实，这只是一个大致的划分，在实际中，金融机构可以根据自身情况和实际需要，对其所面临的市场风险进行更为细致的描述。以典型的商业银行为例，其账户可分为银行账户和交易账户。其中，银行账户以结构性市场风险为主体，主要包括利率风险、外汇风险和流动性风险；而交易账户则以交易性市场风险为主体，主要包括利率风险、外汇风险、股票风险和商品风险等。银行账户和交易账户中的利率风险、外汇风险在驱动因素上基本一致，所以按驱动因素划分可以将利率风险细分为基差风险、重新定价风险、收益率曲线风险和期权性风险；将外汇风险细分为交易风险、会计风险（折算风险）和经济风险（经营风险）（见图 5-8）。

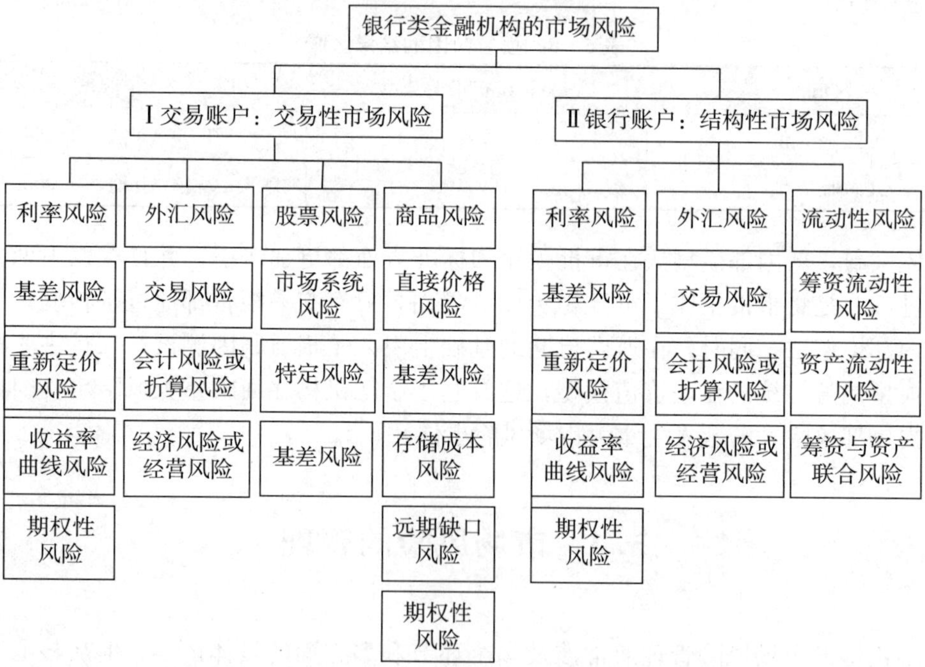

图 5-8　银行类金融机构所面临的主要市场风险

从市场风险识别的方法来看，金融机构一般需要对其每项业务和产品的市场风险因素进行分解，以准确识别相关交易和非交易业务中的市场风险的类型、性质和特点。通常情况下，金融机构需要组织内外部的市场风险专家，对自身所面临的各种市场风险进行分析、判断和考察，并对相关市场风险因子的类型、结构、性质以及发展趋势做出判断。在此基础上，金融机构可能进一步采取一系列定性和定量的分析方法，对其所面临的市场风险进行识别和分析，常见的方法如现场调查、问卷调查、故障树分析、聚类分析、因子分析、人工智能和神经网络分析等。

5.4.2 市场风险的度量和监测

在有效识别市场风险的基础上，就需要对市场风险的规模大小和潜在影响等进行量化分析和判断。关于市场风险度量的基本方法，前面第二节已经做了非常详细的介绍，此处我们主要以银行类金融机构为例，对这些方法所适用的场景进行一个基于实际风险管理视角的解读。总体而言，不同类型的市场风险都有各自针对性的度量方法和模型，但也有一些模型和方法适用于大部分市场风险的度量。这些方法与模型没有绝对意义上的好坏与优劣之分，使用什么方法和模型合适，主要取决于金融机构所面临的风险性质及其风险管理的具体目标。

比如，在银行账户市场风险的度量方面，以利率风险为例，大部分商业银行对其银行账户下的利率风险，主要从两个角度进行分析：一是从财务会计的角度考虑短期利率风险，以控制净利息收入波动为目的，关注利润表，偏重风险管理战术；二是从经济价值角度考虑长期利率风险，以控制净现值为目的，关注资产负债表，侧重风险管理战略。相应地，商业银行对其银行账户下的利率风险度量，主要采用缺口分析、静态模拟分析和动态模拟分析等方法，其中：从财务会计角度，主要采用重新定价缺口分析法、净利息收入模拟法和在险收益法等；从经济价值角度，主要采用久期分析法、净现值模拟法和在险价值法等（见图5-9）。

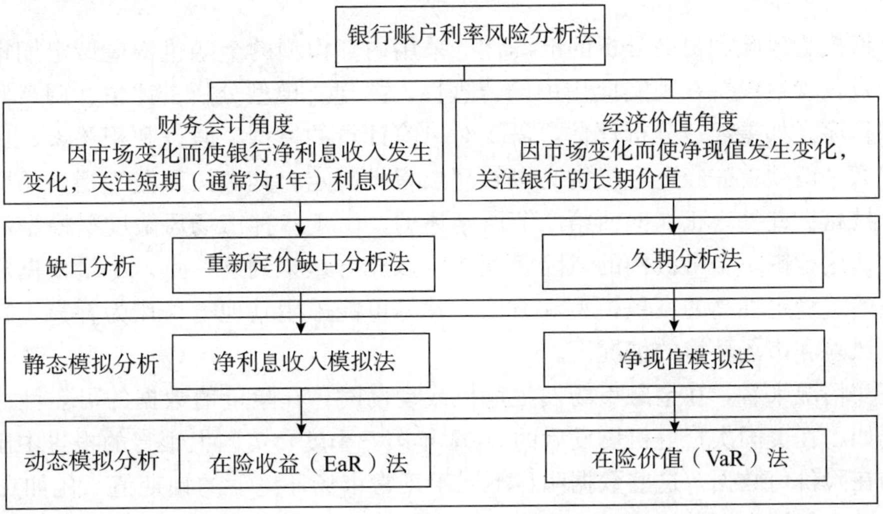

图5-9 银行账户利率风险度量的主要方法

在交易账户市场风险的度量方面，主要的方法和模型包括以下三类，分别适用于不同的情况：（1）在正常的市场情况下，一般采用敏感性分析、德尔塔正态法、蒙特卡罗模拟法、历史模拟法等方法计算在险价值；（2）对非正常的市场情况，一般使用压力测试，具体方法包括数学概论法和情景分析法；（3）在模型检验方面，一般使用回溯检验法对模型的准确性和预测能力等进行分析、判断和重新校正（见图 5－10）。

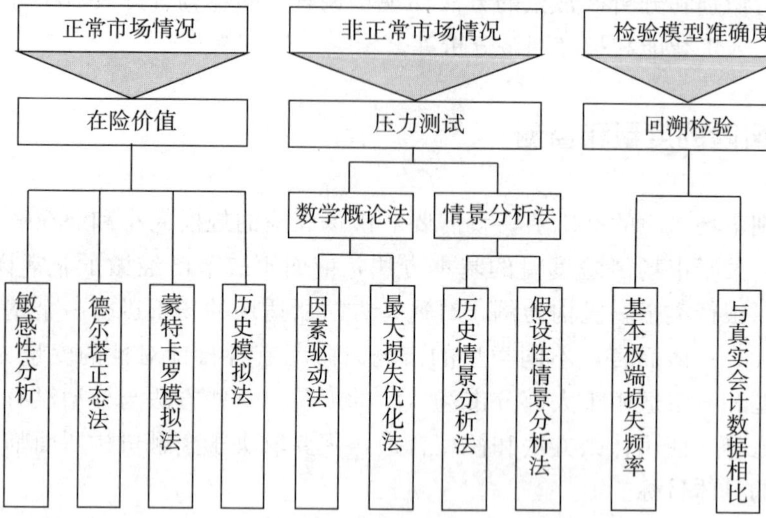

图 5－10 交易账户市场风险的主要度量方法

根据巴塞尔委员会的建议，对于交易账户市场风险，市场风险水平或业务复杂程度较高的银行可开发和使用内部模型进行更为精确的市场风险度量。在估值方法的选择方面，可根据金融工具的特点，采用市价估值和模型估值两种：（1）对于那些可从独立信息来源获得平仓价格的交易头寸，应至少每天进行盯市评估，此类平仓价格的来源主要包括交易所价格、电子报价或由独立规范的经纪人提供的报价等；（2）对于那些没有合适的平仓价格进行市价估值的交易头寸，可以采用市场参数和模型估值法来计算相应的公允价值。

为降低模型风险和提高分析的准确性，采用内部模型的金融机构应该定期审查模型技术方法及其参数设置在现实应用中的合理性，并建立模型分析、评估、调整和更新的标准内部程序。如果经过分析评估，需要对风险计量的模型、假设和相关参数进行重大调整，那么一般须首先经金融机构高级管理层审批决定，其次按照监管当局的要求进行相关信息披露。此外，正如前面第二节所阐述的，由于各种市场风险度量模型和方法各有优劣和适用范围，金融机构的风险管理者应该充分认识到这一点，尽量根据实际情况采用合适的、稳定性高的度量模型和方法，并尽可能采用其他方法作为补充，特别是在面对复杂风险和市场环境的情况下。

从现实情况来看，在金融市场发生危机或动荡时，在险价值数据的可靠性往往大幅下降。比如，在美国次贷危机爆发后的 2007 年第三季度，美国大银行的报告中出现了一些异常的在险价值数据，这些数据明显不同于正常市场环境下的预期值（比如在 99%的置信水平下，每年出现 2～3 次）。其中，瑞银集团宣布有 16 个例外值，瑞士信贷集团宣布有11个例外值，贝尔斯登宣布有10个例外值；摩根士丹利宣布有6个例外值，高盛宣布有5个例外值，雷曼兄弟宣布有3个例外值，这3家银行的在险价值数据是在95%的置信水平下计算的。

对于风险度量的结果，金融机构应该建立起规范的监测报告制度。常见的市场风险报告通常包括如下内容：按业务、部门、地区和风险类别分别统计的市场风险头寸和水平；对市场风险头寸和水平的结构分析；相关头寸的盈亏情况；市场风险识别、计量、监测和控制方法及程序的变更情况；市场风险管理政策和程序的遵守情况；市场风险限额的遵守情况；回溯检验和压力测试情况；内部和外部审计情况；市场风险资本分配情况；对改进市场风险管理政策、程序以及市场风险应急方案的建议；等等。

有关市场风险情况的报告应当定期、及时向董事会、高级管理层和其他管理人员提供。不同层次和种类的报告应当遵循规定的发送范围、程序和频率。一般而言，金融机构向其董事会提交的市场风险报告通常包括金融机构的总体市场风险头寸、风险水平、盈亏状况和对市场风险限额及市场风险管理的其他政策和程序的遵守情况等内容。向高级管理层和其他管理人员提交的市场风险报告通常包括按地区、业务经营部门、资产组合、金融工具和风险类别分解后的详细信息，并具有更高的报告频率。

从国际经验来看，在正常的市场条件下，金融机构通常每周向其高级管理层报告一次，当市场发生剧烈变动时则应及时报告。后台和前台所需的头寸报告应每日提供并存档。在险价值和风险限额报告在每日交易结束后应尽快完成，摩根大通便是凭借其四点一刻报告在金融圈享有盛名的。当高级管理层或决策部门有需要时，风险管理部门应当有能力随时提供相应的风险报告以供参考。表5-9和表5-10给出了高盛公司和巴克莱银行的市场风险报告示例。

表5-9 高盛公司的市场风险报告 单位：百万美元

风险类别	2012年	2011年	2010年
利率风险	78	94	93
股票风险	26	33	68
外汇风险	14	20	32
商品风险	22	32	33
分散化效应	(54)	(66)	(92)
总计	86	113	134

说明：表中数据来自高盛公司2012年年报，使用在险价值衡量不同类别的风险，该指标的计算基于95%的置信水平，使用了约70 000个市场因素的5年数据。

表5-10 巴克莱银行的市场风险报告 单位：百万美元

	2012年			2011年		
风险类别	平均值	最高值	最低值	平均值	最高值	最低值
利率风险	14	23	7	17	48	8
通货膨胀风险	3	7	2	4	9	2

续表

	2012年			2011年		
风险类别	平均值	最高值	最低值	平均值	最高值	最低值
利差风险	23	31	17	25	40	17
信用风险	26	44	18	29	48	17
基差风险	11	21	5	6	6	6
外汇风险	6	10	2	5	8	2
股票风险	9	19	4	18	34	9
商品风险	6	9	4	12	18	7
分散化效应	(60)	na	na	(54)	na	na
日在险价值总计	38	75	27	57	88	33
预期损失值	47	91	30	71	113	43
3W	77	138	44	121	202	67

说明：表中数据来自巴克莱银行2012年年报；使用日在险价值衡量不同类别的风险，该指标是基于95%置信水平下的2年历史数据模拟；表中给出了预期损失值和一个额外的尾部风险指标（3W），后者是1年中3次最大损失的平均值。

5.4.3 市场风险的控制

在有效识别和度量市场风险的基础上，就需要采用一定的手段和工具对市场风险进行控制。目前，金融机构对市场风险的控制主要采用两种方法：市场风险限额和市场风险对冲。下面分别予以简要介绍。

（一）市场风险限额

为将自身所承担的市场风险控制在可以承受的范围之内，商业银行可以采用市场风险计量方法对市场风险限额进行设定，制定相关限额的内部审批程序和操作规程，并根据风险偏好、承受能力以及相关业务的性质、规模和复杂程度等，定期审查和更新这些限额。

市场风险限额通常可分为交易限额、风险限额和止损限额等，这些限额可按地区、业务部门、资产组合、工具类型和风险类别等进行分解。在实际管理过程中，市场风险限额及其种类和结构一般需要经过董事会批准。

（1）交易限额。此类限额主要是指针对总交易头寸或净交易头寸所设定的限额。其中，总交易头寸限额主要对特定交易工具的多头头寸或空头头寸加以限制，而净交易头寸限额则对多头头寸和空头头寸相抵后的净额加以限制。在实践中，两种交易限额常常结合使用。

（2）风险限额。此类限额主要是指在一定的计量方法下所设定的市场风险限额，如对内部模型计量的在险价值所设定的限额以及对期权性头寸所设定的限额等。期权性头寸限额主要对反映期权价值的敏感性参数进行限额设定。

（3）止损限额。此类限额主要是指金融机构所允许的最大损失额。一般而言，当某项头寸的累计损失达到或接近止损限额时，金融机构必须对该头寸进行对冲交易或将其变现。典型的止损限额常见于1天、1周或1个月等一段时间内的累计损失。

在市场风险限额管理过程中，金融机构应当对超出限额的情况进行动态的监控和处理。一般而言，超限额的情况应及时向相应级别的管理层报告，该级别的管理层应当根据限额管理的政策和程序，决定是否批准这些超限额的情况以及保持多长时间。同时，管理层应当根据超限额的情况，决定是否对限额管理体系进行调整。此外，金融机构还应当确保不同市场风险限额之间的一致性，协调市场风险限额与流动性风险限额等其他类型风险的限额管理。

（二）市场风险对冲

风险对冲是指通过买入与标的资产收益负向相关的某种资产或金融衍生品，来抵销标的资产收益发生不利方向变动所导致的风险损失。与风险分散不同，风险对冲可以同时管理系统风险和非系统风险，还可以根据投资者的风险偏好和承受能力，通过对冲比率的调整将风险控制在预期水平。

现代金融的发展和创新为对冲市场风险提供了丰富的手段和工具，有效地使用这些手段和工具可以帮助金融机构锁定和转移风险，甚至从中获利。在市场风险对冲中，近年来发展最快的是基于金融工程和金融衍生工具的各种对冲策略。当金融衍生工具被用作风险管理工具时，投资者以风险对冲的方式转嫁了风险，但同时必须付出相应的成本。

与其他风险管理手段相比，使用金融衍生工具管理市场风险的主要优点在于：

（1）金融衍生工具增强了风险管理的灵活性，比如通过使用看跌期权类的金融衍生工具，可以在有效管理某种资产下跌风险的同时，获得该资产价格上升的潜在收益。

（2）金融衍生工具便于风险管理策略的动态调整。在金融衍生工具市场非常发达的今天，金融机构可以根据投资组合风险状况的变化，随时买卖期权、期货等金融衍生工具，实现相关市场风险的动态对冲。

（3）通过购买特定类型的金融衍生工具，投资者可以选择性地对冲掉其中不愿意承担的风险，而保留其他愿意承担的风险，比如一个购买了美国股票和国债组合的金融机构，可以通过美元期货对冲掉其中的外汇风险，而同时保留承担利率风险。

（4）通过对冲比率的调节和金融工程方面的设计安排，可以将风险完全对冲掉或根据投资者风险偏好和风险承受度将风险水平调节到投资者满意的程度，这种风险管理的灵活性可以使投资者根据自己的风险偏好管理投资组合，找到最适合自己的风险和收益的平衡点。

需要指出的是，运用金融衍生工具进行风险管理本身也存在一定的风险。除与金融衍生工具交易相关的信用风险、操作风险和结算风险外，运用金融衍生工具进行风险对冲会产生一种独特的市场风险——基差风险。基差是指现货成交价格与交易所期货价格之间的差，其金额不是固定的，而基差风险则是指对冲工具与被对冲对象之间价格波动不同步所带来的风险。

此外，金融衍生工具通常自带数倍杠杆，并可以通过各种结构化的设计进一步提升杠杆，这一方面可以提升资金使用的效率，但另一方面也容易刺激投机行为。从历史经验来看，金融机构在运用金融衍生工具进行风险对冲的过程中，如何与操作风险控制相结合，避免相关人员和部门的投机行为，一直是运用金融衍生工具进行风险管理需要重点关注的问题之一。

5.5 市场风险管理的中国实践

5.5.1 市场风险管理的发展历程

在中国金融机构市场化改革的推进过程中，市场风险管理的发展历程与节奏总体上与《巴塞尔协议》的演进是一致的。2004 年，中国银监会先后公布了《商业银行资本充足率管理方法》和《商业银行市场风险管理指引》，并在 2007 年对《商业银行资本充足率管理方法》进行了修订。修订后的管理办法对市场风险资本的监管要求做出了规定，商业银行可以选择使用标准法（参照银监会具体规定）或（满足银监会相关要求的）内部模型法计量市场风险资本。

2010 年，中国银监会在前期相关规定的基础上，发布了《商业银行市场风险资本计量内部模型法监管指引》。该指引全面反映了 2009 年巴塞尔委员会在市场风险监管方面的新变化，分别从定性要求和定量标准两个角度对商业银行基于在险价值模型法进行市场风险资本计量做出了规定，从而进一步明确了商业银行使用内部模型法计量市场风险资本时所应该达到的标准和监管要求。至此，中国商业银行所能够使用的市场风险资本计量内部模型法基本与巴塞尔框架下的相关要求一致。

2011 年之后，中国银监会在借鉴吸收《巴塞尔协议Ⅱ》和《巴塞尔协议Ⅲ》的基础上，结合中国银行业的实际情况，制定了《商业银行资本管理办法（试行）》，其中对市场风险度量的标准法和内部模型法做出了明确的要求和详细规定。该办法于 2012 年 6 月颁布，并自 2013 年 1 月 1 日起正式实施。根据该规定，商业银行可以采用内部模型法、标准法或两种方法相结合的方式对市场风险资本要求进行计量。

5.5.2 市场风险管理的主要方法与工具

对于中国的金融机构而言，关于市场风险管理的方法和工具，主要是根据《商业银行资本管理办法（试行）》中的相关定性和定量要求设计的。因此，下面我们主要围绕该办法中的相关要求，对市场风险管理的主要方法和工具进行简要介绍。

（一）关于市场风险加权资产计量的一般规定

根据《商业银行资本管理办法（试行）》，市场风险资本的计量应覆盖商业银行交易账户中的利率风险和股票风险以及全部外汇风险和商品风险，但可以不对结构性外汇风险暴露计提市场风险资本。其中，交易账户包括为交易目的或对冲交易账户其他项目的风险而持有的金融工具和商品头寸。商业银行应当制定清晰的银行账户和交易账户划分标准，明确纳入交易账户的金融工具和商品头寸以及在银行账户和交易账户间划转的条件，确保执行的一致性。

为交易目的而持有的头寸是指短期内有目的地持有以便出售，或从实际或预期的短期价格波动中获利，或锁定套利的头寸，包括自营业务、做市业务和为执行客户买卖委托的代客业务而持有的头寸。交易账户中的金融工具和商品头寸原则上还应满足以下条件：在交易方面不受任何限制，可以随时平盘；能够完全对冲以规避风险；能够准确估值；能够进行积极的管理。

商业银行可以采用标准法或内部模型法计量市场风险资本要求，但未经银监会（现为银保监会，余同）核准，不得变更市场风险资本计量方法。当商业银行采用内部模型法而未能覆盖所有的市场风险时，可组合采用内部模型法和标准法计量市场风险资本要求（需经银监会核准），但银行集团内部同一机构不得对同一种市场风险采用不同的方法计量市场风险资本要求。

如果商业银行采用内部模型法，那么其覆盖率应不低于50%，对应的计算公式为：

$$\text{内部模型法覆盖率}=\frac{\text{按内部模型法计量的资本要求}}{\text{按内部模型法计量的资本要求}+\text{按标准法计量的资本要求}}\times 100\%$$

此外，商业银行市场风险加权资产为市场风险资本要求的12.5倍，即：

$$\text{市场风险加权资产}=\text{市场风险资本要求}\times 12.5$$

（二）标准法的计量规则与要求

商业银行采用标准法计量市场风险及相应的资本要求，可根据《商业银行资本管理办法（试行）》附件10的相关规定，分别计量利率风险、外汇风险、商品风险和股票风险的资本要求，并单独计量以各类风险为基础的期权风险的资本要求。在此基础上，市场风险资本要求为利率风险、外汇风险、商品风险、股票风险和期权风险的资本要求之和。

1. 利率风险

利率风险包括交易账户中的债券（固定利率和浮动利率债券、央行票据、可转让存单、不可转换优先股及按照债券交易规则进行交易的可转换债券）利率及债券衍生工具头寸的风险。利率风险的资本要求包括特定市场风险的资本要求和一般市场风险的资本要求两部分。

在特定市场风险的风险计提方面，主要分为以下三类（见表5-11）：（1）政府证券，包含各国中央政府和中央银行发行的各类债券和短期融资工具，其中，中国中央政府、中国人民银行及政策性银行发行的债券的资本计提比率均为0；（2）合格证券，包括多边开发银行、国际清算银行和国际货币基金组织发行的债券，中国公共部门实体和商业银行发行的债券，被至少两家合格外部评级机构评为投资级别BB+以上（不含BB+）的发行主体发行的债券；（3）对于其他发行主体发行的债券，资本计提比率为证券发行主体所适用的信用风险权重除以 12.5。

表 5-11 特定市场风险资本计提比率对应表

类别	发行主体外部评级	特定市场风险资本计提比率
政府证券	AA-以上（含 AA-）	0
	A+至 BBB-（含 BBB-）	0.25%（剩余期限不超过 6 个月）
		1.00%（剩余期限为 6～24 个月）
		1.60%（剩余期限为 24 个月以上）
	BB+至 B-（含 B-）	8.00%
	B-以下	12.00%
	未评级	8.00%
合格证券	BB+以上（不含 BB+）	0.25%（剩余期限不超过 6 个月）
		1.00%（剩余期限为 6～24 个月）
		1.60%（剩余期限为 24 个月以上）
其他	外部评级为 BB+以下（含 BB+）的证券以及未评级证券的资本计提比率为证券主体所适用的信用风险权重除以 12.5，风险权重见《商业银行资本管理办法（试行）》附件 2 的相关规定。	

一般市场风险的资本要求包含以下三部分：一是每时段内加权多头和空头头寸可相互对冲的部分所对应的垂直资本要求，二是不同时段间加权多头和空头头寸可相互对冲的部分所对应的横向资本要求，三是整个交易账户的加权净多头或净空头头寸所对应的资本要求。商业银行可以采用到期日法或久期法计算利率风险的一般市场风险资本要求。

当采用到期日法计算一般市场风险资本要求时，商业银行应先对各头寸划分时段和时区，具体标准如表 5-12 和表 5-13 所示。在此基础上，到期日法的计算步骤为：(1) 各时段的头寸乘以相应的风险权重计算各时段的加权头寸；(2) 各时段的加权多头、空头头寸可相互对冲的部分乘以 10%得出垂直资本要求；(3) 各时段的加权多头头寸和加权空头头寸进行抵销得出各个时段的加权头寸净额，将在各时区内各时段的加权头寸净额之间的可相互对冲的部分乘以表 5-13 所列的同一区内的权重得出各个时区内的横向资本要求；(4) 各时区内各时段的加权头寸净额进行抵销，得出各时区加权头寸净额，每两个时区加权头寸净额之间可相互对冲的部分乘以表 5-13 所列的相邻区内以及 1 区和 3 区之间的权重得出时区间的横向资本要求；(5) 各时区加权头寸净额进行抵销，得出整个交易账户的加权净多头或净空头头寸所对应的资本要求。

表 5-12 时段和权重

票面利率不小于 3%	票面利率小于 3%	风险权重	假定收益率变化
不长于 1 个月	不长于 1 个月	0.00%	1.00
1～3 个月	1～3 个月	0.20%	1.00
3～6 个月	3～6 个月	0.40%	1.00

续表

票面利率不小于3%	票面利率小于3%	风险权重	假定收益率变化
6～12个月	6～12个月	0.70%	1.00
1～2年	1.0至1.9年	1.25%	0.90
2～3年	1.9至2.8年	1.75%	0.80
3～4年	2.8至3.6年	2.25%	0.75
4～5年	3.6至4.3年	2.75%	0.75
5～7年	4.3至5.7年	3.25%	0.70
7～10年	5.7至7.3年	3.75%	0.65
10～15年	7.3至9.3年	4.50%	0.60
15～20年	9.3至10.6年	5.25%	0.60
20年以上	10.6至12年	6.00%	0.60
	12至20年	8.00%	0.60
	20年以上	12.50%	0.60

表5-13 时区和权重

<table>
<tr><th>时区</th><th>时段</th><th>同一区内的权重</th><th>相邻区之间的权重</th><th>1区和3区之间的权重</th></tr>
<tr><td rowspan="4">1区</td><td>不长于1个月</td><td rowspan="4">40%</td><td rowspan="7">40%</td><td rowspan="7">100%</td></tr>
<tr><td>1～3个月</td></tr>
<tr><td>3～6个月</td></tr>
<tr><td>6～12个月</td></tr>
<tr><td rowspan="3">2区</td><td>1～2年</td><td rowspan="3">30%</td></tr>
<tr><td>2～3年</td></tr>
<tr><td>3～4年</td></tr>
<tr><td rowspan="6">3区</td><td>4～5年</td><td rowspan="6">30%</td><td rowspan="6">40%</td><td rowspan="6">100%</td></tr>
<tr><td>5～7年</td></tr>
<tr><td>7～10年</td></tr>
<tr><td>10～15年</td></tr>
<tr><td>15～20年</td></tr>
<tr><td>20年以上</td></tr>
</table>

此外，在获得中国银保监会核准的情况下，商业银行可以使用久期法计量一般市场风险资本要求。一旦选择使用久期法，就应该持续使用该方法，变更方法需经银保监会认可。久期法的计算步骤为：(1) 在表5-14中找出每笔头寸期限对应的收益率变化，逐笔计算该收益率变化下的价格敏感性；(2) 将价格敏感性对应到表5-14的15级久期时段中；(3) 每个时段中的多头和空头头寸分别计提5%的垂直资本要求，以覆盖基差

风险；(4) 按照到期日法的要求，计算横向资本要求；(5) 按照到期日法的规定，对各区加权头寸净额进行抵销，得出整个交易账户的加权净多头或净空头所对应的资本要求。

表 5-14 久期法计算表

	假定收益率变化		假定收益率变化
1 区		**3 区**	
0～1 个月	1.00	3.6～4.3 年	0.75
1～3 个月	1.00	4.3～5.7 年	0.7
3～6 个月	1.00	5.7～7.3 年	0.65
6～12 个月	1.00	7.3～9.3 年	0.6
2 区		9.3～10.6 年	0.6
1～1.9 年	0.90	10.6～12 年	0.6
1.9～2.8 年	0.80	12～20 年	0.6
2.8～3.6 年	0.75	20 年以上	0.6

最后，在利率衍生工具（利率期货、远期利率协议、利率互换及交叉货币互换合约、利率期权及远期外汇合约）和债券衍生工具（债券的远期、期货和债券期权）的市场风险计量方面，商业银行应将这些衍生工具转换为基础工具，并按基础工具的特定市场风险和一般市场风险的方法计算资本要求。其中，利率互换及交叉货币互换合约、远期利率协议、远期外汇合约、利率期货及利率指数期货不必计算特定市场风险的资本要求，但如果期货合约的基础工具是债券或代表债券组合的指数，则应根据发行主体的信用风险计算特定市场风险的资本要求。

2. 股票风险

股票风险是指交易账户中股票及股票衍生金融工具头寸的风险。其中，股票是指按照股票交易规则进行交易的所有金融工具，包括普通股（不考虑是否具有投票权）、可转换债券和买卖股票的承诺。

按照《商业银行资本管理办法（试行）》的规定，股票特定市场风险的资本要求等于各不同市场中各类股票多头头寸绝对值及空头头寸绝对值之和乘以 8%后所得各项数值之和，而一般市场风险所对应的资本要求则等于各不同市场中各类多头及空头头寸抵销后股票净头寸的绝对值乘以 8%后所得各项数值之和。

在股票衍生金融工具（包括股票和股票指数的远期、期货及互换合约）的风险资本计量方面，商业银行应将衍生工具转换为基础工具，并按基础工具的特定市场风险和一般市场风险的方法计算相应的资本要求。

3. 外汇风险

外汇风险是指外汇（含黄金）及外汇衍生金融工具头寸的风险。其中，结构性外汇风险暴露是指结构性资产或负债形成的非交易性的外汇风险暴露。结构性资产或负债是指经营上难以避免的策略性外币资产或负债，可包括：经扣除折旧后的固定资产和物业；与记账本位币所属货币不同的资本（营运资金）和法定储备；对海外附属公司和关联公司的投资；为维持资本充足率稳定而持有的头寸。

按照《商业银行资本管理办法（试行）》的规定，外汇风险的资本要求等于净风险暴露头寸总额乘以8%。其中，净风险暴露头寸总额等于以下两项之和：（1）黄金的净头寸；（2）外币资产组合（不包括黄金）的净多头头寸之和（净头寸为多头的所有币种的净头寸之和）与净空头头寸之和（净头寸为空头的所有币种的净头寸之和的绝对值）中的较大者。对于外汇衍生工具，应先转换为基础工具，然后按基础工具的方法计算市场风险资本要求。

4. 商品风险

关于商品的市场风险计量规则，适用于商品、商品远期、商品期货和商品互换。其中，商品是指可以在二级市场上买卖的实物产品，如贵金属（不包括黄金）、农产品和矿物（包括石油）等。

商品风险对应的资本要求等于以下两项之和：（1）各项商品净头寸的绝对值之和乘以15%；（2）各项商品总头寸（多头头寸加上空头头寸的绝对值）之和乘以3%。对于商品衍生工具，应先转换为名义商品，然后按照上述方法计算资本要求。

5. 期权风险

对于仅购买期权的商业银行，可采用以下简易计算法：（1）如持有现货多头和看跌期权多头，或持有现货空头和看涨期权多头，资本要求等于期权合约对应的基础工具的市场价值乘以特定市场风险和一般市场风险资本要求比率之和，再减去期权溢价，资本要求最低为零；（2）如持有看涨期权多头或看跌期权多头，资本要求等于基础工具的市场价值乘以该基础工具的特定市场风险和一般市场风险资本要求比率之和与期权的市场价值两者中的较小者。

对于同时卖出期权的商业银行，应使用德尔塔＋（Delta-plus）方法。德尔塔＋方法计算的资本要求由以下三部分组成：（1）期权基础工具的市值乘以该期权的德尔塔值得到德尔塔加权期权头寸，然后将德尔塔加权期权头寸加入基础工具的头寸中计算资本要求；（2）伽马（Gamma）风险的资本要求：伽马效应值$=0.5\times \text{Gamma}\times (VU)^2$，$VU$为期权基础工具的变动；（3）维加（Vega）风险的资本要求：基础工具维加风险的资本要求＝25%×该基础工具波动率×｜该基础工具的各项期权的维加值之和｜，维加风险的资本要求总额等于各项基础工具维加风险的资本要求之和。

6. 承销

商业银行采取包销方式承销债券等工具时，应使用下述方法计提相应的市场风险资本：（1）需计提市场风险资本的承销业务风险暴露额＝每日日终承销余额×转换系数。（2）自确定承销债券的金额和价格之日起，转换系数为50%；自缴款日起，将转换系数调为100%，直至债券全部出售。（3）每日计算得出的需计提市场风险资本要求承销业务风险暴露作为交易账户头寸，根据所承销债券的类型和发行主体，计算相应的市场风险资本要求，包括一般市场风险和特定市场风险。

7. 交易账户信用衍生品

商业银行应将交易账户信用衍生品转换为相关信用参考实体的本金头寸，并使用其当前市值计算利率风险的市场风险资本要求。具体转换规则可参见《商业银行资本管理办法（试行）》附件10中的表5。

（三）内部模型法的计量规则与要求

商业银行采用内部模型法的，应当符合《商业银行资本管理办法（试行）》附件11的相关规定，并经中国银保监会核准。商业银行获准使用内部模型法计算市场风险资本要求后，应每季度向银保监会报告内部模型的运行情况。报告内容至少应包括：模型方法、内容及覆盖面的重大变化，本期返回检验的结果，信息系统及管理层的重大变化，与市场风险有关的新业务开展情况等。

1. 内部模型法下的一般市场风险资本要求

内部模型法应全面涵盖利率风险、股票风险、外汇风险和商品风险，并包含能有效反映与上述四大类别市场风险相关的期权性风险、基差风险和相关性风险等风险因素。原则上，商业银行所使用的定价和估值模型中的风险因素都应包含在内部模型中，未包含则应说明其合理性。

当商业银行选择使用内部模型法时，一般市场风险资本要求为一般在险价值与压力在险价值之和，即：

$$K = \mathrm{Max}(VaR_{t-1}，mc \times VaR_{avg}) + \mathrm{Max}(sVaR_{t-1}，ms \times sVaR_{avg})$$

其中，VaR 为一般在险价值，为以下两项中的较大值：（1）根据内部模型计量的上一交易日的在险价值（VaR_{t-1}）；（2）最近60个交易日在险价值的均值（VaR_{avg}）乘以 mc，mc 最小为3，根据返回检验的突破次数可以增加附加因子。$sVaR$ 为压力在险价值，为以下两项中的较大值：（1）根据内部模型计量的上一交易日的压力在险价值（$sVaR_{t-1}$）；（2）最近60个交易日压力在险价值的均值（$sVaR_{avg}$）乘以 ms，ms 最小为3。

商业银行采用内部模型法计量特定风险资本要求的，应当按照《商业银行资本管理办法（试行）》的相关规定使用内部模型计量新增风险资本要求。商业银行内部模型未达到计量特定市场风险要求的合格标准，或内部模型未覆盖新增风险的，应当按标准法计量特定市场风险资本要求。

2. 内部模型法的最低定性要求

商业银行使用内部模型法应满足银保监会关于市场风险管理的一般要求和《商业银行资本管理办法（试行）》的具体要求，并符合以下定性要求：资本计量应与其日常市场风险管理活动紧密结合；由独立的风险管理部门提供的市场风险每日报告应由一定层级的管理人员审阅，且该管理人员应有足够授权强制减少单个交易员的头寸和整个银行的风险暴露；商业银行应建立独立于业务部门并直接向高级管理层报告的市场风险管理部门，该风险管理部门应负责设计和实施商业银行的风险管理体系，每日编制并分析基于风险计量模型输出结果的报告；商业银行应拥有足够的能在交易、风险控制、审计和后台工作中使用复杂模型的员工；商业银行应按监管要求定期进行压力测试；商业银行应建立足够支持其内部模型运行的信息系统；商业银行所使用的内部模型应足够文档化，且文档应具备足够的细节。

3. 内部模型法的最低定量要求

在计算市场风险资本要求时，商业银行可使用任何能够反映其所有主要风险的模型方法，包括但不限于方差-协方差法、历史模拟法和蒙特卡罗模拟法等。商业银行如采用内部模型法，其最低市场风险资本要求为一般在险价值及压力在险价值之和，一般在险价值和压力在险价值的计算应符合《商业银行资本管理办法（试行）》的最低定量标准。

商业银行应在每个交易日计算一般在险价值，使用单尾、99%的置信水平。计算一般在险价值时，持有期应为10个交易日。商业银行可使用更短的持有期并将结果转换为10个交易日的持有期（如使用时间平方根法），但应定期向银保监会证明其合理性。计算一般在险价值的观察期应符合以下要求：（1）观察期长度应至少为1年（或250个交易日）；（2）使用加权法或其他类似方法处理历史数据，有效观察期至少为1年，即当使用加权法时，历史数据点的加权平均时间不得少于6个月；（3）商业银行可使用不完全满足上述第2项要求的其他加权法处理历史数据，但应确保计算得出的资本要求不低于按上述第2项计算的结果。

在计算一般在险价值的基础上，商业银行还应计算压力在险价值，并使其覆盖商业银行所有的主要市场风险，具体的计算要求为：（1）至少每周计算压力在险价值；（2）选用给商业银行造成重大损失的连续的12个月期间作为显著金融压力情景，并使用经该期间历史数据校准后的数据作为计算基础；（3）选用的连续12个月的压力期间是指包括极端金融压力事件的连续期间，若极端压力事件的持续期间少于12个月，则应适当将期间扩展至12个月；（4）选用的连续12个月的压力期间应与商业银行自身的资产组合相关；（5）商业银行选取压力期间的方法须经银保监会认可，并定期进行审核。

商业银行应确保用于内部模型的数据的可靠性。在无法取得可靠数据时，可使用替代数据或其他合理的在险价值计量技术。商业银行应能够证明使用技术的合理性，并且不会实质性地低估风险。商业银行应至少每月更新一次数据集，如市场风险因子的变动使商业银行需更频繁地更新才能确保在险价值模型数据的审慎性，则应提高更新频率。数据集更新流程应足够灵活以适应提高更新频率的要求。

4. 内部模型法计量特定市场风险资本的要求

商业银行可以采用内部模型法计量利率风险和股票风险的特定市场风险资本要求。除符合内部模型法的最低定性和定量要求外，采用内部模型法计量特定市场风险资本要求时，内部模型应包含能反映所有引起价格风险的重要因素，且可对市场状况和交易组合变化做出反应，并符合以下要求：可解释交易组合的历史价格变化；可反映集中度风险；在不利的市场环境保持稳健；可反映与基础工具相关的基差风险；可反映事件风险；已通过返回检验验证。此外，内部模型应保守地估计由流动性较差或价格透明度有限的头寸带来的风险。如果不符合上述要求，商业银行则应使用标准法计量特定市场风险资本要求。

5. 内部模型法计量新增风险资本的要求

商业银行如采用内部模型法计量特定市场风险资本要求，应同时使用内部模型计量新增风险资本要求。商业银行使用的内部模型未能覆盖新增风险的，则应采用标准法计算特定市场风险资本要求。

新增风险是指未被在险价值模型计量的与利率类及股票类产品相关的违约和信用评

级转移风险。商业银行采用内部模型法计算新增风险，应覆盖利率类新增风险；经银保监会认可，可覆盖股票类新增风险。新增风险资本计算的持有期为 1 年，置信水平为 99.9%。新增风险的资本要求为以下两项中的较大值：过去 12 周的新增风险均值；最近 1 次计算得到的新增风险价值。

商业银行应至少每周计算一次新增风险的资本要求。商业银行计量新增风险的模型应满足在 1 年持有期内恒定风险水平的假设条件，并根据集中度、风险对冲策略和期权特征加以调整，同时也应反映可能影响多个证券发行人的市场性事件。另外，商业银行的新增风险模型应充分考虑产品或组合的流动性期限，流动性期限是指在压力市场条件下，以不影响市场价格为前提，平仓或完全对冲新增风险所需的期限。

6. 返回检验要求

商业银行应比较每日的损益数据与内部模型产生的在险价值数据，进行返回检验，依据最近一年内突破次数确定市场风险资本计算的附加因子，并按季度将过去 250 个交易日的返回检验结果及附加因子调整情况报告银保监会。当金融市场发生实质性的制度转变，从而引发短期内的大量突破事件，或者商业银行能合理说明其使用的模型基本稳健、突破事件只属暂时性质时，可向银保监会申请不根据实际突破次数调整附加因子。

商业银行对内部模型的返回检验应至少满足以下要求：（1）每日计算基于 $T-1$ 日头寸的在险价值与 T 日的损益数据并进行比较，如损失超过在险价值则称为发生一次突破；（2）上述在险价值的持有期为 1 天，置信水平、计算方法以及使用的历史数据期限等参数应与使用内部模型法计提市场风险资本要求时所用参数保持一致；（3）突破的统计方法采用简单突破法，即每季度末统计过去 250 个交易日的返回检验结果中总计发生的突破次数；（4）商业银行向银保监会申请实施内部模型法时，应建立返回检验流程，并积累至少 1 年的返回检验结果数据。

按照过去 250 个交易日的返回检验突破次数，返回检验的结果可分为以下三个区域：（1）绿区，包括 0～4 次突破事件，表明商业银行的内部模型未出现问题；（2）黄区，包括 5～9 次突破事件，表明商业银行的内部模型可能存在问题，但不完全确定，如果突破事件次数由 5 次增加至 9 次，则模型不准确的可能性逐步增大；（3）红区，包括 10 次或以上突破事件，表示商业银行的内部模型存在问题的可能性极大。市场风险返回检验突破次数、分区及资本附加因子的对应关系见表 5-15。

表 5-15　突破次数与附加因子关系表

分区	过去 250 个交易日的返回检验突破次数	资本附加因子
绿区	少于 5 次	0.00
黄区	5 次	0.40
	6 次	0.50
	7 次	0.65
	8 次	0.75
	9 次	0.85
红区	10 次或以上	1.00

7. 压力测试要求

商业银行使用内部模型法计量市场风险资本要求，应进行相应的压力测试。压力测试所用的压力情景应涵盖可能使其交易组合产生重大损失、对其交易组合造成重大不利影响，或会引致风险事前或事后管理相当困难的各种潜在风险因素。这些风险因素应包括各种主要风险类别中的低概率事件，并反映事件对具有线性和非线性价格特征的头寸的影响。

商业银行应制定市场风险压力测试方案，并重点关注集中度风险、压力市场条件下的市场流动性不足、单一走势市场、事件风险、非线性产品及内部模型可能无法适当反映的其他风险。压力测试应同时具有定量和定性标准，同时考虑由市场动荡引起的市场风险和流动性风险。定量标准应明确商业银行可能会面对的压力情况；定性标准应强调压力测试目标是评估商业银行资本吸纳潜在大额亏损的能力，及寻求可以采取的降低风险及节约资本的措施。

商业银行可根据其交易组合的持仓规模、结构特点和复杂程度，确定压力情景的具体内容，并涵盖不同的严峻程度。压力情景依其性质可以分为：（1）无须银行模拟的监管要求情景，即商业银行应报告其每季度5个最大单日损失信息，供银保监会审查，损失信息应与其内部计量系统计算出的资本水平相对比；（2）需银行模拟的历史情景，即商业银行应分别测试其交易组合在以下两类历史情景下的表现：一是当市场价格发生剧烈波动或市场流动性急剧下降时的历史情景，二是当风险因素的相关性和波动率发生极端变化时的历史情景；（3）商业银行应根据其自身交易组合特性，自行设计压力测试情景，识别最不利的市场情况，但应向银保监会说明其识别和执行此类压力情景的方法，并说明此类情景引发的结果。

此外，商业银行应根据交易组合特性及外部市场环境的变化，定期审核压力测试方案，评估压力测试所使用的基本假设是否仍然有效。审核应至少包括以下内容：压力测试方案涵盖的风险因素；压力测试是否融入日常风险管理；压力测试程序的核准过程，包括其后做出重大修改的授权；进行压力测试所用持仓数据的准确性及完整性；进行压力测试所用数据来源的一致性、及时性和可靠性；压力测试程序的文档记录的充分性。

5.5.3 市场风险管理的实践案例

如前文所述，中国的金融机构目前主要是根据《商业银行市场风险管理指引》《商业银行资本管理办法（试行）》等相关监管文件的要求进行市场风险管理。由于各银行的内部市场风险管理模型一般不予公布，因此，这里仅以交通银行2021年半年报中所披露的利率敏感性缺口分析为例，进行一个简要的示例性说明。

资金缺口管理是指商业银行通过调整利率敏感性资产与利率敏感性负债之间的数量关系，主要用来规避利率风险，或基于对利率预期的积极管理来提高收益，相应的两个度量指标为：

$$利率敏感性缺口=利率敏感性资产-利率敏感性负债$$

$$利率敏感性系数=\frac{利率敏感性资产}{利率敏感性负债}$$

交通银行的利率敏感性分析如表 5－16 所示。在该表的最后一行，列示了交通银行在不同期限的资金缺口。例如，交通银行 1 个月内的资金缺口为－25 743.81 亿元，利率敏感性系数为 0.46；3 个月内的资金缺口为－25 869.18 亿元，利率敏感性系数为 0.56；一年内的资金缺口为－5 483.14 亿元，利率敏感性系数为 0.93。因此，在未来一年内，若利率上升，交通银行的收入将会下降；反之，如果利率下降，则其收入会上升。

表 5－17 给出了当收益率曲线平行上升或下降 100 个基点时，交通银行基于其资产负债表的资产负债结构，其在未来一年净利润及其他综合收益的变动。容易看出，当利率结构下降 100 个基点时，交通银行的收益会上升。

从管理角度，一方面，交通银行可以通过一定的风险管理策略，使得利率敏感性缺口为 0，从而实现利率风险免疫，即利率的上升或下降不再对其损益产生影响；另一方面，交通银行也可以基于其对未来利率变动方向的预测，通过积极调整利率敏感性缺口来提高收益，比如当预期利率上升时，可以主动将利率敏感性缺口调整为正值，以从利率的上升中获取更多的收益（相较于负缺口或零缺口状态）。

表 5－16　交通银行利率敏感性分析表

2021 年 6 月 30 日

单位：百万元

	1 个月内	1～3 个月	3 个月～1 年	1～5 年	5 年以上	不计息	合计
资产							
现金及存放中央银行款项	790 404	—	—	—	—	19 916	810 320
存放同业款项	146 894	11 870	17 878	3 028	—	256	179 926
拆出资金	118 938	72 687	166 387	30 738	7 480	3 269	399 499
衍生金融资产	—	—	—	—	—	35 584	35 584
买入返售金融资产	132 812	78	16	—	—	39	132 945
发放贷款和垫款	905 207	775 859	3 663 261	367 342	201 127	295 497	6 208 293
金融投资：							
以公允价值计量且其变动计入当期损益的金融投资	17 861	26 287	35 045	36 749	48 444	411 451	575 837
以摊余成本计量的金融投资	54 001	44 527	158 868	1 021 632	741 583	29 671	2 050 282
以公允价值计量且其变动计入其他综合收益的金融投资	55 570	75 978	113 537	282 494	172 443	26 525	726 547
其他资产	463	—	—	—	—	294 264	294 727

续表

	1个月内	1～3个月	3个月～1年	1～5年	5年以上	不计息	合计
资产总额	2 222 150	1 007 286	4 154 992	1 741 983	1 171 077	1 116 472	11 413 960
负债							
向中央银行借款	(7 255)	(109 704)	(305 535)	(15 429)	—	(6 864)	(444 787)
同业及其他金融机构存放款项	(739 454)	(56 118)	(125 093)	(2 113)	—	(3 414)	(926 192)
拆入资金	(183 030)	(105 151)	(74 254)	(31 285)	(9 287)	(772)	(403 779)
以公允价值计量且其变动计入当期损益的金融负债	(1 661)	(3 393)	(6 065)	(132)	—	(9 281)	(20 532)
衍生金融负债	—	—	—	—	—	(33 702)	(33 702)
卖出回购金融资产款	(42 733)	(6 188)	(9 159)	(5 029)	(206)	(33)	(63 348)
客户存款	(3 746 767)	(576 987)	(990 812)	(1 610 391)	(26)	(91 669)	(7 016 652)
已发行存款证	(71 483)	(161 638)	(532 030)	(27 016)	—	(375)	(792 542)
应付债券	(4 048)	(500)	(72 709)	(310 791)	(144 123)	(9 426)	(541 597)
其他负债	(100)	(144)	(731)	(19 948)	(57 051)	(156 940)	(234 914)
负债总额	(4 796 531)	(1 019 823)	(2 116 388)	(2 022 134)	(210 693)	(312 476)	(10 478 045)
资产负债净头寸	(2 574 381)	(12 537)	2 038 604	(280 151)	960 384	803 996	935 915

资料来源：交通银行2021年半年报。

表5-17　交通银行利率风险　　单位：百万元

	净利润	其他综合收益
利率结构上升100个基点	9 743	(12 980)
利率结构下降100个基点	(9 743)	13 141

资料来源：交通银行2021年半年报。

关键词

市场风险　利率风险　外汇风险　股票风险　商品风险
重新定价风险　基准风险　收益率曲线风险　期权性风险　交易风险
会计风险　经济风险　系统风险　非系统风险　敏感性分析
波动性分析　在险价值　极值理论　压力测试　β系数
久期　麦考利久期　修正久期　凸性　希腊字母
利率敏感性资产　利率敏感性负债　利率敏感性缺口　外汇风险敞口
风险限额　风险对冲　基差风险

复习思考题

1. 简述市场风险的主要类型、成因与特点。
2. 举例说明市场风险度量的主要模型和方法。
3. 简述《巴塞尔协议》关于市场风险度量的要求。
4. 简要说明市场风险管理的主要流程和方法。
5. 简要说明市场风险管理在中国商业银行中的主要实践。

本章小结

第6章

操作风险的度量和管理

本章要点

1. 操作风险的定义、类型和主要特征；
2. 操作风险度量的主要模型和方法；
3. 《巴塞尔协议》中的操作风险度量方法；
4. 操作风险的管理流程、方法和工具；
5. 操作风险管理在中国的实践做法。

背景材料

“需要奇迹出现”——这是科维库·阿杜伯利（Kweku Adoboli）在社交网站上最后的留言，这个年仅31岁、野心勃勃的交易员没想到自己创造的是一个亏损的“奇迹”。

2011年9月18日，瑞银将阿杜伯利未授权交易对其造成的损失由20亿美元上调至23亿美元，其发布的声明指出，该项损失是过去3个月以来自标普500指数、德国DAX指数和EuroStoxx指数期货交易造成的亏损。

在该声明发布的三天前，一手酿成巨亏的交易员阿杜伯利在法庭上被控两项罪名——伪造账目及滥用职权构成欺诈。而这之前，阿杜伯利还是一个年收入总额高达60万英镑（人民币600万元）的“明星交易员”，是什么驱使他甘愿冒如此大的风险而沦为魔鬼交易员？

据报道，事发前，阿杜伯利在瑞银的Delta One交易小组工作，该小组隶属于瑞银的欧洲股市交易部门。Delta One是一种衍生品交易，是投行仅剩的几种可用自营资本进行大笔押注的交易之一，这类业务虽然发展迅速却处于灰色地带，主要是交易一些密切跟踪某类基础资产（如股票）的证券，往往牵涉到交易所交易基金和互换合约。

瑞银在18日的声明中指出，阿杜伯利涉及在交易系统中，采取违法虚拟的现金ETF（指数型基金）头寸，“欺骗”瑞银的交易限额机制，借此“放大”实际交易限额。而根据欧洲市场惯例，一些主要的经纪商并没有发送ETF交易确认的义务。

“这并不是什么新鲜做法。”一位不愿透露姓名的业内人士表示，对于系统来说，不可能做到百分之百的零风险。对于交易员来说，钻或者不钻交易限额机制的漏洞，似乎变成了一个自律问题，但面对丰厚的奖金，总有人愿意铤而走险。交易员的薪酬一般分为基本工资和奖金，奖金高低主要看交易员的业绩，也就是拿公司的钱去投资能赚回多少钱来。

高盛一位人士认为："亏这么多，瑞银的风控肯定有问题。"违规交易曝光之后，瑞银的风险管理体制受到普遍关注，三大国际评级机构穆迪、标准普尔和惠誉都将瑞银列入降级观察的名单。英国及瑞士监管机构已经指定德勤牵头，对瑞银事件进行外部调查。

而二级市场上，瑞银的股票也遭遇"恐慌"。根据瑞士证券交易所的资料，9 月 15 日，瑞银的交易量急速放大，达 8 922 万手，是前一日交易量的 4 倍多。9 月 16 日，交易量仍然高达 7 234 万手。瑞银股价从年初至今跌幅已经达 32.7%。

资料来源：魔鬼交易员事件凸显瑞银内控缺陷 或推新一轮裁员. 21 世纪经济报道，2011 - 09 - 20.

6.1 操作风险概述

6.1.1 操作风险的定义

操作风险是一种很古老的风险，可以说自银行诞生之日起就伴随其左右。但与信用风险和市场风险所受到的广泛关注不同，操作风险由于其难以量化、主观偶发性较强等原因，长期以来，无论是在学术界还是实务界都未能得到足够的重视和关注，以至于即使是在被视为全球金融监管基本准则的《巴塞尔协议Ⅰ》中也并未明确考虑操作风险。

操作风险引发人们的广泛关注是从 20 世纪 90 年代后才逐渐开始的，其直接起因是一系列由操作风险引发的巨额损失案件。比如，1995 年 2 月 26 日，英国巴林银行交易员尼克·李森（Nick Leeson）在期货交易中违规使用大量杠杆，最终造成了高达 9.16 亿英镑巨额亏损，这直接导致了这家拥有 200 多年悠久历史的著名银行在一夜之间破产。同年 9 月 26 日，日本大和银行一位供职于纽约分行的高级交易员在过去 11 年间未经授权的债券交易，造成了约 11 亿美元的巨额亏损，这一事件导致了该银行与三井住友银行的合并。总体来看，20 世纪 90 年代之后，每一次操作风险事件的发生都可能对所在金融机构造成致命打击，甚至在金融体系内产生连锁反应，引发系统性风险（详见专栏 6 - 1）。

专栏 6 - 1

20 世纪 90 年代以来的一些典型操作风险事件例举

1994 年，美国信孚银行客户以信孚银行未向其充分揭示复杂的互换交易风险而导致 1.57 亿美元损失为由起诉。

1995 年，英国巴林银行交易员隐瞒报告日经 225 指数期货交易的亏损，最终损失 14 亿美元。

2002 年，欧洲期货交易所的一名经纪人在一笔期货交易中输入了错误的价格，结果导致这个世界最大的衍生证券市场暂时停盘 3 小时，指数暴跌 500 点。

2003 年，一名经纪人以每股 13 英镑的价格买入了 50 万股葛兰素史克制药公司的股票，但该股票当时的市价不到70便士/股。

2004年，摩根士丹利的交易员将一笔总额达数千万美元的股票买单错误输入为数十亿美元，结果令罗素2 000小型股指数开盘就上升2.8%，纳斯达克指数也随之上升。

2005年，一名经纪人原本应当以每股180.25便士的价格卖出1.5万股百代音乐发行公司的股票，却错误地发出了买入1 500万股的指令，这笔交易价值达4 150万英镑。

2006年，我国某国有银行支行行长违规发放虚假个人贷款，涉案金额达26 674万元。

2007年，我国某大型国有银行金库被盗现金5 100万元。

2008年，法国兴业银行交易员欺诈导致72亿美元损失。

2009年，我国某市农村商业银行被外部诈骗分子伙同银行内部员工利用伪造证明材料骗取银行贷款7.08亿元。

2010年，我国某国有银行某支行发现一起虚假存单案件，涉案金额达9 000万元。

2011年，我国某国有银行某支行发生一起持刀抢劫案，被抢3.99万元，2名员工遇害。

2012年，汇丰控股就反洗钱与美国监管当局达成和解，支付罚金19.2亿美元。

在操作风险逐渐被广为关注的过程中，操作风险的定义也在不断地动态演化。1993年，全球衍生品研究小组将操作风险定义为“由于控制和系统的不完善、人为的错误或管理不当所导致的损失的风险”，这一定义从人的因素、系统和操作流程三个方面对操作风险进行了界定，并将管理作为操作风险的决定性因素。1997年，英国银行家协会在操作风险产生的主要来源上加入了外部因素，将操作风险定义为“由于内部程序、人员、系统的不完善或失误，或外部事件造成直接或间接损失的风险，应包含文件风险和法律风险，但不包含声誉风险”。

此后，全球风险专业人士协会在总结了包括银行在内的多种类型企业的操作风险后提出，操作风险是与业务操作相联系的风险，包括操作失败风险和操作战略风险。其中，操作失败风险是指业务过程中可能存在的人员、流程或技术失败，操作战略风险则来源于一些环境因素或关于银行发展的新战略。可以看出，该定义虽然将操作风险细分为两类，但其本质仍然认为操作风险主要源于人员、流程、技术和外部依赖因素四个方面，与英国银行家协会的定义有着内在的一致性。

2004年，在《巴塞尔协议Ⅱ》中，巴塞尔委员会总体上沿用了英国银行家协会的定义，将操作风险定义为“由于有缺陷的或失效的内部程序、人员和系统或外部事件所造成的损失风险，包含法律风险，但不包含战略风险和声誉风险”。2007年，中国银监会在其发布的《商业银行操作风险管理指引》中，基本沿用《巴塞尔协议Ⅱ》中的定义，将操作风险定义为“由不完善或有问题的内部程序、员工和信息科技系统，以及外部事件所造成损失的风险”，“包括法律风险，但不包括策略风险和声誉风险”。

总体来看，操作风险是指由人为失误以及系统或控制的失败所导致的收入或现金流的减少。操作风险并不局限于金融机构的某项或某些业务，而是遍及金融机构经营管理过程的每一个环节——在任何需要“操作”的地方，都有可能产生操作风险。在日常语境中，当我们谈及操作风险时，通常指内部员工操作失误、遭遇外部人员欺诈、系统平台崩溃等事件给金融机构造成损失的可能性。

6.1.2 操作风险的类型

根据具体诱发因素的不同，在《巴塞尔协议Ⅱ》中，巴塞尔委员会对操作风险进行了详细的设置和分类，具体包括以下7个一级类目（见表6-1）：内部欺诈风险，外部欺诈风险，雇佣政策和工作场所安全性风险，与客户及产品相关的商业风险，物理资产损坏风险，业务中断和系统出错风险，执行、交割与交易过程管理出错风险。在上述7个一级类目下，巴塞尔委员会进一步划分了二级和三级类目，以全面覆盖各类型的操作风险和更好地进行损失数据的收集、分析和建模。

表6-1　巴塞尔委员会对操作风险的分类

操作风险类型	具体定义
内部欺诈风险	指由机构内部员工参与的欺诈。广义欺诈包括诈骗、盗用公司资产、违反公司规章制度等行为
外部欺诈风险	第三方的广义欺诈行为
雇佣政策和工作场所安全性风险	由于员工履职不恰当或工作过程管理不善、环境不达标而引发的风险
与客户及产品相关的商业风险	由于与客户的矛盾、产品设计和质量不合格而引发的风险
物理资产损坏风险	由于自然灾害等外部事件而引发的资产物理损坏
业务中断和系统出错风险	由于软硬件失误、通信或者设备问题而引起的损失
执行、交割与交易过程管理出错风险	例如交易数据输入有误、未按程序规定操作等一系列行为造成的损失

在实际操作中，各国监管部门和金融机构可以根据自身特点和需要对相关分类进行适当调整。从金融机构的操作风险管理实践来看，上述七大类风险通常可以进一步整合为以下五大类主要的常见风险：欺诈风险、网络风险、合规风险、雇佣风险和资产风险。

（1）欺诈风险，包括内部欺诈风险和外部欺诈风险。典型内部欺诈例子如巴林银行期货交易员尼克·李森的欺诈事件：他从1992年开始利用“88888”账户隐瞒亏损，并伪造买卖纪录以躲过内部审计，他冒险激进的错误交易和接连的欺瞒最终给巴林银行造成总计14亿美元的损失。

（2）网络风险，主要包括业务中断和系统出错风险以及部分内部、外部欺诈风险，常体现为数据窃取与破坏、资金盗窃、知识产权盗窃等等。

（3）合规风险，主要包括与客户及产品相关的商业风险，执行、交割与交易过程管理出错风险。指的是由于故意或者无意地未遵循行业法律法规、内部政策规定的最佳做法，而导致罚款或其他风险，比如洗钱和帮助客户逃税等等。

（4）雇佣风险，主要包括雇佣政策和工作场所安全性风险以及部分执行、交割与交易过程管理出错风险。典型的例子包括环境监测不达标、职场性骚扰、执行失误等等。“光大乌龙指”事件中，光大投资系统缺陷生成的额外70亿订单导致当日上证指数盘中一度拉升 5.62%。

(5) 资产风险，主要包括物理资产损坏风险，典型的如自然灾害造成的直接损失。2019 年日本海啸造成了近 900 亿美元的损失，引起了保险市场的极大震动。

根据总部设在瑞士的操作风险数据交换协会（Operational Riskdata eXchange Association，ORX 协会）的统计数据（见图 6-1），2018—2020 年全球每年由操作风险事件导致的损失分别高达 449.4 亿美元、291.8 亿美元和 266.9 亿美元。2020 年，尽管新冠疫情对全球金融业带来了更多挑战，但预期因居家工作等原因带来的操作风险损失上升事实上并没有发生。实际上，近年来由内部欺诈导致的操作风险损失在金额上出现了明显下降。不过，这一情况在美洲和欧洲可能与所谓监管救济有关：2020 年几乎每个司法管辖区的监管罚款都大幅下降，这可视为对面临困境的金融机构的一种监管救济。

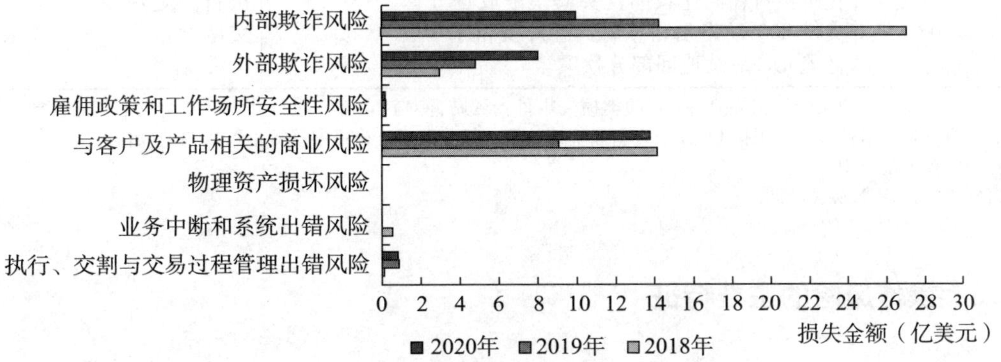

图 6-1 不同类别操作风险事件损失金额

从类型分布来看，目前操作风险主要以内部欺诈风险、外部欺诈风险和与客户及产品相关的商业风险三种类型为主。这一点在表 6-2 所列示的 2020 年造成巨额损失的操作风险事件中也有鲜明的体现。同时，需要指出的是，虽然近年来内部欺诈风险事件所导致的损失金额出现了明显下降，但由于内外部欺诈事件往往需要追溯至多年前的内部违规和造假等事件，而事件的爆发往往存在相当程度的滞后性和偶发性，因此，操作风险事件的变动趋势通常需要追踪较长时间窗口的数据来观察。

表 6-2 2020 年造成巨额损失的操作风险事件

机构	事件	损失金额（百万美元）	事件类型	国家
恒丰银行	前董事长蔡国华因滥用职权、贪污、挪用公款等罪名，被判处死刑，缓刑两年	1 455	内部欺诈风险	中国
Promsvyaz 银行	数名高管通过虚构证券购买贪污 872 亿卢布	1 179	内部欺诈风险	俄罗斯
摩根大通	由于公司交易员在 2008—2016 年期间参与了贵金属期货和国债市场的市场操纵，公司被要求支付巨额赔偿金、获利和民事罚款	920	与客户及产品相关的商业风险	美国

续表

机构	事件	损失金额（百万美元）	事件类型	国家
汇丰银行	由于兴隆集团财务造假，债权人汇丰银行面临 6 亿美元损失	600	外部欺诈风险	新加坡
民生信托	由于珠宝商金豪德以铜代金骗取抵押贷款，民生信托面临 40.7 亿元损失	575	外部欺诈风险	中国
恒丰银行	由于珠宝商金豪德以铜代金骗取抵押贷款，恒丰银行面临 38.9 亿元损失	549	外部欺诈风险	中国
VTB 银行	由于莫桑比克国有企业贷款欺诈行为，VTB 银行面临 5.35 亿美元损失	535	外部欺诈风险	莫桑比克
花旗银行	花旗银行在向化妆品巨头露华浓放贷方支付 800 万美元利息时，意外支付了 9 亿美元，后续追回部分款项	520	执行、交割与交易过程管理出错风险	美国

说明：（1）与客户及产品相关的商业风险类损失事件指因疏漏对特定客户履行分内义务，或者产品性质、设计缺陷而导致的损失事件；（2）根据 ORX 协会新闻统计口径，保险公司、投资银行等金融机构的操作风险事件也被纳入操作风险损失金额中。

资料来源：ORX 协会新闻。

6.1.3 操作风险的主要特征

操作风险与信用风险、市场风险一起，并称商业银行所面临的三大主要风险，这一点从《巴塞尔协议》的演进过程可以看得非常清楚。相较于信用风险和市场风险，操作风险总体上更加强调管理与经营中的“操作”所可能带来的损失，并且具有以下几个方面的主要特征：

（1）普遍性。操作风险的发生可能覆盖银行所有部门，遍布银行每个产品、服务和业务环节。因此，操作风险管理也超出专业的风险管理部门，成为多个业务部门都需要面对的风险管理事项。

（2）内部性。在风险来源方面，区别于信用风险和市场风险，操作风险通常是由金融机构的内部因素所导致的，如内控系统不完善、工作人员违反职业道德等。因此，操作风险的管理、防范和控制也往往更多地在金融机构的内部完成。

（3）可控性。在实践中，操作风险的很大一部分来源于金融机构内部人员的业务操作问题，故与人为因素的联系非常紧密，总体上看是可控的内部风险。相比之下，信用风险和市场风险的可控性程度就低一些，一般只能通过提高自身风险防范能力来抵御风险。

（4）非盈利性。金融机构难以通过操作风险直接获利，但却可以通过主动利用市场风险和信用风险获利。因此，在现实中，金融机构并不会主动选择承担操作风险，但可能会为了获得更高的利润而选择主动承担市场风险和信用风险。

（5）不对称性。对于操作风险来说，高风险与高收益没有对应关系，其损失分布具有明显的不对称性：日常管理中的小纰漏也可能导致巨额损失。操作风险按其发生频率和损失程度，可以分为低频低损失、低频高损失、高频低损失、高频高损失四类（见图 6－2），金融机构可以据此采用有针对性的应对方案和措施。

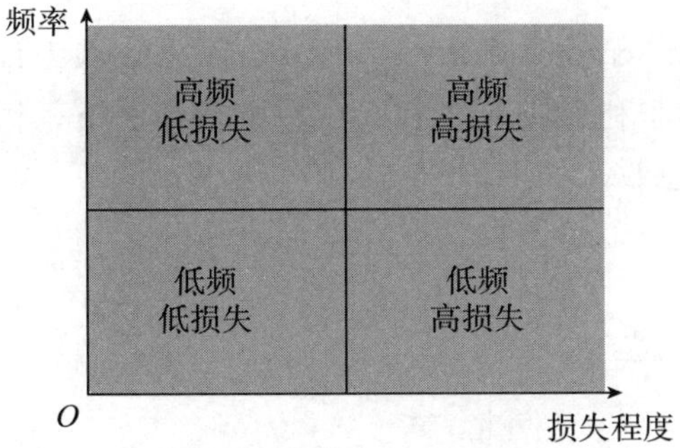

图 6－2　操作风险分类矩阵

（6）肥尾性。根据巴塞尔委员会的损失数据，操作风险所导致的损失在统计学上呈现出肥尾性，部分低频的风险事件具有极大的破坏力，极端情况下甚至会对金融机构带来毁灭性打击，例如前文所述的巴林银行案例。

对于操作风险与市场风险、信用风险之间的差异，中国银监会在 2014 年发布的《商业银行内部控制指引》中，从风险的发展阶段、诱发因素、产生后的损失程度、损失计量、计量数据采集情况、与企业员工的关系等六个方面进行了较为细致的对比（见表 6－3）。

表 6－3　操作风险与市场风险、信用风险的区别

	操作风险	市场风险	信用风险
发展阶段	起始阶段	比较成熟阶段	比较成熟阶段
诱发因素	与整个银行有关	仅与市场变化等因素有关	仅与交易对手等因素有关
产生后的损失程度	可能对一个银行造成致命打击	最大损失限度是在某一市场投入的全部资金	最大损失限度是交易金额
损失计量	直接与间接损失	直接损失	直接损失
计量数据采集情况	有效数据较少	数据库相对完整	数据库相对完整
与企业员工的关系	与每一个员工有关	关系不大	关系不大

6.2　操作风险的度量

上一节已经指出，由于操作风险真正进入量化风险管理的范畴主要是 20 世纪 90 年代之后的事，而那时候巴塞尔委员会已经成为全球化时代银行监管标准的主要制定者（《巴塞尔协议Ⅰ》已经在全球范围内实施，且《巴塞尔协议Ⅱ》已在酝酿之中），因此，世界各国金融机构后来所普遍使用的操作风险度量方法基本上是在《巴塞尔协议Ⅱ》的整体框架下建立和发展起来的。按照《巴塞尔协议Ⅱ》的分类标准，操作风险的度量方法主要包括基本指标法、标准化方法和高级计量法等。

6.2.1 基本指标法

基本指标法（basic indicator approach，BIA）以总收入为计量基础，总收入被定义为银行的净利息收入与净非利息收入之和。在基本指标法下，银行必须持有的监管资本（K_{BIA}）等于前3年正的总收入的平均值与风险资本比例（α，定为15%）的乘积，其计算公式为：

$$K_{BIA}=\frac{\sum(GI\times\alpha)}{n}$$

其中，GI 为数值为正的年度总收入，n 为前3年中总收入为正的年份数。根据《巴塞尔协议Ⅱ》的规定，当总收入为负时，将不被纳入计算平均值的分子和分母之中。

根据基本指标法的计算公式，在风险资本比例（α）固定的情况下，银行的收入规模越大，监管资本要求越高。这在一定程度上是合理的：由于操作风险具有普遍性，遍布银行经营与管理的整个过程，因此，银行的收入规模越大，其操作风险敞口也会相应越大。

拓展阅读

基本指标法监管资本计算示例

不过，从现实实践来看，大银行的经营和人员管理往往更加规范和成熟，一般拥有比较健全的内部控制和治理制度，因而操作风险发生的频率和危害程度反而可能更低。从这个角度看，基本指标法可能导致某些大银行为防范操作风险持有过多不必要的资本，从而降低资本的收益和使用效率。

总体来看，基本指标法的优点是简单明了、操作性强，对银行操作风险对应的资本配置计算具有普适性，尤其对中小银行而言比较经济适用。不过，对于大银行而言，基本指标法存在过于笼统和不够精确的问题，特别是不利于高效率地配置资本，因此，这些银行可能更加倾向于使用更加复杂和精确的方法来计算操作风险资本。

6.2.2 标准化方法

《巴塞尔协议Ⅱ》给出的标准化方法有两种：标准法（the standardized approach，TSA）和替代标准法（alternative standardized approach，ASA）。这两种方法的要点都是将银行业务分成8个业务条线，按照不同的系数加权平均得到操作风险资本金要求。

（一）标准法

标准法的核心思想与基本指标法一致，都是以银行业务收入作为风险暴露指标来衡量操作风险的大小和计提监管资本。但与基本指标法不同的是，在标准法下，银行业务被分为8个业务条线（详见表6-4），各业务条线总收入表示该业务的规模，可以视作该业务条线的操作风险暴露水平。银行总体操作风险资本的计算方法为：用某业务条线总收入乘以系数β（β为该业务条线的操作风险损失经验值与该业务条线的总收入之间的关系），求得该业务条线的操作风险资本，然后将其加总得到该银行整体操作风险的总资本，其公式如下：

$$K_{TSA}=\frac{\sum_{j=1}^{3}\mathrm{Max}\left\{\sum_{k=1}^{8}GI_{jk}\times\beta_k,\ 0\right\}}{3}$$

其中，GI_{jk}为前3年中各业务条线的年总收入；各业务条线的β系数由巴塞尔委员会设定，位于12%～18%之间，具体如表6-5所示。

表6-4 业务条线的分类及其具体的业务类型

第一类	第二类	具体的业务类型
公司金融	公司和机构融资	并购重组、承销、私有化、资产证券化、研究、债券（国债、高收益债券）、股票、IPO、再融资
	政府融资	
	投资银行业务	
	咨询业务	
交易和销售	销售	固收、股票、外汇、商品、信用、资金募集、自营投资、同业拆借、经纪业务、债务管理、主经纪商业务等
	做市	
	自营	
	银行间市场	
零售银行	零售业务	零售借款和存款、银行业务、信托和房地产
	私人银行	对于私人的银行服务，另外有投资建议
	信用卡业务	自营、联名等信用卡业务
商业银行	商业银行业务	项目融资、不动产、出口融资、交易融资、代理融通公司、租赁、借款、保证金业务、汇票业务
支付和结算	外部客户	付款和催收、资金转移、清算和结算
代理服务	存托业务	第三方保管、存单、融券等
	公司代理	发行商和支付代理商
	公司信托	
资产管理	相机抉择型资产管理	集合、专户、零售基金、机构基金、封闭式/开放式基金、私募（是相机抉择型的）
	非相机抉择型资产管理	
零售经纪	零售经纪业务	执行和其他服务

说明：根据巴塞尔委员会，各业务净收入的计算方法为：（1）零售银行：主要是净利息收入、服务零售客户所产生的费用收入、零售银行资产负债表中互换和衍生品业务净收入、应收账款收入；（2）商业银行：和零售银行分类基本一致，只不过面对的是更大的客户；（3）交易和销售：主要是来自投资工具损益、筹资成本以及大额经纪业务；（4）其他业务：主要是净利息/佣金收入。依靠以上公式和业务拆分，银行可以得到自身操作风险所需的资本金。

表 6 - 5　标准法下不同业务条线的 β 系数

	业务条线	β 系数
β_1	公司金融	18%
β_2	交易和销售	18%
β_3	零售银行	12%
β_4	商业银行	15%
β_5	支付和结算	18%
β_6	代理服务	15%
β_7	资产管理	12%
β_8	零售经纪	12%

（二）替代标准法

为了避免一些银行在计算操作风险所需资本金时的重复计算，《巴塞尔协议Ⅱ》建议采用替代标准法。相较于标准法，替代标准法对零售银行（retail banking，RB）和商业银行（commercial banking，CB）这两个业务条线采取了另外的计算方法。其中，零售银行业务条线指的是对零售和中小微实体的服务，而商业银行业务条线则指对公司、国家、银行和特殊贷款机构的服务，同时，银行购买的表内金融资产也归属于商业银行业务条线。

在替代标准法下，对于零售银行和商业银行这两个业务条线，在计算监管资本要求时，需将净收入替换成贷款和垫款（loans and advances，LA）作为操作风险的暴露指标，同时这两个业务条线的 β 系数需再乘以尺度系数 m。尺度系数由巴塞尔委员会设定，如果贷款和垫款的计算方式是过去 3 年该项合计值的平均数，则 m 为 0.035。在替代标准法下，零售银行业务条线和商业银行业务条线所需资本的度量公式如下：

$$K_{RB}=\beta_{RB}\times m\times\frac{\sum_{j=1}^{3}LA_{j,\ RB}}{3}$$

$$K_{CB}=\beta_{CB}\times m\times\frac{\sum_{j=1}^{3}LA_{j,\ CB}}{3}$$

除零售银行和商业银行两个业务条线外，其他业务条线在替代标准法与标准法下的计算方法一致。

拓展阅读

标准化方法资本计算示例

虽然标准化方法的思路与基本指标法大体一致，但由于在标准化方法下，银行业务被细分为不同操作风险水平的 8 个业务条线，并在其业务条线内部分别计算相应的监管资本要求，其细致性和准确性程度会高于基本指标法。不过，在实际应用中，标准化方法对银行能力的要求也相应更高一些。尽管如此，标准化方法的复杂程度仍明显低于高级计量法（稍后介绍），这使得标准化方法在总体上成为一种比基本指标法准确度高但复杂度又比高级计量法低的折中方法，因此在实践中，大部分银行都选择使用标准化方法进行操作风险资本的计量。

6.2.3　高级计量法

《巴塞尔协议Ⅱ》对高级计量法只是给出了原则性的要求和建模指导，并未给出具体的计量模型。从目前全球主要金融机构的实践来看，比较常见的高级计量法有内部衡量法（internal measurement approach，IMA）、损失分布法（loss distribution approach，LDA）、打分卡法（scorecard approach，SA）和极值理论模型等。

1. 内部衡量法

内部衡量法承袭了基本指标法和标准化方法的核心思想，但不同之处在于，除了要将银行总体划分为 8 个业务条线外，还需要按照前文表 6-1 所述的操作风险分类，将操作风险进一步划分为 7 种具体的类型，然后按照 8 个业务条线和 7 种风险类型，将银行的操作风险最终划分为 56 种事故类型组合。在此基础上，内部衡量法通过加总每种事故类型组合所对应的监管资本要求，就可以得到银行操作风险所对应的总监管资本要求。

在每种事故类型组合监管资本的计算上，内部衡量法模型将操作风险产生的损失视为尾部非预期损失，因此其对应的风险资本金也是非预期损失的映射。在现实中，由于尾部事件的数据十分缺乏，对非预期损失的估算往往非常困难，但预期损失可以通过历史数据集计算得出。特别是，当预期损失和非预期损失呈线性关系时，监管资本 K_{IMA} 可由如下公式计算：

$$K_{IMA}=\sum_{i}\sum_{j}\gamma_{i,j}EL_{i,j}$$

其中，i 是银行的业务条线类别，j 代表风险类型，$EL_{i,j}$ 代表在 i 业务条线中发生 j 类型风险事故时的预期损失，而 $\gamma_{i,j}$ 是针对该预期损失计提风险资本时的参数，与基本指标法中的 α 和标准化方法中的 β 系数有相同的含义。而当预期损失和非预期损失不线性相关时，有：

$$K_{IMA}=\sum_{i}\sum_{j}\lambda_{i,j}EL_{i,j}RPI_{i,j}$$

其中，$\lambda_{i,j}$ 为常数，$RPI_{i,j}$ 为风险特征指数，其本质上刻画的是预期损失与非预期损失之间的映射关系。实践中，由于预期损失和非预期损失在多数情况下并不线性相关，巴塞尔委员会建议使用 RPI 来调整监管资本。具体来看，对于风险分布具有厚尾特征的银行，其非预期损失往往超出预期损失，因此 $RPI>1$；而对于具有薄尾分布的银行，非预期损失较为保守，因此 $RPI<1$。

关于预期损失 $EL_{i,j}$ 的计算，有：

$$EL_{i,j}=EI_{i,j}\times PE_{i,j}\times LGE_{i,j}$$

其中，$EI_{i,j}$ 为银行在 i、j 事故类型组合下的操作风险暴露金额，沿用基本指标法和标准化方法的思想，即该事故类型组合所对应的收入；$PE_{i,j}$ 为银行在 i、j 事故类型组合下操作风险实际发生的概率；$LGE_{i,j}$ 表示 i、j 事故类型组合下，操作风险发生时银行遭受损失的程度。公式中的 EI 可以通过核算得到准确数据，而 PE 和 LGE 则是银行事先给定的参数。为了得到这两个指标，需要银行用大量的历史损失数据进行模拟，或者通过情景分析法等方法得出。

总体来看，内部衡量法对操作风险监管资本的计量更为复杂和精确，但由于预期损失和非预期损失的关系并不稳定，需要银行频繁进行额外的大量模拟与估计工作，这对银行的能力和精力是一个很大的挑战。

2. 损失分布法

损失分布法是目前银行度量和管理操作风险最为复杂的方法之一。在该方法下，银行需要根据不同业务条线和风险类型来估计操作风险损失的发生概率，估计时一般使用蒙特卡罗模拟法来获取概率分布的形态。此外，银行也可以直接假设概率分布的形态。损失分布法主要通过在险价值来度量非预期损失，不对预期损失与非预期损失之间的关系进行假设，风险敏感性更强。

假定 $X_i(i=1, 2, \cdots, n)$ 表示操作风险损失的随机变量，具有独立同分布的特点，则其分布函数为：

$$F(x)=P\{X_i \leqslant x\} \leqslant q$$

其中，q 为置信水平，给定即可确定相应的在险价值：

$$VaR_q=F^{-1}(q)$$

基于上述公式，银行可以计算得出各业务条线及风险类型的在险价值，然后进一步通过加总得到整个银行的操作风险水平。

与内部衡量法一样，损失分布法在度量操作风险时，也需要将银行业务按照业务类型和风险类型划分为几十种事故类型组合，并分别计算每一种事故类型组合的在险价值。在险价值越大，则操作风险越高，其对应的监管资本要求为单个事故类型组合下在险价值简单加总后的映射。不过，由于需要计算出风险损失的具体概率分布，损失分布法的计算复杂度和对数据的要求都比较高，因此目前在实践中的应用还比较少。

3. 打分卡法

由于操作风险存在影响因素复杂和难以结构化等特点，定性与定量相结合的打分卡法在衡量操作风险上具备一定的优势。打分卡法不依赖历史损失数据，而是通过建立一套定性评估和定量分析相结合的风险识别与度量系统来应对操作风险。在该方法下，银行给各部门发放问卷，要求各部门自我评估其业务范围可能遭遇的风险发生概率及损失严重程度，并按照风险发生的概率高低与损失严重程度，分别给予不同的计分。打分完成后，将过去以标准法、损失分布法等方式计算得到的原始操作风险监管资本，用打分卡的平均值做相应的调整，得到修正后的操作风险监管资本。

从实际操作方式来看，打分卡法的主要工作步骤包括：（1）通过自我评估进行风险分类，即银行根据自身的业务特点和风险管理措施，结合操作风险的界定，将每个业务条线中的潜在操作风险分离出来，并进行分类；（2）对引发操作风险的影响因素进行分析，并根据这些因素设计出一套风险衡量指标，以便准确刻画每类操作风险的危害程度；（3）综合分析各类因素，并组织具有丰富风险管理经验的专家，在计分卡上依据重要性程度对每一项指标打分，并汇总得到结果，为计量做准备；（4）在专家打分的基础上，根据各指标的分数，使用模型对操作风险损失额度进行量化估计，并计算出风险资本金。

4. 极值理论模型

极值理论模型的核心思想是通过模型计算出尾部事件中超过阈值的风险损失期望值，并以此作为计提操作风险监管资本的基础。POT 模型是极值理论模型的分支之一，通过对样本中超过某一阈值的数据进行建模，可以估计操作风险损失。

在 POT 模型中，通过对损失分布的尾部进行拟合，可以得到极端情况下操作风险损失的阈值，然后进行相应的监管资本配置，进而通过所需资本的大小来衡量操作风险的高低。

拓展阅读

采用 POT 模型估计操作风险

6.2.4　操作风险度量方法的一个简单比较

上述三种操作风险的度量方法各有特点，在一定条件下都能给金融机构的操作风险管理提供参考和依据，在选择使用哪种度量方法时关键是要明确各自的优缺点和适用范围。

基本指标法的优点是相对简单透明，对机构的风险管理能力要求也不高，同时数据的获取不存在困难，便于理解和实务运用，对几乎所有金融机构都具有很强的可操作性。但由于度量精度不高，且未能对不同金融机构或同一金融机构的不同业务的操作风险特征加以区分，故基本指标法更适用于业务相对单一的金融机构。

标准化方法和基本指标法一样简单透明，且数据的获取不存在困难，此外标准化方法对不同业务的操作风险特征加以区分，使其比基本指标法的度量结果更加精确。但标准化方法存在如下不足：（1）同一业务条线对特定银行可能有不同特点；（2）不同业务条线之间可能存在相关性；（3）业务类别和对应的资本计提系数由监管机构统一制定，计算出来的风险资本金可能超过必要的风险准备，显得过于保守。基于这些原因，标准化方法对于大型国际化金融机构不太适用。

高级计量法相对前两种方法更为复杂，对风险的敏感性也更高，但对数据和操作的要求也很高。其中，内部衡量法建立在不同业务条线和操作风险类型组合同时发生大额非预期损失的假设基础上，未考虑不同类型风险彼此的相关性；损失分布法主要通过在险价值衡量非预期损失，而非通过假设预期损失与非预期损失的关系衡量，因此具有更强的风险敏感性，但其未充分考虑各业务条线/操作风险类型之间的相关性，可能会导致计算结果较实际值更高；打分卡法不需要反复以复杂方法重新计算监管资本，且能适时反映金融机构对控制操作风险的努力，但当银行拓展新业务或并购重组时，打分卡法将失去前后对照比较的合理性。

表 6－6 对操作风险各种度量方法的主要特点进行了一个简要概括。

表 6－6　操作风险度量方法的比较

<table>
<tr><th rowspan="2">度量方法</th><th rowspan="2">基本指标法</th><th rowspan="2">标准化方法</th><th colspan="5">高级计量法</th></tr>
<tr><th>内部衡量法</th><th>损失分布法</th><th>打分卡法</th><th>极值理论模型</th><th>其他</th></tr>
<tr><td>业务条线/风险类别</td><td>单一业务</td><td>多个业务</td><td colspan="5">多个业务条线、多个风险类型</td></tr>
<tr><td>结构</td><td colspan="3">$\sum$(系数×风险暴露指标)</td><td colspan="4" rowspan="3">通过损失频率和损失幅度的概率分布来估计操作风险的在险价值</td></tr>
<tr><td rowspan="2">参数</td><td colspan="2">单一的风险暴露指标 GI</td><td>EI、PE、LGE、RPI 等多个风险暴露指标</td></tr>
<tr><td colspan="3">系数由监管机构统一划定</td></tr>
</table>

6.3　《巴塞尔协议》的操作风险度量

在全球银行业监管不断完善的过程中，操作风险逐渐得到重视，相关协议、规定和做法不断完善。1997 年，操作风险首次进入巴塞尔委员会的监管范围；2004 年，《巴塞尔协议Ⅱ》发布，首次将操作风险列为金融机构面临的第三大风险，并从最低资本要求、外部监管和市场纪律三方面对操作风险的计量与管理提供了指南；2017 年，《巴塞尔协议Ⅲ》的修订改进了操作风险计量的薄弱环节，提高了计量方法的可比性和风险敏感度。

6.3.1　《巴塞尔协议Ⅱ》的操作风险度量

根据《巴塞尔协议Ⅱ》，银行可以使用三种方法度量操作风险：基本指标法、标准化方法和高级计量法。这三种度量方法的复杂性和风险敏感度依次上升。对于其中的基本指标法和标准化方法，我们已经在上一节中进行了详细介绍，此处不再赘述。

对于高级计量法，鉴于操作风险计量方法处于不断演进之中，巴塞尔委员会在发布《巴塞尔协议Ⅱ》时，暂未规定用于操作风险计量和计算监管资本所需的具体方法和统计分布假设，只是提出了一些原则性的定性和定量标准。但巴塞尔委员会同时强调，无论采用哪种方法，银行都必须表明所采用的方法考虑到了潜在较严重的概率分布“尾部”损失事件，且银行必须表明，操作风险计量方式符合与衡量信用风险的内部评级法相当的稳健标准（例如，相当于内部评级法中持有期为 1 年、99.9%置信水平的标准）。

在定性标准方面，银行在采用高级计量法计算操作风险的资本要求之前必须符合以下标准：

（1）银行必须具备独立的操作风险管理岗位，用于设计和实施银行的操作风险管理框架。

（2）银行必须将操作风险评估系统整合入银行的日常风险管理流程。

（3）银行必须制定流程，定期向业务管理层、高级管理层和董事会报告操作风险暴露和损失情况，并采取适当的行动。

（4）银行的风险管理系统必须文件齐备。

（5）银行的操作风险管理流程和计量系统必须定期接受内部和（或）外部审计师的审查。

（6）外部审计师和（或）监管当局对银行操作风险计量系统的验证必须包括如下内容：一是核实内部验证程序运转正常；二是确保风险计量系统的数据流和流程透明且使用方便。

在定量标准方面，为确保高级计量法的稳健，巴塞尔委员会规定用于计算操作风险最低监管资本要求的内部计量方法必须满足以下条件：

（1）任何操作风险内部计量系统都必须与巴塞尔委员会所规定的操作风险范围和损失事件类型的定义一致。

（2）监管当局要求银行通过加总预期损失和非预期损失得出监管资本要求，除非银行表明在内部业务实践中能足以准确计算出预期损失，即要想只基于非预期损失得出最低监管资本要求，银行必须说服所在国监管当局自己已计算并包括了预期损失。

（3）银行的风险计量系统都必须足够“分散”，以将影响损失估计分布尾部形态的主要操作风险因素考虑在内。

（4）在计算最低监管资本要求时，应将不同操作风险估计的计量结果加总。只要银行表明其系统能在估计各项操作风险损失之间相关系数方面计算准确、实施合理有效、考虑到了此类相关性估计的不确定性（尤其是在压力情形出现时），且高度可信，并符合监管当局要求，监管当局就允许银行在计算操作风险损失时，使用内部确定的相关系数。银行必须验证其相关性假设。

（5）任何风险计量系统都必须具备某些关键要素，以符合本节所示的监管当局的稳健标准。这些要素包括内部数据的使用、相关的外部数据、情景分析以及反映银行经营环境和内部控制系统情况的其他因素。银行需要在总体操作风险计量系统中拥有一个可信、透明、文件齐备且可验证的流程，以确定各基本要素的相关重要程度。该方法应在内部保持一致并避免对定性评估或风险缓释工具的重复计算。

对于基本指标法、标准化方法和高级计量法三种计量方法之间的选择，巴塞尔委员会提出，国际活跃银行以及操作风险较大的银行所选用的操作风险计量方法应与其风险总体特征和机构自身的复杂程度相适应，银行可以对某些业务采用基本指标法或标准法，同时对另一些业务采用高级计量法。银行使用高级计量法需经过监管当局的提前核准，而且一旦采用了高级计量法，在未经监管当局许可前，不能退回使用相对简单的方法。如果监管当局认定一家已采用高级计量法的银行不再满足该方法的条件时，可以要求该银行对其部分或全部业务退回到相对简单的方法，直至该银行符合监管当局规定的重新返回高级计量法的条件为止。

6.3.2 《巴塞尔协议Ⅲ》的操作风险度量

对于《巴塞尔协议Ⅱ》中的三种操作风险度量方法，2014 年巴塞尔委员会对其中的基本指标法和标准法进行了修改，合并为新的标准法。2017 年，巴塞尔委员会的审查结果显示，高级计量法的复杂性和内部建模导致计量结果的可比性较差，且存在风险资本计提过低的问题，为此，巴塞尔委员会在《巴塞尔协议Ⅲ》的修订中，推出了以业务规模为基础、利用内部损失数据进行调整的新标准化计量法。通过这次修订，过去的多种方法统一为单一方法，一方面提高了标准法的风险敏感性，另一方面解决了高级计量法下风险资本计提不足的问题，是巴塞尔委员会在综合权衡简单性、可比性和风险敏感性之后的一种折中选择。

具体而言，新标准化计量法基于业务指标（*BIC*）和内部损失乘数（*ILM*）来对操作风险的资本要求（*ORC*）进行计算，即资本要求等于业务指标与内部损失乘数相乘：

$$ORC = BIC \times ILM$$

其中，业务指标 *BIC* 主要用于衡量银行的总体规模，确定业务风险量级，是计算资本要求的核心参数。具体而言，*BIC* 是财务报表信息中的业务规模（*BI*）与边际系数（α）的乘积：

$$BIC = \sum (\alpha_i \times BI_i)$$

关于业务规模、边际系数和内部损失乘数的衡量方法如下：

（一）业务规模

在新标准化计量法提出之前，《巴塞尔协议Ⅱ》采用单一因子即总收入规模作为业务规模的代理变量，但这种方式在考虑风险来源时显得比较粗糙，且风险敏感性不足。在新标准化计量法中，业务规模的计算方法被修订为来自利润表各项目的一系列规模指标，包括利息、租赁与股息参数（interest，leases and dividend component，*ILDC*）、服务参数（service component，*SC*）和财务参数（financial component，*FC*）。*ILDC*、*SC* 和 *FC* 三个参数的具体计算方法为：

$$ILDC = \text{Min}[\text{Abs}(\text{利息收入}-\text{利息费用}),\ 2.25\% \times \text{生息资产}] + \text{股息收入}$$

$$SC = \text{Max}[\text{其他经营收入},\ \text{其他经营费用}] + \text{Max}[\text{手续费及佣金收入},\ \text{手续费及佣金费用}]$$

$$FC = \text{Abs}(\text{交易账簿的净损益}) + \text{Abs}(\text{银行账簿的净损益})$$

上述公式中各项指标的具体计算口径见表 6-7。

表6-7　新标准化计量法业务规模指标的具体内容

	报表项目	概述	典型子项目
利息、租赁与股息参数	利息收入	来自所有金融资产的利息收入和其他利息收入（包括融资租赁和经营租赁的收入，以及租赁资产的利润）	· 来自贷款和垫款、可供出售的资产、持有至到期的资产、交易性资产、融资租赁和经营租赁的利息 · 来自套期保值金融衍生品的利息 · 其他利息收入 · 租赁资产的利润
	利息费用	来自所有金融负债的利息费用和其他利息费用（包括融资租赁和经营租赁的利息费用，租赁资产的损失、折旧和减值）	· 来自存款、债券、融资租赁和经营租赁的利息费用 · 来自套期保值衍生品的利息费用 · 其他利息费用 · 租赁资产的损失 · 租赁资产的折旧和减值
	生息资产	未偿还贷款、垫款、计息证券（包括政府债券）和财年末租赁资产总额	
	股息收入	来自未并表股票和基金的股息，包括未并表子公司、联营公司和合资公司	
服务参数	手续费及佣金收入	来自咨询和服务的收入，包括银行作为金融服务外包商收到的收入	以下项目的手续费和佣金收入： · 证券（代表客户发行、发起、接收、传输、执行订单） · 清算和结算、资产管理、存托管、信托交易、支付服务、结构性融资、证券化服务、给予贷款承诺与担保和外汇交易
	手续费及佣金费用	为咨询和服务支付的费用，包括银行为提供金融服务而支付的外包费用，但不包括为提供非金融服务（例如物流、IT、人力资源）支付的外包费用	以下项目的手续费和佣金费用：清算和结算、监护权、证券化服务、收到的贷款承诺与担保和外汇交易
	其他经营收入	其他具有类似性质的银行一般经营业务收入，不包括经营租赁收入	· 来自投资性房地产的租金收入 · 非流动资产和持有待售处置组及终止经营业务的利得
	其他经营费用	其他具有类似性质的银行一般经营业务费用和经营性损失事件的损失，不包括经营租赁费用	· 非流动资产和持有待售处置组及终止经营业务的损失 · 经营损失事件（如罚款、罚金、结算、受损资产的重置费用）的损失，该损失过去没有计提准备 · 为经营损失事件计提准备金产生的费用

续表

	报表项目	概述	典型子项目
财务参数	交易账簿的净损益	·交易性资产和交易性负债（衍生品、债券、股票、贷款和垫款、空头头寸、其他资产和负债）的净损益 ·套期保值净损益 ·汇兑差额净损益	
	银行账簿的净损益	·按公允价值计量且其变动计入损益的金融资产和负债的净损益 ·未按公允价值计量且其变动不计入损益的金融资产和负债（贷款和垫款、可供出售资产、持有至到期的资产和以摊销成本计量的金融负债）的已实现损益 ·套期保值净损益 ·汇兑差额净损益	

（二）边际系数

边际系数主要用于与业务规模相乘，以求得业务指标。在新标准化计量法中，巴塞尔委员会设置了 3 个层级的边际系数，随着业务规模的增大，边际系数也相应提高（见表 6－8）。边际系数的设置是基于非预期损失和业务规模之间的连续函数的分段区间。

业务规模在 10 亿欧元以下的银行，其业务指标等于业务规模乘以 12％，业务规模每增加一单位，业务指标的边际增长为 12％；业务规模在 10 亿欧元到 300 亿欧元区间的银行，在 10 亿～300 亿欧元区间业务规模每增大一单位，业务指标边际增长为 15％；业务规模为 300 亿欧元时同理。假如某银行业务规模等于 400 亿欧元，则 $BIC=10\times12\%+(300-10)\times15\%+(400-300)\times18\%=62.7$(亿欧元)。

表 6－8　业务规模范围和边际系数

层次	业务规模（亿欧元）	边际系数
1	$\leqslant 10$	12％
2	$10<BI\leqslant 300$	15％
3	>300	18％

（三）内部损失乘数

在新标准化计量法中，为利用内部损失数据来反映银行的实际操作风险，引入了内部损失乘数对业务指标进行调整。内部损失乘数的计算公式如下：

$$ILM=\mathrm{Ln}\left(\exp(1)-1+\left(\frac{LC}{BIC}\right)^{0.8}\right)$$

其中，LC 为损失参数（loss component），等于过去 10 年操作风险损失值的平均值。根据上述公式，当损失参数 LC 和业务指标 BIC 相等时，内部损失乘数 ILM 恰好等于 1；当损失参数 LC 大于业务指标 BIC 时，内部损失参数 ILM 将大于 1。这意味着，如果内部损失 LC 比业务指标 BIC 高，银行将面临更高的资本要求。

总体来看，新标准化计量法使用多层次的业务规模来替代单一的总收入规模变量，同时将多种方法统一为单一方法，提高了操作风险计量的简单性和可比性。同时，内部损失乘数的设置延续了高级计量法的风险敏感性，标准化地引入了银行操作风险损失的历史经验。

新标准化计量法的上述调整反映了如下理念：操作风险与银行业务规模呈现正相关关系；倘若银行过去10年出现过较大的操作风险损失，那么未来面临操作风险损失的可能性会更大；操作风险的监管呈现“去模型化”和“去复杂化”的趋势，以解决复杂内部模型法对风险资本计量不足的问题。

6.4　操作风险的管理

从管理流程的角度看，操作风险的管理主要涉及操作风险的识别、操作风险的度量和监测、操作风险的控制三个核心环节。下面分别予以简要介绍。

6.4.1　操作风险的识别

操作风险的识别和评估是金融机构操作风险管理的起点和基础。操作风险识别主要包括建立操作风险目录、识别风险来源和风险发生的频率与严重程度。风险识别过程就是描述每项业务、流程或者部门的风险状况和风险程度。正确识别操作风险既是准确计量和评估操作风险的基础，同时也是合理选择风险控制工具的前提。通常情况下，操作风险的识别应包括对以下问题的回答：银行面临的操作风险（事件）有哪些？驱动这些操作风险的主要因素有哪些（原因）？存在哪些影响（后果）？

操作风险的识别，其核心目标是从商业银行的经营管理中找出潜在的操作风险事件，并对其进行有效的定位和归类，以便为后续的风险管理工作提供信息。操作风险识别工作的具体内容既包括对操作风险损失事件的识别，也包括对引发损失事件的原因的追溯以及对损失事件所造成影响的预测。不过，由于操作风险的复杂性和覆盖范围的广泛性，银行在识别操作风险时，不仅要对当前实际存在的风险和未来潜在的风险进行有效识别，还应考虑银行的内外部因素以及这些因素的动态变化，并在此基础上对银行面临的操作风险进行分析和归类。

在实践中，由于操作风险常常和信用风险、市场风险等其他类型的风险交织在一起，有时要想对其进行准确的识别存在相当程度的困难，在这种情况下，银行需要聘请经验丰富的专业人士参与识别，并使用科学的方法和工具进行判断。目前，一种比较好的识别方法是利用“损失原因-业务条线”矩阵的二维分类方法进行操作风险的细分。根据《巴塞尔协议》，按照损失原因的不同，操作风险可以分为人为风险、程序风险、系统性风险和外部风险；根据所属业务条线的不同，所有操作风险损失事件都可以划分为前文所述的8个业务条线。基于“损失原因-业务条线”的二维矩阵，我们就可以对所有的操作风险进行细分，进而识别其来源、性质和可能影响等。

此外，在操作风险的识别过程中，可以对各种类型操作风险的发生频率和严重性进行考察。其中，发生频率是在特定时间内操作风险发生的损失事件数，而严重性则是指操作风险事件所导致的财务损失大小。根据巴塞尔委员会给出的标准，各类型操作风险的发生频率和严重性如表 6-9 所示。

表 6-9 各种类型的操作风险的发生频率和严重性

操作风险类型	发生频率	严重性
内部欺诈风险	低	高
外部欺诈风险	高/中	低/中
雇佣政策和工作场所安全性风险	低	低
与客户及产品相关的商业风险	低/中	高/中
物理资产损坏风险	低	低
业务中断和系统出错风险	低	低
执行、交割与交易过程管理出错风险	高/中	低

6.4.2 操作风险的度量和监测

银行在识别出相应的操作风险之后，就需要对操作风险进行合理的度量和监测，这是量化风险管理的核心环节。通过度量和监测，银行可以对自身的风险状况有更加全面深入的了解，从而判断哪些是超出了自身风险容忍度的操作风险暴露。

一般而言，在进行操作风险的度量和监测时，银行不仅需要考察操作风险产生的原因及其发生的概率，还需要评估操作风险损失事件发生可能产生的影响。根据风险度量和监测所提供的信息，银行可以明确已经存在的操作风险和潜在操作风险的现状和发展趋势，并判断相关操作风险所导致的损失是否在自身可承受的范围之内。

关于操作风险的度量方法，我们已经在前面的第二节中做了较为详细的介绍，此处不再赘述。不过，值得注意的一点是，风险度量通常涉及对损失的估计。在操作风险度量的过程中，应注意预期损失和非预期损失的区分。根据风险管理的一般理论，预期损失可以量化，通常表现为一个常量，可以直接列支成本，从收益当中减除；而非预期损失是指超过预期损失的那部分潜在损失，表现为一个波动的量，而非常量。非预期损失由于无法提前预知是否发生，因而无法被列为当期的成本，只能通过资本来覆盖。

对于操作风险的度量，一些银行已经开始运用多种方法来量化其操作风险。对于操作风险度量的结果，必须经常性地进行有效性评估，这就会涉及评估疲劳对评估准确性的影响问题。具体而言，操作风险的评估必须有序开展，避免评估疲劳。如果经常进行评估，参与者可能会倾向于对上一个回合的评估结果不加细想地表示同意，特别是在经历了 3～4 次评估之后，这种情况最有可能发生。评估疲劳意味着如果评估过程进行得过于频繁，那么评估所获得的信息的准确率就会降低。为避免评估疲劳，可以考虑在保持评估工具和评估交流语言一致性的前提下，把不同的人员纳入评估流程之中。

在操作风险的监测方面，根据巴塞尔委员会的要求，银行应建立一个能够持续监控自身操作风险暴露和重大操作风险损失事件的系统，这套系统应当能够持续识别出银行所面临的各类操作风险，并对这些风险提供定性分析和定量评估，当银行因内外部经营环境改变而面临不同类型和水平的操作风险暴露时，也能够及时做出调整以应对相关变化。同时，这套系统还应对银行实际发生的操作损失事件进行监控，分析和评估其发生的原因、影响以及所采取的应对措施是否有效，这些都可作为数据资产沉淀在银行的内部损失数据库中，以供日后的量化分析和评估使用。

为了使监测系统能够持续良好运转，银行还应建立一套与此匹配的报告制度，明确界定各部门的上下级报告关系和反馈链路，确保监测活动的结果能被及时上报给相应的管理部门，而上级发出的缓释指令也能够快速传递到相应的业务部门，从而使得董事会、高级管理层和各业务条线都能够积极充分地参与到操作风险管理过程中。一般而言，报告的内容应包含银行面临的潜在操作风险、实际发生的风险损失事件、为管理风险而相应采取的缓释措施及其有效性等内容。通过报告，上级部门可以了解其对操作风险的管理要求是否得到了满足，而下级业务部门则可以确定其对关键风险指标的监控和控制措施是否得到了成功实施。

6.4.3 操作风险的控制

在对操作风险进行度量和监测的基础上，就可以采取相应的措施对操作风险进行控制和缓释。通常情况下，对于所有已经被识别的重大操作风险，银行应该决定是采用合适的步骤来控制或者缓释风险，还是忍受风险。对于那些无法控制的操作风险，银行应该决定是否接受这些风险，减少相关业务活动，或完全停做此类业务。

巴塞尔委员会认为，为使操作风险降低到可接受的范围内，保护银行资产免遭极端损失事件的影响，银行需要构建一个完整的内部控制体系和运用一套完备的风险管理策略，对银行面临的操作风险进行有效的控制和缓释。在实践中，面对不同类型和不同大小的操作风险，银行应该选择符合自身风险管理能力和风险承受能力的策略和工具，以尽可能地减少操作风险损失事件的发生概率和损失程度。从实务操作的角度来看，对操作风险进行管理的方法主要有以下四种：风险规避、风险降低、风险转移和风险接受。

风险规避是指银行在面对某些产品或者业务时，直接采取放弃的态度来预防风险的发生，即银行放弃某些方面的业务，来避免操作此类业务所带来的风险。一般来说，银行会衡量所做业务带来的收益和相应的控制成本，如果收益低于此业务所带来的控制成本，则银行会考虑退出此业务，以规避相应的操作风险。

风险降低是银行面对操作风险时最常用的管理方法，即银行通过实施一系列的政策指引、法规、流程、操作手册等控制措施，来降低所面对的操作风险。如要求员工严格遵守银行相应的法规政策，遵从内部操作手册的规定，考虑实施岗位职责分离，由双人操作掌控等，通过大量的控制措施，将银行所面临的操作风险控制在可接受范围之内。

风险转移是银行的另外一种重要的操作风险管理的方法，是指针对部分风险，银行通过一定的办法，将其所面临的风险转移给另外一方或多方承担。比如，购买保险就是一种比较常见的风险转移方式：通过购买不同的保险，银行可以在发生风险事故时获得相应的补偿。尤其是银行在面对外部风险事件（如地震）时，购买保险是一种非常高效的风险管理方式。

风险接受是指银行对于操作风险中的某些剩余风险的接受。不管银行采取什么样的措施对操作风险进行管理，其风险都并不能完全消除，银行需要接受其在一定控制范围内的剩余风险。一般来说，剩余风险中级别为低的风险将会被商业银行接受。

为对操作风险进行有效的管理和控制，银行可以根据操作风险发生的频率和损失程度，将操作风险分为低频低损失、高频低损失、高频高损失、低频高损失四类，并采取相应的方法予以控制。

（1）低频低损失。此类操作风险由于其发生频率较低且造成的损失比较小，银行可以通过内部控制的方式加以防范，也可以通过提取操作风险准备金或资本金的方式进行自我承担，此时银行为吸收风险而付出的资本成本可以通过产品定价的方式获得补偿。

（2）高频低损失。此类操作风险通常与银行的业务流程中的操作失误、系统崩溃等错误有关，具有较高的不稳定性且在很大程度上难以回避，因此最好应采用损失控制的方法加以处理。损失控制可分为事前的损失预防措施以及事中和事后的损失抑制措施，二者分别聚焦于降低损失事件发生的概率和降低损失事件的损失强度，具体手段包括以IT技术替代人工操作、实施项目管理方案、建立风险预警系统、强化审计稽查与合规检查等。

（3）高频高损失。此类操作风险往往与银行的主要业务相关，此时风险规避可能是有用的策略之一，即通过主动放弃开展可能引发操作风险的业务活动而实现对风险的彻底回避。在风险管理中，风险规避是一种比较极端的策略，因为在拒绝承担风险的同时，也放弃了因承担风险而可能带来的收益。因此，银行在使用风险规避策略时，必须在综合权衡风险和利益的基础上做出审慎的判断。

（4）低频高损失。对于此类操作风险，银行可以采取风险转移的方式予以应对，比如购买保险或业务外包。巴塞尔委员会认为，当内部控制无法充分消除操作风险时，银行可以通过购买保险或业务外包将风险转嫁给第三方，以此作为对内部控制的补充。但值得注意的是，虽然业务外包能够降低银行成本，但同时也容易引发新的未知操作风险，银行在考虑此类做法时必须非常谨慎。

6.5 操作风险管理的中国实践

6.5.1 操作风险管理的发展历程

从国内操作风险的监管要求与实践来看，早在2002年，中国人民银行和银监会就出台了针对银行内部控制和全面风险管理的通知文件。此后，一系列围绕操作风险管理的规定陆续出台，在方向上逐渐向《巴塞尔协议》的相关要求靠拢，为国内商业银行的操作风险管理提供了基础和依据。

2007年，中国银监会发布《商业银行操作风险管理指引》，要求全国商业银行、政策性银行及邮政储蓄银行建立一套在业务性质、规模和复杂程度等方面与本行实际情况相一致的操作风险管理体系。虽然该指引未明确各行操作风险管理体系的具体形式，但从主要商业银行的实践来看，基本都遵循了《巴塞尔协议》的倡议，将操作风险管理融入全面风险管理体系中，并在借鉴国际经验的基础上，结合本行实际予以必要的调整和改进。

2012年，中国银监会发布《商业银行资本管理办法（试行）》。该办法自2013年起正式实施，其主要内容是基于《巴塞尔协议》的相关要求和建议，进一步明确并完善了商业银行的资本充足率要求、监督检查与信息披露等事项，并结合中国的实际情况，规定了商业银行用于计量和管理操作风险的一系列具体要求，这使得中国商业银行操作风险的管理朝着更加规范化、常态化和一致性的方向发展。

在上述相关监管要求的引导下，国内商业银行积极研究制定适合自身的操作风险管理体系，并在总体上初步形成了框架比较完整、程序比较完善的操作风险管理体系。从已有的实践来看，国内商业银行在其日常经营管理活动中，主要是通过建立健全风险管理体系、完善操作风险资本计量方法、推动完善基础设施等方面进行操作风险的管理。

从组织架构来看，目前中国各主要商业银行的内部基本上都形成了由董事会、风险管理委员会、高级管理层、内控与合规委员会、风险管理部门、各业务部门以及各分支行所构成的，自上而下垂直领导和各种横向牵制相结合的风险管理架构。

在管理流程方面，目前各主要商业银行基本参照巴塞尔委员会在《健全的操作风险管理原则》中所提出的管理理念，同时遵循中国银保监会的相关要求，在其风险管理流程中涵盖了操作风险的识别与评估、监测与报告、控制与缓释等主要环节。

在操作风险监管资本的计量方面，目前大部分商业银行仍主要采用标准法。尽管2014年有6家商业银行（中国工商银行、中国农业银行、中国银行、中国建设银行、交通银行、招商银行）已被允许采用高级计量法，但只有工商银行实际启动且率先完成并投入使用，其他银行现阶段仍然采用标准法。不过，根据年报及相关公开披露，这几家银行目前已基本完成高级计量工具的开发工作，预计后期会逐步投入使用。

6.5.2 操作风险管理的主要方法

关于中国商业银行的操作风险管理方法，其基本依据是2013年开始施行的《商业银行资本管理办法（试行）》。根据该办法，商业银行可采用基本指标法、标准法或高级计量法计量操作风险资本要求。商业银行如果采用标准法或高级计量法计量操作风险资本要求，应符合银保监会的相关规定，并经银保监会核准。同时，在未经银保监会核准的情况下，商业银行不得自行变更操作风险资本的计量方法。

（一）基本指标法

根据《商业银行资本管理办法（试行）》，商业银行采用基本指标法应当以总收入为基础计量操作风险资本要求。其中，总收入为净利息收入与净非利息收入之和，其具体构成如表 6-10 所示。

商业银行采用基本指标法计量操作风险资本要求的具体公式为：

$$K_{BIA}=\frac{\sum_{i=1}^{n}(GI_i \times \alpha)}{n}$$

其中，K_{BIA} 为按基本指标法计量的操作风险资本要求，GI 为过去 3 年中数值为正的年度总收入，n 为过去 3 年中总收入为正的年数，α 取值 15%。

表 6-10　基本指标法下的总收入构成

序号	项目	内容
1	利息收入	金融机构往来利息收入，贷款、投资利息收入，其他利息收入等
2	利息支出	金融机构往来利息支出、客户存款利息支出、其他借入资金利息支出等
3	净利息收入	利息收入－利息支出
4	手续费和佣金净收入	手续费及佣金收入－手续费及佣金支出
5	净交易损益	汇兑与汇率产品损益、贵金属与其他商品交易损益、利率产品交易损益、权益衍生品交易损益等
6	证券投资净损益	证券投资净损益等，但不包括银行账户“拥有至到期日”和“可供出售”两类证券出售实现的损益
7	其他营业收入	股利收入、投资物业公允价值变动等
8	净非利息收入	手续费和佣金净收入＋净交易损益＋证券投资净损益＋其他营业收入
9	总收入	净利息收入＋净非利息收入

（二）标准法

根据《商业银行资本管理办法（试行）》，商业银行采用标准法，应当以各业务条线的总收入为基础计量操作风险资本要求。在业务条线的划分上，与《巴塞尔协议Ⅱ》下的 8 个业务条线划分有所不同，《商业银行资本管理办法（试行）》规定，中国的商业银行应当按照表 6-11 的分类规则，将全部业务划分为以下 9 个业务条线：公司金融、交易和销售、零售银行、商业银行、支付和清算、代理服务、资产管理、零售经纪以及其他。

在此基础上，商业银行采用标准法计量操作风险资本要求的具体公式为：

$$K_{TSA}=\frac{\sum_{j=1}^{3}\mathrm{Max}\left[\sum_{i=1}^{9}(GI_i \times \beta_i),\ 0\right]}{3}$$

其中，K_{TSA} 为按标准法计量的操作风险资本要求；$\mathrm{Max}\left[\sum_{i=1}^{9}(GI_i \times \beta_i),\ 0\right]$ 是指各年为正的操作风险资本要求；GI_i 为各业务条线总收入；β_i 为各业务条线的操作风险资本系数。

关于β_i的取值，《商业银行资本管理办法（试行）》的规定如下：（1）零售银行、资产管理和零售经纪业务条线的操作风险资本系数为12%；（2）商业银行和代理服务业务条线的操作风险资本系数为15%；（3）公司金融、支付和清算、交易和销售以及其他业务条线的操作风险资本系数为18%。

表6-11 中国商业银行操作风险计量的9个业务条线

1级目录	2级目录	业务种类示例
公司金融	公司和机构融资	并购重组服务、包销、承销、上市服务、退市服务、证券化、研究和信息服务、债务融资、股权融资、银团贷款安排服务、公开发行新股服务、配股及定向增发服务、咨询见证、债务重组服务、财务顾问与咨询、其他公司金融服务等
	政府融资	
	投资银行	
	咨询服务	
交易和销售	销售	交易账户人民币理财产品、外币理财产品、在银行间债券市场做市、自营贵金属买卖业务、自营金融衍生工具买卖业务、外汇买卖业务、存放同业、证券回购、资金拆借、外资金融机构客户融资、贵金属租赁业务、资产支持证券、远期利率合约、货币利率掉期、利率期权、远期汇率合约、利率掉期、掉期期权、外汇期权、远期结售汇、债券投资、现金及银行存款、中央银行往来、系统内往来、其他资金管理等
	做市商交易	
	自营业务	
	资金管理	
零售银行	零售业务	零售贷款、零售存款、个人收入证明、个人结售汇、旅行支票、其他零售服务
	私人银行业务	高端贷款、高端客户存款收费、高端客户理财、投资咨询、其他私人银行服务
	银行卡业务	信用卡、借记卡、准贷记卡、收单、其他银行卡服务
商业银行	商业银行业务	单位贷款、单位存款、项目融资、贴现、信贷资产买断卖断、担保、保函、承兑、委托贷款、进出口贸易融资、不动产服务、保理、租赁、单位存款证明、转贷款服务、担保/承诺类、信用证、银行信贷证明、债券投资（银行账户）、其他商业银行业务
支付和结算[a]	客户	债券结算代理、代理外资金融机构外汇清算、代理政策性银行贷款资金结算、银证转账、代理其他商业银行办理银行汇票、代理外资金融机构人民币清算、支票、企业电子银行、商业汇票、结售汇、证券资金清算、彩票资金结算、黄金交易资金清算、期货交易资金清算、个人电子汇款、银行汇票、本票、汇兑、托收承付、托收交易、其他支付结算业务
代理服务	托管	证券投资基金托管、QFII托管、QDII托管、企业年金托管、其他各项资产托管、交易资金第三方账户托管、代保管、保管箱业务、其他相关业务
	公司代理服务	代收代扣业务、代理政策性银行贷款、代理财政授权支付、对公理财业务、代客外汇买卖、代客金融衍生工具业务、代理证券业务、代理买卖贵金属业务、代理保险业务、代收税款、代发工资、代理企业年金业务、其他对公代理业务
	公司受托业务	企业年金受托人业务、其他受托代理业务

续表

1级目录	2级目录	业务种类示例
资产管理	全权委托的资金管理	投资基金管理、委托资产管理、私募股权基金、其他全权委托的资金管理
	非全权委托的资金管理	投资基金管理、委托资产管理、企业年金管理、其他非全权委托的资金管理
零售经纪	零售经纪业务	执行指令服务、代销基金、代理保险、个人理财、代理投资、代理储蓄国债、代理个人黄金业务、代理外汇买卖、其他零售经纪业务
其他	其他业务	无法归入以上8个业务条线的业务种类

a 为银行自身业务提供支付结算服务时产生的操作风险损失，归入行内接受支付结算服务的业务条线。

（三）高级计量法

根据《商业银行资本管理办法（试行）》，商业银行采用高级计量法，可根据业务性质、规模和产品复杂程度以及风险管理水平选择操作风险计量模型。在使用高级计量法的过程中，商业银行应当基于内部损失数据、外部损失数据、情景分析、业务经营环境和内部控制因素建立操作风险计量模型，同时，建立模型使用的内部损失数据应充分反映本行操作风险的实际情况。

对于使用高级计量法的商业银行而言，除应符合标准法规定的实施条件外，还应满足《商业银行资本管理办法（试行）》在治理结构和数据处理等方面的要求，以及在模型建立和计量方面的以下要求：（1）用于计量操作风险资本要求模型的置信度应不低于99.9%，观测期为1年；（2）操作风险计量系统应具有较高的精确度，且考虑到了非常严重和极端损失事件发生的频率和损失的金额；（3）如不能向监管部门证明已准确计算出了预期损失并充分反映在当期损益中，应在计量操作风险资本时综合考虑预期损失和非预期损失之和；（4）在加总不同类型的操作风险资本时，可以自行确定相关系数，但要书面证明所估计的各项操作风险损失之间相关系数的合理性；（5）可以将保险作为操作风险高级计量法的缓释因素，但保险的缓释最高不超过操作风险资本要求的20%。

6.5.3 操作风险管理的实践案例

对于中国商业银行在操作风险管理方面的一些实践做法，下面以交通银行和中国农业银行的操作风险管理体系为例，进行简要的示例性说明。

（一）交通银行的操作风险管理体系

从组织架构来看，在公司治理层面，交通银行董事会负责操作风险管理战略和总体政策的顶层设计工作，高级管理层则负责执行董事会的操作风险管理设计，遵照其基本原则对管理程序、规程等作进一步细化，并在全行范围内进行风险管理的资源配置和权责分配。

在职能管理层面，交通银行在总行、一级分行和二级分行三个层面均设置风险管理委员会，每级委员会都对本层级机构操作风险的管理与防范负责，并领导下一层级委员会的工作。而各层级机构则由业务经营部门、保障支持部门、风险管理部门和内部审计部门共同构成，这四个部门实际依次构成了防范操作风险的“四道防线”。

在上述职能结构中，业务经营部门对本业务条线各环节的操作风险管理负直接责任；人力、法律、财务等保障支持部门负责管控特定类别操作风险并对其他部门提供资源支持；风险管理部门在本层级风险管理委员会的监督和指引下牵头进行操作风险管理活动，起统筹安排的作用；内部审计部门将对其余部门的管理流程和工作结果作综合考察及评估。

交通银行的操作风险管理组织架构如图 6-3 所示。

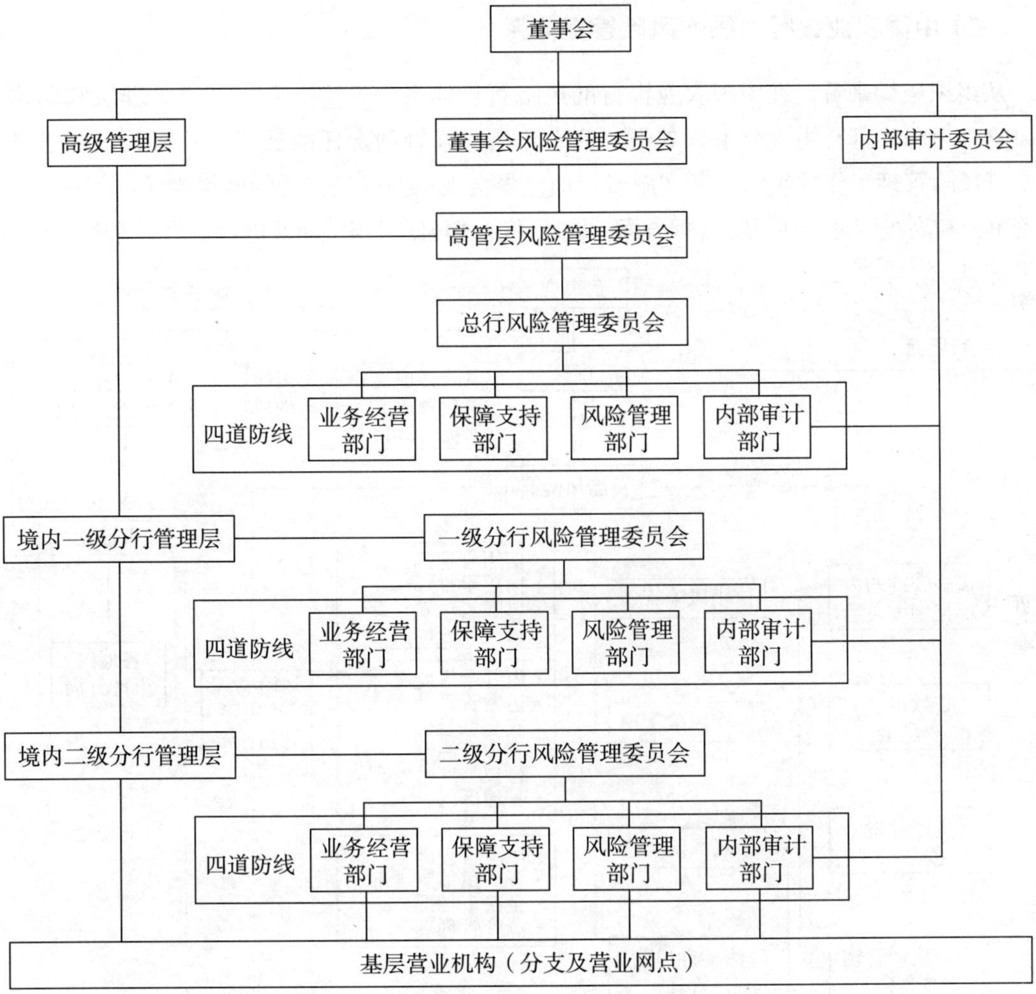

图 6-3　交通银行的操作风险管理组织架构

在风险管理的具体流程上，交通银行在《巴塞尔协议Ⅱ》给出的 7 大类操作风险损失事件的基础上，另外新增因子、事件、影响效果三级目录，构成便于本行实际操作的损失事件分类表。同时，交通银行将自身对操作风险的容忍度划分为程度由弱到强的四个区域等级，并以绿色、黄色、橙色、红色四种颜色加以区分，分别代表操作风险暴露落于安全区域、需要加强监控的区域、警戒区域和不可忍受区域。

根据对操作风险的分类和容忍度的说明，交通银行通过业务流程分析来识别主要业务流程及业务活动中固有的操作风险事件，并在此基础上使用风险与控制自我评估和关键风险指标对操作风险进行评估，判断风险暴露水平在风险偏好区域上的具体落点。对于那些已经实际发生的操作风险损失事件，则通过损失数据收集进行确认、统计和数据归档。

为确保在预警信息产生时银行能及时采取干预措施，将操作风险暴露水平降低到安全区域内，交通银行还制定了一套风险报告机制，明确规定了各层级各环节的报告责任及银行内部的报告路径，要求总分行各部门定期向指定汇报对象报告操作风险管理的执行情况、效果及整体评价等信息。

（二）中国农业银行的操作风险管理体系

从组织架构来看，在中国农业银行的风险管理体系中，董事会、高级管理层和监事会的风险管理职能具有明确分工。其中，董事会是风险管理责任的最终承担者，高级管理层是全行风险管理工作的组织者和实施者，而监事会则承担风险管理的监督责任，负责监督检查董事会和高级管理层在风险管理方面的履职情况并督促对相关问题进行整改（见图 6-4）。

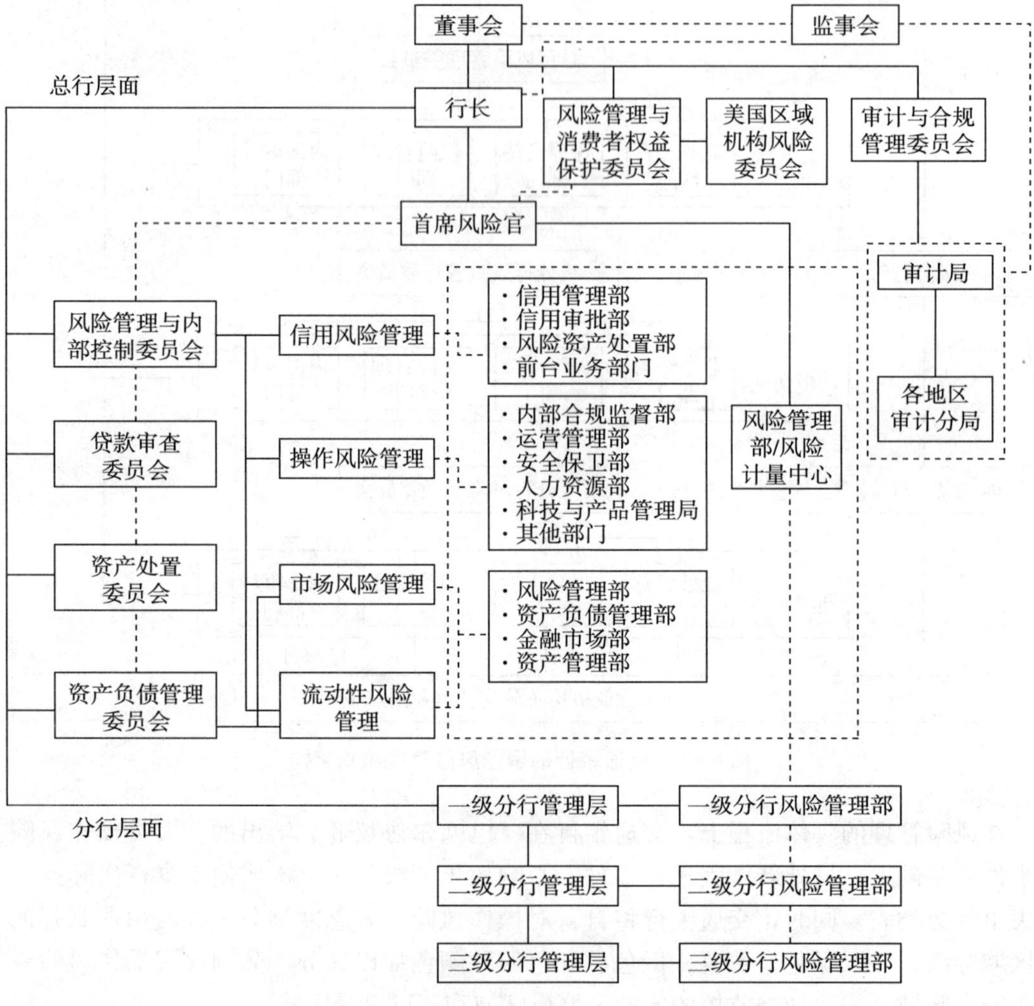

图 6-4 中国农业银行的操作风险管理组织架构

在中国农业银行的操作风险管理组织架构中，风险管理部和风险计量中心负责主要的风险管理工作。具体到相关部门，内控合规监督部、运营管理部、安全保卫部、人力资源部以及科技与产品管理局等多个部门均承担着相应的操作风险管理职责，这也从一个侧面反映出操作风险覆盖范围广、遍布银行经营各个方面和环节的特点。除了建立完善的风险管理组织架构外，中国农业银行还通过制定操作风险分类分级规范加强操作风险管理的系统性与规范性。

在操作风险资本的计量方面，中国农业银行在通常情况下采用标准法计提操作风险对应的资本要求。在2020年的风险资本计量中，为进一步增强操作风险计量的敏感性和前瞻性，中国农业银行综合运用了标准法和高级计量法，同时完善了操作风险管理评分卡。2020年，中国农业银行按照标准法核算的操作风险监管资本要求为852.90亿元，占当年该行总收入的12.96%。另外，根据《巴塞尔协议》“第三支柱”的要求，中国农业银行每季度都披露1次资本充足率，并编制和发布相应的《资本充足率报告》。

此外，随着金融科技的发展，数字化基础设施所导致的操作风险事件开始增多。比如，2013年的光大证券“乌龙指”事件就是由系统不完善所导致的操作风险。为防范此类风险，中国农业银行在《2020年资本充足率报告》中提出，为应对信息科技系统带来的操作风险威胁，中国农业银行会在建立健全信息科技风险管理体系的同时，加快完善信息科技的管理制度，以防范全行性、区域性系统中断事件以及网络信息安全事件的发生。

关键词

操作风险	欺诈风险	网络风险	合规风险	雇佣风险
资产风险	基本指标法	标准化方法	高级计量法	内部衡量法
损失分布法	打分卡法	极值理论模型	新标准化计量法	风险规避
风险降低	风险转移	风险接受		

复习思考题

1. 简述操作风险的主要类型与特点。
2. 举例说明操作风险度量的主要模型和方法。
3. 简述《巴塞尔协议》关于操作风险度量的要求。
4. 简述操作风险管理的主要流程、方法和工具。
5. 简述我国操作风险管理的三种主要方法及其适用情况。

本章小结

第7章

流动性风险的度量和管理

本章要点

1. 流动性风险的定义、特征和影响因素；
2. 流动性风险度量的主要模型和方法；
3. 《巴塞尔协议》中的流动性风险度量方法；
4. 流动性风险的管理流程、方法和工具；
5. 流动性风险管理在中国的主要实践做法。

背景材料

美国次贷危机的“蝴蝶效应”从未停止向欧洲金融市场蔓延。继法国巴黎银行后，英国第五大抵押贷款机构——北岩银行再度成为次贷危机的“重伤员”。曾是房贷市场佼佼者的北岩银行，缘何成为第一家遭遇“滑铁卢”的英国银行？美国次贷危机又是如何引发这场英国银行挤兑风波的？

与大多数银行依靠储户存款为购房者提供抵押贷款的做法不同，北岩银行主要依靠向其他银行借款与在金融市场上出售抵押贷款证券进行融资。在市场流动性充足的情况下，这种做法的成本很低；但在次贷危机面前，北岩银行的“抗打击能力”就变得很弱。

自2007年7月底以来，美国次贷危机冲击全球，由于担心次贷危机扩大，投资者收紧投资，信贷市场萎缩，市场流动性下降，银行间的同业拆借大幅减少，拆借利率随之上升。这一打击正中北岩银行“命门”。“由于极端的全球流动性危机仍在继续，对全球各地的市场都产生了影响，我们不得不放慢贷款业务直到市场恢复增产。”北岩银行在其网站公布的声明中表示。

尽管贷款结构中甚少次级或不良贷款，但在融资市场与抵押贷款证券市场上遇到困难的北岩银行盈利水平仍然受到重创，自2007年年初以来，北岩银行的股价已狂跌50%左右，在9月14日当天更是下跌30%。北岩银行的危机在英国股市引发连环“地震”。英国主要抵押贷款机构如联盟-莱斯特公司、布雷德福-宾利公司和帕拉冈公司等股价9月14日纷纷下跌，其中帕拉冈公司的股价跌幅达到25%。至9月14日下午收盘时，伦敦股市《金融时报》100种股票平均价格指数较前一个交易日下跌1.2%左右，收于6 289.3点。

其实不仅仅是北岩银行，美国次贷危机也引发众多欧洲金融机构资产价值大跌，抵押品价值严重缩水。在全球资本市场中，美国房地产金融市场占据着非常重要的地位，这就意味着，任何机构投资者要在全球范围内建立自己的资产组合，就不得不考虑购买美国的房地产金融产品，欧洲也不例外。而一旦美联储加息和房地产市场下滑造成住房抵押贷款违约率上升，引发房地产金融产品价值大幅缩水，就必然造成欧洲金融机构面临上述窘况。

资料来源：受累次贷危机 英国房贷银行惊现挤兑. 新华网，2007-09-16；挤兑背后是英国版次贷危机. 国际金融报，2007-09-18.

7.1　流动性风险概述

7.1.1　流动性风险的定义

早在1930年，凯恩斯就给出了流动性的一个基础定义，他认为，如果一种资产能够在不损失其价值的情况下而快速变现，那么这种资产就被认为具有较好的流动性。从市场交易的角度，流动性的程度大小一般可以从以下三个维度予以衡量：一是市场紧密性，即在一个较短的时间内改变头寸所需的成本，通常以买卖差价衡量；二是市场深度，即显著影响价格所需要的交易量；三是市场弹性，即影响交易的因素消除之后，价格回归到正常（均衡）状态的速度。总体来看，市场流动性的存在使得大额交易能够在不显著影响市场价格的前提下进行。

流动性体现了资产在金融市场中的变现能力。对于金融机构而言，流动性风险（liquidity risk）则是指无法在给定的时间点以所需的货币和在指定的地点筹集到足够的资金以满足现金流出的需要（BIS，2010）。美国货币监理署（OCC，2012）认为，流动性风险是指一家机构由于不能或预期不能偿付到期债务而在财务状况或整体安全性、稳健性方面受到的负面冲击。2018年，中国银保监会在其颁布的《商业银行流动性风险管理办法》中，将流动性风险定义为商业银行无法以合理成本及时获得充足资金，用于偿付到期债务、履行其他支付义务和满足正常业务开展的其他资金需求的风险。2020年，中国香港金融管理局发布《流动性风险监管制度》，定义流动性风险为机构可能要承受其不愿接受的损失，否则便无法履行到期义务的风险，引致这种情况出现的原因可能是金融机构自身原因或市场受压，导致金融机构无法将资产变现或获取融资以应付流动性的需要。

从上述定义来看，金融机构流动性风险的核心内涵都涉及不能以合理的成本足额履行到期的支付义务。对于流动性风险，巴塞尔委员会在《流动性风险管理和监管原则》中，将金融机构流动性定义为金融机构（商业银行）在未遭受不可接受的损失的前提下，筹集资金以满足资产增长和履行到期义务的能力。相应地，流动性风险是指商业银行虽具有清偿能力，但无法及时获得充足资金或无法以合理成本及时获得充足资金以应对资产增长或支付到期义务的风险。这一定义强调了流动性风险的三个基本特征：一是流动性风险存在的前提是金融机构仍具有持续经营和清偿债务的能力，不能简单等同于清偿风险；二是流动性风险强调金融机构获得资金的代价是付出额外的时间成本或经济成本；三是流动性风险的到期义务不仅涵盖了法定的债务义务，还包括非法定的支付义务。

7.1.2 流动性风险的来源

金融机构的流动性是动态的，强调的是金融机构始终具有足够的流动性来源用于满足一定时间内的资金流出需求。通常情况下，当金融机构通过出售资产（市场流动性）、借入资金（融资流动性）而获得资金时，其流动性会增加；而当金融机构偿还到期债务或满足客户提款需求时，其流动性会下降。因此，金融机构的流动性同时涵盖市场流动性和融资流动性两个方面，并需综合考虑时间、金额等方面的变化。

对应于市场流动性和融资流动性，金融机构的流动性风险也可区分为资产端的市场流动性风险和负债端的融资流动性风险，前者是指由于市场深度不够或市场出现中断而导致银行无法以合理的市场价格出售资产或对冲交易头寸的风险，而后者则是指银行无法在不影响日常经营或财务状况的情况下有效满足预期和非预期的当前及未来现金流出和抵押需求的风险。基于上述定义，可以从以下两个维度来辨识银行流动性的来源：

一是基于资产端的流动性，主要依赖于各类资产的市场流动性，具体包括：(1) 银行不同种类资产创造的现金流，这是银行最基础的流动性来源，如通过发放贷款、投资证券组合形成的定期的本金和利息现金流；(2) 以资产作为抵押融入资金，银行以易变现、市场接受度高、折价率低的资产（如国债、政策性金融债、中央银行票据等）为抵押开展回购业务或发行债券，可以获得相对于无担保融资更为稳定和成本更低的资金；(3) 资产清算，银行在常规的流动性管理策略中必须持有一定比例无变现障碍、具有较好市场广度和深度的资产（如国债、高评级的企业债等）作为流动性管理工具，必要的时候也可以出售部分贷款或投资组合以获取流动性；(4) 资产证券化，银行将缺乏流动性的资产通过证券化的形式变成标准化产品而加以出售以获得流动性，相对于前三种流动性来源，资产证券化的折价率相对更高。

二是基于负债端的流动性，主要依赖于金融机构的融资能力，具体包括：(1) 客户存款，这是商业银行最重要的基础性融资来源，其中，由个人客户和小企业客户提供的零售存款是商业银行成本最低和最为稳定的资金来源，而从企业、政府、其他机构吸收的法人存款则是单笔规模更大但稳定性相对更差的存款；(2) 从同业融入资金，银行可以采取多种形式如同业拆借、吸收同业存款、发行同业存单等无担保方式，以及债券回购等有担保的方式从同业借得资金；(3) 通过资本市场筹集资金，信誉好的大型银行可以通过国际资本市场筹集稳定的中长期资金，具体如发行高级无担保债券、私募债券、次级债等；(4) 向央行申请流动性支持工具，比如在中国，符合条件的银行可以通过常备借贷便利（SLF）、中期借贷便利（MLF）等流动性支持工具向央行申请资金支持；(5) 提取表外信贷额度，多数有业务往来的金融机构之间通常会相互提供信贷额度、流动性支持额度等表外工具，此类工具银行一般不会动用，但在面临流动性压力和难以从其他渠道足额筹集资金时，会考虑使用此类工具。

对于金融机构而言，若是由于资产端出现短期或长期的短缺，而无法及时满足所欠的资金或为新的需求提供资金，所产生的风险就被称为资产流动性风险；若是由于金融机构所筹集的资金突然发生波动，如需提前偿还或筹资成本上升而不得不放弃筹资等，所引发的风险被称为负债流动性风险。此外，金融机构的筹资能力并非一成不变，若获取资金的能力变弱，可能由于筹资成本升高而无法及时足额筹集资金，就不得不对其原有的资产、负债的结构进行调整，却仍然无法避免损失的产生，这种情况下金融机构的风险急剧增大，可能导致清算甚至是破产。

从流动性风险的形成机制来看（见图7-1），当金融机构面临大量资金需求而无法通过同业拆借、中央银行借款等方式及时获得资金时，金融机构面临融资流动性风险，被迫通过出售资产回流资金，而资产流动性较低或金融市场不景气时期资产价格低于实际价值，面临市场流动性风险，资产价值的降低同时又会进一步减少金融机构可获得的资金，二者综合作用对金融机构的流动性形成冲击。在现实中，融资流动性风险与市场流动性风险往往相互作用，严重时可能引发系统性风险和金融危机。

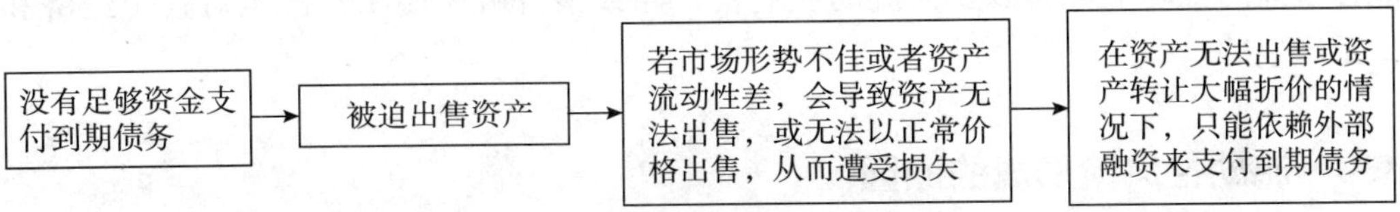

图7-1　流动性风险的形成机制

金融机构的流动性风险主要来自三方面：一是事件驱动来源，主要指金融市场上特定金融机构的负面消息或事件（如信用评级下调等）对金融机构形成流动性冲击，或系统性事件（如外部灾难事件）导致保险公司发生大量赔付；二是交易和产品驱动来源，主要指一些特殊的交易和产品（如金融衍生品、表外风险暴露、具有内嵌期权的保险合同等）可能会在特定情况下引发金融机构的流动性风险；三是市场发展趋势所引发的流动性风险，比如随着银行批发业务的发展和保险公司机构客户的增加，金融机构需要周转更大规模的资金来满足机构客户的要求，同时客户流动过程中单次带走的资金量也显著提高。

7.1.3　流动性风险的主要特征

总体来看，金融机构的流动性风险具有高关联性、顺周期性、强传染性、隐蔽性和突发性等基本特征。在实践中，流动性风险往往是由其他风险引起的，与其他风险之间有着相互依存关系，很多风险的外在表现形式就是流动性风险。

（1）高关联性。商业银行在经营过程中会面临信用风险、市场风险、利率风险、操作风险等各种风险因素的影响，如果无法及时处理这些风险，随着时间的推移就可能转化为流动性风险。比如，假如商业银行频繁出现信用风险，投资者便会对银行在金融市场中的资产降低信心，进而导致流动性风险的产生。

（2）顺周期性。商业银行的流动性风险具有一定的顺周期性：在经济上行阶段，信贷规模扩张，企业扩大产能，商业银行的流动性资金往往比较充裕；而在经济下行阶段，融资流动性受到冲击，银行“惜贷”导致市场流动性供给的紧缩和资金成本上升，通过市场获取流动性的压力会增大。

（3）强传染性。在现代金融体系下，各金融机构之间的业务往来密切，单一金融机构的流动性问题可能导致其他银行受到影响，具体包括三条传染路径：一是通过资产负债表，即某银行倒闭后再也无法偿还其他银行的债务，其他银行资产负债表受到影响而恶化；二是通过挤兑渠道，即一家银行发生危机后引发公众对银行体系的信任危机，恐慌情绪蔓延而导致公众对所有银行进行挤兑，最终危机传染至更多银行；三是通过资产价格渠道，即资金短缺的银行为筹集资金而寻求快速出售资产回流现金，资产供过于求而导致价格下跌，从而影响到其他银行所持资产的价值。

（4）隐蔽性和突发性。流动性风险往往和市场风险、操作风险、信用风险等其他风险因素相关，并由后者间接引发，是一种间接风险。这使得流动性风险在早期阶段往往并不容易被察觉，具有很强的隐蔽性，而一旦潜伏的流动性风险积累到一定程度，就有可能在事件的推动下突然演变为流动性危机，导致银行破产倒闭，甚至对整个经济和金融体系产生冲击。

7.1.4 流动性风险形成的原因

商业银行的资产与负债很难在规模及时间上同时完全保持一致，这是引发流动性风险的关键因素。具体而言，商业银行的存款期限有长有短，发放贷款的期限也有长有短，存款和贷款的期限并不能完全匹配，这使得流动性风险成为一种必然的存在。从来源上看，流动性风险的产生受到一系列内部和外部因素的影响。

（一）内部因素

内部因素是指银行在经营过程中，由经营目标与实际情况偏差所导致的资金运用大于资金来源的流动性风险影响因素，如资产与负债的错配、银行经营目标和计划的影响、银行声誉的影响、贷款质量的影响、债务负担的影响以及其他业务的影响。

（1）资产与负债的错配。资产与负债的错配分为两种情况：一是总量上的错配，二是时间上的错配。如果银行在融资能力较弱或吸收资金的成本较高的情况下扩大经营规模，就会导致资产方风险不断积聚，此时流动性风险极有可能出现。同时，如果银行大量开展“吸短放长”的业务，那么只要银行无法及时周转资金，就随时可能出现流动性风险。

（2）银行经营目标和计划的影响。银行决策者的经营计划也会对银行的流动性产生重要影响。如果决策者是激进的利润偏好型，就会尽可能将资金投放出去以最大化盈利，这样流动性压力就会上升；反之，如果决策者是保守的流动性偏好型，那么就会尽可能地持有流动性强的资产以满足随时可能产生的支付需求，而不会一味地追求盈利，此时出现流动性风险的概率就会明显下降。

（3）银行声誉的影响。一般而言，声誉好和受到客户广泛信任的银行通常能较为容易地吸收到公众的存款，从而保持较强的流动性。反之，如果银行声誉比较差，或者存在声誉风险，那么银行吸收存款的能力就会下降，严重时可能出现存款流失甚至存款挤兑，从而导致流动性风险。

（4）贷款质量的影响。如果银行的不良贷款规模较小，或为不良贷款计提的拨备充足，那么银行的信贷风险向流动性风险转换的可能性就比较小。反之，如果银行存在大量的不良资产或计提的拨备不足以覆盖可能出现的损失，那么银行信贷风险转换为流动性风险的概率就会上升。

（5）债务负担的影响。如果银行为弥补损失或满足支付等而不得不背负大量债务，那么过重的债务负担就会导致银行在关键时候资金不足，进而引发流动性风险。反之，如果银行背负的债务处于可偿还的能力范围之内，那么流动性风险产生的概率就相对比较小。

（6）其他业务的影响。除信贷业务外，规模较大的银行还存在其他业务，如理财业务、同业业务、中间业务等，这些业务如果经营不当，均伴随着相应的流动性风险。

（二）外部因素

外部因素是指来自银行自身经营之外的流动性风险影响因素，典型的如金融政策的影响、经济发展情况的影响、金融市场发展的影响、市场利率变动的影响、国际资本流动的影响等。

（1）金融政策的影响。各种金融政策（特别是货币政策和监管政策）对商业银行的流动性具有直接影响。一般而言，中央银行可以通过改变政策利率、存款准备金率以及进行公开市场操作等方式，对货币和信贷市场的流动性进行直接调节：当中央银行上调政策利率、存款准备金率或向金融机构卖出政府债券时，货币和信贷市场的流动性会收紧；反之则会向货币和信贷市场释放流动性。从监管角度，一些典型的监管政策，如流动性要求、拨备率要求、抵押率约束、存贷比限制等，都会对金融机构的流动性产生直接影响。

（2）经济发展情况的影响。在经济迅速发展的过程中，一般会出现大量的投资和消费需求，这些投资和消费资金中的很大一部分通常是以银行贷款的方式获得的。由于金融体系顺周期性的作用（详见专栏7-1），在经济发展向好的时期，银行盈利较多，坏账较小，资产负债表比较健康，因而流动性风险较低；而一旦经济进入下滑甚至衰退期，之前隐藏的各种风险就可能会集中暴露和释放，从而提高流动性风险发生的概率。

专栏7-1

金融体系的顺周期性

金融体系的顺周期性（procyclicality）是指在时间维度上，金融体系存在与实体经济“同涨同跌、助长助跌”的同趋势性特性，这种特性会通过金融和实体经济之间的动态反馈机制放大繁荣和萧条的周期，从而导致经济和金融体系的不稳定。金融体系的顺周期性被认为是时间维度上系统性风险的主要来源。现实中一些常见的经济金融活动都具有顺周期性：

（1）投资行为的顺周期性。“买涨不买跌”是投资市场中的一个典型现象，当经济繁荣和资产价格上升时，人们的收入增加、抵押品价值上升，投资者会进行更多的金融和实体经济投资，从而推动经济和金融更加繁荣；反之，在经济下行期，人们的收入减少、抵押品价值下降，投资者会缩减金融和实体经济投资，从而导致经济金融形势的进一步恶化。

（2）信贷行为的顺周期性。受“时点”评级和银行资本监管等因素影响，银行的信贷投放会呈现出与经济周期高度同步的特征，即在经济上升期，资产质量更好，资本充足率自动上升，于是信贷投放增加，经济增长进一步加速；反之，在经济下行期，资产质量和资本充足率自动下降，于是信贷回落，进一步加速经济萧条。

（3）资本流动的顺周期性。当国内资产价格上涨和经济繁荣时，国际资本会大规模流入进行投资，从而导致国内资产价格的进一步上升和经济繁荣的进一步强化；反之，在经济下行期，国际资本为规避风险，会从国内投资市场大规模流出，这会导致资产价格的进一步下跌以及经济金融形势的进一步恶化。

关于金融体系顺周期性的关键事实、动力机制及其对经济金融政策的影响，可参考马勇所著《中央银行学》（中国人民大学出版社，2020 年）的第 10 章。

（3）金融市场发展的影响。金融市场发达与否直接影响银行的投融资能力。在一个发达的金融市场中，市场参与者的数量和产品的种类比较丰富，银行可以很容易地融资或将资产出售变现，从而获得较高的流动性。但如果金融市场处于较低的发展阶段，银行就可能面临资产变现难、融资渠道窄和融资成本高等问题，从而加大银行的流动性风险。

（4）市场利率变动的影响。在市场化条件下，利率是引导金融市场资金供求关系的核心变量。一般而言，如果市场利率上升，那么银行相对更容易吸收公众的存款，而资金需求者则会因为借款成本较高而削减贷款需求，最终使得银行的流动性风险下降；反之，如果利率下降，投资者可能减少储蓄，转向股票、债券等其他收益更高的理财方式，此时银行的存款规模将出现下降，在贷款规模不变的情况下，流动性风险相应上升。

（5）国际资本流动的影响。为追求高额利润，国际资本在某些时候可能会悄悄进入一国的金融市场，从而导致该国的金融市场资金突然十分充裕，出现流动性上升甚至流动性泛滥的现象。但国际资本特别是短期国际资本的流动往往是基于投机性需求，具有非常不稳定的特征，一旦目的达到或出现风吹草动就会立即撤资，从而影响金融市场的稳定和增大银行的流动性风险。

7.2　流动性风险的度量

流动性风险的度量方法有很多，包括总量分析法、比率分析法、现金流分析法、缺口分析法、流动性调整在险价值方法等，下面分别予以简要介绍。

7.2.1　总量分析法

流动性风险度量的最基本方法就是对金融机构资产负债表中的资产、负债和所有者权益项目进行比较分析来判断流动性风险的大小。通过分析资产负债表中资产方和负债方不同项目之间的联系，可以对资产的流动性和融资的稳定性状况进行判断。从流动性风险管理的角度来看，为维持资产负债表的结构稳定，非流动资产需要用长期稳定的债务融资予以维持，而流动资产则可以使用短期可变的债务进行融资。

图7-2按照流动性由低到高的次序，列示了银行资产负债表中的一些主要项目（由于无形资产、战略投资和权益资本不包括在银行的清算范围内，图中未予列示）。其中，交易账户是指银行为在短期内转售、获取买卖价差或波动收益而持有的自营金融工具头寸，或为匹配经纪交易和造市交易，以及为交易账户中的其他项目套期保值而建立的头寸。列入交易账户的金融工具主要包括可转让证券、集合投资等资本市场工具、期货合约、远期合约、掉期合约、期权交易等。在商业银行的资产负债表中，虽然贷款是资金运用的主要方式，但由于贷款转让和变现的难度较大、成本较高，一般被视为流动性最弱的银行资产。

资产	负债
客户贷款和垫款	客户存款
债券投资	同业及其他金融机构存放款项和拆入资金
存放中央银行款项	卖出回购金融资产
存放同业款项及拆出资金	已发行债务证券
买入返售金融资产	
交易性金融资产	交易性金融负债

流动性依次升高↓

图7-2　银行资产负债表的流动性分析

7.2.2　比率分析法

比率分析法主要基于金融机构在某一特定时点上的资产、负债项目之间的关系进行流动性风险的度量。通过各类比率的计算，可以从各个不同的角度反映出金融机构的流动性是充裕的还是紧缺的。比率分析法所涉及的流动性度量指标主要包括三个角度：一是资产角度的流动性指标，二是负债角度的流动性指标，三是综合考虑资产和负债的流动性指标。

（一）资产流动性指标

（1）流动资产比率：

$$流动资产比率=\frac{流动资产}{总资产}$$

该比率主要反映银行资产的流动性。流动资产主要包括现金、贵金属（黄金等）、超额存款准备金以及变现能力强的各种资产（如国债等）。金融产品的流动性会随金融市场的发展而迅速变化，因此，在金融产品日益丰富和金融创新日新月异的今天，流动资产的界定越来越困难，这使得流动资产比率难以全面准确地反映银行的资产流动性状况。

（2）贷款占总资产的比率：

$$\text{贷款占总资产的比率}=\frac{\text{贷款}}{\text{总资产}}$$

由于贷款不易变现，因此，一般而言，贷款占总资产的比率越高，说明银行的流动性越差。但这也不是绝对的，比如：优质的贷款往往能给银行带来稳定的现金流收入，从而增强流动性；类似美国的次级贷款，也可以通过设计为结构化的金融衍生品而获得流动性。因此，对贷款流动性的考虑需要结合实际的情况予以具体判断。

（3）中长期贷款比例：

$$\text{中长期贷款比例}=\frac{\text{余期 1 年以上（不含 1 年）中长期贷款期末余额}}{\text{全部贷款期末余额}}$$

一般而言，在其他条件不变的情况下，贷款的期限越长，流动性越差。因此，该指标考虑了贷款期限结构的影响，突出了中长期贷款对银行流动性风险的影响。

（4）净同业拆借比率：

$$\text{净同业拆借比率}=\frac{\text{拆出金额}-\text{拆入金额}}{\text{总资产}}$$

净同业拆借是指银行对外提供的资金（拆出金额）与借入资金（拆入金额）之间的差额，本质上可视为银行的一种资金盈余。因此，净同业拆借比率总体上可视为对银行资产流动性的一种度量：该比率越高，说明银行的流动性越充裕，短期内的流动性风险越低。不过，在实际分析时，通常需要结合其他情况进行综合考虑，比如，如果该比率一直很高，那么意味着银行的资金没有得到充分利用，虽然短期内的流动性风险较低，但长期中可能会损伤银行的盈利能力和现金流，进而增加流动性风险。

（二）负债流动性指标

（1）核心存款比率：

$$\text{核心存款比率}=\frac{\text{核心存款}}{\text{总存款}}$$

银行存款按其稳定与否可分为核心存款和非核心存款。核心存款是指那些相对来说稳定的对利率的变化不敏感的存款，季节变化和经济环境对其的影响也较小，所以核心存款是银行稳定的资金来源。非核心存款亦称易变存款，容易受利率等外部因素的影响，一旦经济环境变化对银行不利，非核心存款往往会大量流失。因此，核心存款比率越高，说明银行负债方面的流动性越强。不过，对大银行和中小银行的核心存款比率不宜进行横向比较，因为大银行的业务更加多元化，往往比中小银行的核心存款比率低，但这并不能说明大银行的流动性就比中小银行的流动性差。不过，对同类银行而言，一般该比率高的银行的流动性也较强。

（2）核心负债比率：

$$核心负债比率=\frac{核心负债}{总负债}$$

核心负债是指中长期限的稳定负债，一般包括到期期限大于等于 3 个月的定期存款、债券以及具备稳定性质的活期存款等。在其他条件不变的情况下，银行的核心负债比率越高，说明短期内的流动性风险越小。

（3）存款结构比率：

$$存款结构比率=\frac{活期存款}{定期存款}$$

该比率主要用来衡量银行资金基础的稳定性。一般而言，该比率上升，意味着银行存款的稳定性减弱，流动性需求上升。

（4）资金来源集中度：

$$资金来源集中度=\frac{代表性存款户存款余额}{总负债}$$

该指标可用于衡量银行的存款被提前支取的风险。由于银行对大额存款的依赖，资金来源集中度越高，意味着潜在的存款提前支取风险越大，相应的流动性风险也就越大。

（三）综合比率指标

（1）流动性比例：

$$流动性比例=\frac{流动性资产余额}{流动性负债余额}$$

流动性比例是反映银行偿还短期债务能力的最常用指标。流动性资产是指那些投资期限短（不超过 1 年）、信誉好、变现能力强的资产。流动性比例越高，银行偿还短期债务的能力越强，流动性风险就越小；反之，流动性比率越低，银行偿还短期债务的能力越差，流动性风险就越大。

（2）存贷比率：

$$存贷比率=\frac{贷款总额}{存款总额}$$

该比率能直观反映出银行在总体上的流动性状况，而且因为计算简单，所以成为衡量流动性的最常用指标之一。贷款通常被认为是流动性最差的资产，而存款则是银行的主要资金来源。因此，一般认为，存贷比率越高，流动性越差。但是，该指标没有仔细区分贷款和存款的不同种类（比如贷款中有短期贷款和中长期贷款，存款有定期存款、活期存款、个人存款和对公存款等，不同种类的存贷款其稳定性不尽相同），所以该比率具有一定的笼统性，有些时候并不能真实反映银行的流动性状况。

(3) 流动性匹配率:

$$流动性匹配率=\frac{加权资金来源}{加权资金运用}\times 100\%$$

流动性匹配率主要用于分析商业银行的核心资产与负债的期限配置结构,目的在于引导银行合理配置资产与负债,避免过度的期限错配(即用短期资金发展长期业务)引发流动性风险。其中,加权资金来源一般包括来自中央银行的资金、各项存款、同业存款、同业拆入、卖出回购(不含与中央银行的交易)、发行债券及发行同业存单等项目,而加权资金运用则包括各项贷款、存放同业、拆放同业、买入返售(不含与中央银行的交易)、投资同业存单、其他投资等项目。各项目的具体加权计算方法如表 7-1 所示。

表 7-1 流动性匹配率项目表

项目	折算率(按剩余期限)		
	≤3 个月	3~12 个月	>1 年
加权资金来源			
1. 来自中央银行的资金	70%	80%	100%
2. 各项存款	50%	70%	100%
3. 同业存款	0	30%	100%
4. 同业拆入及卖出回购	0	40%	100%
5. 发行债券及发行同业存单	0	50%	100%
加权资金运用			
1. 各项贷款	30%	50%	80%
2. 存放同业及投资同业存单	40%	60%	100%
3. 拆放同业及买入返售	50%	70%	100%
4. 其他投资	100%		
5. 由银行业监督管理机构视情形确定的项目	由银行业监督管理机构视情形确定		

(4) 净拆入和同业存放比例:

$$净拆入和同业存放比例=\frac{(同业拆入+同业存放)-(同业拆出+存放同业)}{各项存款期末余额}$$

该指标综合衡量了商业银行从同业借入资金来解决自身暂时流动性问题的能力。

(5) 期限错配比率:

$$n\ 天期限错配比率=\frac{n\ 天内到期的资产-n\ 天内到期的负债}{总负债}$$

该比率用于具体监测银行在特定时间段内的期限错配情况和相应的流动性缺口。这一比率实际上是在反映不同期限内的资金流量情况,尤其是特定时间段内资金流入和流出的错配情况。常见的短期流动性错配比率有 7 天期限错配比率等。

(6) 流动性覆盖率：

$$流动性覆盖率=\frac{合格优质流动性资产}{未来30天现金净流出量}$$

流动性覆盖率是《巴塞尔协议Ⅲ》新增加的流动性监管比率，其优点在于细化了流动性资产的范围，只限于优质的流动性资产，并且考虑了压力测试的情景，有助于提高比率的预测性和监管的前瞻性。关于该指标更详细的解释详见后文7.3节的相关介绍。

(7) 净稳定资金比例：

$$净稳定资金比例=\frac{可用的稳定资金}{所需的稳定资金}$$

净稳定资金比例是《巴塞尔协议Ⅲ》新增加的另一个流动性监管比率，主要用于衡量银行中长期的流动性风险程度。该指标使银行有意识地增加中长期存款的来源，避免期限错配带来的风险。关于该指标更详细的解释详见后文7.3节的相关介绍。

(四) 比率分析法的不足

比率分析法最大的优点是计算简便、较为直观，但由于金融机构通常是顺周期经营的行业，因而容易受到季节性和周期性因素的影响。比如，在经济繁荣的时候，贷款需求增加，金融机构的流动性指标往往是下降的，而在经济衰退时，流动性指标又会上升。因此，整个行业的流动性指标并不稳定。

同时，比率指标分析比较笼统，随着金融机构的产品和业务越来越复杂，各种金融产品和业务之间的流动性风险可能存在较大差异，而传统的比率分析法往往是立足于机构整体层面的，并未细化至对不同类型金融产品的流动性风险进行甄别和区分，这使得比率分析法难以在更为微观和基础的层面上处理不同的流动性风险。

此外，很多比率指标与流动性的关系是在隐含地假设某些相同条件的情况下得出的。但实际上，不同金融机构之间的经营规模、业务范围、产品种类和性质可能存在非常大的差异，这使得很多比率指标难以用于不同金融机构之间的横向比较。同时，如果相关条件变化，仅依赖单一指标判断金融机构的流动性状况也容易产生较大偏差。因此，在实际中，往往需要基于多种指标从多个角度对银行的流动性状况进行综合判断。

7.2.3 现金流分析法

现金流分析法是流动性风险监测的一种实用方法，其核心是区分实际现金流量和潜在现金流量这两个概念。具体而言，该方法将未来一段时间内的现金流量分为实际现金流量和潜在现金流量，并通过分析实际现金流量和潜在现金流量来衡量银行的流动性。

实际现金流量是按照合同将会发生的现金流量，主要包括：即将到期的资产（现金流入）和即将到期的负债（现金流出）、尚未到期资产的利息收入和即将到期的资产、固定贷款承诺、零售存款的季节性变动、尚未到期负债的利息支出、即将到期的批发性负债，等等。

在业务实际中，还存在大量的潜在现金流量。潜在现金流量是那些由各种因素导致的与合同不符、不能预测的现金流量，如一部分即将到期的资产和负债可能被展期，银行可能出售部分资产，等等。在实践中，常见的潜在现金流入包括已建立的信贷额度、可变现的未到期资产等，常见的潜在现金流出包括不固定的贷款承诺和其他表外活动、无固定期限的零售存款等。

在流动性风险的测度上，现金流分析法使用净现金流量指标（等于现金流入减现金流出），若该指标小于零，说明现金需求大于银行现金支付能力，银行需要补充流动性；反之，如果该指标大于零，则说明银行流动性比较充足。在实践中，由于潜在现金流量很难预测，因此一般用估算值表示，比如西方国家的商业银行通常会基于现金流量的不确定性程度，对现金的流入与流出量进行适当调整。特别是，对于那些极不稳定的现金流量，银行可能大幅调低现金流入量和提高现金流出量。对于可测性较差的现金流入量，银行可以通过变卖资产或使用在其他银行开立的信贷额度予以补偿。

7.2.4 缺口分析法

缺口分析法主要通过测算银行当前或未来在不同情景下的各种资金缺口情况来对银行的流动性风险进行判断，主要的缺口分析指标包括流动性缺口、融资缺口和久期缺口等。

（一）流动性缺口

流动性缺口是在一段时间内，银行流动性资产与流动性负债之间的差额：

流动性缺口＝流动性资产－流动性负债

其中，流动性资产一般包括存款、中间业务收入、偿还的贷款、拆借款以及银行出售资产所得的款项等，而流动性负债则一般包括提取存款的需求、贷款、偿还的银行拆借款、经营费用以及向股东支付的红利等。

显而易见，流动性缺口表示流动性供给不能满足流动性需求的数额大小。当流动性缺口小于零时，说明银行未来会面临支付困境，需要采取一定措施来增加流动性；反之，若流动性缺口大于零，说明银行流动性充裕，银行可以将超出那部分流动性投向收益更高的项目。利用流动性缺口，银行可以了解未来一定时期内，银行资产和负债不匹配的状况，进而了解一定时期内大概的资金需求。

此外，考虑到银行资产项目和负债项目均具有不同的期限结构，当两大类项目期限长短不能够匹配时，也会影响其流动性风险，即期限错配的风险。因此，流动性缺口的计算一般采用在同一时间到期的流动性资产与流动性负债之间形成的差额。

目前，银行普遍采用的流动性缺口计算期限主要包括：已逾期、即时偿还、1 个月及以下、1～3 个月、3 个月～1 年、1～5 年、5 年以上。在流动性缺口的基础上，用某一期限的流动性缺口除以相同期限内的到期资产，即得到流动性缺口率。流动性缺口率通过相对化处理，使得不同银行和不同时期之间的流动性缺口可以进行比较。

（二）融资缺口

融资缺口是从融资角度对银行的流动性进行分析，其计算公式为：

融资缺口＝预测的资金总需要量－预测的稳定资金来源

显然，融资缺口表示的是银行需要重新筹集的用于为新的资产融资或对负债进行再融资的那部分资金。一般而言，融资缺口越大，说明银行的流动性越差，需要为多出的资金需求量进行额外融资；反之，融资缺口越小，说明银行流动性状况越好，但同时也需要寻求更多的投资方向。

（三）久期缺口

在前面的章节中，我们已经知道，久期表示为债券价格变动对利率变动的敏感度，也可用于衡量债券产生的利息需要多长时间（一般用年来表示）才能偿还本金。对于一个资产组合而言，其久期可以表示为组合内各单个资产的久期的加权平均，权重一般用各单个资产的市场价值占资产组合总价值的比重表示。

举例而言，对于一个由市场价值为 x_1，x_2，x_3，…，x_k 的 k 种资产所组成的资产组合而言，如果这 k 种资产的久期分别为 D_1，D_2，D_3，…，D_k，那么该资产组合的久期可表示为：

$$D_{portfolio}=\sum_{i=1}^{k}\left[\frac{x_i}{\sum_{i=1}^{k}x_i}D_i\right]$$

对于金融机构而言，其资产和负债可视为流动性不同的两种资产组合。假设某商业银行的资产组合包含 m 种资产，其市场价值分别为 a_1，a_2，a_3，…，a_m；负债组合共包含 n 种资产，其市场价值分别为 l_1，l_2，l_3，…，l_n。基于上面的资产组合久期公式，该商业银行资产组合的久期（D_A）和负债组合的久期（D_L）分别为：

$$D_A=\sum_{i=1}^{m}\left[\frac{a_i}{\sum_{i=1}^{m}a_i}D_{ai}\right],\quad D_L=\sum_{i=1}^{n}\left[\frac{l_i}{\sum_{i=1}^{n}l_i}D_{li}\right]$$

于是，该商业银行的资产负债久期缺口可简单表示为：

$$D_{gap}=D_A-D_L$$

基于这一久期缺口表达式，就可以从资产负债结构的角度对金融机构的流动性状况进行分析判断：如果 $D_{gap}>0$，说明在目标考察期内，商业银行资产组合的平均到期期限大于其负债组合的平均到期期限，在这种情况下，如果无法通过主动性负债及时弥补流动性缺口，就可能面临流动性风险；反之，如果 $D_{gap}<0$，说明在目标考察期内，资产组合的平均到期期限小于其负债组合的平均到期期限，表明银行的流动性状况整体较好，流动性风险较小。

如果从更为细致的动态分析角度利用久期缺口分析金融机构的流动性状况，还应该结合考虑利率的变动方向，具体而言：

（1）当久期缺口为正时，如果市场利率下降，则资产价值增加的幅度比负债价值增加的幅度大，流动性也随之增强；如果市场利率上升，则资产价值减少的幅度比负债价值减少的幅度大，流动性也随之减弱。

（2）当久期缺口为负时，如果市场利率下降，流动性也随之减弱；如果市场利率上升，流动性也随之增加。

（3）当久期缺口为零时，利率变动对商业银行的流动性没有影响，但现实中这种情况很少出现。

总体来看，久期缺口的绝对值越大，利率变化对商业银行资产和负债的价值影响越大，对其流动性的影响也更显著。

7.2.5 流动性调整在险价值方法

在前面的相关章节中，我们已经看到在险价值模型在诸多金融风险度量方面的应用。同样地，可以通过将流动性风险引入在险价值分析框架，建立所谓流动性调整在险价值模型。流动性调整在险价值（liquidity-adjusted value at risk，$LVaR$）表示在一定时间内和一定置信水平下，当出售一定数量的金融资产时，由于市场流动性风险而可能发生的最大损失。

从具体方法上看，流动性调整在险价值被定义为在险价值和一个流动性调节项（L_1）的和：$LVaR=VaR+L_1$。因此，想要得到流动性调整在险价值，首先需要计算在险价值，其次需要得到关于流动性的调节项。

为简化起见，在假定资产组合价值变化服从正态分布的情况下，在险价值可表示为其价值变化分布标准差的一定倍数，即 $VaR=a\delta W$，其中：W 为初始投资的价值或投资组合的价值；δ 为资产组合价值变化的标准差；a 为参数，由把握程度决定。关于流动性调节项 L_1，可表示为$\frac{1}{2}sW$，其中 s 为资产组合的买卖价差。

基于上述假定，流动性调整在险价值可以简化为如下表达式：

$$LVaR=VaR+L_1=W\left(a\delta+\frac{1}{2}s\right)$$

通常情况下，W 的初始价值从 0 开始计算，但当其价值是从均值 μ 开始计算时，则需要从 $a\delta$ 中减去 μ。

对于流动性调整在险价值在现实中的运用，如何估测价差分布是一个主要的挑战。价差的一个不太容易处理的特性在于，其在正常市场状态下通常表现得非常稳定，但在金融危机时期往往发生剧烈波动。这意味着价差分布并不符合标准意义上的正态分布。此外，不同资产的价差之间存在相关性，且短期内的资产出售可能引发额外的市场冲击，这些也都会对价差的波动产生影响。

7.3　《巴塞尔协议》的流动性风险度量

7.3.1　《巴塞尔协议》关于流动性风险的认识演进

(一)《巴塞尔协议Ⅰ》

1988年，巴塞尔委员会发布了《关于统一国际银行资本衡量和资本标准的协议》，即《巴塞尔协议Ⅰ》，其目的是通过规定银行资本充足率，统一各国的资本差异，加强对银行资本及风险资产的监管。它统一了全球银行风险管理标准，按照资本与风险对称的原则，在计算资本充足率的过程中，根据不同资产风险设置相应权重（把银行资产按风险程度划分为0、10%、20%、50%、100%五个等级），风险越大的资产，权重越大。这就在一定程度上区分了不同资产对银行流动性的影响。

1992年，巴塞尔委员会发布了《计量与管理流动性的框架》，作为对银行流动性管理的一个非限制性指导，其主要内容包括三个方面：（1）计量与管理流动性缺口；（2）管理市场渠道；（3）制订应急计划。

(二)《巴塞尔协议Ⅱ》

《巴塞尔协议Ⅰ》实行十多年，对世界各国的银行风险防范发挥了重要作用，但由于金融创新的迅速发展和金融产品的日益丰富，《巴塞尔协议Ⅰ》已经难以很好地适应新的监管需求，特别是随着东南亚金融危机的爆发，传统的监管思维遭到质疑和挑战。

在此背景下，巴塞尔委员会于2004年推出了《巴塞尔协议Ⅱ》。《巴塞尔协议Ⅱ》包含了巴塞尔委员会对流动性风险的新认识，并在《银行机构流动性管理的稳健做法》中阐述了几个关键原则。根据《巴塞尔协议Ⅱ》，监管部门要对银行的流动性风险进行监督检查，看其是否满足监管要求，并且评判其能否有效处置风险。

(三)《巴塞尔协议Ⅲ》

《巴塞尔协议Ⅲ》推出的直接原因是2008年国际金融危机。2008年国际金融危机前，金融市场融资速度较快且成本较低，而在2008年国际金融危机中，一些银行虽然具备充足资本，但由于流动性不足而面临危机。为此，巴塞尔委员会决心加大对商业银行流动性风险的监管，并在《流动性风险管理和监管原则》中提出了十七项原则，从定性角度完善了流动性风险管理。

2009年12月，巴塞尔委员会公布了《流动性风险计量、标准和监测的国际框架（征求意见稿）》，第一次提出了流动性覆盖率和净稳定资金比例两个流动性衡量指标，分别从短期、长期两方面提出了银行流动性风险监管能力要求，并在此后对指标参数进行多次调整修订。2010年，流动性覆盖率和净稳定资金比例正式出现在《巴塞尔协议Ⅲ》中。此后几年，巴塞尔委员会先后发布了《巴塞尔Ⅲ：流动性覆盖率和流动性风险监测工具》《巴塞尔Ⅲ：净稳定资金比例》《巴塞尔Ⅲ：非常规货币政策下净稳定资金比例的操作方法》等一系列规定，《巴塞尔协议Ⅲ》框架下的流动性风险监管体系逐步完善。

7.3.2 《巴塞尔协议Ⅲ》的流动性风险度量

从功能上看，流动性覆盖率和净稳定资金比例这两个指标分别从短期和长期的角度对流动性风险进行度量，实际上是从两个方面对银行提出了要求：一是强化短期变现能力，持有合理规模的可灵活变现的优质资产；二是增加配置长期稳定性资金，设定合理的资产负债结构和业务融资模式，降低期限错配风险。

(一) 短期监管指标：流动性覆盖率

1. 指标定义

为确保银行持有充足的优质流动性资产来应对未来30天中可能的重大冲击，提高抵御短期流动性风险的能力，巴塞尔委员会制定了流动性覆盖率这一相对短期的监管指标，以保证银行在面临严重流动性压力的极端情形下能够存续到第30天，为银行管理层以及监管当局争取到足够的时间采取相应应对措施。流动性覆盖率的计算公式及监管要求为：

$$流动性覆盖率=\frac{合格优质流动性资产}{未来30天现金净流出量}\geqslant 100\%$$

流动性覆盖率的标准是不低于100%，即在监管设定的严重流动性压力情景下（详见专栏7-2），银行持有的优质流动性资产储备足以覆盖未来30天的现金流出需求。

专栏7-2

流动性覆盖率满足的压力情景设定

关于严重流动性压力情景的设定，巴塞尔委员会将2007年爆发的次贷危机中的众多冲击合并成了一个极端情形下的压力情景（但这也仅仅应当被视作对银行的最低要求），其主要设定包括：

(1) 一定比例的零售存款流失。在压力情景下，普通储户因为自身受到了某些“流动性冲击”而需要从银行中取出现金，从而将这种冲击传导给了银行；又或者是在面临潜在的挤兑风险时担心银行无法按时足额兑付存款，所以先行取出存款，是一种预期的自我实现。

(2) 无担保批发融资能力下降。在压力情景下，所有金融机构的风险偏好程度都将下降，在进行贷款时都会要求借款方提供具备良好流动性的抵押品或者足够的担保，尤其是机构间大额的批发融资，很少有机构愿意接受无担保的贷款请求。

(3) 以特定抵押品或与特定交易对手进行的短期担保融资能力下降。在压力情景下，某些抵押品可能因为特定的风险事件而不被市场所接受，某些交易对手也可能因为自身原因不再具备进行短期贷款的意愿甚至能力，这都是金融机构在极端压力测试下需要考虑的可能性，也即以往常用的融资渠道变得不再可用了。

(4) 压力情景下可能导致的其他事件。

资料来源：本专栏内容根据《巴塞尔协议Ⅲ》的相关内容编写。

2. 优质流动性资产的界定

对于流动性覆盖率公式分子中的优质流动性资产，是指可以在没有损失（或极小损失）的情况下轻松快速变现的资产。在压力情景下，多数资产的流动性取决于需变现的数量和时间跨度，但优质流动性资产即使在极端情况下也不会因为市场集中抛售而造成高额的价值损失进而影响融资。优质流动性资产通常具备以下特征：

（1）基本特征：具备较低的信用风险（高信用等级发行人、产品层级）和市场风险（低久期、低波动性、低外汇风险）；易于定价且价值稳定（市场参与者众多，不包含复杂的结构化产品、奇异产品）。

（2）市场特征：活跃且有一定的市场规模（成交量大、市场有足够的广度和深度）；市场集中度低（不存在单一投资者持有比例过高影响流动性的情况）。

（3）核心特征：从历史经验来看，在发生系统性危机时，市场有向这类资产转移的趋势（如市场投资者会抛售其他资产而寻求购入美国国债等资产）。

在具备以上特征的基础上，优质流动性资产可分为一级资产和二级资产两类。其中，一级资产在优质流动性资产储备中的占比不受限制，数量按照市值计算；二级资产在优质流动性资产储备中的比例不得超过40%，且计算时需要在当前市值的基础上进行15%以上的扣减。关于上述两类资产的具体构成及扣减比例详见表7-2。需要注意的是，能够归入上述两类的资产都应该是银行在压力情景开始前就已经拥有的资产。

表7-2　优质流动性资产具体类型及扣减比例

资产类型	扣减比例
一级资产	
现金	0
压力情况下可提取的央行准备金	
风险权重为0，由主权实体、央行等发行或担保且可活跃交易的证券	
风险权重不为0，由主权实体或央行发行的债券	
二级资产（不超过整体储备的40%）	
风险权重为20%，由主权实体、央行等发行或担保且可活跃交易的证券	15%
AA－及以上，非金融机构发行的公司债券和非银行机构发行的担保债券	
AA及以上的抵押支持债券（MBS）	25%
BBB－至A＋的公司债券	50%
普通股	

3. 现金净流出量的界定

对于公式分母中的现金净流出量，其具体定义为：在预设的压力情景下，未来30天中的预期现金流出总量减去预期现金流入总量，但可计入的预期现金流入总量最多不得超过预期现金流出总量的75%。用公式可表达如下：

$$NetOutflow = Outflow - \mathrm{Min}\{Inflow, Outflow \times 75\%\}$$

其中，$NetOutflow$ 代表未来 30 天的现金净流出量，$Inflow$ 代表同期的现金流入量，$Outflow$ 代表同期的现金流出量。为避免银行过度依赖现金流入项目，上式明确设定：银行可计入的现金流入量不得超过其流出量的 75%。

在现金净流出量计算中，重点是估计现金流出量。计算现金流出量和现金流入量的具体规定如下：

（1）现金流出量。现金流出量的测算需要根据负债项目特点，分别估计其流失率。包括零售存款的流失（可分为“稳定”和“欠稳定”两类，前者流失率在 5%以上，通常是受有效存款保险计划保护的存款，提款的可能性较小；后者流失率在 10%以上，通常是未受保护的存款，或是大额的、高净值客户的存款，被提取的可能性较大）、无担保批发融资的流失（即来自非自然人的负债）等。

（2）现金流入量。该指标的要求较为严格，仅考虑不存在任何违约理由的契约性现金流入，且可计入的上限为预期现金流出总量的 75%，包括逆回购和证券借入到期导致的现金流入、来自零售和小企业客户的现金流入、其他批发现金流入、衍生品交易产生的应收款项现金流入，但不包括银行自身在其他金融机构的信用额度，因为在压力情景下，其他机构可能不会借出自己的头寸，而且借出也会导致流动性短缺在银行体系内的传导风险，这是不能被接受的。

（二）长期监管指标：净稳定资金比例

1. 指标定义

净稳定资金比例是巴塞尔委员会为促进银行业机构的资产和业务融资向中长期化发展而在流动性覆盖率的基础上设定的，主要根据银行在一个年度内资产和业务的流动性特征设定最低的稳定资金量，防止银行在流动性充足时期过度依赖短期的批量资金，也有助于防止银行用期限刚好大于流动性覆盖率 30 天临界点的短期资金来建立其优质流动性资产储备。净稳定资金比例被定义为可用的稳定资金与业务所需的稳定资金之比，其计算公式及监管要求为：

$$\text{净稳定资金比例}=\frac{\text{可用的稳定资金}}{\text{所需的稳定资金}}>100\%$$

根据监管要求，商业银行的净稳定资金比例必须大于 100%。净稳定资金比例指标作为流动性覆盖率的补充，主要衡量在持续性压力情景下，银行是否具有可确保持续经营（1 年以上）的稳定资金来源。其中，压力情景的设置包括：在严重风险暴露情况下，机构在盈利能力和偿付能力方面有明显的下降；高认可度评级机构认为机构有潜在的降级可能；突发事件冲击。从流动性管理角度，净稳定资金比例指标有助于鼓励银行调整融资结构，采取稳定性更高的融资方式，降低期限错配所致的流动性风险。

2. 可用的稳定资金的界定

在净稳定资金比例的计算公式中，可用的稳定资金具体包括：资本总额（含巴塞尔委员会定义的一级资本和二级资本），剩余期限≥1 年的优先股和债务，压力情景下有效期限≤1 年、预期将留在机构内的非到期存款/定期存款和批发资金等。在《巴塞尔协议

Ⅲ》中，银行系统可用的稳定资金被定义为以下五类资金的总和：资本、剩余期限大于等于1年的优先股、剩余期限大于等于1年的债务、满足特定条件的存款和批发资金。为具体计算可用的稳定资金的总额度，巴塞尔委员会为各种权益和负债设定了不同的权重系数，用权益/负债的账面价值乘以系数并加总即可得到可用的稳定资金总和，各等级的系数如表7-3所示。

表7-3　各等级的可用的稳定资金系数

可用的稳定资金系数	可用的稳定资金成分
100%	·资本总额 ·剩余期限大于等于1年的优先股 ·剩余期限大于等于1年的债务
90%	来自零售客户和小企业客户的“稳定”的存款
80%	来自零售客户和小企业客户的“欠稳定”的存款
50%	无担保批发资金、无确定期限存款或期限不足1年的定期存款
0	除上述项目以外的负债和权益

3. 所需的稳定资金的界定

在净稳定资金比例的计算公式中，所需的稳定资金被定义为银行所拥有的各类资产的价值与该类资产对应的所需的稳定资金系数的乘积，再加上表外业务与其所需的稳定资金系数的乘积。在《巴塞尔协议Ⅲ》中，巴塞尔委员会列举了所需的稳定资金构成及其对应系数，交易中银行能收到的现金的对应系数为0，存在变现障碍的资产的对应系数为100%。此外，巴塞尔委员会将表外项目纳入了所需的稳定资金的计算，有效监控了压力情景下的表外流动性风险。各类资产所需的稳定资金系数这里不一一列举，但通常而言，强流动性资产所需的稳定资金系数更低，因为支持它所需要的稳定资金更少。

7.4　流动性风险的管理

遵循金融风险管理的一般流程，流动性风险的管理主要包括流动性风险的识别、度量和监测以及控制等核心环节。本节对这些内容进行简要介绍。

7.4.1　流动性风险的识别

流动性风险的识别是准确计量和控制流动性风险的前提，这要求金融机构能够及时准确地判断其所面临的流动性风险种类和性质，并对构成流动性风险的相关事件和因素进行分析和识别。

首先，在流动性风险来源的识别过程中，金融机构应当根据其业务规模、性质、复杂程度及风险状况，识别和动态监测可能引发流动性风险的相关情景或事件，并通过设置适当的预警指标体系，前瞻性地对流动性风险及其可能的影响进行识别。通常情况下，在识别可能引发流动性风险的来源或事件时，可重点关注的情况包括但不限于：资产快速增长，负债波动性显著上升；资产或负债集中度上升；负债平均期限下降；批发或零售存款大量流失；批发或零售融资成本上升；难以继续获得长期或短期融资；期限或货币错配程度加剧；多次接近内部限额或监管标准；表外业务、复杂产品和交易对流动性的需求增加；银行资产质量、盈利水平和总体财务状况恶化；交易对手要求追加额外抵（质）押品或拒绝进行新交易；代理行降低或取消授信额度；信用评级下调；股票价格下跌；出现重大声誉风险事件；等等。

其次，在流动性风险发生之前，通常会出现各种内外部指标和各种融资指标的明显变化，有效的流动性风险识别应该包含对这些常见指标的早期监测。从内部指标来看，一般包括金融机构相关风险水平、盈利能力、资产质量以及其他各种可能对流动性产生中长期影响的指标变化，如某项或多项业务的风险水平上升、资产或负债的集中度升高、盈利水平和资产质量下降、对大宗融资的依赖性增加等。从外部指标来看，主要包括第三方评级以及所发行的有价证券的市场表现变化，如外部评级下降、负面报道（传言）增加、股价下降、债券买卖价差增大和发行不畅等。从融资指标来看，主要包括金融机构负债稳定性和融资能力的变化，如存款流失增加、融资难度增加、融资成本上升、存款挤兑、债权人提前要求兑付、交易对手要求额外抵（质）押、已发行债券被迫赎回等。

最后，考虑到流动性风险在很多时候是其他类型风险的一种伴随结果，因此，在流动性风险来源和归因的识别方面，金融机构应当审慎评估信用风险、市场风险、操作风险、法律风险和声誉风险等其他主要类别风险对流动性风险的影响。同时，对于从事外汇业务或者暴露在外汇风险中的金融机构而言，在流动性风险的识别过程中，还应考虑外部因素（如国外金融市场的波动、国家风险等）的影响，并对相关币种的流动性风险分别进行识别与归因分析。

7.4.2 流动性风险的度量和监测

（一）流动性风险的度量

在实践中，金融机构应当根据其业务的规模、性质、复杂程度以及风险状况，运用适当的方法和模型，对正常和压力情况下未来不同时间段的资产负债期限错配、融资来源多元化和稳定程度、优质流动性资产、重要币种流动性风险及市场流动性等方面的流动性风险进行全面科学的度量。

在度量方法的选择上，基于前面 7.2 节的介绍，金融机构可以综合采用总量分析法、比率分析法、现金流分析法、缺口分析法、流动性调整在险价值方法等分析和建模方法对流动性风险进行定性和定量的分析判断。

在流动性风险的度量过程中，金融机构应该根据自身的情况，合理确定流动性风险的忍耐度，重视事前从整体战略角度评估自身愿意承担的流动性风险水平，其基本目标是确保正常时期流动性管理的有效性，同时能够有效应对相应的压力情景。一般而言，董事会对银行流动性风险忍耐度的确定负有最终的责任。

(二) 流动性风险的监测

《巴塞尔协议Ⅲ》提出了与监管标准相适应的5个指标，用于对银行流动性风险进行检测和评估，具体包括：(1) 合同期限错配，用于监测不同期限内的合同现金流情况；(2) 融资集中度，用于监测重要交易对手、货币、产品或工具的依赖或持有情况；(3) 可用的无变现障碍资产，用于监测银行获取额外流动性的能力；(4) 以重要货币计价的流动性覆盖率，用于监测银行的货币错配情况；(5) 与市场有关的监测工具，用于监测与市场整体、金融业及特定银行有关的重要信息。当这些指标发生变化时，应注意潜在的流动性风险，并采取适当措施对流动性进行调节。

1. 合同期限错配

合同期限错配衡量了在保守的估计下，一定时期内合同所约定的到期现金流入与现金流出之间的缺口，其中假定现金流入发生在合同约定中可能发生的最晚时刻，现金流出发生在合同约定中可能发生的最早时刻。该指标反映了银行在某一时间段内需要补充的流动性总额，有助于监管当局了解银行在当前条件下对期限转换的依赖程度。

作为一种流动性风险监测工具，巴塞尔委员会要求，各家银行应该严格、不做任何假设地向监管当局报送特定时间段内的契约性现金净额、证券流量等原始数据，以评估其隔夜、7天、14天、1个月、2个月、3个月、6个月、9个月、1年、3年、5年及超过5年的现金缺口情况。同时，银行还应就如何弥补期限错配的资金缺口给出具体方案，而监管当局则需要对银行给出的融资计划的可行性进行评估。

2. 融资集中度

融资集中度是指银行从某单一对手方或利用某单一工具进行融资的集中度。当银行的融资渠道过分集中于某个单一的来源时，一旦该来源的资金撤出，就可能引发严重的流动性问题。因此，识别主要的批发融资资金来源对于分析流动性风险来说十分重要，而融资集中度正是用于监测重要的批发融资渠道及交易对手的一项指标，有助于银行识别其对某一资金来源过度依赖的风险。

按照巴塞尔委员会的要求，银行需要向监管机构报送以下三个融资集中度指标清单：(1) 从单个交易对手处获取的融资占银行总负债的比例超过1%的清单；(2) 通过单个重要产品或金融工具获取的融资占银行总负债的比例超过1%的清单；(3) 占银行总负债5%以上的以重要货币计价的资产和负债清单。

3. 可用的无变现障碍资产

可用的无变现障碍资产是指那些可以被用作抵押品在二级市场上筹集资金，或可以在中央银行进行经常性便利融资的资产。这类资产不属于稳定资金，但可以通过被二级市场或中央银行接受（抵押）来获取资金，从而为银行提供额外的流动性。

在汇报可用的无变现障碍资产时，对于可用于二级市场抵押担保融资的资产，银行应报告其可用的无变现障碍资产的数量、类型及存放地，在计算额度时应按照预设成本进行一定的折算。同时，银行还应报告可用于中央银行进行担保融资的可用无变现障碍资产的数量、类型及存放地，该部分资产在计算时也应该按预先标准进行折算。

不过，由于该指标使用了预期折算率，而该折算率无法反映当市场发生重大变化时，市场所要求的折算率或中央银行贷款政策的变化，可能导致监管部门高估此类资产的变现价值。因此，当使用该指标时，应当结合期限错配情况以及其他资产负债的情况进行综合考虑。

4. 以重要货币计价的流动性覆盖率

以重要货币计价的流动性覆盖率，是指按照某单一重要币种进行计算的资产储备和30日净现金流出额的流动性覆盖率，用于监测单一币种的货币错配问题，根据《巴塞尔协议》，该指标定义如下：

$$\text{以重要货币计价的流动性覆盖率}=\frac{\text{以某种重要货币计价的优质流动性资产储备}}{\text{未来 30 天中以该货币计价的净现金流出额}}$$

巴塞尔委员会建议，如果以某种货币计价的负债总额占银行总负债的5%以上，那么该币种可以被认为是重要的。

不过，由于该指标是为了帮助监管部门及商业银行对自身或系统在压力下货币错配问题的潜在风险进行跟踪，而各国银行在不同货币市场上的融资能力并不相同，且债务转换能力也不尽相同，因此，巴塞尔委员会对该指标未做统一要求，各国监管部门应充分结合地区情况，根据压力情况下可能会出现的潜在风险，设定地区最低监测比例。

5. 与市场有关的监测工具

为提前预知可能的流动性风险，监管部门可以使用实时的、高频的市场数据作为早期的流动性风险预警指标。当然，市场数据十分庞杂，监管当局可以主要通过以下三个层级的数据来进行研判：（1）全市场信息，主要用于监测全市场的发展状况与趋势，分析其对金融业和某银行的影响，尤其是评估对银行融资计划的影响；（2）金融业信息，主要用于监测整个金融行业以及特定金融领域的权益和债务信息，以确认当前金融业是否与全市场同步发展，抑或是处于困境之中；（3）特定银行信息，主要用于监测市场是否对某金融机构失去信心，并已经反映在二级市场的股票价格、信用违约掉期价差、银行债券收益率等信息上。

（三）流动性风险压力测试

除上述监管方面的监测指标外，在流动性风险度量和监测过程中，金融机构通常还需要通过压力测试，对各种极端情况下的流动性风险进行分析和评估。压力测试包括敏感性测试及情景测试，前者的目的是测试单个重要影响因素（或少数影响因素）发生变动对银行流动性风险暴露及其承受能力的影响，而后者则旨在分析多个风险因素同时发生变化对银行流动性风险暴露及其承受能力的影响。

对流动性风险进行压力测试一般分为三个步骤：首先是设定压力测试情景，根据压力程度设置轻度、中度、重度三种压力情景；其次是设置压力情景下相关现金流假设，包括业务滚动及增长、资产组合变现以及融资来源变更等；最后是运用不同分析方法对不同情景下现金流缺口状况进行测算，并形成压力测试报告。商业银行的流动性压力测试一般每季度开展1次，压力测试报告定期提交资产负债管理委员会审议，从而为管理层了解和掌握流动性风险状况提供依据。

7.4.3 流动性风险的控制

在对流动性风险进行识别、度量和监测的基础上，就需要采取相应的措施和方法，对流动性风险加以管理和控制。

（一）资产流动性管理

资产流动性管理的核心和实质，就是使资产保持在最佳状态。银行保持资产流动性的方法主要有三种：

（1）保持足够的准备资产。准备资产包括现金资产和短期有价证券两大部分。现金资产被称为第一准备或一级准备，具有十足的流动性，一般包括库存现金、同业存款和在中央银行的存款等。银行持有的短期有价证券被称为第二准备或二级准备，一般是指到期日在1年以内的债券。短期有价证券有一定的利息收入，其盈利性高于现金资产，但不像现金资产那样具有十足的流动性。一家商业银行应当保持的准备资产数量主要取决于两个因素：一是银行监管当局的有关规定；二是银行所面临的主客观环境。

（2）合理安排资产的期限组合，使之与负债相协调。银行资产大致分为四种，即现金资产、证券投资、贷款和固定资产。这四种不同的资产流动性程度和期限亦不同，因此，要注意保持合理的比例，使之与负债相协调，并在总体上尽量提高盈利性资产变现的可能性。

（3）通过多种形式增加资产流动性。对于一些原本流动性很差的资产，银行可以通过多种形式增加其流动性，如资产证券化和贷款转让等。

（二）负债流动性管理

从负债的角度加强流动性风险管理主要有以下几种典型方法：

（1）保持较多的主动型负债。这是银行负债流动性管理最主要的方法，被广泛运用于以下四项业务中：

一是发行大额可转让定期存单。这是一种兼有定期存款和有价证券性质的负债凭证，由美国花旗银行于1961年创办，与普通定期存单有着明显区别。随着大额可转让定期存单市场的建立和拓展，银行负债的流动性得到明显改善。

二是发行银行债券。银行一般发行长期债券，主要原因在于：一是长期债券可以用作附属资本，提高资本充足率，同时发行费用比股票低，手续也比较简单；二是长期债券所筹集的资金可用于长期投资，收益比较高，同时利息可以计入成本，税前开支比股票成本低；三是长期债券所筹集的资金不交存款准备金，比存款的成本低。

三是同业拆借。同业拆借主要用于头寸调剂，解决临时性的超额储备过多或流动性不足的问题。与一般的借贷业务相比，同业拆借最大的特点是期限短和流动性强。同时，同业拆借利率很低，几乎所有银行和非银行金融机构都可以参与同业拆借活动，但同业拆借的资金一般不能长期使用，主要是救急。

四是向中央银行借款。中央银行具有最后贷款人功能，在满足相关条件的情况下，商业银行可以向中央银行申请最后贷款人贷款，以应对流动性危机。

（2）对传统存款进行多种形式的开发和创新。为了增强负债的流动性、盈利性和安全性，除了对非存款负债进行管理外，对传统的活期和定期存款，也可以通过多种形式的开发和创新增强其流动性。同时，商业银行还可以通过加强存款服务创新、热情友好地接待客户、密切银行与客户的关系等方式，增加客户存款和增强负债的流动性。

（三）现金流缺口管理

现金流缺口管理是指将表内表外业务，尤其是或有资产和负债可能产生的现金流按照一定假设条件，分别计入特定期间的现金流入和现金流出，以现金流入减现金流出取得现金流期限错配净额，并通过累计方式计算出一定期限内的现金流错配累计净额，从而实现对现金流期限错配的控制和管理。

现金流缺口管理主要分静态和动态两种。其中，静态分析方法主要针对包含现有业务的所有头寸在合同约定的到期日因本金、利息、客户特定行为（如提前支取、提前偿还、滚动贷款、坏账等）产生的现金流缺口（=资产性流入现金流－负债性流出现金流）进行计量；而动态分析方法则是在静态分析的基础上，增加对新业务和未来业务基于合约到期日产生的现金流缺口的分析，也包括在流动性压力情景下对现金流缺口的分析。

（四）流动性限额管理

流动性限额主要包括流动性管理指标限额以及流动性资产储备限额。流动性管理指标体系涵盖了现金流指标、资产负债期限缺口指标、集中度指标等，常见指标包括累计现金流缺口比例、累计最大现金流缺口、流动性比例、贷存比率、流动性覆盖率、净稳定资金比例、核心存款比率、杠杆率等。商业银行可在监管指标之外，根据自身业务特征定制部分流动性管理指标，并通过对各项指标设置相应限额来予以监控和管理。

（五）日间流动性头寸管理

日间流动性头寸管理主要是指银行对其每日的资金进出进行统一匡算，实时计算头寸信息，建立大额资金进出上报机制，并由专职部门或人员对全行头寸进行统一调配管理，同时集成资金业务系统业务明细信息，为流动性分析等前瞻性应用提供数据支持。此外，日间流动性头寸管理还应支持对大额资金到期情况以及客户、产品等维度资金流入流出情况进行分析，为预测未来资金头寸变动提供决策支持。

（六）流动性风险应急计划

金融机构应按照正常市场条件和压力条件分别制订流动性风险应急计划，且该计划应涵盖银行流动性发生临时性和长期性危机的情况，并预设触发条件及实施程序。流动性风险应急计划至少应包括一种银行本身评级降至“非投资级别”的极端情况。流动性风险应急计划应说明在这种情形下银行如何优化融资渠道和出售资产以减少融资需求。

商业银行流动性风险应急计划应包括资产方流动性管理策略和负债方流动性管理策

略。其中，资产方流动性管理策略包括但不限于：变现多余货币市场资产；出售原定持有到期的证券；出售长期资产、固定资产或某些业务条线（机构）；在相关贷款文件中加入专门条款，以便提前收回或出售转让流动性较低的资产。负债方流动性管理策略包括但不限于：将本行与集团内关联企业融资策略合并考虑；建立融资总体定价策略；制定利用非传统融资渠道的策略；制定零售和批发客户提前支取和解约政策；使用中央银行信贷便利政策。

7.5 流动性风险管理的中国实践

7.5.1 流动性风险管理的发展历程

中国银行业的流动性风险管理经历了从头寸管理、流动性管理到流动性风险管理的渐进式发展。2004年以前，流动性风险管理主要采用头寸管理的方式，这是一种比较偏静态的概念。后来，随着第一代支付系统和第一代资产负债系统的引入，流动性管理的概念开始出现，这其中包含着面向未来的理念。近年来，流动性风险管理渐成趋势，这一理念不仅关注未来，而且重视不确定性。

2008年金融危机之后，随着国内外经济金融形势和环境的变化，一些商业银行出现了资金来源稳定性下降、资产流动性降低、资产负债期限错配加大等问题，流动性风险管理和监管面临的挑战不断增加。与此同时，随着中国金融市场的发展和深化，金融机构之间的关联越来越密切，个别机构或局部的流动性问题容易引发系统性的流动性紧张或恐慌。

拓展阅读

2013年“钱荒”事件

从监管角度来看，为落实《巴塞尔协议Ⅲ》中的流动性风险监管要求，2014年中国银监会发布了《商业银行流动性风险管理办法（试行）》，引入流动性覆盖率和净稳定资金比例来衡量商业银行的流动性风险。2018年，中国银保监会颁布《商业银行流动性风险管理办法》，为大中型商业银行和小型商业银行制定了差异化的监管标准，同时增加了三个流动性监管指标：流动性比例、流动性匹配率和优质流动性资产充足率。

根据该办法，资产规模不小于2 000亿元的商业银行需要拥有达到100%的流动性覆盖率、净稳定资金比例，与《巴塞尔协议Ⅲ》要求一致，同时还需要达到流动性比例、流动性匹配率的最低监管标准。此外，商业银行还应建立有效的流动性风险管理治理结构，明确董事会及其专门委员会、监事会（监事）、高级管理层以及相关部门在流动性风险管理中的职责和报告路线，同时建立适当的考核和问责机制。其中，商业银行董事会应承担流动性风险管理的最终责任。这些规定在文件中都有详细说明，此处不再赘述。

7.5.2 流动性风险管理的主要方法与监管指标

根据中国银保监会 2018 年发布的《商业银行流动性风险管理办法》，商业银行在进行流动性风险管理的过程中，应该使用的主要方法和工具包括流动性风险限额管理、融资策略与抵（质）押管理、日间流动性风险管理、流动性风险压力测试、流动性风险应急计划、优质流动性资产管理、管理信息系统与流动性风险报告制度等。此外，该办法还设定了 5 个主要的流动性风险监管指标和一些流动性风险监测指标。

（一）流动性风险限额管理

商业银行应当对流动性风险实施限额管理，根据自身业务规模、性质、复杂程度、流动性风险偏好和外部市场发展变化情况，设定流动性风险限额。流动性风险限额包括但不限于现金流缺口限额、负债集中度限额、集团内部交易和融资限额。同时，商业银行应当制定流动性风险限额管理的政策和程序，建立流动性风险限额设定、调整的授权制度、审批流程和超限额审批程序，至少每年对流动性风险限额进行一次评估，必要时进行调整。

商业银行应当对流动性风险限额遵守情况进行监控，超限额情况应当及时报告。对未经批准的超限额情况应当按照限额管理的政策和程序进行处理。对超限额情况的处理应当保留书面记录。同时，商业银行还应当对流动性风险实施并表管理，既要考虑银行集团的整体流动性风险水平，又要考虑附属机构的流动性风险状况及其对银行集团的影响。

此外，商业银行应当设立集团内部的交易和融资限额，分析银行集团内部负债集中度可能对流动性风险产生的影响，防止分支机构或附属机构过度依赖集团内部融资，减少集团内部的风险传导。对于存在海外业务的商业银行，应当充分了解境外分支机构、附属机构及其业务所在国家或地区与流动性风险管理相关的法律、法规和监管要求，充分考虑流动性转移限制和金融市场发展差异程度等因素对流动性风险并表管理的影响。

（二）融资策略与抵（质）押管理

商业银行应当建立并完善融资策略，提高融资来源的多元化和稳定程度。商业银行的融资管理应当符合以下要求：（1）分析正常和压力情景下未来不同时间段的融资需求和来源；（2）加强负债品种、期限、交易对手、币种、融资抵（质）押品和融资市场等的集中度管理，适当设置集中度限额，对于同业批发融资，应按总量和主要期限分别设定限额；（3）加强融资渠道管理，积极维护与主要融资交易对手的关系，保持在市场上的适当活跃程度，并定期评估市场融资和资产变现能力；（4）密切监测主要金融市场的交易量和价格等变动情况，评估市场流动性对商业银行融资能力的影响。

同时，商业银行应当加强融资抵（质）押品管理，确保其能够满足正常和压力情景下日间和不同期限融资交易的抵（质）押品需求，并且能够及时履行向相关交易对手返售抵（质）押品的义务。商业银行应当区分有变现障碍资产和无变现障碍资产，对可以用作抵（质）押品的无变现障碍资产的种类、数量、币种、所处地域和机构、托管账户，以及被中央银行或金融市场接受的程度进行监测分析，定期评估其资产价值及融资能力，并充分考虑其在融资中的操作性要求和时间要求。此外，商业银行应当在考虑抵（质）押品的融资能力、价格敏感度、压力情景下的折扣率等因素的基础上提高抵（质）押品的多元化程度。

（三）日间流动性风险管理

商业银行应当加强日间流动性风险管理，确保具有充足的日间流动性头寸和相关融资安排，及时满足正常和压力情景下的日间支付需求。同时，商业银行应当结合历史数据对日间流动性状况进行回溯分析，并在必要时完善日间流动性风险管理。

商业银行的日间流动性风险管理应该符合以下要求：(1) 有效计量每日的预期现金流入总量和流出总量，日间各个时点现金流入和流出的规模、缺口等；(2) 及时监测业务行为变化，以及账面资金、日间信用额度、可用押品等可用资金变化等对日间流动性头寸的影响；(3) 具有充足的日间融资安排来满足日间支付需求，必要时可通过管理和使用押品来获取日间流动性；(4) 具有根据日间情况合理管控资金流出时点的能力；(5) 充分考虑非预期冲击对日间流动性的影响。

（四）流动性风险压力测试

商业银行应当建立流动性风险压力测试制度，分析承受短期和中长期压力情景的流动性风险控制能力。董事会和高级管理层应当对压力测试的情景设定、程序和结果进行审核，不断完善流动性风险压力测试，充分发挥其在流动性风险管理中的作用。

流动性风险压力测试应当符合以下要求：(1) 合理审慎设定并定期审核压力情景，充分考虑影响商业银行自身的特定冲击、影响整个市场的系统性冲击和两者相结合的情景，以及轻度、中度、严重等不同压力程度；(2) 合理审慎设定在压力情景下商业银行满足流动性需求并可持续经营的最短期限，在影响整个市场的系统性冲击情景下该期限应当不少于30天；(3) 充分考虑各类风险与流动性风险的内在关联性和市场流动性对商业银行流动性风险的影响；(4) 定期在法人和集团层面实施压力测试，当存在流动性转移限制等情况时，应当对有关分支机构或附属机构单独实施压力测试；(5) 压力测试频率应当与商业银行的规模、风险水平及市场影响力相适应，常规压力测试应当至少每季度进行一次，出现市场剧烈波动等情况时，应当提高压力测试频率；(6) 在可能的情况下，应当参考以往出现的影响银行或市场的流动性冲击，对压力测试结果实施事后检验，压力测试结果和事后检验应当有书面记录；(7) 在确定流动性风险偏好、流动性风险管理策略、政策和程序，以及制订业务发展和财务计划时，应当充分考虑压力测试结果，必要时应当根据压力测试结果对上述内容进行调整。

（五）流动性风险应急计划

商业银行应当根据其业务规模、性质、复杂程度、风险水平、组织架构及市场影响力，充分考虑压力测试结果，制订有效的流动性风险应急计划，确保其可以应对紧急情况下的流动性需求。商业银行应当至少每年对应急计划进行一次测试和评估，必要时进行修订。

流动性风险应急计划应当符合以下要求：（1）设定触发应急计划的各种情景；（2）列明应急资金来源，合理估计可能的筹资规模和所需时间，充分考虑跨境、跨机构的流动性转移限制，确保应急资金来源的可靠性和充分性；（3）规定应急程序和措施，至少包括资产方应急措施、负债方应急措施、加强内外部沟通和其他减少因信息不对称而给商业银行带来不利影响的措施；（4）明确董事会、高级管理层及各部门实施应急程序和措施的权限与职责；（5）区分法人和集团层面应急计划，并视需要针对重要币种和境外主要业务区域制订专门的应急计划，对于存在流动性转移限制的分支机构或附属机构，应当制订专门的应急计划。

（六）优质流动性资产管理

商业银行应当持有充足的优质流动性资产，确保其在压力情景下能够及时满足流动性需求。优质流动性资产应当为无变现障碍资产，可以包括在压力情景下能够通过出售或抵（质）押方式获取资金的流动性资产。

商业银行应当根据其流动性风险偏好，考虑压力情景的严重程度和持续时间、现金流缺口、优质流动性资产变现能力等因素，按照审慎原则确定优质流动性资产的规模和构成。

（七）管理信息系统与流动性风险报告制度

金融机构还应当建立完备的管理信息系统，准确、及时、全面地计量、监测和报告流动性风险状况。管理信息系统应当至少实现以下功能：（1）监测日间流动性状况，每日计算各个设定时间段的现金流入、流出及缺口；（2）计算流动性风险监管和监测指标，并在必要时提高监测频率；（3）支持流动性风险限额的监测和控制；（4）支持对大额资金流动的实时监控；（5）支持对优质流动性资产及其他无变现障碍资产种类、数量、币种、所处地域和机构、托管账户等信息的监测；（6）支持对融资抵（质）押品种类、数量、币种、所处地域和机构、托管账户等信息的监测；（7）支持在不同假设情景下实施压力测试。

商业银行应当建立规范的流动性风险报告制度，明确各个流动性风险报告的内容、形式、频率和报送范围，确保董事会、高级管理层和其他管理人员及时了解流动性风险水平及其管理状况。

（八）流动性风险的监管指标和监测指标

1. 流动性风险的监管指标

《商业银行流动性风险管理办法》共设定了5个主要的流动性风险监管指标，规定资产规模大于等于2 000亿元的商业银行应持续满足流动性覆盖率、净稳定资金比例、流动性比例和流动性匹配率的最低监管标准，而资产规模小于2 000亿元的商业银行则应持续满足优质流动性资产充足率、流动性比例和流动性匹配率的最低监管标准。

上述 5 个监管指标的计算公式和监管要求如下：

（1）流动性覆盖率：

$$流动性覆盖率=\frac{合格优质流动性资产}{未来30天现金净流出量}\times 100\%$$

银保监会规定，流动性覆盖率的最低监管标准为不低于 100%。

（2）净稳定资金比例：

$$净稳定资金比例=\frac{可用的稳定资金}{所需的稳定资金}\times 100\%$$

银保监会规定，净稳定资金比例的最低监管标准为不低于 100%。

（3）流动性比例：

$$流动性比例=\frac{流动性资产余额}{流动性负债余额}\times 100\%$$

银保监会规定，流动性比例的最低监管标准为不低于 25%。

（4）流动性匹配率：

$$流动性匹配率=\frac{加权资金来源}{加权资金运用}\times 100\%$$

银保监会规定，流动性匹配率的最低监管标准为不低于 100%。

（5）优质流动性资产充足率：

$$优质流动性资产充足率=\frac{优质流动性资产}{短期现金净流出}\times 100\%$$

银保监会规定，优质流动性资产充足率的最低监管标准为不低于 100%。

从上述监管指标的目的来看，流动性覆盖率和优质流动性资产充足率的核心目的均是确保商业银行有足够的高流动性资产，即使在压力情况下也能够满足最近 1 个月的流动性需求。流动性匹配率则通过设置不同的折算率对资金来源和资金运用进行加权，以防止商业银行因为严重的期限错配而导致流动性风险。净稳定资金比例采取设置稳定资金系数的方式，将可用的稳定资金与所需的稳定资金通过资产负债项目的账面价值以及表外风险敞口与对应的稳定资金系数的乘积计算得出。此外，我国目前对资产规模小于 2 000 亿元人民币和不小于 2 000 亿元人民币的商业银行实行差异化的流动性风险监管，具体指标要求如表 7－4 所示。

表 7－4　中国商业银行的流动性风险监管指标

	大中型商业银行（资产规模不小于 2 000 亿元人民币）				小型商业银行（资产规模小于 2 000 亿元人民币）		
指标	流动性覆盖率	流动性比例	流动性匹配率	净稳定资金比例	优质流动性资产充足率	流动性比例	流动性匹配率

续表

	大中型商业银行（资产规模不小于 2 000 亿元人民币）				小型商业银行（资产规模小于 2 000 亿元人民币）		
计算方法	合格优质流动性资产/未来 30 天现金净流出量	流动性资产余额/流动性负债余额	加权资金来源/加权资金运用	可用的稳定资金/所需的稳定资金	优质流动性资产/短期现金净流出	流动性资产余额/流动性负债余额	加权资金来源/加权资金运用
监管要求	≥100%	≥25%	≥100%	≥100%	≥100%	≥25%	≥100%

2. 大中型商业银行的流动性监管指标

（1）流动性覆盖率。该指标在 2009 年由巴塞尔委员会公布，2014 年中国银监会首次明确将其列为监管指标，规定我国商业银行的该指标不得低于 100%。从计算公式可以看出该指标衡量的是短期流动性状况，对于优质流动性资产的规定是能够满足快速变现且所需代价很小或者在合理范围内；资金净流出量衡量的是资金流入和流出差额。该指标主要考察银行在未来 30 天内满足外界所需资金的能力，该能力越大，流动性越好。

（2）流动性比例。该指标代表了商业银行 1 个月内的流动性状况，该比例越高，短期流动性越好，银行应对流动性风险的能力越好；相反，该比例越低，说明流动性风险越高。虽然流动性资产满足流动性要求，但是它所获得的收益是很小的，如果这个的比例太高，说明我国流动性资产占总资产的比例太高，其他收益高的非流动性资产就会减少，这会影响资产的收益。根据《商业银行流动性风险管理办法》，我国目前对商业银行这一指标的要求是至少为 25%。

（3）流动性匹配率。加权资金来源和加权资金运用途径以及各类项目的权重因子情况如表 7-5 所示。通常而言，流动性匹配率越低，说明银行依赖较短期限的资金发展较长期限的资产问题越大，期限的错配问题就越大。

由表 7-5 可以看到，流动性匹配率在资产运用端规定贷款的折算率低于其他资产，旨在鼓励银行发展服务实体经济、回归本源的传统信贷。此外，该指标对同业投资赋予较高的折算率，但对同期限同业负债赋予低折算率，大幅限制同业资金来源运用的期限错配。在其他投资方面，流动性匹配率对商业银行理财产品等产品均给予 100%的折算率，严厉限制保本理财和委外投资。流动性匹配率作为监管指标，为商业银行在资产负债端进行期限的合理配置指明方向，从而防止长期依靠较短期限的资金发展较长期限的资产业务，改善流动性风险管理体系。

（4）净稳定资金比例。该指标度量了商业银行在较长期限内可使用的稳定资金来源对其表内外资产业务发展的支持能力。该比例值越高，体现出银行的稳定资金越多，越容易解决较长期限资产负债结构性配置困境。根据《商业银行流动性风险管理办法》，该变量仅需应用于资产规模在 2 000 亿元人民币以上的商业银行。

表 7-5　商业银行业务项目折算率情况

项目		折算率（按期限）		
		小于3个月	3～12个月	长于1年
加权资金运用	客户贷款	30%	50%	80%
	存放同业及投资同业存单	40%	60%	100%
	拆放同业及买入返售	50%	70%	100%
	其他投资	100%		
加权资金来源	客户存款	50%	70%	100%
	央行资金	70%	80%	100%
	同业存款	0	30%	100%
	同业拆入及卖出回购	0	40%	100%
	发行债券及发行同业存单	0	50%	100%

3. 小型商业银行的流动性监管指标

小型商业银行的流动性监管指标中流动性比例、流动性匹配率的计算方法和监管要求与大中型商业银行一致，此处仅介绍优质流动性资产充足率。

$$优质流动性资产充足率=\frac{优质流动性资产}{短期内现金净流出}=\frac{一级资本+85\%\times二级资本}{现金留存-现金流入}$$

优质流动性资产充足率寻求鼓励中小银行具备足量的、具有快速变现能力的资产来覆盖一个月内的流动性需求。优质流动性资产充足率越高，说明银行资产变现能力越强，流动性风险管理水平越高。与大型商业银行适用的流动性覆盖率相比，该指标更加明了，更符合小型商业银行的营运特点和监管力度。

4. 流动性风险监测指标

除监管指标外，我国对商业银行还规定了数个流动性风险监测指标，包括流动性缺口、净稳定性头寸、融资缺口、存贷比率等。

（1）流动性缺口。流动性缺口衡量的是商业银行所获得的资金和外界对银行资金的需求之间的关系，商业银行获取资金主要通过客户存款、贷款回收等途径，外界对银行资金的需求主要通过客户提取存款、贷款等方式满足。该指标大于零，表示银行能获得的资金足以弥补外界对银行资金的需求，此时流动性很好，反之则会导致流动性风险。

（2）净稳定性头寸。净稳定性头寸衡量的是流动性需求和流动性供给之间的关系，当流动性需求大于流动性供给时，该指标表现为负，此时流动性不足，存在流动性风险；当流动性需求小于流动性供给时，存在足够的流动性来满足需求，此时流动性风险很小。商业银行可以通过指标的正负来对流动性风险进行相应的管理。

（3）融资缺口。该指标从银行的融资角度度量流动性风险，衡量的是所需资金总量和通过融资渠道所能获得的稳定资金的关系，该指标类似净稳定资金比例，都是根据稳定资金的多少来衡量流动性。融资缺口为负，表示所需资金总量大于所能获得的稳定资金，短期内如果大量资本离开银行，银行很难满足这些资金要求，从而造成流动性风险；反之则表示银行有着很好的流动性。

（4）存贷比率。存贷比率＝贷款总额/存款总额，反映的是我国商业银行资产负债结构的流动性状况，存款和贷款是商业银行的核心业务，该指标能体现银行在现有的存款下愿意发放贷款的程度。存贷比率越高说明贷款越多，虽然贷款多了会给银行带来收益，但是增加了各种风险，一旦贷款回收不了，就会引发流动性风险，所以该指标与流动性风险呈正比例关系。随着我国商业银行资产负债结构、经营模式日益多元，负债结构中存款所占比例不断走低，同业负债等项目所占比例则不断提高，存贷比率指标已经难以全面表示流动性风险。2015 年，商业银行法修正案经全国人大常委会审议通过，删去了存贷比率不能高于 75％的规定，并将该指标由“监管指标”改为流动性风险的“监测指标”。

7.5.3 流动性风险管理的实践案例

本小节以中国银行和兴业银行为例，对流动性风险管理在商业银行中的实践情况进行示例性分析和介绍。

（一）中国银行的流动性风险管理

中国银行根据监管要求，不断完善风险管理体系，更新流动性压力测试方案、流动性风险管理政策和应急预案，建设预警体系。在 2020 年年报和年度业绩演示材料中，中国银行对流动性风险的各项监管指标进行了披露。从图 7－3 可以看出，2020 年中国银行的本外币流动性比例远高于 25％的监管要求，流动性覆盖率和净稳定资金比例高于 100％，显示出良好的抗流动性风险能力。

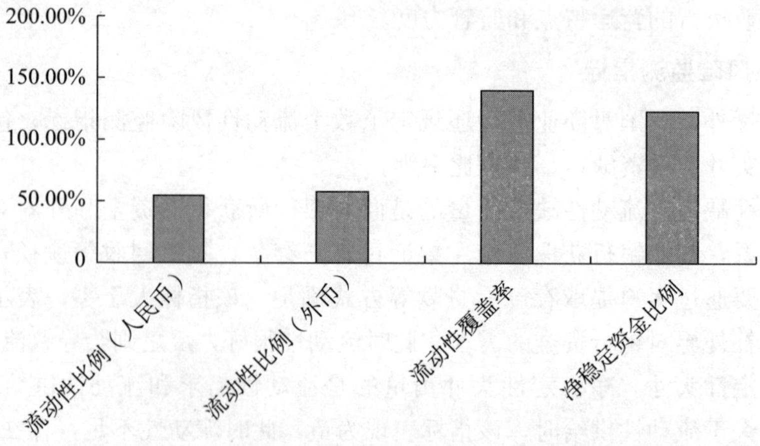

图 7－3 中国银行 2020 年流动性风险监管指标情况

另一部分定量分析是在会计报表注释中披露的到期分析、合同现金流列示和表外项目列示。以到期分析为例，中国银行按照期限长短，以 2020 年年底为基点，列示了集团和母公司的资产负债剩余期限情况，并测算了各时间段的流动性净额。如图 7－4 所示，可以发现中国银行在 3 个月内存在流动性净额为负的情况，存在常规的短期融资需要，但长期和整体流动性净额充足，不存在明显的流动性问题。

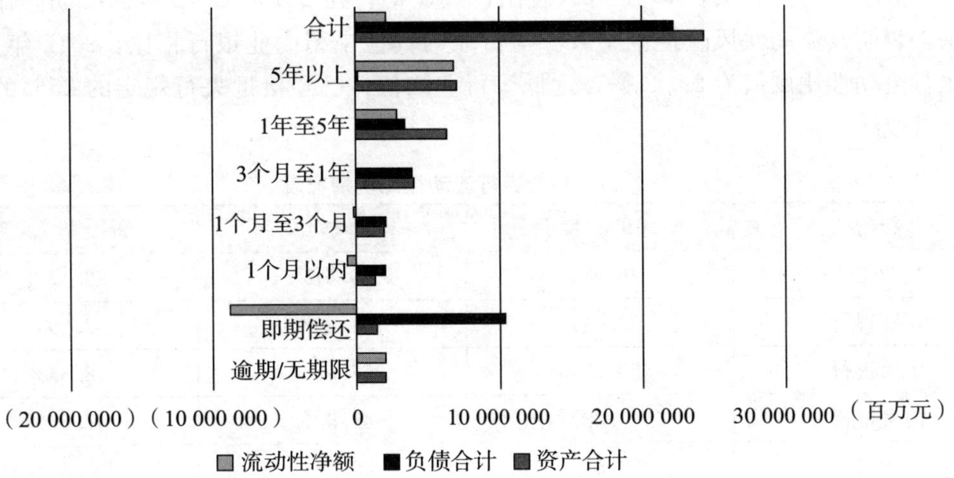

图 7-4　中国银行 2020 年年报到期分析数据整理

（二）兴业银行的流动性风险管理

2013 年年中，国内商业银行出现了较为严重的流动性不足问题，其中兴业银行的年化拆借利率达到了 30%，远超中国人民银行规定的贷款利率上限。这次的流动性危机与银行业的资金外流及期限错配有紧密的联系。

一般而言，商业银行的盈利主要来自吸收的存款与发放的贷款的利率差，贷款的期限通常会小于所吸收的存款期限，否则商业银行就很容易陷入流动性困境。从表 7-6 的数据可知，2008—2012 年期间，兴业银行的短期贷款占比始终小于中长期贷款占比，2010 年二者比值的差距最大，将近 30%。在这种情况下，一旦中长期贷款不能按时收回，将很容易引发流动性风险。

表 7-6　兴业银行不同期限贷款情况表　　单位：百万元

年份	短期贷款	中长期贷款	贷款总额	短期贷款占比	中长期贷款占比
2008	181 317	241 693	499 386	36.31%	48.40%
2009	226 609	346 822	701 597	32.30%	49.43%
2010	269 269	510 012	854 339	31.52%	59.70%
2011	348 974	561 964	983 254	35.49%	57.15%
2012	489 480	558 174	1 229 165	39.82%	45.41%
2013	733 779	578 282	1 357 057	54.07%	42.61%
2014	778 948	623 019	1 593 148	48.89%	39.11%
2015	835 668	828 768	1 779 408	46.96%	46.58%
2016	904 503	949 053	1 928 343	46.91%	49.22%

为考察期限错配对兴业银行流动性的影响，这里主要从流动性比例、存贷比率和流动性缺口三个方面进行分析。

(1) 流动性比例。从表 7-7 可以看出，兴业银行在 2010—2012 年的流动性比例不断下降，表明其流动性风险逐渐上升。与行业内其他中型商业银行相比，2012 年 12 月兴业银行流动性比例仅为 29.47%，远低于行业均值，已经接近央行规定的 25%的流动性比例警戒线。

表 7-7 兴业银行流动性比例情况表

银行	2010 年 12 月	2011 年 12 月	2012 年 12 月
兴业银行	46.98%	30.71%	29.47%
招商银行	37.04%	44.28%	52.29%
中信银行	56.75%	58.97%	48.85%
浦发银行	40.28%	42.80%	37.57%
平均水平	39.51%	40.77%	44.34%

(2) 存贷比率。从表 7-8 可以看出，兴业银行在 2013 年 6 月的存贷比率为 69.37%，2013 年年内存贷比率基本维持在 60%以上。较高的存贷比率表明兴业银行可能面临着资金不足或者偿付能力不足的问题。

表 7-8 兴业银行流动性指标情况表

流动性指标	2012 年 12 月	2013 年 6 月	2013 年 12 月
流动性比例	29.47%	25.35%	34.80%
存贷比率	66.50%	69.37%	61.95%
流动性缺口	−21.00%	−33.00%	−28.00%

(3) 流动性缺口。从表 7-8 的数据还可以看出，兴业银行在 2012—2013 年流动性缺口远低于央行规定的最低标准（−10%），特别是在 2013 年 6 月达到−33%，呈现出明显的恶化态势。

关键词

流动性风险	资产流动性风险	负债流动性风险	顺周期性
流动资产比率	贷款占总资产的比率	中长期贷款比例	净同业拆借比率
核心存款比率	核心负债比率	存款结构比率	资金来源集中度
流动性比例	存贷比率	流动性匹配率	净拆入和同业存放比例
期限错配比率	流动性覆盖率	净稳定资金比例	流动性缺口
融资缺口	久期缺口	总量分析法	比率分析法
现金流分析法	缺口分析法	流动性调整在险价值	

复习思考题

1. 简述流动性风险的特点与影响因素。
2. 简述流动性风险度量的主要模型和方法。
3. 简述《巴塞尔协议》的流动性风险度量方法。
4. 简要说明流动性风险管理的流程、方法和工具。
5. 举例说明流动性风险管理在中国的主要实践做法。

本章小结

第 8 章

其他金融风险的度量和管理

本章要点

1. 国家风险的度量与管理；
2. 声誉风险的度量与管理；
3. 合规风险的度量与管理；
4. 战略风险的度量与管理。

背景材料

(一)

2021 年 4 月 22 日下午，《中国海外投资国家风险评级报告（2021）》在京发布。报告从中国企业和主权财富的海外投资视角出发，构建了经济基础、偿债能力、社会弹性、政治风险和对华关系五大类共 42 个子指标，涵盖了占中国海外投资流量超过九成（不含避税港）的 114 个样本国家，以全面量化和评估中国海外投资所面临的风险。

本次的评级结果分为 9 级，其中 AAA 和 AA 为低风险级别，包括 18 个国家，排名前 10 的分别是德国、瑞士、韩国、新西兰、丹麦、瑞典、荷兰、挪威、新加坡和芬兰；A 和 BBB 为中等风险级别，包括 68 个国家；其他的为高风险级别，包括 28 个国家。从中国海外投资前十大目的地来看，澳大利亚、俄罗斯、美国、英国的排名下降较多，特别是英国，其从低风险级别下降为中等风险级别。

报告指出，发达经济体的整体投资风险明显低于新兴经济体。在 18 个低风险级别的国家中仅有阿拉伯联合酋长国是新兴经济体。发达经济体的经济基础、偿债能力、政治风险和社会弹性评分都高于新兴经济体，但对华关系得分则低于新兴经济体，且进一步下降，中美贸易摩擦所带来的不确定性仍存在。新冠疫情进一步加大了发达国家的财政支出和债务负担。

(二)

2020 年 10 月，花旗集团因数据治理、风险管理与内部控制的失误，被美联储和美国货币监理署处以高达 4 亿美元的罚款。美联储曾对花旗集团的合规风险管理体系多次提出整改要求：2013 年 3 月，美联储公布同意令要求花旗集团纠正在反洗钱合规计划方面的缺陷；2015 年 5 月，美联储要求花旗集团纠正在外汇计划方面和指定市场活动相关的合规管理问题与控制缺陷。然而，花旗集团对于美联储的整顿建议一直未实施“全面的矫正行动”，其存在的系统性问题导致花旗集团违反《公平住房法》（Fair Housing Act）和《洪水灾害保护法》（Flood Disaster Protection Act）。美国货币监理署指出，近年来花旗集团在合规风险管理上的核心缺陷包括：（1）缺乏有效的前线风险管理组织和独立的风险管理体系；（2）缺乏有效的风险治理框架；（3）缺乏用于充分识别、衡量、监测和控制风险的政策、标准和框架；（4）缺乏激励有效风险管理的薪酬和绩效管理计划。

资料来源：《中国海外投资国家风险评级报告（2021）》发布. 走出去导航网，2021－04－29；林洁琛. 防范黑天鹅、灰犀牛，全面风险管理是未来银行的“免疫系统”. 第一财经日报，2020－04－13.

一般而言，金融机构主要面临以下 8 大类风险：信用风险、市场风险、操作风险、流动性风险、国家风险、声誉风险、合规风险、战略风险。在前文的相关章节中，我们已经重点介绍了前四大类主要风险的度量与管理，本章对剩余四类风险的度量与管理进行扼要介绍。

8.1　国家风险的度量和管理

8.1.1　国家风险概述

（一）国家风险的定义与特点

根据巴塞尔委员会和经合组织的定义，狭义的国家风险指国际资本流动过程中东道国面临的危险程度，广义上的国家风险指特定的国家层面因素通过直接或间接渠道导致国际经济活动偏离预期造成的损失和可能性。

从信用和风险的角度，狭义的国家风险主要指某个国家对其背负的债务违约的可能性，而广义的国家风险则指由某个国家的主权行为引起的海外投资者在进行投资活动时遭受的一系列可能会损害其经济利益的可能性。简言之，国家风险是指整个国家的借款人的信用风险。

与国家风险密切关联甚至常常互换使用的一个概念是主权风险（sovereign risk）。对此，穆迪（Moody's，2002）曾指出，“主权”往往用来指代一个国家整体，有时甚至是作为发行人的政府本身，因此主权风险具有以下两个特征：一是偿付意愿在主权风险中占据了主要地位，对于主权国家而言，能力一般并非偿付的主要影响因素，违约往往由偿付意愿（以及背后的政治原因）所导致；二是主权政府本身常常会被预设为最终担保人，而当主权政府成为债务的承担者时，债务往往会缺失外来的有效担保。

概括而言，与其他风险类型相比，国家风险的主要特点包括以下几个方面：一是国家风险一般主要指跨国金融活动往来过程中产生损失的风险，这种损失是由某个特定国家发生的事件引起的，与企业或个人无关；二是尽管所有的金融交易都会面临风险，但是当发生跨国交易活动时，会面临国内不曾有过的风险，这种风险来源的域外性是国家风险的核心特点之一；三是国家风险是一种综合性的复杂风险，它与一个国家的社会政治制度、经济结构、政策、货币以及地理等多种因素存在关联，很难进行简单的分析。

（二）国家风险的构成要素

国家风险在本质上是一个含义很广的概念，特定国家的政治、经济、社会、制度、地理、人文等方面的风险都可以成为国家风险的来源。在已有的相关研究中，一般将国家风险的构成要素概括为社会政治风险、经济风险和自然风险三个主要的方面（见图 8-1）。

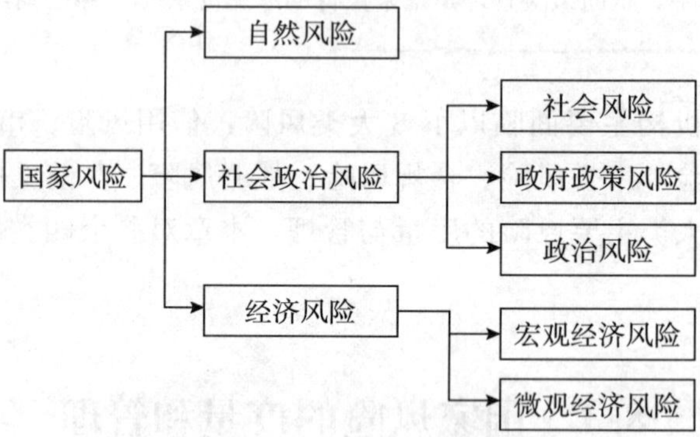

图 8-1 国家风险的构成要素

1. 社会政治风险

社会政治风险包括政府机构、社会团体或者政治权威做出任何可能对国际交易活动产生破坏性行为的可能性，具体可进一步分为社会风险、政府政策风险和政治风险。在实践中，这三种社会政治风险往往具有较强的关联性。

（1）社会风险。社会风险对应于某些组织的集体性行动，例如工会、非政府组织甚至是更加非正式的人群。他们可能通过各种集体性行为使得地方有关部门的相关政策做出改变，或者直接对外国的企业产生影响。例如，1996—1997 年在以诺贝尔和平奖获得者昂山素季为首的大众民主运动中，苹果、惠普、百事可乐等多家公司被迫退出缅甸。

（2）政府政策风险。政府政策风险包括地方当局有关部门对企业采取任何不利行动的可能性，包括违约、外汇管制、贸易限制、贸易协议、征用和国有化政策等。一般而言，社会的不确定性往往是政治和政策不确定的前兆，比如集体性抗议或游行等活动通常源于对现状的不满，旨在改变政府的政策或者试图改变政治体制。

（3）政治风险。政治风险涉及可能破坏国际交易活动的政治制度、国家内部或外部的战争以及其他形式的民主演变。在政府政策风险中提到的征用和国有化政策，有时其背后的根本原因是政权的更替。

2. 经济风险

经济风险根据影响的范围大小，可分为所有企业所面临的宏观经济风险和特定企业或部门所面临的微观经济风险。

（1）宏观经济风险。宏观经济风险主要指总体经济环境的不确定性，如产出、价格、利率、汇率、贸易条件等的不确定性。例如，20世纪80年代至90年代中期，恶性通货膨胀席卷了众多拉丁美洲国家：1994年6月巴西曾经历了50.75%的月通货膨胀率，严重的失衡导致拉美主权债务危机爆发；1994年墨西哥比索对美元突然大幅贬值，导致出现大额汇兑损失。

（2）微观经济风险。微观经济风险与宏观经济风险相对，指所有可能出现在行业或公司层面的负面事件的可能性。其中包括了与外国公司开展业务所需资源（原材料、劳动力、资本等）的相关风险以及与产出营销不确定性相关的风险。

3. 自然风险

自然风险是指可能对国际经济和金融交易产生负面影响的自然现象或者灾害，如地震、天气变化、流行疾病等。自然风险事件不仅可能以破坏设施等方式直接影响公司资产，也有可能因为库存短缺或者员工无法正常工作而间接导致经济金融活动的中断。特别是在基础设施薄弱或者地方机构效率低下的国家或地区，自然风险的影响会被显著放大。例如，1999年8月土耳其伊兹密特发生里氏7.6级地震，造成1.7万余人遇难、5万余人受伤，约150家工厂受到严重影响，其中有50家跨国公司在此处有生产设施。根据土耳其央行提供的数据，此次地震所造成的经济损失高达50亿～100亿美元。

8.1.2　国家风险的度量

国家风险的度量较为复杂，一方面国家风险不仅取决于涉及政治、经济、社会、文化等国家所固有的内部因素，还取决于国际关系、自然灾害等国家所无法控制的外部因素；另一方面，政治、经济、社会环境、文化等概念本身就比较抽象，加大了定量研究的难度。

国家风险的度量一般被称为国家风险评估，其目的是向投资者提供一个有关国家风险的全面分析，使投资者能有效预判该国未来的总体风险情况。基于这一目的，通常情况下我们需要根据国家风险的构成要素建立评估模型，从社会政治风险、经济风险和自然风险等方面进行多个维度的量化评估。目前主要的国家风险评估方法包括列表打分法、德尔菲法、定量分析法和巡查访问法等（见图8-2）。

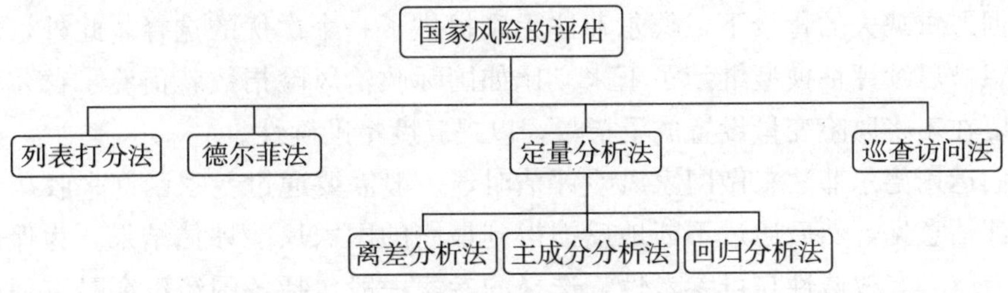

图8-2　国家风险的主要评估方法

（一）列表打分法

列表打分法是指对国家风险的影响因素进行打分，并将打分结果以表格形式呈现出来的一种方法，通常情况下，分值越高，表示相关风险越小。在评估因素的选择上，一般既包括利率、汇率、经济增长率等客观数据指标，也包括政权稳定、社会稳定、战争可能性等主要依赖主观判断打分的因素。因此，列表打分法是客观数据和主观判断的一种结合。表8-1给出了列表打分法的一些常见评估因素和指标示例。

在列表打分法下，为了最终获得一国国家风险的综合评分，还需要给各种因素设置相应的权重。在给相关因素赋予权重的过程中，一般给予那些被认为对国家风险有更大影响的因素以更高的权重，如政治风险、国有化风险等。列表打分法的优点是能够很直观地看到每个国家的风险大小，也便于相互比较，但由于是人为打分和设置权重，往往也不可避免地存在一些主观色彩以及由此带来的评估偏差。

表8-1　列表打分法的评估因素和指标示例

评估内容	考察指标
内部经济	经济增长规模指标和通货膨胀指标等
国际收支	贸易差额、经常账户差额、资本账户构成和外汇储备等
对外资产	国际储备、未使用的IMF信贷和其他对外资产等
债务结构	公共债务、私人债务及各自的到期期限等
新债总额	公共和私人的新债总额
债务指标	债务清偿率、债务/GDP、债务/出口、对外资产/外债等

（二）德尔菲法

德尔菲法是专家调查法的一种，在二战时期由美国兰德公司首创运用。从本质上看，德尔菲法是一种反馈匿名函询法，主要指召集各方面专家，并向其提供一系列有关国家风险的同一组问题，然后各专家分别独立地做出评估，评估结束后，召集者会将汇总结果发回给各专家，再由专家进行修正，通过反复多次地进行这一程序，使得各专家的评估差异不断缩小，直至达成较为一致的意见。

应该说，德尔菲法并不是一种严格意义上的国家风险评估方法，但是在战争时期各国资料数据严重缺失的背景下，德尔菲法无疑提供了一个次优的选择。此外，德尔菲法的一些思想被后续评估模型继承了下来。比如国际政治风险指数就借鉴了德尔菲法，不同之处主要在于将风险变量设置成了指数，以提高度量准确性。

当我们运用德尔菲法来做国家风险评估时，一般需要通过专家函询来收集专家对国家风险的评估意见，然后通过不断地反馈得到最终的国家风险评估结果。为保证评估结果从源头上就具有权威性与可参考性，选择的专家一般包括各国经济金融方面的专家学者、高校教授、跨国银行管理人员、国际经济金融组织人员以及熟悉东道国各方面情况的专业人士等。

（三）定量分析法

定量分析法指的是在确定了东道国国家风险的各种影响因素之后，运用统计学方法来进行国家风险的量化评估。常用的定量分析法包括离差分析法、主成分分析法和回归分析法等。

（1）离差分析法。

在统计学上，离差分析法又称变异数分析法，其目标是判断两组或多组数据的总体均数是否相同，或者说是检验两个或多个样本数据的均数是否存在显著差异。在国家风险的评估中，一般先将相关国家分为风险较大的国家和风险较小的国家，然后根据两类国家的国家风险评估结果，利用 F 检验来判断其相似程度，并找出导致这两类国家风险评估结果不同的原因。

（2）主成分分析法。

主成分分析法是将影响国家风险的多个因素通过一系列的正交变换，简化为少数几个综合性指标，从而确定国家风险主要影响因素及其权重的方法。在选定的多个因素中，必然有些因素之间存在相关关系，这就会导致关联的部分对国家风险的评估产生多次作用，而主成分分析法能通过分析这些因素之间的相关关系，将重复计算的部分去除，从而达到降维的作用。关于主成分分析法的具体流程与步骤，目前大部分标准的统计软件都提供相关自动化处理的程序，此处不再赘述。

（3）回归分析法。

回归分析法是运用计量模型来测算国家风险对相关影响因素变化的敏感性。在投资者考虑成立跨国公司时，该方法经常用来测算东道国的国家风险和公司经营活动之间的关系，常用的计量模型是 Logit 模型和 Probit 模型。Probit 模型和 Logit 模型非常相似，不同之处主要在于 Logit 模型服从 Logistic 分布，而 Probit 模型则服从正态分布。下面以 Logit 模型为例进行介绍。

将解释变量定义为事件“国家是否违约”，则有违约或不违约两种结果。令解释变量为 y，则 y 的取值为：

$$y=\begin{cases}1,\text{事件发生}\\0,\text{事件不发生}\end{cases}$$

由此得到，y 的取值为 0－1 分布（伯努利分布），事件发生的期望为：

$$E(y)=p$$

其中，p 代表事件发生的概率。再令 x 代表控制变量，同时假定 p 与 x 线性相关，则国家发生违约的概率为：

$$p=p(y=1\mid x)$$

国家不发生违约的概率为：

$$1-p=p(y=0\mid x)$$

定义事件发生比为相对风险，其值为：

$$odds=\frac{p}{1-p}$$

事件发生比（*odds*）的取值范围为（0，∞），取对数后的取值范围为（−∞，+∞），称为对数发生比（Logit p）。将 Logit p 对控制变量 x 进行回归，得到线性回归方程为：

$$p = \text{Logit}p = \beta_0 + \beta_1 x$$

对应的 Logit 回归方程为：

$$f(p) = \frac{\exp(p)}{1+\exp(p)} = \frac{\exp(\beta_0 + \beta_1 x)}{1+\exp(\beta_0 + \beta_1 x)}$$

该方程的误差项服从二项分布。

（四）巡查访问法

巡查访问法是一种到东道国进行实地巡查，通过访问当地的居民、企业、政府官员等实地了解和考察国家各方面情况的方法。巡查访问法强调的是通过亲身了解、咨询跨国公司关系的利益问题以及风险影响因素，感性地感知了解东道国实际情况，再进行基于亲身实践之上的评估。在实践中，由于本国或外国的新闻报道、参考论文等通常都带有一定的主观性，可能会影响评估结果的客观性和公正性，因此，巡查访问法在评估国家风险时一直被视为一种与现实情况紧密结合的方法。不过，这一方法也存在成本较高和速度较慢的问题，一般很难对东道国进行面面俱到的实地考察，同时对于那些处于战火或动乱之中的国家而言，巡查访问几乎是不可能的。

8.1.3 国家风险评级

在国家风险的度量方面，目前国际上比较流行的综合度量方式是国家风险评级。从方法上看，国家风险评级主要是基于前述的各种定性和定量评估指标进行量化评分，然后将量化得分转换为更容易理解和识别的风险等级。现有的国家风险评级主要包括两类：一是全球国家风险评级，涉及国外投资的全部范畴，基本涵盖了前文所述的各种风险因素；二是国家信用评级，主要聚焦于国家债务风险。

（一）全球国家风险评级

全球国家风险评级旨在制定不同国家整体风险的排名方法，这些方法由专门从事国家风险排名的公司或者信贷出口机构开发。下面以比较典型的 BERI 指数和 ICRG 指数为例进行介绍。

1. BERI 指数

商业环境风险评估公司（Business Environment Risk Intelligence，BERI）于 1966 年创立，是国家风险评估的先驱之一。其开发的 BERI 指数涵盖大约 50 个国家，自 20 世纪 70 年代中期以来一直可用，成为国家风险评级领域使用时间最长的指数之一。BERI 指数包括四种类型的指数，依次是政治风险指数（political risk index，PRI）、运营风险指数（operations risk index，ORI）、汇款和遣返因数（R Factor）以及其他代表三者组合的综合评分指数。对于每一个指数，BERI 都发布对现状的评估以及 1 年和 5 年的预测。

政治风险指数旨在评估一个国家的社会和政治环境，该指数建立在 100 位具有外交或政治科学背景的专家提供的意见和分数之上。这些专家被要求对 10 个社会政治变量按每个变量从 0 分（最高风险）到 7 分（最低风险）打分，总分在 0～70 分之间。此外，8 个内部和外部原因指标最多可加 30 分（见表 8 - 2），最终得分在 0～100 分之间。根据最终得分，政治风险指数的国家结果分为四类，依次为令人生畏的风险（0～39 分）、高风险（40～54 分）、中等风险（55～69 分）和低风险（70～100 分）。

表 8 - 2　政治风险指数的内部和外部原因指标

政治风险指数的内部原因指标	政治风险指数的外部原因指标
· 政治派系的分化和这些派系的权力 · 民众心态，包括仇外心理、民族主义、腐败、裙带关系、妥协意愿 · 按语言、种族和/或宗教团体以及这些派系的权力进行的划分 · 社会条件，包括人口密度和财富分布 · 保留权力所需的限制性（强制）措施 · 激进政府的权力和组织	· 对主要敌对国家的依赖和/或其重要性 · 地区政治力量的负面影响

运营风险指数的目标是评估总体商业环境，它对一个国家对外国投资的欢迎程度、经济和监管环境等因素进行评分，并试图衡量对外国企业可能的歧视。与政治风险指数类似，运营风险指数是基于另一个由 100 位具有国际经验的专家所组成的小组给出的意见，这些专家的意见以德尔菲法的方式进行处理。运营风险指数涉及十几个衡量指标（见表 8 - 3），取值范围均为 0 分（不可接受）至 4 分（优越的条件）。这些指标被分配了不同的权重，以便使得总的运营风险指数分数位于 0～100 分之间。

表 8 - 3　运营风险指数的衡量指标

运营风险指数的衡量指标
· 政策的连续性 · 经济增长 · 货币可兑换性 · 劳动力成本和生产力 · 短期信用 · 长期贷款和风险投资 · 合同的可执行性 · 对外国投资者和利润的态度 · 私有化程度 · 货币通胀 · 国际收支 · 通信和运输 · 当地的管理人员和合作伙伴 · 官僚主义式的拖延欠款 · 专业服务和承包商

汇款和遣返因数解决了外币的遣返和可兑换问题。与前两个指数相反，汇款和遣返

因数并不是依赖于专家判断，而是由处理超过 14 000 个数据单元并进行数百次计算的大型计算机程序生成的。它通过估计一个国家实施和维持完全可兑换制度的能力和意愿，以评估外国公司可以自由地以任何货币汇回利润以及进口任何以外币支付的商品的程度。汇款和遣返因数由以下四个子指数计算得到：法律框架（20%）、外汇生成（30%）、累积国际储备（30%）和外债评估（20%）。汇款和遣返因数得到分数后，按与政治风险指数和运营风险指数相同的风险类别分组。

2. ICRG 指数

国际国家风险指南（International Country Risk Guide，ICRG）指数诞生于 1980 年，最初发表在时事通信国际报告中。ICRG 指数覆盖了大约 140 个国家，每月生成三个不同的风险类别——政治风险、金融风险、经济风险对应的指数，以及基于这三个指数得到的综合风险评级。该评级结果目前已成为各国跨国企业进行国家风险评估的主要参考信息来源之一。

在 ICRG 指数中，政治风险、金融风险和经济风险三大部分之下分别设置了相应的评估考核因素，并被赋予了不同的权重（见表 8-4）。这三大部分最终组合成一个综合风险评级，其中政治风险、经济风险和金融风险的权重分值分别为 100、50 和 50。最终的国家风险计算公式由下式给出：

$$CR=\frac{1}{2}(PR+FR+ER)$$

其中，CR 表示对应国家的国家风险，PR、FR、ER 分别表示该国的政治风险、金融风险和经济风险。由于政治风险、经济风险和金融风险的权重分值分别为 100、50 和 50，政治风险、经济风险和金融风险相当于分别被赋予了 50%、25%、25%的权重，且最终的国家风险得分在 0～100 分之间。此外，ICRG 框架下的每个指标都可供客户使用，以便客户建立自己的评级系统。

表 8-4 ICRG 指数影响因素权重分值

政治风险	分值	经济风险	分值	金融风险	分值
政局稳定情况	12				
社会经济条件	12				
投资执行状况	12				
有无内部冲突	12	人均 GDP	5	外债占 GDP 比重	10
有无外部冲突	12	经济增长率	10	外债占出口商品与服务比重	10
政府腐败状况	6	年通货膨胀率	10	经常项目占出口商品与服务比重	15
军队在政治中的影响	6	财政收入占 GDP 比重	10	国际资本流动比率	5
宗教状况	6	国际收支占 GDP 比重	15	汇率稳定情况	10
法律与秩序	6				
种族状况	6				
政党发展	6				
行政效率	4				
政治风险总分	100	经济风险总分	50	金融风险总分	50

(二) 国家信用评级

国家信用风险是指由于债务的发行人和出借方来自不同的国家而产生的违约风险。相应地，国家信用评级旨在评估特定国家发行人履行其债务义务的意愿和能力。目前提供国家信用评级的国际机构主要包括标准普尔、穆迪和惠誉等。

1. 标准普尔的国家信用评级

标准普尔的国家信用评级使用政治、经济、货币、外部和财政等 5 个基本决定因素，每个决定因素都以 6 分制评分。

政治得分主要评估主权决策和政治制度的有效性、稳定性和可预测性，体现了国家的制度有效性和政治风险。政治得分的决定因素由标准普尔定性评估，世界银行的治理指标也会被作为信息来源。

经济和货币因素决定着一个国家的经济结构、经济增长和货币灵活性。经济得分基于收入和增长水平，货币得分则体现了汇率制度、货币政策的可信度和传导机制的有效性。一个国家的经济和货币得分以人均 GDP、人均实际 GDP、CPI、存款索赔和货币基础等因素来进行衡量。

外部因素主要包括财政和货币政策对境外账户的影响、经常项目的结构、资本流动的构成以及储备的适当性等。其中，标准普尔公司对国际收支差额的分析侧重于经济政策对对外部门及其结构特征的影响。

财政实力受到政府债务占 GDP 比重、政府流动性金融资产、通货膨胀等因素的影响，这些因素被认为能够综合体现出政府财政的整体健康状况。

2. 穆迪的国家信用评级

穆迪将以下四项因素作为对各国进行国家信用评级的基础：经济实力、体制实力、财政实力和对易发生事件风险的敏感性。

经济实力主要由平均实际 GDP 增长、实际 GDP 增长的波动率、名义 GDP、人均 GDP、多元化和信贷繁荣等指标进行衡量。稳定和不断增长的高收入经济体被认为能更好地履行偿债义务。

体制实力主要体现在政府的效率、法治程度和对腐败的控制能力等制度优势上，它与经济实力一起，共同决定了一个国家的经济弹性。此外，诸如通货膨胀水平及其波动性以及违约记录等因素也会对国家实力产生影响。

财政实力包括 GDP、一般政府债务与收入、预算外资金收入、能源消费总量、税收、债务趋势等因素，这些因素揭示了政府财政的整体健康状况。

此外，穆迪基于对易发生事件的定义，根据国家在经济实力、体制实力、财政实力和对易发生事件风险的敏感性等方面的综合表现来确定主权信用评级。

3. 惠誉的国家信用评级

惠誉的国家信用评级基于多元回归模型，将指标划分为 4 个关键维度：宏观经济、公共财政、外部金融和结构性因素。

在宏观经济维度，主要根据 CPI、实际 GDP 增长和实际 GDP 增长波动三个变量评估一个国家的宏观经济状况。

公共财政维度的指标主要包括预算余额、债务总额、利息支付和公共外币债务等，主要衡量一国的财政稳健性和相关债务风险。

外部金融维度主要通过净国外直接投资、主权外债总额、国外利息服务和国家持有的官方国际储备等变量进行衡量。

结构性因素维度的指标主要包括货币供应量、人均 GDP、综合治理指标、储备货币状况和违约年数等，这些因素决定了一个国家是否容易遭受金融冲击、政治风险和治理因素的影响。

8.1.4 国家风险的管理

为避免和降低国家风险所带来的风险和损失，金融机构应在对国家风险进行有效识别和评估的基础上，根据自身的风险偏好和风险承受能力，合理确定国家风险的暴露头寸，并积极采取各种有效措施，努力防范和化解国家风险。通常而言，国家风险管理的主要方法包括：限额、分散、转移、抑制、自留等。

（一）国家风险的限额

国家风险的限额管理是指金融机构根据国家风险评估的结果，对某一特定国的贷款和投资数额规定一个上限。通常情况下，限额的大小与国家风险的大小反向变动：对于风险较高的国家，限额应限制在较低水平，以控制暴露在国家风险中的资金或金融资产数量。在确定特定国家的特定贷款（交易）对象的限额时，除应考虑总体的国家风险程度外，还应考虑具体贷款（交易）对象的实力、风险及其与国家风险的关联程度等因素。此外，对于某些不确定性程度较高、风险难以判断和有效处理的国家（地区）和相关企业，应采取风险回避（限额为零）的原则，尽可能避免不必要和不可控的国家风险暴露。

（二）国家风险的分散

国家风险分散是投资组合理论在跨国投资领域的具体应用，主要是通过构建多元化的投资组合来分散非系统风险。一般而言，国家风险分散可以从宏观和微观两个层面予以理解：在宏观层面，可以通过在多个不同的国家或地区进行投资（交易），以分散单一国家风险的影响。在微观层面，可以通过投资对象、投资主体、投资币种、投资时间的分散化等多种分散化模式来降低国家风险：（1）投资对象的多样化，主要指资金和物资分散投向多个国家、行业、产品，避免对某一个国家、某一行业或某一种产品集中式地投入大量资产；（2）投资主体的分散化，主要是通过银团贷款、共同投资和联合融资等方式，通过多个投资主体一起来分担特定国家的风险；（3）投资币种的多样化，主要是通过采用不同国家的多种货币进行投资或融资，来减轻单一国家风险所造成的该国货币价值的大幅波动；（4）投资时间的分散化，主要是通过分阶段提供投资或融资的方式，减轻国家风险在特定时间段内爆发所导致的风险。

（三）国家风险的转移

国家风险的转移是指通过各种手段将国家风险转移给其他主体承担，主要包括保险转移和非保险转移两种常见方式。保险转移是指跨国公司通过购买投资保险的形式，将国家风险转嫁给保险公司，而非保险转移则是指国际债权人在进行国际资金融通时往往要求当地政府、第三国银行或金融机构为其提供担保。其中，政府担保是指在借款国政府或中央银行的担保下，债权的国家风险转变为主权风险，风险程度相对较低。第三国银行或金融机构担保是指债权人对主权风险仍感担心时，要求借款国寻求第三国银行或国际金融机构进行担保。

（四）其他方式

除上述方法外，国家风险的管理还可以采用风险抑制、风险自留和寻求当地合作等方式。

风险抑制是指采取各种措施降低风险实现的概率及经济损失的程度。通常的办法有贷款出售、债务兑换、债务重新安排等。比如，跨国金融机构可以将存在风险的贷款打折出售给债务国或第三方，以规避国家风险。

风险自留是在确认国家风险可控的前提下，通过主动承担一定程度的国家风险，以尽可能地实现利润的最大化。当采用风险自留措施时，金融机构通常会为承受风险损失而做好各种准备，如预提贷款损失准备金等。

此外，金融机构还可以通过与当地投资者加强合作，增加国有化的成本。比如，跨国公司在东道国经营时可通过大量从当地金融机构筹措资金的办法，降低国家风险发生的可能性；同时，相关企业在跨国经营中也可以通过股权的结构性安排来规避海外产权风险。

8.2　声誉风险的度量和管理

8.2.1　声誉风险概述

对于金融机构而言，声誉是其通过长期持续努力得到公众信任而获取的宝贵财富和无形资产。从《巴塞尔协议Ⅰ》开始，声誉风险就被纳入了银行业监管的市场纪律部分，认为“声誉风险对银行危害极大，因为银行的业务性质要求它能够维护存款人、贷款人和整个市场的信心”。在《巴塞尔协议Ⅲ》中，声誉风险被定义为：交易对手、客户、股东、投资者、债券持有人、研究分析师、其他相关方或监管者对银行的负面看法，这足以影响到银行维持或建立新的业务关系和继续获得融资资金（如通过银行间市场或资产证券化市场）的能力。同时，巴塞尔委员会建议，银行在风险管理体系、内部资本充足评估和流动性应急预案中应覆盖声誉风险。

2009年8月，中国银监会发布《商业银行声誉风险管理指引》，其中对声誉风险的界定为：由商业银行经营、管理及其他行为或外部事件导致利益相关方对商业银行负面评价的风险。2021 年 2 月，中国银保监会发布《银行保险机构声誉风险管理办法（试行）》，其中声誉风险被定义为由银行保险机构的行为、从业人员的行为或外部事件等导致利益相关方、社会公众、媒体等对银行保险机构形成负面评价，从而损害其品牌价值，不利其正常经营，甚至影响到市场稳定和社会稳定的风险。

总体来看，声誉风险是指一旦客户、交易对手、股东、投资人或者监管当局对银行持不乐观态度，从而导致的银行当期和未来的收益或资本下降，即由于公众负面的评价而导致银行与客户关系终止及中断而产生损失的风险。例如，媒体对银行的负面报道可能引发挤兑。声誉风险的关键要素是特定事件所产生的影响，这些特定事件可能会损害用户对商业银行的可靠性、服务质量、管理公平性或者信誉的看法。同时，声誉风险是多角度的，它不仅综合反映了市场参与者的看法，而且存在于整个组织之中，因此，金融机构的声誉风险暴露实际上反映了其内部风险管理流程的完整性，以及管理层对外部影响做出反应的方式和效率。

此外，声誉风险所可能造成的损失也不容忽视。根据 Perry 和 Fontnouvelle（2005）的研究，声誉风险造成损失的可能情况包括：导致当前或未来客户的损失，导致员工与管理层的流失，导致业务合作伙伴的流失，导致融资成本增加，导致依据相关法规缴纳罚款或受到其他处罚带来的损失等。同时，声誉风险还可能导致股价出现异常下跌。根据 2004 年 8 月普华永道和经济学人智库发布的一项调查，在 134 家国际银行受访者中，有 34%的银行认为，声誉风险是银行的市场价值和股东价值面临的最大风险，而认为市场风险和信用风险是最大风险的只各占 25%。

从性质和特点上看，声誉风险在大部分时候是由其他类型风险所导致的一种“次生风险”（即其他风险的发生很可能导致声誉风险的发生），因而与其他风险有较强的关联性，但与此同时，声誉风险也有自身的一些特殊性：

（1）常态性和多样性。声誉风险是一种常态化的风险，金融机构在其经营管理的过程中，始终都面临着利益相关方的正面或负面评价，这样的评价会一直存在且会随着事件的发生而不断变化，这使得声誉风险成为金融机构需要常规面对的一种风险。同时，金融机构业务的多样性及其业务对象的广泛性使得不同业务对象的负面评价可能源于各种各样的原因，这使得声誉风险呈现出多样性特征。

（2）突发性和传播迅速性。声誉风险的开始可能经常是很小的事件，但若处理不及时或处理不当，极有可能突然演变成大的危机事件，让金融机构措手不及。特别是在信息快速传递和渠道多元化的时代，金融机构一旦爆发声誉风险，就会受到各种媒体和社会公众的广泛关注，特别是关系到社会公众存款安全的商业银行，一旦发生危机事件，几乎一定会在短时间内迅速传播。

（3）破坏性和外溢性。声誉风险会破坏公众对金融机构的信任和忠诚，导致金融机构股价下跌、市值缩水、资本减少、负债成本上升、盈利能力降低等一系列问题，严重的甚至可能引发挤兑。同时，声誉风险的破坏性还体现在其外溢性上。比如，商业银行声誉事件的出现和发酵不仅会危害到其自身的声誉以及经营发展，造成银行多方面的直接和间接损失，还可能给社会大众带来恐慌和惊慌，甚至会威胁到同业其他商业银行的声誉，最严重的情况下可能会给国民经济带来危机。

8.2.2　声誉风险的度量

声誉风险给银行带来的损失很少能够被直接观测到，大多是在一个时期内对银行带来持续的影响，因此较难被直接计量，三代《巴塞尔协议》也都没有对声誉风险如何度量进行具体界定。在实践中，各金融机构一般是根据《巴塞尔协议》和所在国的监管指引开发相应的模型和算法。从理论角度，目前对声誉风险的度量主要有两种思路，一种是基于定性指标的打分测评，另一种是基于定量数据的模型测算。下面介绍几种比较具有代表性的方法。

（一）哈里斯-丰布兰公司声誉指数模型

在声誉风险的定量分析方法中，哈里斯-丰布兰公司声誉指数模型比较具有代表性。哈里斯-丰布兰公司声誉指数模型（Harris-Fombrun corporate reputation quotient model）是由丰布兰（Fombrun）教授和美国市场调研公司哈里斯互动（Harris Interactive）共同设计的。该模型涵盖 6 个一级指标和 20 个二级指标，从利益相关者的角度对公司（金融机构）的声誉进行评价，每一项的评分在 1～7 分之间（1 分代表描述完全不符合，7 分代表描述非常符合），具体如表 8-5 所示。

表 8-5　哈里斯-丰布兰公司声誉指数模型的指标体系

一级指标	二级指标
工作环境方面	工作环境组织有序 工作环境优越 员工有竞争力
社会责任方面	支持公益事业 对环境负责 对人们友善
情感诉求方面	对公司有好感 认可并尊重该公司 认为公司可信任
产品和服务方面	支持公司产品和服务的运作 能提供高质量的产品和服务 对产品和服务不断创新 能提供有价值的产品和服务
公司愿景和领导力方面	有优秀的领导层 对未来有清晰的发展愿景 能发现并利用市场机会
财务状况方面	有较强的盈利能力 公司的投资风险较低 对未来的扩张欲望强烈 总试图超越竞争对手

对于每家公司，声誉 R 都由 M 个一级指标 X_m 之和决定，一级指标又由 N_m 个二级指标 $X_{m,n}$ 决定，因此公式为：

$$R=\sum_{m=1}^{M}\sum_{n=1}^{N_m}X_{m,\ n}$$

基于上述模型的主观评分越高，声誉 R 值就越高，相应的声誉风险就越低。哈里斯-丰布兰公司声誉指数模型在国外银行中被广泛采用。该方法的优势在于其便捷性：通过对利益相关者进行问卷调查即可完成评分，同时能够在不同的公司之间进行对比，或与行业平均水平进行对比，进而说明该公司声誉风险的高低。该方法的主要缺点在于，影响维度和驱动因素的选择一般都由设计者主观决定，且模型以定性分析为基础，难以对声誉风险进行精确估计。

（二）贝叶斯网络模型法

贝叶斯网络模型法的核心是通过分析声誉风险的影响因素，收集声誉风险的程度以及各影响因素的概率分布，进而建立声誉风险与各影响因素之间的拓扑结构，最终建立起以声誉风险为中心的概率网络（胡敏和韩俊莹，2014）。在此基础上，研究者只需要动态调节各项影响因素的统计情况，即可更新处于网络中心的声誉风险的发生概率。

举例而言，首先参考哈里斯-丰布兰公司声誉指数模型，将声誉风险分成 M 个一级影响因素（直接影响声誉风险）以及 N_m 个二级影响因素（通过影响一级因素来影响声誉风险）；其次绘制概率网络模型。为便于说明，这里以 1 个一级因素和 2 个二级因素的简化模型为例进行说明，如图 8-3 所示。

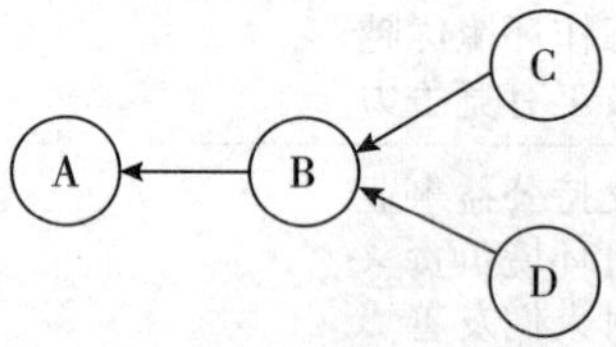

图 8-3 贝叶斯网络模型示意图

在图 8-3 中，A 表示声誉风险，B 表示一级指标产品和服务，C、D 分别表示二级指标产品质量和服务质量。同时，用事件 a 表示发生声誉风险，事件 $\bar{a}$ 表示未发生声誉风险；事件 b 表示产品和服务令人满意，事件 $\bar{b}$ 表示产品和服务未能令人满意；事件 c 表示产品质量好，事件 $\bar{c}$ 表示产品质量不好；d 表示服务质量好，$\bar{d}$ 表示服务质量不好。

然后，通过向业内专家发放调查问卷，可以得到各金融机构的一级指标和二级指标的相应统计数据，进而得到各个节点的条件概率，比如：节点 B 的条件概率就可以根据 C、D 发生的情况以及 B 发生的情况分为 8 种情况；A 的条件概率可以根据 A、B 的发生情况分为 4 种情况。在得到各节点的条件概率后，就可以构建出整个概率网络。在这个网络中，末端的二级因素数据的变化将改变一级因素的概率，进而改变中心节点声誉风险的概率。

贝叶斯网络模型的优势在于，各金融机构通过定期向市场发放问卷，收集各节点的统计数据，输入系统，即可基于贝叶斯网络模型得到声誉风险的发生概率，从而有助于加强声誉风险的事前防控。

(三) 经济资本度量

经济资本的实质是银行面对预期之外的冲击所需要承担的损失的程度，因此，计提经济资本实际上是对非预期风险的一种防范。从经济资本的角度测度声誉风险，首先需要分解声誉风险的影响因素，构建声誉风险与其影响因素的函数模型：

$$Y=f(x_1, x_2, \cdots, x_n)$$

其中，Y 为声誉风险的损失程度，x 代表各影响因素。

其次，在此基础上，需要对各影响因素进行相应的统计分析，从而得到各变量的概率分布函数：

$$g(x_1), g(x_2), \cdots, g(x_n)$$

基于上述概率分布，可生成 q 组随机数列：$\{x_1, x_2, \cdots, x_n\}_{(q>30)}$。将生成的 q 组随机数列再代入原函数中，即可得到声誉损失 Y 的 q 个随机取值：

$$\begin{cases} Y_1=f(x_1^1, x_2^1, \cdots, x_n^1) \\ Y_2=f(x_1^2, x_2^2, \cdots, x_n^2) \\ \cdots \\ Y_q=f(x_1^q, x_2^q, \cdots, x_n^q) \end{cases}$$

通过对上述 q 个随机取值进行统计分析，即可得到声誉损失的分布情况以及相应的均值和标准差。在此基础上，声誉风险的经济资本可由一定置信度水平（如99%）下声誉风险所造成的损失减去损失的均值得到。

该方法的特点是需要用到蒙特卡罗模拟来对声誉风险的损失情况进行抽样统计，其主要不足之处在于：声誉风险各影响因素的概率分布的确定存在一定的主观性，目前一般是在事前设想可能的概率分布，然后通过与实际情况进行比对，选择其中拟合度最高的概率分布，这意味着该方法存在一定程度的模型风险。

(四) 回归模型法

回归模型法主要从声誉风险所造成的损失与声誉风险发生的概率两个角度进行预测，Fiordelisi 等（2013）提出的一个代表性计量模型如下：

$$CAR(-1, 1)=\alpha+\sum_{j=1}^{7}\beta_j Det_j+\sum_{j=1}^{7}\gamma_j BA_j+\sum_{j=1}^{4}\delta_j Cont_j+\varepsilon$$

该模型分析了各自变量对声誉风险所造成的损失，其中：因变量 CAR 代表由声誉风险带来的累积异常收益率；自变量 Det 由多个影响声誉风险的因素构成，如金融机构的 β 值（风险）、盈利能力、无形资产、市值、规模、资本结构等；BA 为遭受操作损失的业务部门，如公司金融、交易和销售、零售银行、支付和结算、代理服务、资产管理、零售经纪等；*Cont* 为银行层面和国家层面的各种控制变量。基于历史数据进行回归，得到相应因素的回归系数，就可以建立用以预测声誉风险损失的回归模型。

类似地，为预测声誉风险的发生概率，可建立如下形式的 Logit 模型：

$$P(Y_i > j) = g(\alpha_i, \beta_i X_i) = \frac{\exp(\alpha_i + \beta_i X_i)}{1 + \exp(\alpha_i + \beta_i X_i)}, \ j = 1, 2, \cdots, M-1$$

其中，X_i 为银行 i 的各自变量（向量），Y 为声誉风险的发生情况，M 为声誉风险类型的数量。

该模型并不直接使用代表声誉风险损失的 *CAR* 作为因变量进行回归，而是通过 *CAR* 的大小设置新的离散型变量——*CAR* 最高的 1/3 取值为 1、*CAR* 处于中间 1/3 的取值为 2、*CAR* 最小的 1/3 取值为 3，然后将该离散变量作为因变量与相关影响因素（如 β 值、盈利能力、无形资产、市值、规模、资本结构等）进行 Logit 回归，得到模型参数 α_i 和 β_i，进而得到各自变量对声誉风险发生概率的影响。

8.2.3 声誉风险的管理

声誉风险管理的难点之一在于，由于声誉风险难以准确分类和计量，金融机构通常很难找到一个可以直接追踪的指标，预判其爆发时间与损失大小。在实践中，对声誉风险的管理一般包括声誉风险的识别、度量和控制等基本内容。

（一）声誉风险的识别

根据《巴塞尔协议Ⅲ》，声誉风险可能会导致金融机构产生信用风险、流动性风险、市场风险和法律风险，所有这些都会对银行的盈利、流动性和资本水平产生负面影响。为此，金融机构应该识别潜在的声誉风险来源，将其纳入风险管理流程，并在内部资本充足评估程序和流动性应急计划中予以处理。

在具体实践中，金融机构识别其潜在声誉风险的来源包括各业务条线、负债、附属业务、表外工具和经营所在市场等。同时，金融机构还可以在压力测试中加入声誉风险因素（如考虑表外业务的风险敞口等），以反映声誉风险可能造成的二次损失；或者关注声誉风险对流动性头寸的影响，考虑资产端在声誉风险情景下所可能面临的限制。

（二）声誉风险的度量

在实践中，金融机构可以通过每年定期的问卷调查或者记分卡来跟踪客户、交易对手、股东等利益相关者对银行各项服务和业务的评价，并从问卷分析中发现不足之处和需要采取的策略和改进措施。同时，对于通过问卷调查得到的数据，金融机构还可以基于前文所述的方面建立相应的计量模型，实现对声誉风险发生概率和可能影响的量化处理。

此外，值得注意的是，声誉风险在现实中也存在着隐含的顺周期性特征，即在经济和金融周期的上行阶段，许多金融机构可能会忽略其某些业务（如表外工具）的声誉风险，这可能导致危机时期其他风险与声誉风险叠加产生更为严重的损失，因此，金融机构在声誉风险的管理过程中应该前瞻性地引入逆周期思维，并对声誉风险所可能造成的损失进行科学计量。

（三）声誉风险的控制

从现有实践来看，对声誉风险的控制主要涉及两个方面的内容：一是推行全面风险管理理念，改善公司治理，做好风险防范；二是确保声誉风险及其影响因素被有效管控。目前，国内外还没有开发出非常成熟的声誉风险量化管理技术，在这种情况下，金融机构只有从整体层面建立起完整、有效的声誉风险管理体系，才能有效降低声誉风险。

一般而言，有效的声誉风险管理体系包含以下内容：（1）强化声誉风险管理培训，明确声誉风险管理的政策、措施和流程；（2）明确自身的战略愿景和价值理念，确保实现自身的承诺；（3）理解不同利益相关者（如股东、员工、客户、监管机构、社会公众等）的价值诉求和期望，确保及时处理投诉和批评；（4）尽量保持大多数利益相关者的期望与自身的发展战略一致；（5）建立公开、诚恳的内外部交流机制，增强对客户和公众的透明度，保持与媒体的良好接触；（6）将社会责任和经营目标结合起来；（7）建立动态的风险管理系统，及时提供声誉风险事件的预警，制定危机处理的流程与规划；（8）保有充足的风险资本，结合定期的压力测试，确保极端情况下的声誉风险可控。

在声誉风险管理的过程中，一旦发生声誉风险事件，应及时采取有效措施修复声誉。具体而言，声誉风险事件发生后，应在第一时间核实情况，根据声誉风险事件的等级和报送要求报告高级管理层，如评估为重大声誉风险事件，则应立即成立相应的工作小组，确定声誉风险事件应对的总体策略、人员和措施。如果事件的核心是金融机构实际存在的问题，那么应该积极承认问题，及时解决问题，避免事件继续发酵。从长远角度来看，金融机构应注意建立广泛的媒体资源和信息渠道，确保在发生声誉风险事件时，能够及时地与外界沟通交流，澄清误解，及时解决问题。

8.3　合规风险的度量和管理

8.3.1　合规风险概述

根据《巴塞尔协议Ⅲ》的附录《合规与银行内部合规部门》，合规风险是指银行因未能遵循法律法规、监管要求、规则、自律性组织制定的有关准则或已经适用于银行自身业务活动的行为准则，而可能遭受法律制裁或监管处罚、重大财务损失或声誉损失的风险。合规风险贯穿于银行经营的各个环节，并可能给银行带来重大损失。

在上述定义中，银行行为所要遵循的内容范围非常广泛，不仅包括由立法机构和监管部门发布的主要法律、法规和规则，还包括行业协会达成的实践准则和各种市场公约，以及适用于银行员工的内部行为准则等。此外，很多研究认为，银行行为的合规标准还应包括遵循更广泛的有关诚实正直等方面的道德行为准则。

需要指出的是，现实中容易与合规风险混淆的一个概念是法律风险。法律风险与合规风险既互有重合，又各有侧重。法律风险是指企业在经营过程中因自身经营行为的不规范或者外部法律环境发生重大变化而造成的不利法律后果的可能性。通俗来讲，法律风险是基于法律的原因而可能发生的危险及其他不良后果，即在法律上是不安全的。相比之下，合规风险所涵盖的风险范围则要宽广很多，凡是因未能遵守所有适用法律、法规、行为准则或相关标准而给银行带来经济和声誉损失的可能性，都属于合规风险的范畴。

合规风险和法律风险有时会同时发生，比如银行与客户约定的利率超出了政策部门（人民银行）规定的基础利率的一定倍数，则将会面临监管部门的处罚和客户的起诉。但两者有时也会发生分离，比如，当银行的违规经营被媒体曝光时，银行的声誉将面临重大损失，这属于合规风险，但与法律风险无关。

总体来看，对合规风险与法律风险在很多时候难以泾渭分明地加以区分，但有一个核心区别是非常明确的：合规风险侧重于行政责任和道德责任的承担，而法律风险则侧重于民事责任的承担。

此外，合规风险管理因涉及企业内部的操作风险、市场风险等，要求合规风险管理人员比法律风险管理人员知识面要更广一些。通常情况下，合规风险管理人员不仅要懂法律，同时还要熟悉企业内部监管规定、精通相关业务流程等，而法律风险管理的要求则相对比较单一，一般由法律专业人士负责即可。

8.3.2 合规风险的度量

目前国际上并没有形成统一的合规风险度量方法或模型。从已有研究来看，常用的合规风险度量方法主要包括风险矩阵、合规风险资本计算、合规指数模型和风险穿透（密度）指数等。下面分别予以简要介绍。

（一）风险矩阵

实际操作中，金融机构在风险合规性计量方面经常使用一种定性方法，即风险矩阵。具体而言，金融机构会利用各类违规处罚的历史数据、操作风险报告和内部审计报告的数据、消费者诉讼中的判决、举报、媒体信息、国内外监管机构的要求等作为识别合规风险的来源，然后评估潜在合规风险影响的相关性及重要性，以区分其强度。在此基础上，金融机构会根据评估数据开发风险矩阵，并根据该矩阵的计算结果对合规风险进行评估。

风险矩阵的建立步骤如下：（1）根据风险事件发生的潜在概率分配评级，如表 8-6 所示；（2）评估各类风险事件发生的影响，将影响的评级结果与发生概率的评级结果相乘，最终得到整体的合规风险评级，其数值范围在 1～25 之间，如表 8-7 所示。

对于整体评级，可根据其数值结果转化为以下几类定性评级结果：（1）1、2、3：轻微；（2）4、5、6：中等；（3）8、9、10、12：较重；（4）15、16：严重；（5）20、25：灾难性。在实践中，一些金融机构为简化起见，可能会采用更加粗略的评级划分，比如仅用 2～3 类等级（绿色、黄色、红色）进行区分。

表 8-6　风险事件的发生概率及其评级

评级	发生概率	可能性标准（12 个月）
1	0～10%	极不可能发生
2	10%～25%	小概率发生
3	25%～75%	较大概率发生
4	75%～90%	大概率发生
5	90%～100%	几乎肯定发生

表 8-7　整体的合规风险评级

影响评级 \ 发生概率评级	1	2	3	4	5
5	5	10	15	20	25
4	4	8	12	16	20
3	3	6	9	12	15
2	2	4	6	8	10
1	1	2	3	4	5

（二）合规风险资本计算

参照巴塞尔委员会对操作风险监管资本的计算思路和方法，可以使用风险资本的概念来度量合规风险。具体而言，银行各业务条线或不同风险类型所对应的预期损失可一般化地表示为：

$$EL = EI \times PE \times LGE$$

其中，EL 代表银行单个业务条线或风险类型的预期损失；EI 表示相应的风险暴露指标（如银行收入），其数值越大，表示银行面临的潜在风险越高；PE 表示根据历史数据计算得到的损失事件发生概率；LGE 表示相应的损失率。

银行的合规风险损失分为预期损失和非预期损失。通过调整产品定价或准备金率，可以较好地覆盖预期损失，因此，银行的合规风险主要来自非预期损失。为简化起见，假定非预期损失与预期损失呈线性关系，且预期损失按比例因子 γ 转换为非预期损失，同时引入风险状况指数（RPI）。于是，将预期损失（EL）转化为合规风险资本（CL）的计算公式可表示为：

$$CL = EL \times \gamma \times RPI$$

其中，比例因子 γ 既可通过银行内部数据计算得到，也可利用监管机构公布的行业数据计算得到；风险状况指数 RPI 可根据银行的历史数据或监管机构公布的行业数据计算得到。

在此基础上，通过加总各业务条线或不同风险类型的合规风险资本（CL）与风险暴露指标（EI）的比值，可以得到银行整体的合规风险损失率（$CpRisk$）：

$$
\begin{aligned}
CpRisk &= \sum \frac{CL}{EI} \\
&= \sum \frac{EL \times \gamma \times RPI}{EI} \\
&= \sum \frac{EI \times PE \times LGE \times \gamma \times RPI}{EI} \\
&= \sum PE \times LGE \times \gamma \times RPI
\end{aligned}
$$

合规风险损失率越高，意味着银行收入中合规风险造成的损失比例越高，即合规风险越高。

（三）合规指数模型

为量化不同统计口径的多种合规风险，可构建可比的合规指数。以中国工商银行内控合规部课题组（2016）的做法为例，可将合规风险划分为案件与风险事件类（A）、外部合规检查类（B）、内部合规检查类（C）、员工行为异常类（D）以及重要管理指标类（E），然后对各类风险指标进行标准化处理，并利用层次分析法计算各类风险的权重，最后使用移动平均法计算合规指数，具体过程如下：

首先，计算当期综合风险发生值，具体公式为：

$$
\begin{aligned}
\text{当期综合风险发生值} &= \text{各类指标标准化后的加权之和} = \text{A 类容忍值转换系数} \\
&\quad \times \Big(\sum \text{B 类风险发生值}_i \times \text{B 类风险权重}_i \\
&\quad + \sum \text{C 类风险发生值}_i \times \text{C 类风险权重}_i \\
&\quad + \sum \text{D 类风险发生值}_i \times \text{D 类风险权重}_i \\
&\quad + \text{E 类各指标统一量化后的加权和}\Big)
\end{aligned}
$$

其中，A 类容忍值转换系数是由案件与风险事件类指标决定的，如果案件事故数据高于设定的容忍值，会使得转换系数由 100%上升至 140%。

其次，计算综合风险发生值基数，相应的公式为：

$$
\begin{aligned}
\text{综合风险发生值基数} &= \text{近一年当期综合风险发生值的平均值} \\
&= \frac{\text{当期综合风险发生值} + \text{前三期当期综合风险发生值}}{4}
\end{aligned}
$$

其中，综合风险发生值基数作为衡量当期合规风险的重要标准，需要与当期综合风险发生值保持相同的统计口径。

最后，计算合规指数，具体公式为：

$$
\text{合规指数} = \frac{\text{当期综合风险发生值}}{\text{综合风险发生值基数}} \times 100\%
$$

基于该模型得到的合规指数，既可衡量当期合规风险的大小，也可用于预测合规风险的短期变动趋势。

总体而言，合规指数模型基于层次分析法确定各类指标的权重，可以在一定程度上减轻主观判断的偏误，同时实证分析显示，该方法计算得到的合规指数对合规风险的短期变化趋势具有一定的预测作用。尽管如此，合规指数模型在研究周期的选择、风险种类的划分方面仍具有较强的主观色彩，并且对数据的质量有较高的要求。

（四）风险穿透（密度）指数

由于合规风险主要体现为违反法律法规或行为准则所导致的损失，因而现实中通常没有直接可用的数据或指标来度量合规风险。从实际情况来看，银行对合规事件的检查通常会采用发文的形式公布结果及整改情况，但检查结果并非标准化数据，且数据量庞大。因此，在实践中，度量合规风险一般需要将检查数据转换成标准化的数据指标，并通过对这些标准化的指标进行相应的数量分析，最终形成量化的合规风险指标即风险穿透（密度）指数。

1. 模型假设

为构建风险穿透（密度）指数，需要给出以下三项假设：一是在检查中每发现一个问题，即视为存在一处风险；二是银行能完整地检查并收集内外部合规数据，而未被检查出的合规问题一定会爆发风险；三是所有合规问题带来的合规风险等价。

基于上述假设，可按照发现主体的不同，将银行内外部检查数据细分为分支行自查、总行管理部门检查、总行审计稽核部门检查、外部审计检查、外部监管检查五类，对应合规检查的“五道防线”。同时，考虑到实际情况中有部分合规风险并未被检查出来而是直接爆发，故进一步引入第六道防线——案件爆发，即若某一违规事件未被上述五道防线检查出来，但最终形成了损失或引发了案件，则被归属为第六道防线。

上述六道防线的数量标识转化如表 8-8 所示。其中，i 表示防线序号，i 为整数，且 $i \in [1, 6]$；x_i 代表各道防线上的合规问题数量，该数值越大，代表潜在风险越高。在表 8-8 中，通过将防线序号分别赋给不同的检查防线，可以体现不同风险的影响力：防线序号越小，即防线越靠前，表明该防线上的风险被识别得越早，从而带来的影响也就相应越小；反之，则说明风险影响越大。对于银行而言，在发现问题的数量相同的情况下，越早发现意味着合规风险管理能力越强，对应的合规风险也就越小。

表 8-8 合规检查“六道防线”的数量标识转化

检查防线	分支行自查	总行管理部门检查	总行审计稽核部门检查	外部审计检查	外部监管检查	案件爆发
防线序号 i	1	2	3	4	5	6
发现问题的数量 x_i	x_1	x_2	x_3	x_4	x_5	x_6

2. 风险穿透指数

根据上文指标构建的思路，可以直接定义风险穿透指数 $R(p)$，用来衡量银行的某家分支行在某一测量周期内风险平均穿透防线的长度（数量），具体计算公式为：

$$R(p)=\frac{\sum_{i} i\times x_i}{\sum_{i} x_i}$$

现在假设有A、B、C三家银行支行，它们在某一年的观察周期中存在如表8-9中所示的合规问题。根据风险穿透指数的计算公式，我们可以得到：A支行的风险穿透指数为$R(p)_a=\frac{1\times1+3\times1}{1+1}=2$，B支行的风险穿透指数为$R(p)_b=\frac{2\times1+4\times1}{1+1}=3$，这说明B支行的风险穿透层数多于A支行，即B支行的合规风险更高。

不过，当我们计算C支行的风险穿透指数时，其结果为$R(p)_c=\frac{1\times5+3\times5}{5+5}=2$，与A支行的结果一样。这意味着，虽然C支行发现了更多的合规问题，但风险穿透指数却显示二者具有同样大小的合规风险。之所以会出现这种情况，主要是因为风险穿透指数平均化了每一个风险穿透的防线数量，未能考虑合规问题数量的影响，这也使得银行的分支机构有动机通过报送大量虚假或低质量问题来拉低风险穿透指数，以提升自身的合规风险评级。

表8-9　三家支行的合规问题情况

检查防线（i）	分支行自查（1）	总行管理部门检查（2）	总行审计稽核部门检查（3）	外部审计检查（4）	外部监管检查（5）	案件爆发（6）
A支行问题数量	1		1			
B支行问题数量		1		1		
C支行问题数量	5		5			

3. 风险密度指数

为解决风险穿透指数所存在的问题，可将风险数量纳入考察范围，构建风险密度指数$R(d)$。从实际情况来看，在一定的周期内风险数量通常很多，而每个风险的穿透长度不一，导致“风险群”效应。

为克服风险穿透指数的缺陷，可参考物理学中的动能定理设计指标，以防线序号类比速度，以问题数量类比质量，使某一防线序号上的风险强度与风险数量以及风险穿透长度的平方成正比（平方可理解为惩罚因子，采用更高的指数则表示更大的惩罚力度），从而得到风险密度指数：

$$R(d)=\sum_{i}\frac{1}{2}\times x_i\times i^2$$

同样以表8-9中的数据为例，可以计算出三家支行的风险密度指数分别为：

$$R(d)_a=0.5\times1\times1^2+0.5\times1\times3^2=5$$
$$R(d)_b=0.5\times1\times2^2+0.5\times1\times4^2=10$$
$$R(d)_c=0.5\times5\times1^2+0.5\times5\times3^2=25$$

根据上述结果，虽然C支行的风险穿透指数较低，但由于其风险数量较多，因而其风险密度指数较高，实际合规风险也相对更高。从这个意义上看，综合考虑风险穿透指数和风险密度指数能够相对更为全面地反映银行的合规风险大小。

总体来看，风险穿透（密度）指数的核心思路是用银行的合规风控能力来间接度量银行的合规风险，主要衡量的是银行对整体合规风险的影响力和管理能力，但无法具体分析单一风险的大小。

8.3.3　合规风险的管理

针对合规风险的管理，《巴塞尔协议Ⅲ》提出了十大原则，包括董事会的职责、高级管理层的职责、合规部门的职责，以及其他等，具体如表8-10所示。

表8-10　《巴塞尔协议Ⅲ》针对合规风险管理提出的十大原则

责任归属	原则	具体内容
董事会	原则1	银行董事需承担建立合规政策、履行合规监督职责、推行正确合规文化的职责并对合规问题承担主要责任
高级管理层	原则2	银行高级管理层在履行董事会指示的基础上，对银行合规风险的有效管理承担责任
	原则3	银行高级管理层需负责向下制定具体政策，向上定期汇报合规情况
	原则4	高级管理层负责在行内建立一个永久性的、有效的合规部门
合规部门	原则5	独立性：既确保合规部门在银行的地位、权力与职责，又明确独立不是无法与其他部门进行合作的“孤立”
	原则6	资源：银行的合规部门应该有足够的资源来履行其职责
	原则7	合规部门的职责：银行合规部门需要负责为高级管理层进行有效合规风险管理提供支持和协助
	原则8	与内部审计的关系：审计部门应定期检查合规部门的工作范围、内容和广度
其他	原则9	跨境问题：遵守开展业务各区域的法律、法规和行业公约，从尊重文化与法律的层面出发，灵活应对不同国家的监管要求
	原则10	外包：合规部门的具体任务可以外包，但必须接受合规负责人的恰当监督

（一）董事会的职责

就董事会在合规问题上的具体责任而言，董事会应是合规政策的监督者、评估者与推行者，自上而下有效贯彻执行合规管理。董事会负责审批银行的合规政策，最终达成合规部门的正式文件，并在公司推行与合规风险管理统一的价值观。对于合规风险的管理，原则1中要求银行董事会承担监督银行的合规风险管理的核心责任，同时也应审批银行的合规政策，包括建立一个永久性的和有效的合规部门的正式文件。董事会或其委员会应对银行管理其合规风险的有效性程度每年至少进行 1 次评估，确保银行合规问题可以得到快速有效的解决。

（二）高级管理层的职责

高级管理层是合规政策的责任核心承担者、执行者与主要管理者，向上对合规风险情况进行汇报与分析，向下密切关注和识别合规问题并提出解决方案。原则 2 中要求银行的高级管理层对银行合规风险的有效管理承担责任。原则 3 和原则 4 为原则 2 的重要构成要素，既要求银行的高级管理层负责建立和传达合规政策、确保其得以遵守，并向董事会报告合规风险的管理情况，又要求银行高级管理层负责在行内建立一个永久性的、有效的合规部门。高级管理层应每年至少 1 次对公司合规风险进行识别、评估，一旦发现违规行为应立即采取补救、惩罚措施，并将方案报告董事会。

（三）合规部门的职责

合规部门作为银行合规风险管理的核心执行者，在银行合规风险管控中发挥着核心作用，其具体职责包括合规政策的颁布、合规政策的执行以及合规问题的检查等。在实践中，如何建立一个完善高效的合规部门是合规风险管理的关键所在。

首先，要确保合规部门的独立性。独立性包括四个要素：一是合规部门应在银行内具有正式地位；二是应该有一个团队和一名负责人，全面负责协调银行的合规风险管理；三是合规部门员工（特别是合规部门负责人）不应处于其合规风险管理职责与任何其他可能职责之间存在潜在利益冲突的位置；四是合规部门员工应有权删除履行职责所需的信息和人员。

其次，合规部门应拥有足够的资源履行职责，确保其能够有效管理合规风险。特别是，合规部门员工应具备必要的资格、经验、专业技能和个人素质，以履行其职责。合规部门员工应充分了解合规法律法规及其影响，并定期接受专业的技能教育和培训，特别是关于最新的法律、法规和规章的培训。

最后，应明确合规部门的职责。合规部门的职责应是协助高级管理层有效管理其面临的合规风险。如果某些职责由不同部门的员工执行，则应明确分配每个部门的职责。在一些银行，并非所有合规风险管理职责都需要由合规部门执行，不同部门的员工可能需要共同履行合规风险管理职责。在具体职责上，根据《巴塞尔协议Ⅲ》，合规部门需要履行以下四大职责：

（1）建议。合规部门应该向高级管理层提供有关合规性法律、法规和规则方面的建议，包括及时通告这些领域的最新进展。

（2）指导和教育。合规部门应协助高级管理层就合规问题对员工进行教育，也可以通过政策和程序以及其他文件，如合规手册、内部行为准则和实践指南，为员工正确遵守法律、法规和规章建立书面指导。

（3）识别、计量和评估合规风险。合规部门应积极识别、记录和评估银行业务活动中的合规风险，包括新产品和新业务的开发、新业务或客户关系的拟定建立，或此类关系的重大变化等。合规部门还应评估银行合规流程与指引的恰当性，迅速跟进处理已识别的缺陷，并在必要时提出修改建议。

(4) 合规计划。合规部门应该在一个包含有拟开展的活动的合规计划下来履行其职责，如实施和审查特定的政策和程序，评估合规风险，测试合规性，并就合规问题对员工进行教育等。合规计划应以风险为基础，并接受合规管理人员的监督，以确保涵盖相关业务活动和实现风险管理部门之间的协调。

（四）组织架构安排

在组织架构方面，合规风险管理通常不能完全依靠成立一个单独的部门来全权负责，而是需要不同部门员工各司其职。比如，法律部门需要为合规相关法律法规提供管理咨询，并为合规风险管理者提供相关指导。另外，合规部门在银行的架构中可以被放在不同的位置，比如有的银行将合规风险管理部门放在操作风险管理部门之下，而有的银行则将各个风险管理部门平行放置。

从理论上看，合规风险管理的组织架构没有固定统一的模式，只要各个部门分工权责明确、业务覆盖完善即可。不过，也有观点强调，最合适的组织架构安排应当将合规风险管理独立出来，令其直接从属于风险管理委员会，从而为合规部门提供最大程度的独立性，以强化其职能和效率。

以花旗银行的合规风险管理组织架构为例（见图 8-4），该架构立足董事会、总行和分行三个层面，首席合规官充当高级管理层角色，下设的五个子部门分别从企业银行合规、个人银行合规、合规事务、反洗钱合规和合规监测五个角度划定各自的管理范围，保证集中而有效的管理。总体来看，花旗银行的合规管理框架简洁清晰、权责分明，既能自上而下地落实董事会对合规风险管理的相关要求，又能自下而上地从实际业务层面确保合规风险情况的切实汇报。

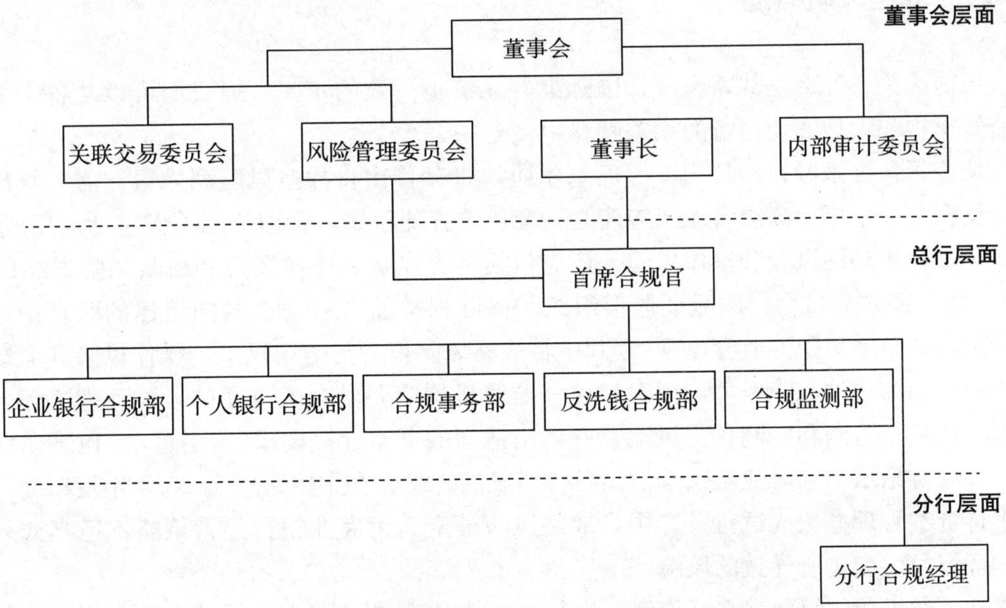

图 8-4　花旗银行的合规风险管理组织架构

(五) 外部监督

银行实际上受到了很强的外部监管，因此合规风险的辨别和防范就显得更加重要。在现代经济金融体系下，银行作为国民经济的重要组成部分，其客户几乎覆盖了全体国民。从外部来看，民众主要依靠声誉评价来监督银行的合规操作。虽然散户的势力比银行要弱，但通过评价银行的声誉甚至在金融市场“用脚投票”，可以对银行的违规动机和行为进行有效制约。比如，一旦银行违规，相关违规信息会通过各种媒体渠道迅速在民众之间传播，从而导致银行的声誉受损、客户流失和收益下降。因此，为了确保银行不会因违规问题而遭受民众声讨和“用脚投票”，银行需要通过合理的内控机制来确保其行为合规。

(六) 特殊问题

对于其他方面的合规风险管理问题，《巴塞尔协议Ⅲ》主要强调了跨境问题与外包。其中，在跨境问题方面，由于银行经常在多个国家开展业务，因此需要遵守当地的法律法规，并确保合规部门的组织架构与职责始终与当地的法律和监管要求一致；在外包问题方面，银行的部分合规风险管理活动虽然可以采取外包形式，但必须确保外包业务不会对监管部门和合规负责人的监管造成阻碍，同时外包业务需要接受合规负责人的实时监督。

8.4 战略风险的度量和管理

8.4.1 战略风险概述

目前，关于什么是战略风险，国际上并无清晰一致的定义，但我们可以从各主要金融监管机构和大型商业银行的相关解释中窥见一斑。

从监管角度来看，2010 年，《巴塞尔协议Ⅲ》首次将战略风险列为银行需要管理的风险类型之一，提出高级管理层应建立一套风险管理程序，管理范围不仅包括信用风险、市场风险、流动性风险和操作风险，还应包括声誉风险、法律风险和战略风险。2012 年 9 月，由巴塞尔委员会、国际证监会组织和国际保险监督官协会共同组建的联合论坛发布《综合性金融集团的监管原则》，其中将战略风险视为与信用风险、操作风险和流动性风险等并列的一种风险类型，同时建议“监管机构应要求金融集团的风险管理流程包括识别、计量、监测和控制各类风险，并提出适当的资本计提要求”。不过，《巴塞尔协议Ⅲ》和联合论坛均未对战略风险做出具体明确的定义。在中国银监会 2012 年发布的《商业银行资本管理办法（试行）》中，战略风险被定义为商业银行经营策略不适当或外部经营环境发生变化所导致的风险。

从金融机构的解释来看，德意志银行在 2020 年年报中指出，战略风险是指由于错误的战略计划、无效的战略执行或应对重大变化能力的不足所导致的收益损失的风险。就其产生原因来看，战略风险同宏观环境、竞争格局的变化以及监管和技术的发展密切相关，与此同时，银行自身的战略定位错误、战略执行不佳以及面对实际情况与战略目标存在偏差时调整能力的不足均可能导致银行面临战略风险。荷兰银行在2020年年报中将战略风险定义为由内外部因素综合导致的收入和费用的不确定性，如客户偏好、竞争态势、监管要求的变化，均可能造成银行经营业绩的下滑或不及预期。此外，技术、社会、政治、经济等宏观因素也会对银行的经营业绩产生影响。苏格兰皇家银行在2014年年报中将战略风险解释为：由于不恰当的战略选择，或者由于无法适应外部环境的变化所带来的风险，具体表现为银行战略分析、战略决策或战略执行的失败。中银香港在2020年年报中将战略风险定义为由于银行在战略制定、实施以及调整时的不恰当行为而导致盈利、资本、信誉、市场地位等受损的风险。

总结上述金融监管部门和商业银行对战略风险的定义，可以发现战略风险主要具有以下三个方面的基本特征：（1）战略风险形成的原因有战略执行不当、执行战略时外部经营环境变化或对外部环境做出的反应不当等；（2）战略风险的直接结果是导致战略目标无法实现，进而导致金融机构的经济利益、竞争力、战略实施能力等受损；（3）战略风险是战略定位与战略执行过程中所固有的、不可预见的。简言之，战略风险是银行在制定与执行战略过程中因战略目标不恰当、执行管理不严格而产生的内部风险，以及在战略执行过程中对外部环境变化应对与调整不及时而产生的外部风险的集合。

8.4.2　战略风险的度量

对于战略风险的度量，迄今为止，国内外金融监管机构尚未发布针对战略风险量化分析的具体指南。《巴塞尔协议Ⅲ》提出，虽然战略风险等难以计量，但仍希望银行业进一步开发出管理这些风险的技术。我国《商业银行资本管理办法（试行）》仅模糊地表示，商业银行应当充分评估战略风险可能给银行带来的损失及其对资本水平的影响，并视情况对战略风险配置资本。从银行实践来看，目前仅有少数银行使用数学模型来衡量战略风险。

巴塞尔委员会虽然没有提供具体的量化银行战略风险的指导方针，但要求银行在评估经济资本时需要将战略风险纳入考量范围。这为战略风险的度量提供了方向和思路。根据巴塞尔委员会的定义，经济资本是银行进行风险评估、吸收损失的工具。因此，现有研究大都从战略风险所需的经济资本入手对其进行评估，具体方法包括统计分析法、可比公司法、情景分析法和模型估计法等。

（一）统计分析法

Schroeck（2002）将战略风险定义为由非信用因素或市场因素的非预期变化所造成的营业收入或成本的波动，如价格战、新竞争者的进入、监管政策的变化等。因此，战略风险经济资本是用来弥补营业收入的波动性与相关“固定”成本之间差额的准备。在此基础上，他提出了两种估计战略风险经济资本的方法，即历史会计数据法和蒙特卡罗模拟法。

在历史会计数据法下，一个重要假设是银行的营业收入符合正态分布。该方法需要使用历史营业收入和成本的时间序列，并通过去掉与交易或信贷相关的盈亏来对其进行调整，从而获得剔除信用风险和市场风险影响后的收入数据以及具有固定性特征的成本数据，然后再根据这些数据计算收入的期望和方差以及预期“固定”成本（包括固定成本以及可变成本中难以降低的部分），从而得到战略风险经济资本的估计值。具体而言，战略风险经济资本（economic capital for strategic risk，*ECSR*）的计算公式为：

$$ECSR = \Phi^{-1}(1-\alpha)\cdot\sigma\cdot E(R) - E(FC)$$

其中，$\Phi(x)$ 为正态分布函数；α 为临界值概率；σ 为收入的标准差；$E(R)$ 为收入的期望值；$E(FC)$ 为“固定”成本的期望值。

蒙特卡罗模拟法也是依靠大量的历史数据来模拟未来的收入和成本水平，进而估计战略风险所需的经济资本。蒙特卡罗模拟法的关键是选择合适的宏观经济模型，并同收入、固定成本、可变成本等利润驱动因素联系起来。相较于历史会计数据法，蒙特卡罗模拟法在收入以及成本相关指标的测算上更为精确，但二者的思路非常相似，都是将战略风险经济资本作为弥补收入（剔除信用风险和市场风险的影响）与“固定”成本之间差额的工具。

统计分析法虽然为计算战略风险经济资本提供了一种思路，但在实际应用中还是存在一些问题。首先，确定调整成本和收入数据存在一定难度，因为很难厘清战略风险与其他风险之间的界限，从而保证调整后的数据不受其他风险因素的影响。其次，基于历史数据对未来经营情况进行预测，其可靠性本身值得商榷，特别是在外部环境不确定性较大的情况下。

（二）可比公司法

根据所选公司是否隶属于金融行业，可比公司法又可以进一步划分为同业分析法和模拟公司法。在同业分析法下，银行先选择数家经营情况与自身相似的商业银行，然后通过参考其所分配的战略风险经济资本来确定自身用于吸收战略风险的经济资本（Saita，2004）。在模拟公司法下，银行的参考对象是非金融业企业的权益资本数量，该方法的一个重要假设是非金融业企业无须对包括信用风险、市场风险等在内的金融风险进行管理，因而其权益资本恰好覆盖了战略风险（Zaik et al.，1996）。

显而易见，可比公司法的主要优势在于简单便捷，可以快速地计算出战略风险所需的经济资本，但相对而言，由于其结果比较粗糙，因而通常用于初步的估计或者作为其他计算结果的一种比较和参考。此外，可比公司法一般假设其他公司已经针对战略风险进行了充分的资本计提，但现实中这一假设未必合理。

（三）情景分析法

在情景分析法下，计算战略风险所需的经济资本一般包括三个步骤（Doff，2008）：首先是情景开发，需要根据银行所面对的外部竞争环境以及潜在的战略措施，开发有限数量的情景；其次是情景分析，针对每个情景进行具体分析，并对相关数据（包括情景发生的概率以及带来的经济利益损失等）进行主观预测；最后是战略风险经济资本计算，基于上述预测数据，计算出覆盖战略风险所需的经济资本。

总体来看，情景分析法为估计战略风险经济资本提供了一种简单可行的思路，同时也有助于管理人员在情景分析的过程中加深对战略问题的考察分析，并制定出可能的应对措施，进而加强战略管理与控制。但相较于前两种方法，情景分析法在计算战略风险经济资本时存在比较明显的主观性。

（四）模型估计法

《巴塞尔协议Ⅲ》中将战略风险定义为银行的重要潜在风险之一，并要求商业银行持有足够的资本缓冲或经济资本。经济资本经常被视为量化金融机构总风险敞口的工具，这有助于确保业务活动造成的风险保持在可接受的范围内。Chockalingam 和 Dabadghao（2018）提出了商业银行战略风险的量化方法，并提出了相应的经济资本估算模型，下面进行简要介绍。

基于 2009 年巴塞尔委员会的相关文件，借鉴其关于在险价值和预期损失的相关思想，可将商业银行的净收入（X_t）表示为：

$$X_t = X_0 + \mu + \sigma B_t$$

其中，B_t 代表布朗运动，μ 和 σ 分别代表净收入的漂移和波动性，X_0 为截距项（常数）。其中，净收入的漂移是衡量公司战略性增长的指标。

在现代金融工程与风险管理中，蒙特卡罗模拟法是一种重要的方法，其过程可以分为三步：一是构造或描述随机变量的变化规律，二是实现多次模拟产生随机变量的分布，三是从中对随机变量进行评估。因此，开始蒙特卡罗模拟前，需要先构造或描述随机变量满足的随机过程，或者说要描述其随时间变动的方式，而几何布朗运动就是一个经典的随机过程。

假设股票价格 S 满足几何布朗运动，并用 $\frac{\Delta S_{t+1} - S_t}{S_t} = \frac{\Delta S_t}{S_t}$ 表示该股票的收益率，则该股票的几何布朗运动可表示为：

$$\frac{\Delta S_t}{S_t} = \mu \Delta t + \sigma \Delta Z$$

其中，ΔZ 被称为维纳过程，即几何布朗运动；而所谓几何布朗运动，就是使股价中的趋势成分 $\mu S_t \Delta t$ 以及波动成分 $\sigma S_t \Delta Z$ 与股价成比例。

图 8－5 显示了战略风险经济资本的计算过程：一般来讲，模型的置信水平为 99.95%，但这可能因各银行的情况不同而有差别。如图 8－5 所示，当损失准备金已经分配时，经济资本是非预期损失；当损失准备金没有分配时，它是在险价值。

借助净收入和盈利能力极限的估算技术，我们就可以估算出战略风险经济资本。通常情况下，一家商业银行的战略计划有 3～5 个阶段，可在任一需要的时间范围内进行模拟运算。而在每一个阶段，布朗运动的模拟运算都代表了不同时刻的市场情景，因而其

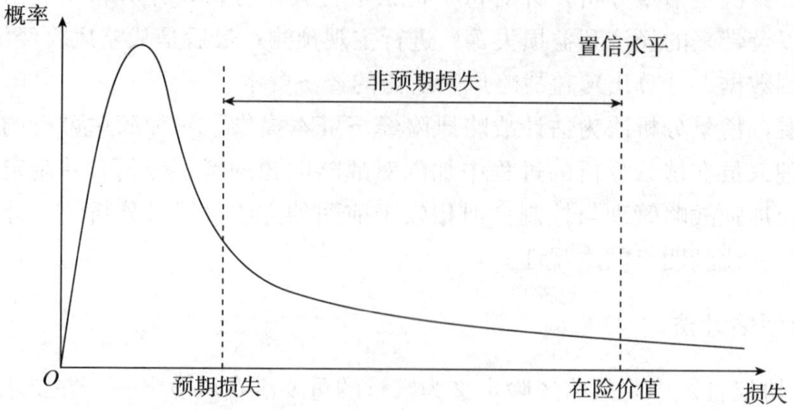

图 8-5 损失分布

所需的经济资本也各不相同。具体而言，商业银行 i 在不同阶段的经济资本可表示为：

$$EC_i = \sum_t \mathrm{Max}(limit - x_{t,i},\ 0)$$

其中，$limit$ 表示股本成本，即股东要求的最小净资产收益率；t 表示经济阶段，$x_{t,i}$ 表示商业银行 i 在 t 时刻的净收入。

在进行充分的模拟运算后，我们可以得到经济资本的分布函数 $f(EC)$ 及其累积分布函数 $F(EC)$，并将其用于确定在险价值：

$$VaR_\alpha(EC) = \sup\{x \mid F(EC < x) \leqslant \alpha\}$$

由于 α 的值通常非常接近 1，故可以比较容易地计算出预期损失：

$$ES_\alpha(EC) = E[EC \mid EC > VaR_\alpha(EC)]$$

8.4.3 国内银行的战略风险度量

从全球来看，目前商业银行对于战略风险的计量方式和资本计提方式分为三大类：一是不单独计提资本，直接将其归入信用风险、市场风险和操作风险的资本计提中，即针对上述风险的资本计提已经涵盖了战略风险；二是经济资本量化，比如美国银行通过收入波动法来计量其战略风险的经济资本占用；三是定性评估，如中银香港的打分板方式。目前，国内大部分商业银行的战略风险计量尚处于摸索阶段，由于公开信息有限，下面仅以中国银行和中国建设银行为例进行简要的示例性说明。

（一）中国银行：定性定量结合的战略风险资本计量模型

2009 年，中国银监会正式颁布实施《商业银行资本充足率监督检查指引》并明确要求各商业银行应当充分评估战略风险可能给银行带来的损失以及对资本充足所造成的可能影响，由此各银行开始将战略风险纳入风险管理当中。2012 年，中国银监会发布《商业银行资本管理办法（试行）》，再次要求将战略风险作为商业银行的重要风险类别，要求商业银行建立与自身业务规模和产品复杂程度相适应的战略风险管理体系。同时，根据《巴塞尔协议》，银行应当计提资本以应对可能的损失，全球绝大多数银行也对战略风险单独计量了资本。因此，中国银行立足于资本充足率，建立了定性和定量相结合的战略风险资本计量模型。

在定性方法中，银行基于历史上为战略风险所设定过的最大资本需求量，通过对当前战略风险的整体情况评估打分，并根据打分结果给出相应的折算系数，最后将这一折算系数与历史最大资本需求量相乘，而得到当前所需的资本量。这一方法主要用于中国银行（香港）有限公司。

在定量方法中，银行根据计算出的一定置信水平下与战略风险相关的风险收益损失，通过计提资本来弥补这一损失，从而得到相应的风险资本计提额度。关于风险收益损失的度量，实践中主要有两种方法：一是直接将银行的年度预算与实际完成情况作为衡量标准，但缺点是年度预算往往在年中会发生较大调整，从而改变年初时的战略意图；二是直接使用银行的净利润，并认为整体战略能够显著影响净利润，这一方法的缺点在于，战略风险有时并不能完全体现在净利润的波动上，而净利润的波动也并不一定是由战略风险导致的。

基于上述考虑，中国银行使用了定性和定量相结合的方法，其基本原理是：仍以净利润作为计量风险收益损失的基础，运用时间序列方法计算出经调整后的季度实际净利润的波动率，并在一定置信水平下计算风险收益的波动额，从而量化战略风险，同时把这一波动水平确定为最大战略风险资本计提结果。在此基础上，运用定性方法，制定出中国银行整体的战略风险打分卡，用于后续对中国银行整体的战略风险水平的评估。最后，将当前银行整体情况与打分卡比较，得到相应的评估级别和资本计提比例（见表8-11），并以此为基础对定量计算结果加以调整，最终得出战略风险资本计提总额。

表8-11　中国银行的战略风险评估与资本计提

定性评分	战略风险评估级别	资本计提比例
(82，100]	低	10%
(62，82]	中	60%
[0，62]	高	100%

（二）中国建设银行：基于历史模拟法和参数调整法的战略风险资本计量模型

中国建设银行（以下简称建行）基于历史模拟法和参数调整法，建立了相应的战略风险资本计量模型。在该模型下，建行首先以数理统计等量化分析为基础，用状态定义法确定调整参数，从而得到战略风险的初始经济资本占用；其次，建行以商业银行战略风险定性评估的历史波动确定最终折算系数，得到战略风险的经济资本占用总额（或占用比例）。

在指标选取方面，建行认为，商业银行的根本目标是实现股东收益最大化，因此也采用净利润作为最终战略决策和经营管理成果的体现。在此基础上，建行通过历史数据模拟形成战略风险指标变化趋势，并通过计算净利润波动对资本造成的非预期损失来反映战略风险的经济资本，即以资本的最大波动幅度来表示经济资本占用资本的比例。此外，建行还进一步考虑了战略风险对银行竞争力的影响，加入了资产规模、不良贷款率、资本充足率和外部评级等行业可比竞争力指标，并基于这些指标的综合排序波动来确定调整参数，将调整参数与经济资本占用净资产比例相乘得到最终的经济资本占用净资产比例。

建行的方法具有以下两个方面的优点：首先，通过运用历史模拟法和统计分析，有效地实现了对战略风险的初步量化，使得战略风险进入经济资本的管理体系之中；其次，通过进行参数调整，可以相对更为全面地考虑银行的竞争力和可持续发展水平，这对于发展日益多元化的金融机构而言具有一定的参考价值。

8.4.4 战略风险的管理

战略风险是无形的，因此在管理上具有一定的难度。尽管如此，金融机构仍然应该遵循风险管理的一般流程，在有效识别、评估和监测战略风险的基础上，采取相应的策略和方法对战略风险进行有效控制。

（一）战略风险的识别

与声誉风险类似，战略风险也是一种弥漫于金融机构几乎所有经营层面和管理环节的风险，并与其他主要类型的风险（信用风险、市场风险、操作风险、流动性风险等）普遍关联和交织在一起，这些都使得战略风险的识别存在一定的难度。

从实践角度来看，战略风险的识别通常可以从其三个主要的来源（宏观层面、中观层面和微观层面）入手。其中，宏观层面的战略风险来源涉及国际国内形势、政策变动和经济金融周期变化等；中观层面的战略风险来源涉及区域经济金融形势、行业变化、产业调整以及行业、产业和区域的政策影响等；微观层面的战略风险来源涉及项目定位、技术选择、财务战略、品牌战略、竞争战略和销售战略等方面的影响。

（二）战略风险的评估与监测

战略风险往往与其他类型的风险交织在一起，很难清晰界定，因此，评估战略风险应首先由具有丰富经验的专家团队负责审核相关风险评估模型及其假设条件，对影响模型结果的关键假设、方法、变量和参数等进行深入分析和敏感性测试，确保模型和方法的稳健性。其次，由相关战略风险管理部门对相关风险因素的影响可能性和发生概率做出评估，并据此制订相应的战略风险管理方案。

在战略风险的监测方面，金融机构一般应定期（如按月或按季）开展自我评估，确定战略风险的管理是否有效。战略风险管理部门应对评估结果的可靠性和稳定性进行持续动态的分析和监测，确保战略风险的变化、发展趋势和相关影响始终能得到及时的分析和研判。

（三）战略风险的控制

从制度上看，对战略风险进行有效控制，首先需要明确战略风险的领导、组织和操作流程。一般而言，在现代公司治理框架下，金融机构的董事会和高级管理层应负责制定战略风险的管理原则和操作流程，并领导相关战略风险管理职能部门在统一协调和有效分工的基础上，分别进行战略风险的识别、评估、监测和管控。同时，内部审计部门应定期审查金融机构的战略风险管理流程，通过有效的内部监督提升战略风险管理的质量。

从方法上看，有效的战略风险控制应采用自上而下的方式，在对金融机构的愿景、规划和长期目标进行全面分析的基础上，制订以风险控制为导向的战略规划和实施方案，并将其细化贯彻到日常经营管理活动中。通常情况下，战略规划应该充分反映金融机构自身的经营特色，并清晰阐述实施方案中所涉及的风险因素、潜在收益以及能够接受的风险水平。在此基础上，金融机构应该基于自身的风险偏好和风险管理目标，进行合理的战略风险经济资本配置，为可能发生的战略风险提前做好准备。

关键词

国家风险　声誉风险　合规风险　战略风险　主权风险
社会政治风险　经济风险　自然风险　列表打分法　德尔菲法
定量分析法　巡查访问法　全球国家风险评级　BERI 指数　ICRG 指数
国家信用评级　哈里斯-丰布兰公司声誉指数模型　贝叶斯网络模型法
法律风险　风险矩阵　风险穿透指数　风险密度指数

复习思考题

1. 简述国家风险度量和管理的主要方法。
2. 简述声誉风险度量和管理的主要方法。
3. 简述合规风险度量和管理的主要方法。
4. 简述战略风险度量和管理的主要方法。

本章小结

第 9 章

系统性风险的度量和管理

本章要点

1. 系统性风险的成因与影响；
2. 系统性风险的度量模型与指标；
3. 系统性风险管理的主要方法；
4. 系统性风险管理在中国的实践。

背景材料

亚马孙河一只蝴蝶扇动翅膀，可能会在太平洋掀起一场龙卷风，而一个名为次级房贷债券的金融衍生品自 2007 年起引发了美国次贷危机，并且该危机在 2008 年 9 月中旬迅速升级为席卷全球的金融危机。

2008 年 9 月 15 日，雷曼兄弟公司申请破产。一个个西装革履的员工抱着纸盒，拉着行李箱，默默无语地走出了美国纽约曼哈顿的雷曼兄弟总部大厦。同日，美国第三大投行美林公司被美国银行收购。两天后，美国政府被迫对保险业巨头美国国际集团（AIG）提供高达 850 亿美元的紧急贷款，以避免其倒闭的厄运。六天后，美联储宣布批准美国第一大投行高盛和第二大投行摩根士丹利实施业务转型，转为银行控股公司。加上之前被摩根大通收购的贝尔斯登公司，次贷危机已使美国前五大投行均受到重创。十天后，美国监管机构接手美国最大的储蓄银行华盛顿互惠银行，并将其部分业务出售给摩根大通银行……

一波又一波的惊涛骇浪，让全世界目击了一场金融海啸。美国联邦储备委员会前主席格林斯潘（Greenspan）说，美国正在陷入"百年一遇"的金融危机之中，这是他职业生涯中所见的最严重的一次金融危机。

在雷曼兄弟公司申请破产后的两个月时间里，这场金融危机迅速从美国向其他地区蔓延，从发达国家传导到发展中国家，从金融领域扩散到实体经济中。欧洲主要金融机构相继发生风险，被迫由政府救助或被其他机构兼并，如比利时富通银行、英国最大的抵押贷款银行布宾银行等。北欧岛国冰岛甚至因银行业过度扩张而使整个国家濒临"破产"。

国际主要金融市场动荡加剧。欧洲、日本和新兴市场股市大幅下挫，不少市场跌幅超过 50%。国际油价急剧波动，在 2008 年 7 月创出历史新高后，随后几个月又急速下滑，跌幅超过60%。部分新兴市场货币大幅贬值，个别央行被迫动用外汇储备进行干预。巴基斯坦、白俄罗斯等国国内金融状况恶化，纷纷对外求助。

在国际金融危机的寒流下，全球资金链条急速缩紧，融资成本大幅上升，企业生产大幅放缓，世界实体经济遭受严重冲击。2008年第三季度，美国经济按年率计算下滑0.3%，是2001年第三季度以来的最大降幅；个人消费开支下降3.1%，是28年来的最大降幅；10月份零售额下跌2.8%，并创历史最大月跌幅。欧元区15国经济2008年第三季度再次出现负增长，这标志着欧元区经济首次陷入衰退。

种种迹象已表明，在金融危机的严重冲击下，世界经济增长放缓已成定局。按照国际货币基金组织的预测，发达经济体2009年将陷入全面衰退，新兴经济体也正面临严重冲击。

资料来源：全球携手应对国际金融危机纪实：震撼世界的60天. 中国政府网，2008-11-17.

在前面的相关章节中，我们主要是基于金融机构微观视角对各种类型的金融风险及其管理进行介绍。在本章中，我们对金融风险的认识开始上升到金融体系整体的层面，并从宏观视角对系统性风险的性质、度量和管理等问题进行介绍。在实践中，系统性风险不仅危及国家的整体金融安全，同时也会给金融体系内各个金融主体（特别是金融机构）带来巨大的风险隐患。因此，无论是对于宏观层面的国家金融风险管理而言，还是对于微观层面的金融机构风险管理而言，正确认识系统性风险，并及早识别、防范和化解系统性风险，都是一个重要而持久的议题。

9.1 系统性风险概述

9.1.1 系统性风险的定义

2008年国际金融危机后，系统性风险问题越来越受到国际社会的普遍关注，但目前无论是理论界还是实务部门，都尚未就系统性风险的定义达成一致意见，其中具有代表性的定义主要包括以下两类：

一是集中于系统性风险的触发因素。比如，Gonzalez-Hermosillo（1996）和Kaufman（1999）认为，系统性风险是单个事件通过相互关联的一连串机构和市场，引发多米诺效应，从而导致风险大面积爆发的可能性；而Chan等（2005）则将系统性金融风险定义为由于金融市场的内部特质，某个市场主体的违约给别的市场主体带来负面效应的风险。

二是集中于系统性风险的表现形式与影响。比如，伯南克（Bernanke）认为系统性风险是威胁整个金融体系以及宏观经济稳定性的事件，而非威胁一个或两个机构稳定性的事件。国际货币基金组织、国际清算银行和金融稳定委员会在2009年对全球三十余个国家进行大规模调查后，将系统性风险定义为金融体系的部分乃至全部发生崩溃，导致金融服务瘫痪的风险。

结合上述定义，我们可以对系统性风险进行如下归纳：系统性风险是指由冲击事件所造成的一个或多个金融机构的经营失败，通过一连串的负反馈效应，导致整个金融体系崩溃或发生重大损失，并对实体经济产生严重负面影响的风险。其中，冲击事件可以是来自金融体系内部或外部的任何事件（具有一定的随机性），但冲击得以实现是风险在时间与空间维度长期累积的结果（马勇，2013）。在时间维度上，系统性风险的累积体现出顺周期性的特点，因此监管尤其应注重逆周期监管，在经济繁荣时提高对金融机构的资本、流动性方面的要求，而在经济萧条时适当放松要求，熨平经济周期；在空间维度上，金融机构的网络互联性使风险在金融体系中的蔓延变得更容易，需要注重对“大而不能倒”（系统重要性金融机构）的监管。

9.1.2 与关联概念的联系与区别

（一）系统风险

系统风险主要指微观层面的系统风险冲击，通常会给市场上的所有主体带来负面影响，其主要特征包括：（1）由政治、经济方面的共同因素引起，影响具有普遍性。（2）对市场上所有主体造成不利影响，但不同主体受冲击影响的敏感程度不同。基础性、周期性行业系统风险敏感程度往往更高，受系统风险的影响更大。（3）无法通过多元化投资组合来消除，因此系统风险也被称为不可分散的风险，风险大小常用资本资产定价模型中的 β 值来表示。与系统风险相对，非系统风险指的是市场主体特有的个体风险，通常体现为企业内部独有的风险安排，如企业内部的操作风险，可以通过分散投资来消除。

系统性风险与系统风险存在较大的差别：（1）系统风险侧重于强调微观个体承担的来自外界的同质性风险，而系统性风险则立足于宏观视角，强调的是那些可能对金融体系和实体经济造成巨大破坏和负外部性的金融风险；（2）系统风险强调的是个体证券（企业）与市场整体的关联性风险，而没有包含诸如整体信贷的过度扩张、金融机构“大而不能倒”等方面的风险。

不过，系统性风险与系统风险也存在联系，其中比较典型的一种情况是：系统性风险事件往往伴随着会对金融市场中绝大部分资产价格产生影响的系统风险，比如在2007—2008年，美国金融体系的系统性风险最终导致金融危机，引发股票市场大跌。

（二）金融危机

金融危机通常被视为系统性金融风险过度积累所导致的一种结果：金融体系整体崩溃，导致相关金融功能无法正常发挥。关于金融危机，一个比较经典的定义由美国经济学家戈德史密斯（Goldsmith）给出，即一个或几个国家与地区的全部或大部分金融指标的急剧、短暂和超周期的恶化。金融危机按其主要类型，可分为货币危机、银行危机、债务危机等，在实践中，这些危机可能单独出现，也可能两种或多种危机一起发生。

从性质上看，金融危机是“非是即否”的哑变量，其结果只有发生与不发生，但系统性风险是连续变量，是一个包含“累积—爆发—扩散”的连续不间断过程，在发生的具体时点上具有相当程度的或然性。尽管如此，当系统性风险累积到相当大程度时，就几乎一定会以金融危机的形式来集中释放风险。因此，金融危机在本质上是系统性风险长期和过度累积的一种必然结果和外在表现形式，其背后的根源仍在于系统性风险。

9.1.3 系统性风险的成因

系统性风险的产生原因十分复杂，既与金融体系的一些内在缺陷有关，又离不开金融机构的内生脆弱性；既受到金融产品过度创新的影响，同时也有监管不到位的责任。从已有的研究来看，系统性风险的成因大致包括以下四个主要方面。

(一) 金融体系的内在缺陷

美国经济学家默顿（Merton）在概括金融体系的功能时指出，金融体系在帮助经济资源实现跨时空转移的过程中，其高杠杆属性自然而然地产生。高杠杆一方面降低了金融机构的风险承受能力，另一方面通过杠杆互联，使风险更易在不同机构间传播，系统性风险便在其中悄悄累积。当外部冲击到来时，在高杠杆“刀尖上跳舞”的金融机构不得不通过抛售资产换取流动性来缓释流动性紧张局面，于是，流动性不足的机构率先倒下，并将风险通过互联的杠杆传递给下一个机构、另一个市场，系统性风险事件随之爆发。

从理论上看，金融体系的正常运转是建立在市场有效性和信息完备的基础上的，但现实中信息不对称现象普遍存在。信息不对称会催生道德风险和逆向选择，从而增加金融体系的运行风险。以银行经营为例，一方面，信息不对称易引发挤兑，迫使银行通过低价抛售资产来弥补持续扩大的流动性缺口，使银行资产负债表进一步恶化；另一方面，信息不对称使银行难以受到监管全方位的约束。但这里的矛盾之处在于，在实践中，私人信息的保留恰恰是金融机构借以赚取超额利润的重要基础，解决信息不对称问题在很大程度上会削弱金融机构的竞争力，从而导致金融脆弱性。

此外，金融体系的运行还具有明显的顺周期性特征：在经济繁荣时，资产价格上涨，信贷同步宽松，且杠杆规模不断扩大，在这一过程中，系统性风险不断积累和放大，当达到一定程度（危机爆发的临界点）时，任何随机的冲击事件都有可能造成整体金融体系的崩溃。尽管顺周期性是导致系统性风险的重要原因，但由于金融机构正是通过在经济上行和繁荣时期扩大业务和增加杠杆而实现利润最大化的，这意味着金融机构很难有充足的激励去抑制自身的顺周期性行为。在这种情况下，来自金融体系外部的金融监管就变得非常重要。

(二) 金融机构的内生脆弱性

由于高杠杆、资产负债结构错配以及委托代理问题，金融机构具有内生的脆弱性。脆弱性特征使金融机构的风险抵御能力下降，更易在系统性风险传播中受到传染。我们知道，金融机构的职能之一是汇集社会上的分散资金，并将其导向大规模的长期投资项目。在这一过程中，不断循环往复的借入与贷出过程，使得金融机构的杠杆持续扩大。

在高杠杆运行模式下，金融机构的业务通常靠负债驱动，而一旦负债的规模与期限确定下来，就很难保证资产端的结构与之完全匹配，即金融机构的资产与负债业务天然存在期限与规模上的错配。在这种情况下，当大型冲击到来之时，金融机构将不得不通过低价抛售（缺乏流动性的）资产来应对负债端的流动性危机（如客户挤兑）。

此外，由于金融业务的收益与风险责任的不对等，再叠加存款保险和最后贷款人制度等所引发的道德风险问题，一些激进的经营者总是倾向于通过冒险扩大经营以获取更多的利润，而这是建立在承担更大风险的基础上的，因而会最终导致自身的脆弱性，并加剧整个金融体系的不稳定性。

（三）金融产品过度创新

金融创新活动在推动传统金融变革的同时，各种过度的、投机性强的创新也成为系统性风险的重要来源。特别是进入 21 世纪后，金融衍生品加速发展，金融合约形式和内容越来越复杂，不仅普通投资者难以理解，专业人士也往往望而生畏——“高盛的财务报表只有美林可以看懂”，这句在次贷危机中流传的调侃之语形象地描绘出了当时各种复杂的金融衍生品给投资者所带来的困惑。

过度的金融创新在增加产品信息不对称的同时，也给监管者带来了不小的挑战：一方面，过度创新的产品加大了监管者理解和应对的难度；另一方面，由于结构性产品通过“资金池”将多层市场主体联系在一起，金融体系内各子行业之间的关联性明显增强。特别是在传统的分业监管框架下，监管者实际上很难进行各种跨市场的监管，从而难以在早期阶段对系统性风险进行有效的识别和管理。

（四）监管不到位

20 世纪七八十年代之后，特别是 20 世纪 90 年代以来，愈演愈烈的金融创新和混业经营导致了传统金融监管体制和方法的失效。1999 年，美国出台《金融服务现代化法案》，打破了 20 世纪 30 年代美国经济大萧条以来对分业经营的限制，“大而不能倒”等一系列问题随之产生并愈演愈烈，金融体系的整体风险也随之不断上升。

与此同时，在新自由主义的监管理念下，欧美等主要发达国家长期信奉“最少的监管就是最好的监管”，这使得金融监管长期处于不足或缺位的状态。此外，早期的金融监管在方式方法上也存在其内在缺陷：在经济繁荣时，由于各项风险指标良好，监管者倾向于放松对金融市场和金融机构的监管，从而导致金融风险进一步累积。客观上的信息不对称与主观上的监管缺失等原因，使得监管者很难及时识别、防范和化解系统性风险。

9.1.4 系统性风险的发生机制

总体来看，在系统性风险“累积—爆发—扩散”的过程中，相关风险会通过金融机构的类似风险敞口传播，并借助传染机制在不同机构和市场之间蔓延，最后经过顺周期性和网络机制的放大，对整个金融体系和实体经济造成破坏。在上述过程中，风险敞口渠道、传染机制、放大机制构成系统性金融风险累积、爆发与扩散的重要作用机制。

如图 9-1 所示，α_i 是 i 机构的风险敞口中系统性风险的比重，$1-\alpha_i$ 为异质性风险的比重，$y_i^S=\alpha_i x_i$ 代表 i 机构的系统性风险敞口。假定系统性风险具有可加性，$y^S=\sum_{i=1}^{N} y_i^S$ 可用于表示整个金融体系所面临的系统性风险。此外，考虑金融机构之间存在联系（比如同业拆放业务使一个机构对其他机构存在风险敞口），图中的 $b_{j,i}$ 表示 i 机构对 j 机构的风险敞口，而 i 机构面临的异质性风险冲击则为 ε^i。

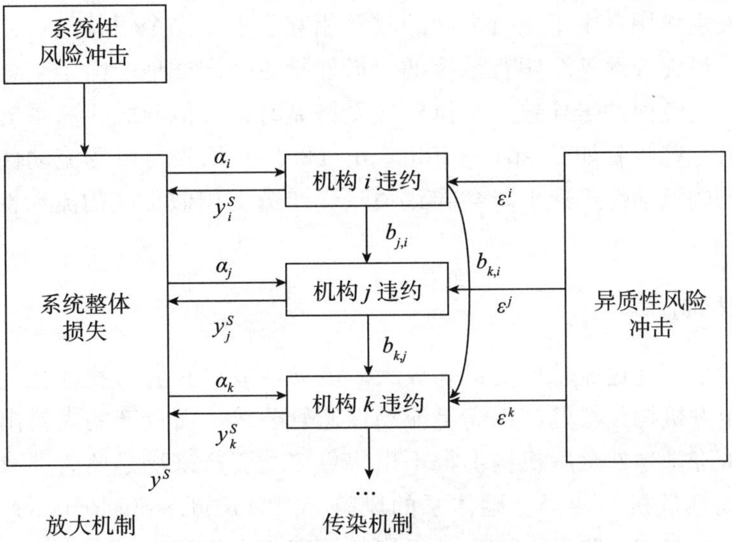

图 9-1 系统性风险的发生机制示意图

（一）风险敞口渠道

风险敞口渠道主要用于刻画金融机构选择投资何种资产以及在多大程度上暴露于风险之中。理论研究认为，金融机构倾向于同质风险暴露，从而构成与其他金融机构“同生同灭”的联系，以实现“太多而不能倒”的目的。

同时，由于金融机构之间通过同业业务相联系，当一个机构流动性出现危机时，可以通过同业市场求助于其他机构，于是“流动性便车”问题相应产生：金融机构倾向于投资流动性较差的资产以追求更高的利润，同时依赖同业机构来维持自身的流动性，其结果是，在均衡点上，所有的金融机构都会过度投资于非流动性资产，并在外部冲击到来时同步遭受损失。

因此，同质性投资倾向和“流动性便车”通过增强金融机构之间的互联紧密程度，使得金融体系整体风险程度上升。而与此同时，由于资金借贷需要提供资产作为抵押品，在经济繁荣时，资产价格普遍较高，金融机构就更容易借入资金，这就导致银行业杠杆体现出典型的顺周期性特征。当银行机构在经济繁荣周期中同步变动杠杆时，整个金融体系的不稳定性会大大增强。

（二）传染机制

传染机制体现为当一个或多个金融机构倒闭时，第三方机构会因为风险溢出效应而受到影响。金融机构之间的相互联系是传染机制发生作用的基础：一方面，出于避免其他银行的倒闭给自己带来风险的目的，金融机构会在对方出现危机时进行“私人纾困”，即通过风险共担来增强共同抵御风险的能力；但另一方面，当大型冲击到来时，由于冲击程度超出所有金融机构的抵御能力，它们相互关联的结果是每个金融机构都难以幸免于难。

在现实中，金融机构通过同业业务和共同的基础设施联系在一起。信息的扩散性使得传染机制得以形成，当投资者认为以一个机构的倒下作为另外一个机构破产的信号时，传染机制就会发生作用：由于银行之间的收益相互联系，一个银行的挤兑容易引发对关联银行的挤兑，最终导致整个银行系统的恐慌性挤兑。同样地，由于金融机构通过同业存款紧密联系，当负面冲击导致一个机构遭受挤兑时，其他与之相联系的金融机构也会受到冲击。还有一些学者如 Cespa 和 Foucault（2014）认为，市场流动性本身就具有传染性，一类资产的流动性迅速下降会导致关联资产遭受相似程度的流动性冲击，从而形成传染机制。

（三）放大机制

系统性风险主要通过流动性危机来放大。流动性危机具有自我强化的性质：当资产价格下降时，金融机构处置资产以满足流动性监管要求，而资产的大量出售将导致资产的价格进一步下降，迫使金融机构不得不出售更多的资产来满足监管要求，循环往复之下就会加重流动性危机并使得金融体系的风险上升。Kodres 和 Pritsker（2002）认为，放大机制与传染机制相互联系：当金融机构开始密集出售资产时，市场上其他投资者无法辨别机构是由于信息驱动还是出于流动性需要而出售资产，出于谨慎动机，他们也会同步出售资产，最终导致所有资产的价格都下降。

市场冻结（market freeze）是流动性危机的一种极端表现形式，主要指金融机构停止交易、回购和援助。在市场冻结的情形下，小型的危机容易被放大为系统性金融危机。Morris 和 Shin（2012）认为，担忧持有收益为负的“有毒资产”是市场冻结的重要原因。Flannery（1996）认为，当危机到来时，由于信息不对称问题，投资者无法在众多高风险银行中有效识别出安全的银行，出于风险控制的考虑，他们会选择不交易，这样的结果是市场流动性的恶化。Caballero 和 Simsek（2013）认为，当大型冲击到来时，由于不清楚整体系统所面临的风险冲击程度，金融机构出于“自保”往往会变得不愿意彼此援助，比如雷曼兄弟的破产就是市场冻结的一个典型案例。

9.1.5 系统性风险的影响

从一般意义上看，系统性风险是一个或几个金融机构的巨额损失或破产导致的整个金融体系崩溃的风险，其直接后果是一个或少数几个机构的倒闭，但随着风险的持续传染和放大，系统性风险最终会对整个金融体系和实体经济产生巨大的负面效应。

（一）影响金融体系的功能

系统性风险会对整个金融体系的功能造成影响，从而威胁金融体系的安全与稳定。在探究系统性风险的定义时，众多研究从表现形式与后果的角度对系统性风险进行定义。

伯南克认为，系统性风险会威胁整个金融体系和宏观经济；国际货币基金组织认为，系统性风险会导致金融服务功能中断、对实体经济具有潜在负面影响。这些理论都指向系统性风险会对整体金融体系而不仅仅是单一局部的功能造成影响。

实际上，系统性风险虽常常发端于某个局部，但通过挤兑机制、资产价格渠道、信贷渠道等多个渠道的传导和放大，往往波及金融体系的方方面面（比如从一个机构传递到众多机构，从局部市场传递到全部市场），引发资产价格下降、流动性枯竭、市场信心丧失、金融机构倒闭等风险事件，最终导致金融体系的功能被切断。

（二）对市场主体产生溢出效应

系统性风险的一个重要影响是导致不相关的第三方被动介入其中，并遭受相应的损失。由于系统性风险具有传染性，且会通过复杂的网络机制波及整个金融体系，因而使得原本与局部风险不相关的金融机构也可能遭受损失，比如：在恐慌性挤兑中，风险较小的银行会受到牵连；资产暴跌会使优质的资产也出现价格下跌；金融机构的风险偏好和贷款意愿趋于谨慎，导致市场主体的融资困难程度上升等。

（三）对实体经济产生负面影响

除了对金融体系功能和市场主体的负面影响外，系统性风险还伴随着巨大的负外部性效应以及对实体经济的溢出效应。比如，2008 年金融危机不仅影响了美国的金融体系和实体经济，还通过美元贬值、大众商品涨价等传导至全球，导致全球经济增速显著放缓。

从理论上看，系统性风险可以通过多个渠道对实体经济造成冲击，比如：在信贷渠道方面，金融机构出于自身的财务状况和风险控制的考虑，对企业的贷款趋于谨慎，企业的财务状况和经营状况会进一步恶化，导致经济增长乏力；在财富效应方面，系统性风险导致资产价格普遍下跌，居民的财富和收入水平下降，进而抑制消费和投资。

9.2　系统性风险的度量

现有的系统性风险度量指标大致可以分为两类：一是基于系统性风险来源的测度，侧重从风险来源和风险作用机制的角度对系统性风险进行度量，如前文所述的风险敞口、传染机制、放大机制等；二是基于系统性风险的全局性测度，此类研究的核心思想是假定当前金融市场相对有效，然后利用公开的市场价格数据，并基于一定的模型对系统性风险进行测度。

9.2.1　基于系统性风险来源的测度

（一）风险敞口

风险敞口方法主要研究金融机构风险敞口的相似度与关联性，从而度量并预测金融体系的整体风险水平。Blei 和 Ergashev（2014）认为，银行资产的重叠程度越高，则金融体系的不稳定性程度越高，因此，他们通过聚类分析银行资产组合权重信息，并构造 ACRISK（assets commonality risk）指标来衡量商业银行的资产重叠程度。在 ACRISK 聚类分析过程中，一般使用马氏距离（Mahalanobis distance）作为聚类的标准：

$$M_{i,j,t}=\sqrt{(W_{i,t}-W_{j,t})^{\mathrm{T}}S_{i,j,t}^{-1}(W_{i,t}-W_{j,t})}$$

其中，$M_{i,j,t}$ 代表机构 i、j 在 t 时刻的马氏距离；$W_{i,t}=(W_{i,1,t},\cdots,W_{i,m,t})$，$W_{i,m,t}$ 代表 t 时刻资产 m 占 i 机构总资产的比重；$S_{i,j,t}^{-1}$ 代表 t 时刻以机构 i 和机构 j 构建的投资组合的协方差矩阵。Blei 和 Ergashev（2014）研究了 ACRISK 指标在 2001—2013 年间的演变，发现 ACRISK 值在 2008 年第四季度达到顶峰，其走势与系统性风险事件的演变过程较为一致（见图 9-2）。

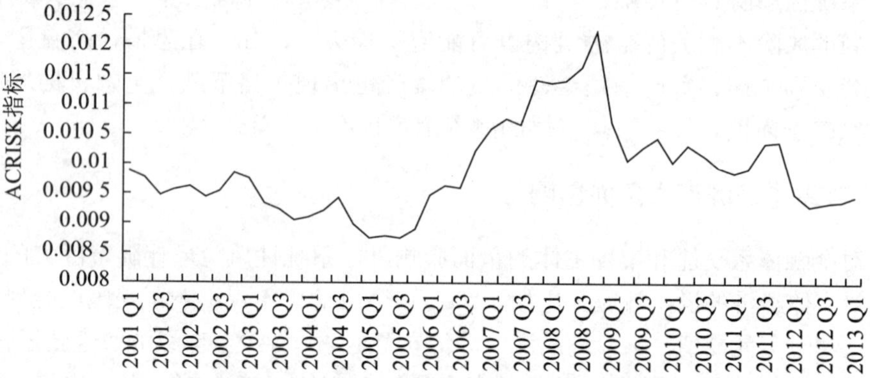

图 9-2　2001—2013 年的 ACRISK 值变化

相比之下，Cai 等（2018）主要以辛迪加贷款中各银行的出资比例为基础来计算银行两两之间的欧氏距离，并以此刻画不同机构之间的风险敞口重叠程度，继而计算出整个金融体系的风险头寸重叠指数，该指数越高，表示金融体系所蕴含的系统性风险越大。银行 i 和 k 在 t 时刻的欧氏距离可表示为：

$$Distance_{i,k,t}=\frac{1}{\sqrt{2}}\times\sqrt{\sum_{j=1}(w_{i,j,t}-w_{k,j,t})}$$

其中，$w_{i,j,t}$ 为 i 银行在 t 时刻前的 12 个月，在向 j 行业的银团贷款中所占的出资比重。欧氏距离的取值范围为 0 到 1，其中，0 代表两家银行资产完全重叠，1 则代表不存在重叠。在欧氏距离的基础上，可定义 i 银行 t 时刻在银行体系内与其他银行的互联程度指标：

$$Interconnectedness_{i,t}=(1-\sum_{k}x_{i,k,t}\cdot Distance_{i,k,t})\times 100$$

其中，$x_{i,k,t}$ 为 k 银行在计算中所占权重。Cai 等（2018）采用了三种不同的权重（等权重、资产大小权重、关系远近权重）来计算上述互联程度指标。经过标准化后，互联程度指标的取值范围为 0 到 100，数值越大表示与其他银行的互联程度越高。危机前或危机发生时，系统重要性较高的金融机构与其他机构间的互联程度会上升，这反映出了系统性风险的上升（见图 9-3）。

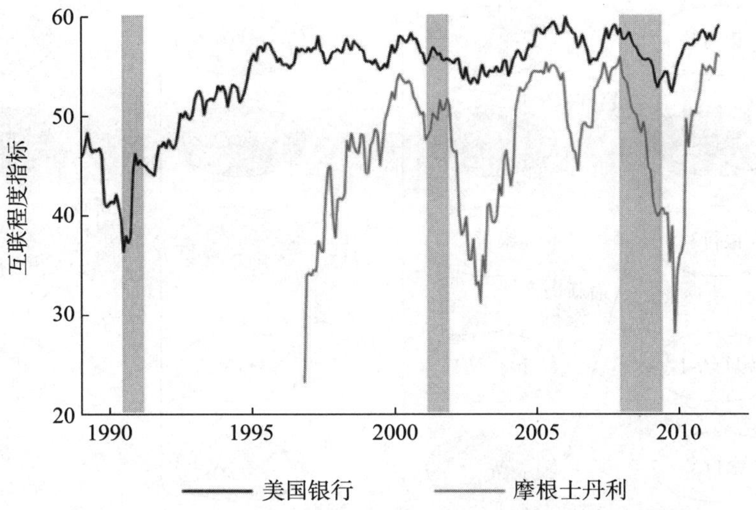

图9-3　1990—2010年美国银行和摩根士丹利的互联程度指标

(二) 传染机制

风险敞口方法主要通过度量银行间风险敞口的相似度来确定其互联程度，而传染机制则着重分析一家银行破产对其他银行所造成的影响，而这种影响得以实现的基础是它们彼此之间存在着相互的风险暴露。传染机制方法以网络模型法为主要代表。

网络模型法的本质是通过金融机构资产负债间相互的风险暴露来研究金融体系的系统性风险，其主要思想是基于金融机构间的相互风险敞口和交易数据建成网络，模拟冲击之下风险相互传染的情况，从而测算出每个金融机构在网络中积累的系统性风险。

最早对金融机构间的传染网络进行实证研究的是Upper和Worms（2004)，他们通过德国银行间业务的联系，分析了单一银行的破产是如何对其他银行造成影响的。根据国际货币基金组织的总结，由于银行之间彼此关联，破产银行的风险会沿着关联途径传染、蔓延至其他银行，进而引发多米诺效应，从而导致更多的银行破产；同时，破产银行的系统重要性程度越高，受其传染的银行数量也就越多（见图9-4)。

网络模型法主要从两个角度评估金融机构的系统重要性：一是Newman等（2006）提出的方法，主要是通过分析网络中金融机构的相互关联性和集中度等统计指标，来刻画机构之间的联系渠道，进而确定具有系统重要性的金融机构；二是通过计算个体金融机构倒闭对网络中其他实体的影响来衡量其系统重要性（Upper，2007)。

由于第二种方法相对更为客观，且主要基于银行的资产负债表数据计算，因而在实践中更受青睐。不过，现有的网络模型法在研究系统性风险时，通常是基于某一特定时点的横截面数据，对时间维度上的系统性风险关注不够。针对这一问题，国际货币基金组织建议通过频繁地进行网络分析，以考虑时间维度上银行间风险敞口的变化。

拓展阅读

用矩阵法测度
银行的系统性风险

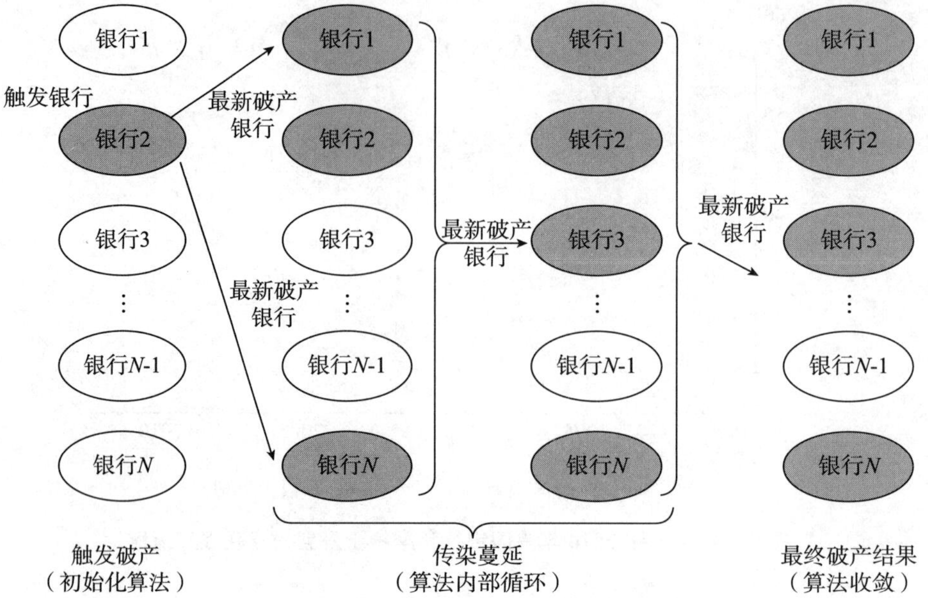

图 9-4　银行间冲击传染网络分析示意图

（三）放大机制

为研究在负向冲击到来时，银行的去杠杆行为是怎样通过资产价格渠道对其他机构造成传染的，Greenword 等（2015）在假定银行存在目标杠杆率的基础上，构建了相应的冲击强度测度指标——银行体系脆弱性。

该模型首先定义一系列变量：共有 $t=1$ 和 $t=2$ 两个时期，N 个银行，每个银行 n 的负债为 d_{nt}，权益为 e_{nt}。A_t 是代表银行总资产的 $N\times 1$ 阶矩阵，元素 $a_{nt}=d_{nt}+e_{nt}$。B 是代表银行杠杆水平的 $N\times N$ 阶对角矩阵，元素 $b_n=d_{nt}/e_{nt}$。每个银行都持有包含 K 项资产的组合，m_{nk} 代表资产 k 在 n 资产组合中的权重，M 即为权重构成的 $N\times K$ 阶矩阵，银行在 t 时刻的收益为：

$$R_t=MF_t \tag{9-1}$$

其中，F_t 是 $K\times 1$ 阶资产收益矩阵。

模型构建过程分为三步，具体如下：

第 1 步：银行的资产交易受收益冲击的影响。如果银行在 $t=1$ 时刻遭受冲击 R_1，导致权益价值下降，那么为保持杠杆率目标 B，银行会在 $t=2$ 时刻出售资产。银行净资产变化为 A_1BR_1，当负向冲击 R_1 到来时，资产收益为负的银行会出售资产以维持杠杆水平；当正向冲击 R_1 到来时，资产收益为正的银行会借更多钱购买资产以维持杠杆水平。

第 2 步：维持目标杠杆水平不变。R_1 冲击过后，银行为了保持目标杠杆率，在 $t=2$ 时期需要对单个资产进行交易来维持原杠杆水平。定义 ϕ 为 $t=2$ 时期银行资产净购买量的 $K\times 1$ 阶矩阵：

$$\phi=M'A_1BR_1 \tag{9-2}$$

第 3 步：资产出售对资产价格产生影响。通过线性模型定义 $t=2$ 时期，资产出售对其价格的影响：

$$F_2=L\phi \tag{9-3}$$

其中，L 为价格效应矩阵。结合公式（9－1）、公式（9－2）和公式（9－3），可以得出 $t=1$ 时期银行资产出售行为对 $t=2$ 时期造成的冲击：

$$R_2=MF_2=ML\phi=(MLM'BA_1)R_1$$

假设冲击在 $t=1$ 时刻前已经发生，那么该时刻，银行体系脆弱性 AV 定义为：

$$AV=\frac{1'A_1MLM'BA_1MF_1}{E_1}$$

其中，$1'A_1MF_1$ 为受冲击后资产损失的直接影响，$MLM'BA_1$ 为通过价格渠道传导的影响，E_1 为 $t=1$ 时刻银行的权益。

将上述模型应用于研究美国银行市场 2001—2011 年的情形，从图 9－5 中可以看出，在 2008 年金融危机期间，美国银行体系脆弱性不断上升，并于 2009 年年初达到峰值。

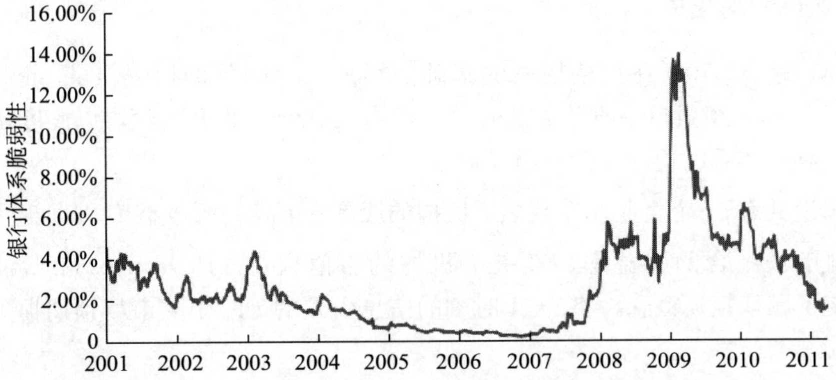

图 9－5　美国银行体系脆弱性：2001—2011 年

除银行体系脆弱性模型外，Brunnermeier 等（2014）构建了流动性错配指数（liquidity mismatch index，LMI）。为计算流动性错配指数，考虑 0 和 1 两个时刻，其中，0 时刻需要对银行的资产和负债做出分配决策，然后历经一个时期，在 1 时刻银行所处的状态可能有多种（$\omega\in\Omega$，Ω 为各种状态的集合），而各种状态下银行的流动资产和流动负债之间的差额就是流动性错配指数。在此基础上，模型还通过采用情景压力测试方法，计算出不同情景下银行资产的现金等值，然后在标准在险价值的基础上，定义左尾 5%的现金等值作为该银行的流动性错配指数。

9.2.2　基于系统性风险的全局性测度

近年来，越来越多的系统性风险测度开始立足于全局性和多渠道的综合视角来构造个体金融机构的系统性风险指标。全局性测度建立在市场有效的假设基础之上：因为市场是有效的，所以金融机构的资产价格波动包含很多信息，这些信息可以提供系统性风险变化的度量指标。下面对一些常见的全局性测度指标进行简要介绍。

（一）预期损失

系统性风险是典型的尾部风险，损失分布具有厚尾特征，这使得传统的风险度量指标（如在险价值）不能很好地测度系统性风险。Artzner 等（1999）针对在险价值的局限性提出了预期损失指标。2012 年 5 月，巴塞尔委员会也明确建议用预期损失替代在险价值进行风险测度。

预期损失表示在预先给定的分位数水平下，小于此分位数所对应收益的尾部损失的平均值。设 X 是一个随机变量，代表给定资产的损益，$VaR_{\alpha}(X)$ 代表资产在 $1-\alpha$ 置信水平下的在险价值，则：

$$ES_{\alpha}(X)=E[-X\mid -X>VaR_{\alpha}(X)]$$

预期损失可视为系统性风险度量的基石性方法，后续的边际预期损失、系统预期损失等度量指标都以其为基础。

（二）边际预期损失

Acharya 等（2010）在预期损失的基础上引入了边际预期损失（marginal expected shortfall，MES），衡量市场收益大跌时单个机构权益价值的损失额，以此度量单个金融机构对整个金融体系的边际风险贡献。

模型假设共有 N 个企业，r_{it} 代表 i 机构的股票在 t 时刻的收益率，$r_{mt}=\sum_{i=1}^{N}w_{it}r_{it}$ 代表 t 时刻市场组合的收益率，ω_{it} 是 i 机构的市值权重。Brownlees 和 Engle（2012，2017）扩充了预期损失概念，将 $t-1$ 时刻的信息引发的 t 时刻的市场预期损失 $ES_{mt}(C)$ 定义为：

$$ES_{mt}(C)=E_{t-1}(r_{mt}\mid r_{mt}<C)=\sum_{i=1}^{N}w_{it}E_{t-1}(r_{it}\mid r_{mt}<C)$$

其中，C 代表尾部事件中市场收益率下降的阈值。t 时刻 i 机构的边际预期损失等于市场预期损失 $ES_{mt}(C)$ 对 i 机构在 t 时刻的市值权重求偏导：

$$MES_{it}(C)=\frac{\partial ES_{mt}(C)}{\partial w_{it}}=E_{t-1}(r_{it}\mid r_{mt}<C)$$

从形式上看，边际预期损失表征为当市场收益率下降到一定程度时，单个机构股权价值的预期损失，从而体现了单个机构对整个金融体系的边际风险贡献。在实际计算过程中，静态边际预期损失的算法常分为两步：（1）先确定在给定时间区间内，市场收益率低于设定分位数（通常为 5%）的天数；（2）计算这些天数内任意给定的金融机构股票收益率的平均值。

边际预期损失通过测量单个金融机构与金融市场尾部收益的互联性来衡量该机构对整体系统性风险的边际贡献，优势在于数据可行性高、时效性强，且具有可加性。其不足之处在于：(1) 未考虑杠杆率、规模等因素；(2) 将市场日收益率低于阈值设定为尾部条件，受市场噪音影响较大；(3) 与资本资产定价模型中的衡量系统性风险的 β 值高度线性相关，未必是系统性风险的准确度量指标，比如 Benoit 等 (2017) 基于美国数据的实证研究发现，边际预期损失和 β 值之间具有高度相关的线性关系（见图 9-6)。

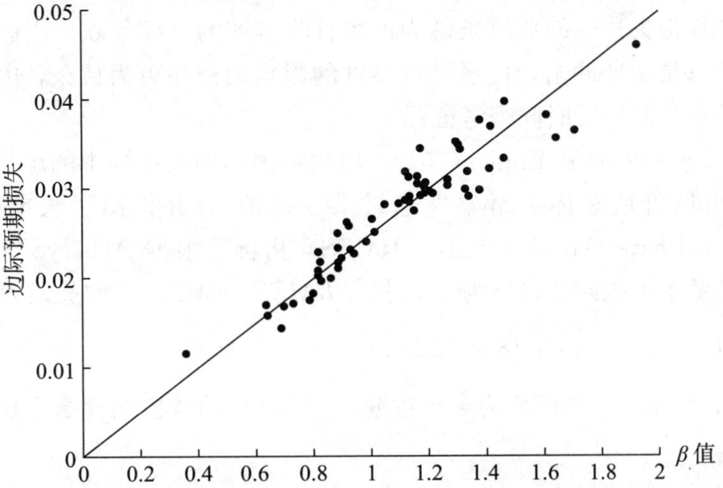

图 9-6　2000—2010 年美国边际预期损失和 β 值横截面关系（5%分位数）

(三) 系统预期损失

Acharya 等 (2010) 通过对边际预期损失的改进，进一步提出了系统预期损失 (systemic expected shortfall, SES) 指标，用于衡量当整个金融体系出现资本短缺时，单个金融机构的权益资本的预期损失，借以表征单个机构对整个金融体系的系统性风险的边际贡献。

根据 Acharya 等 (2010) 提出的系统预期损失指标，有：

$$\frac{SES_{it}}{W_{it}}=kL_{it}-1-E_{t-1}\left(r_{it}\mid\sum_{i=1}^{N}W_{it}<k\sum_{i=1}^{N}A_{it}\right)$$

其中，W_{it} 是 i 机构在 t 时刻的市场股票资产的价值，A_{it} 是 i 机构在 t 时刻的总资产，k 代表必要资本比率，$L_{it}=A_{it}/W_{it}$ 为杠杆率水平。一旦金融机构的权益资本低于资产的 k 倍，就被视为发生了系统性风险事件。

通过进一步将系统预期损失表示为杠杆率与边际预期损失的线性增长函数，有：

$$SES_{it}=(kL_{it}-1+\theta MES_{it}+\Delta_i)W_{it}$$

其中，θ 和 Δ_i 为常数项。

系统预期损失指标对边际预期损失指标的改进之处在于：(1) 与边际预期损失指标相比，系统预期损失指标将危机条件设定为“整体金融体系出现资本短缺”，即银行的资本低于预设的目标水平，这与实际的金融危机情况更接近，且受市场噪声的影响较小；(2) 系统预期损失指标考虑到了规模层面的信息。

不过，上式中的系统预期损失对应的线性系数是历史危机状态的拟合值，但未来系统性事件的冲击来源、表现形态可能出现很大变化，这会导致系统预期损失指标的准确性下降。

（四）长期边际预期损失

由于边际预期损失指标的危机条件为市场日收益率的大幅下跌，引起市场在一天内暴跌的事件可能只是短期冲击，而系统性事件的影响则往往更为持久，因此，对系统性风险的测度应从更长的一段时间来考虑。

有鉴于此，Brownlees 和 Engle（2012）将边际预期损失指标中的尾部条件改为“较长时间内股票市场价值总体下滑幅度超过某一阈值”，并提出了长期边际预期损失（long-run marginal expected shortfall，LRMES）指标。根据 Acharya 等（2012）的研究，当市场日收益率下跌阈值设定为2%时，*LRMES* 和 *MES* 间的关系为：

$$LRMES_{it} \simeq 1-\exp(18 \times MES_{it})$$

其中，*MES* 为日数据，*LRMES* 为半年数据，*LRMES* 的危机条件是市场收益率在6个月内下滑40%。

（五）预期资本短缺

预期资本短缺是由 Acharya 等（2012）定义的一个系统性风险度量指标，主要用于衡量当市场长期处于严重衰退时的单个机构资本缺口，用以显示单个金融机构对系统性风险的贡献程度。预期资本短缺指标具有可加性，各机构的预期资本短缺指标之和可理解为政府援助所需提供的资本。

预期资本短缺（*SRISK*）的具体计算公式为：

$$SRISK_{it} = \mathrm{Max}\left\{0,\ k[D_{it}+(1-LRMES_{it})W_{it}]-(1-LRMES_{it})W_{it}\right\}$$

其中，k 是审慎资本要求比率，D_{it} 是 i 机构在 t 时刻总负债的账面价值。$k[D_{it}+(1-LRMES_{it})W_{it}]$ 是银行所需的资本，$(1-LRMES_{it})W_{it}$ 是银行现有的资本，二者之间的差值为银行的资本缺口。

预期资本短缺指标倾向于将预期资本缺口最大的机构认定为系统性危机中贡献最大的机构，继而将其认定为最具有系统重要性的金融机构。同时，由于 $L_{it}=(D_{it}+W_{it})/W_{it}$ ，预期资本短缺可以写为：

$$SRISK_{it} = \mathrm{Max}\left\{0,\ [kL_{it}-1+(1-k)LRMES_{it}]W_{it}\right\}$$

从形式上看，预期资本短缺指标包含了机构市值、杠杆率和长期边际预期损失三个因素，与杠杆率正相关，综合了规模、机构联系和杠杆率三个维度的信息。同时，由于长期边际预期损失指标较边际预期损失指标的主要优势是将危机条件修正为市场收益率在较长时间内出现较大比例的下滑，因此，预期资本短缺指标通过长期边际预期损失指标也将危机条件修正为长期维度。

此外，由于长期边际预期损失是边际预期损失的函数，预期资本短缺同样可以表征为β、杠杆率和市场规模的函数：

$$SRISK_{it} \simeq \text{Max}\left\{0,\ [k(L_{it}-1)+(1-k)\exp(18\times\beta_{it}\times ES_{mt}(\alpha))]W_{it}\right\}$$

与边际预期损失指标相比，预期资本短缺指标还包含了杠杆率和规模因素，且预期资本短缺指标倾向于认定杠杆率高的大型金融机构为系统重要性金融机构，这与“大而不能倒”现象一致。此外，预期资本短缺指标通过β刻画了金融机构之间的互相联系，因而捕捉到了“互联紧密而不能倒”的信息。

（六）条件在险价值变动

另一个比较流行的系统性风险的全局性测度指标是 Adrain 和 Brunnermeier（2014）提出的条件在险价值变动（ΔCVaR）。Adrain 等（2014）建议利用金融体系的条件在险价值（CVaR）来测量系统性金融风险，并用单个机构危机状态和平均状态下系统的条件在险价值差额来衡量单个机构对系统性风险的贡献度。在该模型中，金融机构i在α分位数上的在险价值由下式测定：

$$P_r(r_{it}\leqslant VaR_{it}(\alpha))=\alpha$$

其中，r_{it}代表i机构在t时刻的收益率，VaR通常为负值。

定义$CVaR_{it}^{m|C(r_{it})}$为事件$C(r_{it})$发生时市场收益的在险价值：

$$P_r(r_{mt}\leqslant CVaR_{it}^{m|C(r_{it})}\mid C(r_{it}))=\alpha$$

其中，r_{mt}代表市场收益。当$C(r_{it})$被设置为系统性事件时，条件在险价值可以衡量金融体系的系统性风险，损失值越大，说明系统性风险越高。但条件在险价值只考虑了损失分布的α分位数，不能很好地捕捉极端尾部风险，并且不具有可加性。

相比之下，条件在险价值变动$\Delta CVaR$被定义为特定机构i分别处于危机状态与平均状态时，整个金融体系在险价值的差值。系统性事件$C(r_{it})$的定义在不同研究中不尽相同，Adrain 和 Brunnermeier（2014）的研究采取了分位数回归的方法，将金融机构股票收益率处于左尾5%在险价值的情况［即$r_{it}=VaR_{it}(\alpha)$，$\alpha=5\%$］定义为危机事件。

$\Delta CVaR$的计算公式如下：

$$\Delta CVaR_{it}(\alpha)=CVaR_{it}^{m|r_{it}=VaR_{it}(\alpha)}-CVaR_{it}^{m|r_{it}=Median(r_{it})}$$

其中，$CVaR_{it}^{m|r_{it}=VaR_{it}(\alpha)}$为危机状态下金融体系的在险价值，$CVaR_{it}^{m|r_{it}=Median(r_{it})}$为平均状态下金融体系的在险价值。$\Delta CVaR$越大，说明金融机构对系统性风险的贡献度越高。此外，根据 Benoit 等（2013）的证明，如果收益的边际分布是在0附近对称分布，那么$\Delta CVaR$与VaR之间具有线性相关关系：

$$\Delta CVaR(\alpha)=\gamma_{it}VaR_{it}(\alpha),\ \gamma_{it}=\frac{\rho_{it}\sigma_{mt}}{\sigma_{it}}$$

其中，σ_{it}是i机构股票收益率的标准差，σ_{mt}为市场收益率标准差，ρ_{it}为i机构股票收益率和市场收益率的相关系数。但由于每个机构的 γ_{it} 不尽相同，在险价值最大的机构不一定就是系统重要性程度最高的机构，因此，辨别金融机构的系统重要性大小，除了看在险价值的大小外，还需关注金融机构与市场的关联紧密程度。

9.2.3 宏观压力测试方法

（一）宏观压力测试方法简介

宏观压力测试是评定金融体系在罕见但可能发生的宏观经济冲击下的脆弱性的一系列方法和技术。国际货币基金组织和世界银行在 1999 年发起的金融部门评估规划（FSAP）项目中正式引入了宏观压力测试，其方法是通过度量“极端但可能”的压力情景下的金融机构风险暴露来判断金融体系的整体脆弱性。与旨在识别单个或一组金融机构的风险程度的微观压力测试不同，宏观压力测试的目标是识别可能导致系统性风险的金融体系的整体风险暴露和结构脆弱性。在实践中，宏观压力测试通常由国家的金融监管部门组织，一般涵盖金融体系中的各个行业，如商业银行、证券、信托、保险、基金和非银行金融机构等。

宏观压力测试的步骤主要包括：（1）根据单个或一组相关金融机构，设定压力测试的范围；（2）设定需要测试的宏观压力模拟情景；（3）通过量化模型，分析相关模拟情景对金融部门偿付能力的影响；（4）根据结果，评估金融体系的整体脆弱性；（5）评估金融体系内部以及金融体系与实体经济之间的潜在反馈效应（见图 9－7）。

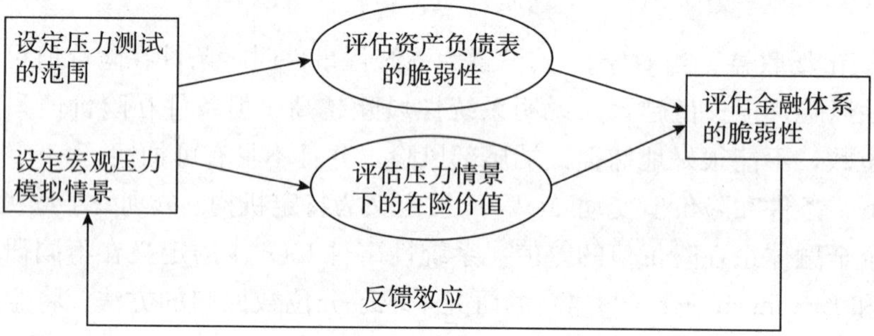

图 9－7 宏观压力测试步骤

宏观压力测试实施过程分为“自下而上”和“自上而下”两种测试方法。“自下而上”方法一般先由监管部门统一设置压力测试情景，然后由各金融机构运用自身的压力测试模型在压力情景下进行测试，评估自身的资本充足水平和风险承受能力，然后将测试结果汇总至监管机构进行整理、加总、分析，最终得到总体的金融体系稳定性情况。该方法的主要优点在于，可以利用金融机构层面的微观数据进行风险分析，结果相对更加精准，但对金融机构的测试能力是一个挑战。

“自上而下”方法一般由监管部门统一开展。监管部门对压力测试所需的金融机构在运营、财务、风险管理等方面的数据进行收集和整理，然后基于统一的压力测试模型，对压力情景进行测试分析，进而得到金融体系的整体稳定状况。该方法的优点在于确保了各金融机构压力测试结果的可比性与一致性，但在获取微观个体数据方面可能会比较困难。

总体而言，无论是“自上而下”还是“自下而上”的压力测试，对数据、系统、技术以及专业人才的要求都比较高。从实践来看，目前国际上大多采用“自上而下”的方法，如美国的多德-弗兰克压力测试以及中国的偿付能力宏观情景压力测试等。

(二) 宏观压力测试示例

由于银行在系统性风险中扮演重要的角色，而信用风险又是商业银行面对的首要风险，因此，信用风险压力测试成为商业银行宏观压力测试的重要内容。在常见的宏观压力测试模型中，一般首先使用 Logit 模型将银行的贷款违约率（PD_t）转化为宏观综合指标 y_t：

$$y_t=\ln\left(\frac{1-PD_t}{PD_t}\right) \tag{9-4}$$

其中，PD_t 代表 t 年度银行的贷款平均违约率。

其次，以指标 y_t 为因变量与各宏观经济因素进行多元线性回归：

$$y_t=\alpha_0+\alpha_1X_t+\cdots+\alpha_{1+m}X_{t-m}+\cdots\beta_1y_{t-1}+\cdots+\beta_ny_{t-n}+\mu_t \tag{9-5}$$

其中，X 代表各宏观经济变量。

基于上述模型的估计过程为：首先，将已有的历史违约概率值代入公式（9-4），得到 y_t 的估计值；其次，将 y_t 代入公式（9-5），估计出回归方程的系数，并以该方程作为执行宏观压力测试的基础。在压力测试中，将确定的压力测试情景代入公式（9-5），就可以得到压力情景下的 y_t，进而通过公式（9-4）得到压力情景下的银行系统违约概率。

举例而言，采取名义 GDP 增长率、通货膨胀率、汇率和资产价格指数作为宏观经济变量，同时设置两个情景（名义 GDP 增长率大幅下滑和通货膨胀率显著上升）作为压力情景，假设测试结果如表 9-1 所示。

表 9-1 宏观压力测试的执行结果

压力情景	名义 GDP 增长率			通货膨胀率		
	8%	6%	4%	5%	8%	10%
y_t	3.4	3.2	3.1	4.0	4.1	4.3
PD_t（%）	3.5	3.8	4.3	1.9	1.6	1.4

从表 9-1 的结果中可以看出，如果名义 GDP 增长率下滑过快，中国银行业的不良贷款率会显著上升；同时，随着通货膨胀率的上升，不良贷款率的变动方向具有不确定性。这些结果意味着，就中国银行体系的信贷风险防范而言，在一定限度内，保持经济平稳较快发展的重要性要高于通胀控制。

9.3 系统性风险的管理

9.3.1 系统性风险的管理框架

2008 年金融危机爆发之后，二十国集团（G20）、国际货币基金组织、金融稳定委员会（FSB）、国际清算银行和巴塞尔委员会等在完善系统性风险管理框架和方法等方面进行了大量探索，并取得了积极进展。根据国际清算银行的总结，系统性风险的管理框架如表 9－2 所示。

表 9－2　系统性风险的管理框架

宏观经济政策	审慎政策		制度框架
货币政策	**宏观审慎政策**	**微观审慎政策**	·建立制度
·更具对称性	·顺周期性	·资本	责任的分摊
·逆周期操作	前瞻性拨备	捕获表内表外风险	系统监管者
·实施中考虑对金融稳定的影响	逆周期资本缓冲	交易账户监管	早期预警
	资本留存缓冲	证券化监管	
		杠杆率	·国际合作
财政政策	·关联性		二十国集团：相互评估
·自动稳定器	系统重要性机构	·流动性	金融稳定委员会：同行评估
		流动性覆盖率	巴塞尔委员会：全面的评估
·相机决策的财政刺激手段	·跨境处置	长期结构比率	同行评估
·救助银行体系	·市场基础设施		
	市场纪律		
透明度、会计准则、市场道德、消费者保护			

在系统性风险的管理框架中，宏微观审慎政策占据着重要地位。其中，宏观审慎政策主要包括跨时间和跨部门维度的各种审慎管理工具，比如：从跨时间的角度，要求银行计提额外的逆周期资本缓冲，或加大前瞻性拨备和资本留存缓冲，以更好地防范系统性风险；从跨部门角度，要求监管部门加强对系统重要性机构的监管。而微观审慎政策则要求围绕个体金融机构的资本充足率和流动性等情况，建立起良好的风险识别、监测与监管措施。

货币政策和财政政策在防范与管理系统性金融风险中同样扮演着十分重要的角色。比如，为加强对系统性风险的防范与管理，货币政策应注重加强逆周期调控功能，并在其实施过程中纳入对金融稳定的考虑；而财政政策则要发挥好“自动稳定器”的功能，并在银行体系出现系统性风险时适时予以纾困救助。

总体来看，小到金融机构，大到国家乃至国际社会，都需要建立起相应的系统性风险管理框架，这不仅需要政策工具的支持，同时也需要在不同的政策主体之间进行责任的分担，综合运用多种指标对系统性风险进行评估和预警，并及时采取多种措施予以化解。此外，由于系统性风险发展迅速、传染性强，在经济高度全球化的今天，还需要加强国家之间的相互评估，以进一步提高系统性风险评估的准确性。

9.3.2 宏观审慎监管

宏观审慎监管的核心是从宏观、逆周期的视角采取“自上而下”的监管措施，防范由金融体系顺周期性和跨部门传染所导致的系统性风险，维护金融体系的整体稳定。从世界各国的实践来看，宏观审慎监管主要由三个部分组成：一是系统性风险的分析、监测和评估，二是宏观审慎监管的政策工具，三是宏观审慎监管的组织安排。

(一) 系统性风险的分析、监测和评估

系统性风险的分析、监测和评估是进行宏观审慎监管的基础。在前文中，我们已经对系统性风险的各种度量方法进行了较为详细的说明。从政策实践来看，早在1999年，国际货币基金组织和世界银行就启动了金融部门评估规划项目，运用包括经济增长、利率、通货膨胀率等在内的宏观经济变量，以及资本金充足率、盈利性指标、资产质量指标等微观指标，对一国金融体系的稳健性进行综合评估。

该项目旨在加强对国际货币基金组织成员金融脆弱性的评估与监测，降低金融危机发生的可能性，同时推动成员的金融改革和发展。中国于2009年8月加入了该项目。同时，世界各主要经济体也相继推出了自己的系统性风险监测体系，比如：欧洲央行采取“自上而下”的七个步骤确定系统性风险；美国进行了压力测试；中国建立了宏观审慎评估体系。

(二) 宏观审慎监管的政策工具

宏观审慎监管的政策工具主要分为两大类：一类是跨部门维度的工具，另一类是跨时间维度的工具。

跨部门维度的工具主要关注在给定的时点上，单一或一组金融机构对系统性风险的贡献度以及风险在金融体系中的分布状况，进而对具有系统重要性的金融机构采取更高的监管标准，以增强其稳健性。因此，此类工具主要聚焦于强化对具有系统重要性的大型、关联性强的金融机构的监管，相关的监管工具包括：额外的资本要求、强化公司治理、加强并表监管，以及建设更加稳健的市场基础设施，等等。根据国际货币基金组织、国际清算银行和金融稳定委员会在2009年底发布的《系统重要性金融机构、市场和工具的评估指引》，一般可以从规模大小、关联性、替代性三个方面对金融机构的系统重要性进行评估。

跨时间维度的工具主要是基于系统性风险随时间变化的内在规律，通过运用一系列的逆周期调控工具，对金融体系的过度顺周期性进行有效抑制，比如：（1）通过修订《巴塞尔协议》、国际会计准则等减少外部规则的顺周期性；（2）通过实行逆周期的信贷政策、资本调节机制、动态拨备制度、杠杆率等监管要求，在金融体系中设置“内在稳定器”，缓释系统性风险。在实践中，管理系统性风险通常需要综合运用各类宏观审慎政策工具，并根据实际情况进行动态调整。

（三）宏观审慎监管的组织安排

为防止监管割裂所导致的监管真空和监管重叠，世界各国纷纷加快了金融监管体制的改革步伐，赋予了中央银行更大的宏观审慎监管责任。根据中国人民银行的统计，在2008年金融危机前，约有90%的中央银行承担着维护金融稳定和监督金融体系的主要职责，但只有约2/3的国家以法律的形式予以了明确。2009年之后，先后有60多个国家（地区）在修订中央银行法时明确了其在金融稳定方面的职能。

同时，成立系统性风险的监管协调机构也是西方国家强化系统性风险管理的重要着力点。2010年，美国通过了《多德-弗兰克法案》，决定成立负责识别和监控美国系统性金融风险的金融稳定监督委员会（FSOC），同时赋予美联储更大的监管职责。同年，欧盟通过了《泛欧金融监管改革法案》，并成立了欧洲银行管理局（EBA）、欧洲证券和市场管理局（ESMA）以及欧洲保险和年金管理局（EIOPA），分别负责对银行业、证券业和保险业的合规监管。同时，欧盟还设立了主要由成员国央行行长所组成的欧洲系统性风险委员会（ESRB），专门负责监测欧盟市场上的系统性风险，并及时发出预警和进行必要的干预措施。2018年，中国发布金融监管改革方案，由国务院金融稳定发展委员会、中国人民银行、中国银保监会和中国证监会形成了“一委一行两会”的金融监管架构，增强了金融监管主体间的高层级协调和风险防控力度。

此外，为了加强国际层面的监管协调，各国金融监管机构之间的交流合作也日益密切。比如，2009年二十国集团成立了金融稳定委员会，该委员会的职能包括：评估全球金融体系脆弱性，监督各国改进行动；促进各国监管机构合作和信息交换，对各国监管政策和监管标准提供建议；协调国际标准制定机构的工作；为跨国界风险管理制订应急预案；等等。

9.3.3 微观审慎监管

与宏观审慎监管“自上而下”防范金融体系的整体风险不同，微观审慎监管主要关注个体金融机构在经营过程中所面临的各种风险，其目标是“自下而上”地维护金融稳定。微观审慎监管贯穿于各类风险（如信用风险、市场风险、操作风险和流动性风险等）的管理过程中，而系统性风险之下的微观审慎监管，其核心在于资本充足率和流动性指标的监测。

目前，微观审慎监管的国际标准主要包括巴塞尔委员会出台的《有效银行监管的核心原则》《巴塞尔协议Ⅲ》以及国际保险监督官协会出台的《保险核心原则》等。《巴塞尔协议Ⅲ》中的资本标准和流动性标准为微观审慎监管提供了很好的操作指引。

微观审慎监管和宏观审慎监管在理论上是互为补充和相互促进的关系，在协调良好的情况下，可以显著增强彼此的效果。不过，总体而言，当我们谈及系统性风险的管理时，更多的时候谈论的是宏观审慎监管。

9.3.4 《巴塞尔协议Ⅲ》与系统性风险管理

为强化对银行系统性风险的监管，2010 年 12 月，巴塞尔委员会发布了《更具稳健性的银行和银行体系的全球监管框架》《流动性风险测量的国际框架、标准和检测》等一系列准则，确立了宏观审慎监管和微观审慎监管相结合的金融监管新范式，这一系列准则被统称为《巴塞尔协议Ⅲ》。《巴塞尔协议Ⅲ》在商业银行的资本监管框架下，引入了逆周期的资本监管要求和跨部门的监管工具，从跨时间维度和跨部门维度构建系统性风险防范体系。

（一）跨时间维度：逆周期资本监管工具

最低资本要求是《巴塞尔协议》"三大支柱"的核心。为加强对系统性风险的防范，《巴塞尔协议Ⅲ》从两方面强化了对商业银行的资本监管要求。

一是提高《巴塞尔协议Ⅱ》所规定的最低资本充足率水平，商业银行核心一级资本充足率的下限从 2%上调至 4.5%，一级资本充足率的下限从 4%上调至 6%，总资本充足率的下限维持在 8%的水平，同时要求银行额外持有 2.5%的留存超额资本，以更好地应对意外冲击。通过这些措施，《巴塞尔协议Ⅲ》大幅提高了银行资本充足率的下限要求，有助于增强银行体系的风险抵御能力。

二是采用逆周期资本缓冲缓解顺周期性问题。在顺周期性机制下，银行信贷的持续过快增长可能给银行体系带来巨大损失，从而在根本上动摇银行体系的稳定性，并通过金融体系与实体经济之间的反馈机制形成恶性循环。逆周期资本缓冲旨在增强银行资本计提的前瞻性，具体做法是要求银行持有占其风险加权资产 0～2.5%的逆周期超额资本，具体比例取决于监管当局对系统性风险累积程度的判断：当监管当局认为信贷增长和系统性风险累积过快时，应通过更多地计提超额资本，以抑制信贷扩张和抵御未来的潜在损失；反之，在经济下行和信贷形势不佳时，则应该释放此前计提的超额资本，以实现促进信贷和经济的平稳运行。

《巴塞尔协议Ⅲ》对银行监管资本的具体要求如表 9－3 所示。同时，为弥补资本充足率无法反映表内外总资产扩张情况的不足，《巴塞尔协议Ⅲ》还引入了杠杆率限制作为最低资本要求的补充。银行杠杆率为核心一级资本净额占表内外资产余额的比例，《巴塞尔协议Ⅲ》要求银行满足 3%的监管最低要求，以限制银行表内外资产的无序扩张。

表 9－3 《巴塞尔协议Ⅲ》的银行监管资本要求（%）

<table>
<tr><th></th><th>最低要求</th><th>留存超额资本</th><th>逆周期超额资本</th><th>系统重要性银行的附加资本要求</th><th>总资本要求</th></tr>
<tr><td>核心一级资本充足率</td><td>4.5</td><td rowspan="3">2.5</td><td rowspan="3">0～2.5</td><td rowspan="3">1～3.5</td><td>7～13</td></tr>
<tr><td>一级资本充足率</td><td>6</td><td>8.5～14.5</td></tr>
<tr><td>总资本充足率</td><td>8</td><td>10.5～16.5</td></tr>
</table>

(二)跨部门维度:强化对系统重要性银行的监管

由于金融机构之间通过各种业务往来而彼此紧密相连,这使得一个金融机构出问题,往往会波及与之相关的金融机构。特别是金融体系中那些大型或重要的金融机构,一旦陷入危机,往往具有“牵一发而动全身”的系统性影响,因此,确保此类金融机构的稳定对于防范系统性风险和维护整个金融体系的稳定具有重要意义。

根据《巴塞尔协议Ⅲ》,具有系统重要性影响的金融机构往往是那些因为其规模、关联性、复杂性、全球性或难以替代性等原因而“大而不能倒”的机构,因为这些金融机构的倒闭将直接引发整个金融体系的系统性风险。为此,《巴塞尔协议Ⅲ》提出了系统重要性银行的概念,包括国内系统重要性银行和全球系统重要性银行。

为对全球系统重要性银行进行识别和管理,《巴塞尔协议Ⅲ》按照表 9-4 所示的指标体系予以评估。具体而言,每个银行在各指标上的得分都等于该银行在该指标上的数额除以全部样本银行该指标数额的总和,再乘以 10 000,这一得分也即该指标的基点分。

表 9-4 评估银行的全球系统重要性

类别	单项指标	指标权重
跨境业务活动	跨境债权	10%
	跨境负债	10%
规模	风险暴露总额	20%
相互关联性	金融体系内的资产	6.67%
	金融体系内的负债	6.67%
	证券余额	6.67%
可替代性	受托资产	6.67%
	支付业务	6.67%
	债券和股票市场上的承销量	6.67%
复杂性	场外衍生品名义价值	6.67%
	第三级资产	6.67%
	交易中和可供出售的证券	6.67%

由于系统重要性银行直接影响金融体系的稳定,因此需要采取一定的措施,使其具备更强的损失吸收能力。为此,《巴塞尔协议Ⅲ》提出对系统重要性银行设定额外的附加资本要求。具体而言,系统重要性银行根据其系统重要性的程度,按照重要性从低到高被划分为 1~5 级,其中最高级别的银行(5 级)被要求持有 3.5%的附加资本金,而其他 4 个级别则分别被要求持有 2.5%、2%、1.5%和 1%的附加资本金。对于那些无法达到资本要求的银行,监管部门有权暂停其股息派发,并施加相应的限制措施。

9.4　系统性风险管理的中国实践

2008年国际金融危机后，中国在借鉴国际经验的基础上，积极采取多项宏观审慎监管措施，从金融监管体制、风险监测方法、金融安全网建设等多个方面着力，不断地完善系统性风险防控体系。

9.4.1　完善金融监管体制

金融监管体制是一国制定和实施金融监管政策的载体和框架，在系统性风险的防范方面具有基础性作用。近年来，中国的金融监管体制经历了三个重要的发展阶段，其在风险防范方面的基本目标主要包括两个方面：一是强化金融监管协调机制，对金融风险进行全局性和综合性的监控；二是建立和完善宏观审慎政策框架，牢牢守住不发生系统性风险的底线。

(一)“一行三会”的监管体制

2003年，中国人民银行设立金融稳定局，其重要职能之一就是综合分析和评估系统性风险，并提出防范与化解系统性风险的政策建议。同年，中国银监会正式成立，与1992年成立的中国证监会和1998年成立的中国保监会共同构成“一行三会”的金融监管体制。但随着金融领域混业经营的发展，分业监管之下各机构之间的沟通成本较高，监管真空等问题也降低了监管效率，推动金融监管协调机制建设的重要性日益提高。

2013年8月，人民银行会同银监会、证监会、保监会、外汇局建立了金融监管协调部际联席会议制度，标志着中国的金融监管协调工作开始走上了制度化、规范化、日常化的轨道。金融监管协调部际联席会议制度深入开展金融领域重大问题和苗头性、倾向性问题的研究，推动建立了一系列制度安排，提高了宏观调控与金融监管的协调性和有效性。

不过，由于金融监管协调部际联席会议制度并非行政实体，各部门彼此之间只有建议权而无行政命令权，这导致各部门之间的沟通协调成本依旧较高。为解决这一问题，2016年年初，国务院办公厅设立了金融事务局，专门负责“一行三会”间的行政事务协调。

(二)“一委一行两会”的监管体制

为进一步深化金融改革，提高宏观调控和金融监管的有效性，2017年11月，国务院金融稳定发展委员会（简称金融委）成立。金融委定位为国务院统筹协调金融稳定和改革发展重大问题的议事协调机构，其负责人由国务院领导担任，办公室设在人民银行。金融委在“一行三会”之上负责统筹和协调金融监管，比金融监管协调部际联席会议制度的规格和权威性都更高，因而能够更好地推动统一监管和穿透监管，提高监管的效率。

2018年3月，国务院发布金融监管改革方案，将中国银监会和中国保监会的职责整合，宣布组建中国银行保险监督管理委员会（简称中国银保监会），负责统一实施对银行业和保险业的监管。与此同时，为强化中央银行宏观审慎管理和系统性风险防范方面的职能，将原中国银监会和原中国保监会拟定银行业、保险业重要法律法规草案和审慎监管基本制度的职责划入了中国人民银行。至此，"一委一行两会"的金融监管体制正式形成（见图9-8）。

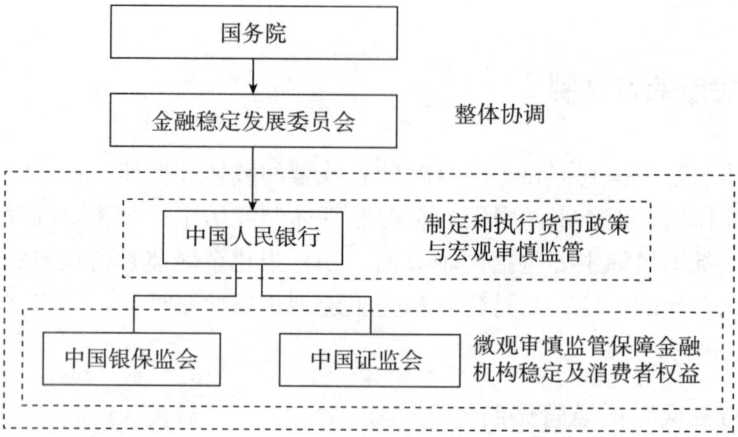

图9-8 "一委一行两会"的金融监管体制

（三）强化系统性风险的监管

为强化系统性风险的监管，2019年2月，中国人民银行增设宏观审慎管理局，这意味着中国正式确立了"双支柱"调控框架。宏观审慎管理局下设宏观审慎处、系统重要性金融机构处、金融控股公司处、跨境人民币业务处、货币合作处等多个业务处室，牵头负责审慎政策框架、系统重要性金融机构管理、跨境资金的调节和跨境人民币业务制度的建设等多项工作，系统性风险管理的效率进一步提高。

回顾中国金融监管体制的改革历程（见表9-5），可以看到：(1) 从依靠无行政实体的金融监管协调部际联席会议制度，到金融委发挥金融监管协调议事功能，金融监管协调的协调性得到有效提升；(2) 系统性风险防范越来越受重视，从金融稳定局的设立，到宏观审慎管理局的增设，从而正式确立"双支柱"调控框架，都有助于更好地进行系统性风险的防范和管理。

表9-5 中国金融监管体制的改革历程

时间	事件
2003年11月	中国人民银行设立金融稳定局，负责系统性风险防控等金融稳定相关事务
2013年8月	建立金融监管协调部际联席会议制度，协调开展金融领域的重大问题研究
2016年1月	国务院办公厅设立金融事务局，专门协调"一行三会"间的行政事务
2017年11月	国务院金融稳定发展委员会成立，统筹协调金融稳定重大问题

续表

时间	事件
2018年3月	中国银监会和中国保监会合并为中国银保监会，“一委一行两会”金融监管格局正式形成
2019年2月	中国人民银行下属宏观审慎管理局成立，正式确立“双支柱”的调控框架

9.4.2 系统性风险的监测评估

为提高系统性风险管理水平，中国的相关政策部门加强了对系统性风险的监测与评估，并从信息基础设施角度优化系统性风险的计量，主要包括以下三个方面：一是积极参加国际监管评估，与国际货币基金组织、世界银行携手推进本国的金融部门评估规划以及金融稳定委员会的同行评估计划；二是不断加强对各金融子行业的监测评估，综合运用现场检查、非现场检查、压力测试等方法，构建系统性风险的预警体系；三是推进金融业的综合统计工作，丰富和完善系统性风险监测与计量的数据基础。

(一) 参加国际监管评估

作为国际金融稳定和监管协调机制的一部分，2008年11月，中国在G20华盛顿峰会上宣布参加金融部门评估规划项目：每5年接受一次该项目的评估，并于2009年8月正式启动第一轮评估，2015年10月启动更新评估。金融部门评估规划项目主要利用金融稳健指标、压力测试以及国际标准与准则等评估方法，围绕一个国家的金融结构和金融发展、金融部门设置、金融监管以及基础设施等方面，从整体上对金融体系的脆弱性进行系统评估。

在第一轮评估中，人民银行与外交部、发展改革委、财政部、人力资源和社会保障部、商务部、国家统计局、国务院法制办、银监会、证监会、保监会、外汇局等11个部门成立了中国金融部门评估规划项目小组。首轮评估梳理了中国金融体系和制度框架，并在推进利率市场化改革、加强金融监管协调、构建逆周期宏观审慎制度框架等多方面提出了建议。在更新评估中，评估工作围绕中国执行《有效银行监管的核心原则》《证券监管目标与原则》《保险核心原则》三项国际标准与准则的情况展开，同时对多个专题进行了深入的分析和评估。

与此同时，中国还积极参与国家同行评估。国家同行评估是金融稳定委员会推动的国际评估工作，其重点在于评估各国对金融部门评估规划项目相关建议的采纳和改进情况。中国在每次评估后的2～3年接受金融稳定委员会的国家同行评估。2014年，中国启动首次国家同行评估工作，评估组专家成员来自英国、美国、荷兰、瑞士和欧盟等经济体的财政和央行部门。评估主要对宏观审慎管理框架和非银行信贷中介这两方面存在的问题进行深入分析，并提出政策建议，这对中国金融监管的改进具有一定的参考价值。

(二) 压力测试与金融机构评级

为健全系统性风险的监测预警体系，中国人民银行先后多次组织开展了对银行业金融机构的压力测试，内容包括偿付能力压力测试和流动性风险压力测试等。2018 年上半年，中国人民银行对 20 家资产超过 5 000 亿元的大中型商业银行开展压力测试，此后测试范围扩大至所有类型的商业银行，并在 2019 年、2020 年、2021 年分别对 1 171 家、1 550 家、4 015 家银行展开了压力测试，评估内容为银行在“极端但可能”冲击下的稳健性。

与此同时，政策部门还通过对金融机构评级以引导其稳健经营。2017 年 11 月，中国人民银行启动金融机构评级工作，围绕金融机构的资本管理、资产质量、流动性、关联性等宏观审慎指标，利用数理模型和专业评分相结合的方法，对银行业金融机构以及企业集团财务公司、金融租赁公司、汽车金融公司、消费金融公司等非银机构开展评级。评级过程重点关注系统性风险的相关情况，如在对大型银行评级的过程中，突出规模性、关联性、复杂性和活跃度等指标内容。评级结果分为 1～10 级和 D 级，级别越高代表风险越大，已破产、被接管或被撤销的机构为 D 级。2018 年之后，中国人民银行每年按季对 4 000 余家金融机构开展评级工作，并基于评级结果采取早期干预措施，掌控风险控制的主动权。同时，中国人民银行还通过将评级结果应用于存款保险费率和再贷款授信等方式，引导金融机构审慎经营。2021 年第二季度的金融机构评级结果如图 9－9 所示。

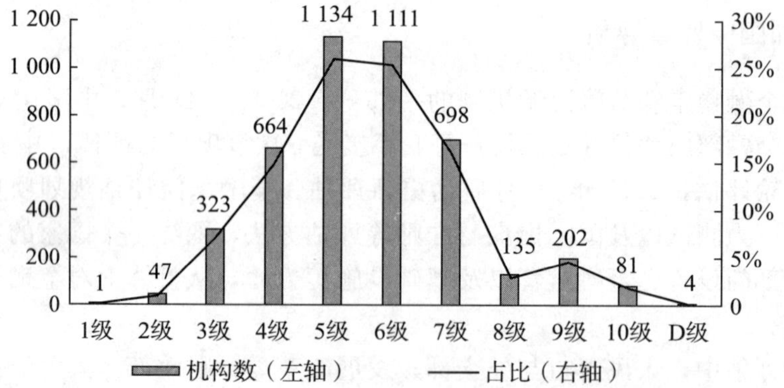

图 9－9　2021 年第二季度的金融机构评级结果

（三）金融综合统计

由于系统性风险的监测比较复杂，丰富全面的金融数据是系统性风险计量的重要基础之一。为健全金融基础设施建设，形成质量更高和更加及时有效的预警监测数据，相关政策部门加快推进金融业综合统计工作。2017 年，中国人民银行开始测算宏观杠杆率，并持续通过各种渠道发布相关研究成果。

2018 年 4 月，国务院办公厅发布《关于全面推进金融业综合统计工作的意见》，制定了金融统计工作的两阶段目标：（1）2018—2019 年，推进交叉性金融产品统计、系统重要性金融机构及金融控股公司统计，编制金融业资产负债表，加强绿色金融、普惠金融等专项统计，完善债券市场、货币市场、外汇市场等金融市场统计并建立金融业综合统计标准体系；（2）2020—2022 年，建立地方金融管理部门监管的地方金融组织和互联网金融机构统计，持续完善金融业综合统计标准体系并建设先进、完备的国家金融基础数据库。

9.4.3　宏观审慎管理

中国的宏观审慎管理主要通过相关政策部门的多种跨周期和跨部门的政策工具来实现，比较常见的包括宏观审慎评估体系、逆周期资本监管以及跨部门宏观调控等。

(一) 宏观审慎评估体系

中国人民银行从2009年开始研究加强宏观审慎管理的相关政策措施，并于2011年引入了差别准备金动态调整机制。该机制基于银行的资本水平和宏观周期的运行态势，差异化地制定存款准备金要求并适时进行动态调整，目标是促进货币信贷的平稳增长，抑制通货膨胀，防范资产价格泡沫，提高金融机构的稳健性。

为进一步完善宏观审慎政策框架，2016年，中国人民银行将差别准备金动态调整机制升级为宏观审慎评估体系，从资本和杠杆、资产负债、流动性、利率定价、资产质量、跨境融资、信贷政策七个方面对银行类金融机构进行多维度的审慎评估（见表9-6)。宏观审慎评估体系的主要目的是通过建立一套促进金融机构审慎经营的激励和约束机制，促进宏微观层面的金融稳定。

从具体措施来看，宏观审慎评估体系将金融机构分为全国性系统重要性机构、区域性系统重要性机构和普通机构三类进行评估，并根据评估结果将其分为A、B、C三档。对于获评A档的金融机构，给予奖励性的法定准备金利率，并在再贷款、再贴现、金融市场准入等方面给予优先权；对于获评B档的金融机构，维持正常的法定准备金利率；对于落入C档的金融机构，实施约束性的利率惩罚，并采取窗口指导、惩罚性常备借贷利率、控制金融市场准入和债券发行等惩戒措施。

表9-6　宏观审慎评估体系的指标体系构成

7个方面	15大指标
资本和杠杆	资本充足率（80分)、杠杆率（20分)
资产负债	广义信贷（60分)、委托信贷（15分)、同业负债（25分)
流动性	流动性覆盖率（40分)、净稳定资金比例（40分)、遵守准备金制度情况（20分)
利率定价	利率定价（100分)
资产质量	不良贷款率（50分)、拨备覆盖率（50分)
跨境融资	跨境融资风险加权资产余额（100分)
信贷政策	信贷政策评估结果（40分)、执行情况（30分)、央行资金运用情况（30分)

(二) 逆周期资本监管

2010年12月，巴塞尔委员会发布《更具稳健性的银行和银行体系的全球监管框架》和《各国监管当局实施逆周期资本缓冲的指引》，要求各国监管当局对商业银行实施额外的逆周期资本要求。

2011年，中国银监会出台《中国银行业实施新监管标准指导意见》，引入逆周期资本监管框架，要求银行保持2.5%的留存超额资本和0～2.5%的逆周期超额资本。2012年，中国银监会出台《商业银行资本管理办法（试行）》，进一步明确了特定情况下商业银行应当在最低资本要求和储备资本要求之上计提逆周期资本，以及逆周期资本要求为风险加权资产的0～2.5%并由核心一级资本来满足等监管要求。

2020年9月，中国人民银行和中国银保监会联合发布《关于建立逆周期资本缓冲机制的通知》。该通知明确了逆周期资本缓冲的计提方式、覆盖范围及评估机制，并要求银行业金融机构应当在最低资本要求之上计提逆周期资本缓冲，并由核心一级资本来满足。至此，中国正式建立起了逆周期的资本缓冲机制，宏观审慎政策框架进一步完善。

（三）跨部门宏观调控

在中国的金融管理实践中，跨部门的宏观调控措施往往涉及银行业、房地产业、资产管理市场、跨境资本流动等多个市场和方面。在此背景下，跨部门宏观调控的一个核心诉求是遏制金融风险的跨部门和跨市场传染。

1. 对系统重要性金融机构的管理

随着我国金融体系的不断发展，金融机构之间的关联程度也不断上升。完善系统重要性金融机构的管理对防范系统重要性风险至关重要。2018年11月，中国人民银行、中国银保监会和中国证监会联合发布《关于完善系统重要性金融机构的指导意见》，对中国系统重要性金融机构的评估、监管和处置机制建设做出了规定。

该指导意见运用定量分析与定性分析相结合的方法来评估金融机构的系统重要性程度，并通过两种方式加强对此类金融机构的管理：（1）对系统重要性金融机构制定特别的监管要求；（2）建立系统重要性金融机构的特别处置机制。

2020年12月，中国人民银行和中国银保监会发布了《系统重要性银行评估方法》，从规模、关联度、可替代性和复杂性四个维度确立了系统重要性银行的评估指标体系。2021年9月，《系统重要性银行附加监管规定（试行）》发布，其中规定系统重要性银行在满足最低资本要求、储备资本和逆周期资本要求的基础上，还应满足一定的附加资本要求。具体而言，系统重要性银行按照其系统重要性程度由小到大分为五组，分别适用0.25%、0.5%、0.75%、1%和1.5%的附加资本要求。

2. 对房地产市场的管理

房地产市场一直被视为中国金融体系中的“灰犀牛”，其中蕴含的系统性风险不容忽视。2016年，中国人民银行和中国银监会联合发布《关于调整个人住房贷款政策有关问题的通知》，督促商业银行优化房地产信贷结构，并对房地产领域的资金流入严加管控。此后，政策当局对房地产金融的审慎管理不断加强，督促商业银行保持个人住房贷款合理增长，同时打击“首付贷”等违规行为。

2020年8月，针对房地产企业杠杆居高不下的现状，人民银行和住建部为房地产开发商融资设置了“三条红线”以严格控制房企杠杆率的增长：（1）剔除预收款的资产负债率不得大于70%；（2）净负债率不得大于100%；（3）现金短债比不得小于1倍。同年12月，中国人民银行和中国银保监会联合发布《关于建立银行业金融机构房地产贷款集中度管理制度的通知》，对银行业金融机构房地产贷款、个人住房贷款占全部贷款的比重设置上限要求。贷款集中度制度着眼于控制银行部门的房地产杠杆率，将银行按照规模和类型划分为五档，分档设置贷款集中度上限，用以促进房地产市场平稳发展，提高银行体系的稳健性（见表9-7）。

表9-7　房地产贷款集中度管理要求

银行分档类型	房地产贷款占比上限	个人住房贷款占比上限
第一档：大型银行	40%	32.5%
第二档：中型银行	27.5%	20%
第三档：小型银行和非县域农合机构	22.5%	17.5%
第四档：县域农合机构	17.5%	12.5%
第五档：村镇银行	12.5%	7.5%

3. 对跨境融资的管理

在金融开放过程中，加强跨境资金流通的监管，对提升金融体系的稳健性非常重要。2015年，中国人民银行将外汇流动性和跨境资金流动纳入了宏观审慎管理范畴，通过引入远期售汇风险准备金、构建本外币一体化管理的全口径跨境融资宏观审慎管理框架等措施，促进跨境人民币资金的有序流动，抑制过度的顺周期性。

2017年1月，中国人民银行发布《关于全口径跨境融资宏观审慎管理有关事宜的通知》，进一步完善了全口径跨境融资宏观审慎管理政策。该通知为金融机构跨境融资风险加权余额设置了上限：

$$跨境融资风险加权余额上限=资本或净资产\times跨境融资杠杆率\times宏观审慎调节参数$$

其中，跨境融资杠杆率根据金融机构的类型有所不同：企业为2，非银行法人金融机构为1，银行类法人金融机构和外国银行境内分行为0.8。宏观审慎调节参数初始值为1，央行可以根据经济发展的实际需要对宏观审慎调节参数进行动态调整。

此外，政策当局还根据外汇市场的稳定情况，多次调整远期售汇风险准备金征收比例，以更好地平衡经济发展和金融稳定之间的关系。

4. 对资管行业的管理

2012年以来，资产管理业务发展迅速，中国步入“大资管时代”。各类资产管理产品在促进金融市场发展的同时，也蕴含着较大的风险隐患，如“刚性兑付”加大信用风险，非标产品催生影子银行风险，产品多层嵌套加剧金融风险传递，“资金池”运作加大流动性风险，等等。

为促进资管行业稳健发展，2018年4月，中国人民银行、中国银保监会、中国证监会和国家外汇管理局联合发布了《关于规范金融机构资产管理业务的指导意见》（简称资管新规），要求按照资管产品的类型统一监管标准，实施公平的市场准入和监管，最大限度消除监管套利空间。资管新规从募集方式和投资性质两个维度对资管产品进行分类，统一投资范围、杠杆约束、信息披露等要求，其主要内容包括：(1) 坚持产品和投资者匹配原则，强化金融机构的勤勉尽责和信息披露义务；(2) 明确不得承诺保本收益；(3) 严格非标产品投资要求，禁止“资金池”，防控影子银行风险；(4) 分类统一负债和分级杠杆要求，消除多层嵌套，抑制通道业务。

资管新规通过整治资管行业的风险乱象，提升了资管市场运行的有序性和稳定性。此后，相关政策部门相继出台了多个操作细则与行业细则（见表9-8），加强对商业银行理财、证券、信托、期货等各子行业资管产品的操作指引，但随着2019年新冠疫情的暴发，资管新规的过渡期被延长至2021年底。

表9-8　资管新规行业细则

发布时间	文件	意义
2018-07	《关于进一步明确规范金融机构资产管理业务指导意见有关事项的通知》	进一步明确资管新规的内容与操作细节
2018-09	《商业银行理财业务监督管理办法》	提出具体监管要求，推动银行理财回归资管业务本源
2018-12	《商业银行理财子公司管理办法》	推动设立理财子公司开展资管业务，强化风险隔离
2018-08	《信托部关于加强规范资产管理业务过渡期内信托监管工作的通知》	加强过渡期内信托监管工作
2018-10	《证券期货经营机构私募资产管理业务管理办法》《证券期货经营机构私募资产管理计划运作管理规定》	规范投资运作，强化流动性管理要求，提高业务合规水平
2019-11	《商业银行理财子公司净资本管理办法（试行）》	引导理财子公司健康发展
2020-03	《保险资产管理产品管理暂行办法》	规范保险资管产品
2020-05	《关于金融资产投资公司开展资产管理业务有关事项的通知》	规范金融资产投资公司资管业务
2020-07	《标准化债权类资产认定规则》	明确标准化债权类资产的认定范围和认定条件

5. 对其他部门的管理

为遏制非金融企业投资业务的野蛮生长，防范资金“脱实向虚”，2018年4月，中国人民银行会同相关部门发布《关于加强非金融企业投资金融机构监管的指导意见》，加强实业与金融业的风险隔离，防范风险跨机构、跨业态传递。

与此同时，政策当局对金融控股公司的管理不断完善。2020年9月，中国人民银行发布《金融控股公司监督管理试行办法》，坚持以总体分业经营为主的原则，以并表为基础监管金融控股公司，规范金融控股公司行为。

此外，为推进金融基础设施的监管，2020年3月，人民银行等六部门联合发布了《统筹监管金融基础设施工作方案》，将清算结算系统、金融资产登记托管系统、交易设施、交易报告库、重要支付系统、基础征信系统等六类设施及其运营机构纳入监管范围，统一监管标准，并健全准入管理。

9.4.4 加快构筑金融安全网

金融安全网是监管当局制定的具有公共性质的金融安全保护系统，其目的在于防范个体间的风险传染，维护金融稳定。广义的金融安全网通常包括审慎监管、存款保险制度、最后贷款人制度，以及其他各类投资者保护制度。2003 年之后，随着金融市场化改革进程不断深入，建立健全金融安全网机制的相关工作进一步加快。由于前文已经对审慎监管进行了较多介绍，因此，本小节主要讲述存款保险、投资者保护和最后贷款人等制度。

(一) 存款保险制度与投资者保护制度

中国的存款保险制度与投资者保护制度均始于 20 世纪 90 年代。从系统性风险防范的角度来看，这两类制度在金融监管的实践中均发挥着“灭火器”的作用，对于稳定公众预期和防止恐慌性挤兑等具有重要意义。

由于银行业在金融体系中的特殊重要地位，存款保险制度自然而然成为金融安全网的关键一环，对防范和化解系统性金融风险具有重要意义。早在 1993 年，国务院就发布了《关于金融体制改革的决定》，其中提出要建立存款保险基金。2015 年 2 月，国务院发布了《存款保险条例》，要求所有吸收存款的银行业金融机构（商业银行、农村合作银行、农村信用合作社）均作为投保机构投保存款保险并交纳保费。存款保险基金的来源包括：投保机构交纳的保费、在投保机构清算中分配的财产、存款保险基金管理机构运用存款保险基金获得的收益以及其他的合法收入。存款保险对个人储蓄实行限额偿付，最高偿付限额为人民币 50 万元。

在保险市场方面，1995 年出台的《中华人民共和国保险法》首次对保险保障基金进行了原则性规定。2008 年，中国保监会发布《保险保障基金管理办法》，建立了“集中管理，统筹使用”的保险保障基金管理制度，并规定当保险公司清算财产不足以偿付保单利益时，保险保障基金对非人寿保险保单持有人 5 万元人民币以内的损失进行全额救助；而人寿保险则必须依法转让给其他有资质的保险公司，以维护保单持有人的利益。在证券市场方面，2005 年发布的《证券投资者保护基金管理办法》建立了证券投资者保护基金。在信托市场方面，2014 年发布的《信托业保障基金管理办法》建立了信托业保障基金。

(二) 最后贷款人制度

最后贷款人制度是指当银行遭遇意外的不利冲击时，中央银行向金融机构提供必要的流动性支持，以避免银行陷入流动性危机而破产倒闭的一种制度安排。在实践中，最后贷款人制度对于防范和化解系统性风险具有重要意义，具体做法包括：为发生支付危机的金融机构提供紧急贷款，在危机处置过程中为金融机构发放再贷款，等等。

20 世纪 90 年代，中国的经济体制处于转型阶段，各类投资者保护制度尚未完全建立。在这一背景下，中国人民银行充分发挥最后贷款人功能，与有关部门携手处置了“德隆系”风险，并在化解高风险中小金融机构风险、推进证券综合治理、规范个人债权偿付机制等方面发挥了重要作用。此外，为推进商业银行股份制改革，四大金融资产管理公司相继成立，累计消化的国有商业银行不良资产达到 12 236 亿元。

总体来看，金融安全网的各组成部分既互相独立，又有一定的联系，因此，在系统性风险的处置过程中，常常需要搭配多种机制共同使用。比如，在 2019 年包商银行的风险处置过程中，存款保险基金首先发挥作用，其次由中央银行提供后备的资金支持，以促进相关风险的顺利处置。

关键词

系统性风险	系统风险	金融危机	负反馈效应
顺周期性	逆周期监管	网络互联	“大而不能倒”
系统重要性金融机构	风险敞口渠道	传染机制	放大机制
流动性便车	市场冻结	全局性测度	边际预期损失
系统预期损失	长期边际预期损失	条件在险价值变动	宏观压力测试
金融部门评估规划	宏观审慎评估体系	跨时间维度	跨部门维度
系统重要性银行	国内系统重要性银行	全球系统重要性银行	附加资本要求
存款保险制度	最后贷款人制度		

复习思考题

1. 简述系统性风险的成因与影响。
2. 简述系统风险与系统性风险的联系和区别。
3. 简述系统性风险度量的主要模型与指标。
4. 简要说明系统性风险管理的主要方法。
5. 结合现实背景说明中国系统性风险管理的主要做法。

本章小结

第10章
大数据与金融风险管理

本章要点

1. 金融大数据及其相关应用；
2. 大数据金融风险管理的应用场景；
3. 大数据金融风险管理的模型方法与流程；
4. 大数据金融风险管理在中国的实践做法。

背景材料

大数据时代人类的行为被各个系统有意无意甚至肆意地记录了下来，这些数据对人类金融活动产生了前所未有的影响。带有GPS或蓝牙的智能手机对人们在办公大楼、咖啡店、银行或ATM等场所的出入活动进行详细记录，基于轨迹的重合能够推断人们的社会关系；互联网上的搜索、点赞和浏览时间等信息被大量收集，用于用户的信用和偏好分析；轨道卫星拍摄的地面图像，能够用于分析建筑物的变化，评估企业、机构的经营状况。如今的金融业已经发展成一个复杂和不断外延的系统，不仅限于传统的银行和交易系统、股票和期货市场，更是延伸到新兴的数字货币、在线购物和支付系统，甚至与社交媒体和网络、政治活动以及物联网等形成交集。金融科技作为互联网、大数据和金融技术的结合，借助智能算法在支付、存款、贷款、投资、市场设施等各个领域催生出新业务和新商业模式，在对传统业务产生巨大冲击的同时，给金融安全带来了隐患。例如，比特币的流通成为一种潜在的洗钱途径，考验着国家的外汇管理水平。因此，大数据时代的金融风险已经打破了传统数据、算法和系统的边界，对决策者和研究者提出了全新的挑战。

近期，中国科学院计算技术研究所发表论文，总结了大数据时代金融风险管理的主要挑战，从数据、技术和应用等角度详细讨论了大数据时代下的金融风险管理。文章首先总结了当前金融大数据的收集和整理方法，强调了数据多模态对金融分析的影响和价值，并列举了一系列研究中常用的金融类公开数据集。其次，进一步整理了可用于金融风险管理的大数据分析方法和技术，涵盖了表示学习、行为建模、图分析、知识图谱等多个方面。这些技术能够从海量的金融数据中自动地挖掘出金融系统的（异常）模式和趋势，用于识别和检测可能的隐藏风险。同时，文章按信用风险、流动性风险、波动性风险、金融犯罪合规风险和系统性金融风险等主要风险类别，回顾了利用这些技术来应对金融风险的应用案例研究，为未来实践提供了充分的依据。最后，文章探讨了未来在深度伪装的检测、对抗攻击的防御、模型算法的因果和可解释性、隐私安全保护以及从微观到宏观的多智能体仿真等前沿研究话题上，可能对大数据时代金融风险管理的研究提供的更多角度的参考和启迪。

资料来源：【学术科研】Fundamental Research｜程学旗研究员："大数据时代的金融风险管理：新挑战、新思考、新技术". 中国科学院计算技术研究所网站，2022-01-07.

10.1 大数据概述

10.1.1 大数据及其特点

在通常语境下，大数据一般指规模巨大的海量数据，但从大数据的核心本质来看，其主要特性不仅仅是数量维度的问题，还包括结构、计算、存储等其他多个维度的关键特征。全球著名管理咨询公司麦肯锡对大数据的定义是：一种规模大到在获取、存储、管理、分析方面大大超出了传统数据软件工具能力的数据集合，具有海量的数据规模、快速的数据流转、多样的数据类型和价值密度低四大特征。

在信息系统领域，大数据最主要的特点可概括为"5 个 V"，即：量级大（volume）、速度快（velocity）、多样性（variety）、真实性（veracity）和价值性（value）（见图 10-1）。

（1）量级大。大数据最基本的界定标准是数据量的大小。大数据通常涉及大规模的数据量，包括采集、存储和计算的量都非常大，并且呈持续增长的趋势。从目前的情况来看，大数据的通常计量单位至少达到 PB、EB 或 ZB 的级别（1GB=1 024MB；1TB=1 024GB；1PB=1 024TB；1EB=1 024PB；1ZB=1 024EB），未来随着技术的进步，相应的量级标准可能进一步上升。根据世界经济论坛的预测，到 2025 年，全球每天预计会有 463EB 的数据产生，相当于刻满 2.1 亿张光盘的数据量。

（2）速度快。大数据增长速度快，处理速度也快，时效性要求高。比如，搜索引擎要求几分钟前的新闻能够被用户查询到，个性化推荐算法尽可能要求实时完成推荐。这是大数据区别于传统数据挖掘的显著特征之一。大数据生成、积累、流动的速度都非常快，这意味着对数据的采集和分析等过程必须迅速及时，才能使大数据充分发挥出它的作用。

（3）多样性。大数据通常囊括多种不同格式和不同类型的数据，包括结构化、半结构化和非结构化数据，具体表现为网络日志、音频、视频、图片、地理位置信息等。大数据内含的数据种类相当丰富，这一方面拓宽了信息量，可以通过多模态分析得到过去无法得到的结论，但另一方面也对数据的处理能力提出了更高的要求。

扩展阅读

大数据的数据类型

（4）真实性。数据科学中有一句老话："投入垃圾，则产出垃圾”，其含义是，通过错误或质量不高的数据分析得出的结果往往是无价值的。因此，大数据的“大”是一方面，“质”也同样重要。大数据通常伴随大量的“噪声”（干扰信息），如何从海量数据中找出真正有价值的信号，提高信噪比（信噪比越高表明无用信息即“噪声”越少），确保数据的质量，是大数据应用时需要考虑和解决的问题。

（5）价值性。大数据本身是有价值的，并且对大数据的不同使用最终会赋予大数据不同的价值。传统数据基本上都是结构化数据，通常每个字段都有用，因此价值密度相对比较高。而在大数据环境下，随着数据量的大幅增长，数据中有意义的信息往往不能以相应比例同步增长，这导致了大数据的低价值密度问题。在这种情况下，有效信息的挖掘犹如“浪里淘金”，因而必须考虑合理运用大数据，尽可能以低的成本创造出高的价值。

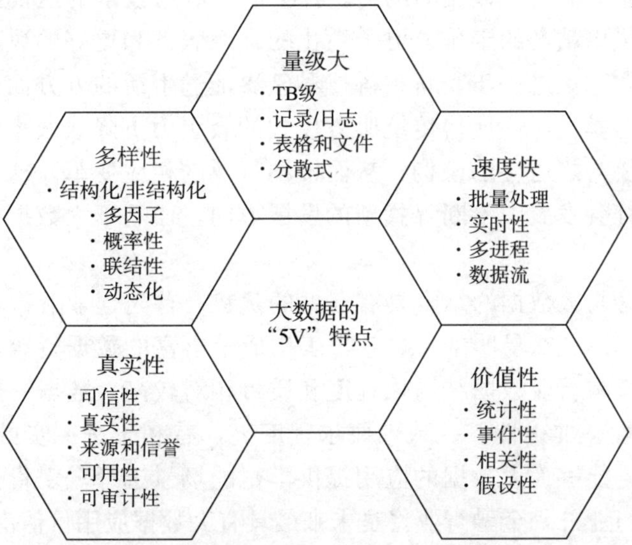

图10-1 大数据的“5V”特点

10.1.2 金融与大数据的关系

金融活动每天甚至每时每刻都在处理着海量的数据，这使得金融数据天然具有大数据的特征，因此，在大数据相关技术及其应用范围不断拓展的过程中，金融与大数据之间的关系日渐紧密，逐渐形成了具有金融行业特色的包括数据、技术、应用在内的体系。这一体系所依赖的数据基础一般被称为金融大数据，而这一体系作为一种金融业务模式则被称为大数据金融。

简单来说，金融大数据就是金融行业产生的各种数据的集合，包括金融机构、政府机关、个人等主体在投资、借贷、储蓄等各类交易过程中产生的数据。面对海量的金融数据，传统的处理方式显然存在着很多不足。在这种情况下，如何应用人工智能、云计算等新兴技术，对海量数据进行管理，在海量数据中挖掘有用的信息，同时利用信息为决策者提供相应的支持，成为金融大数据发展过程中要解决的重要问题。

相应地，大数据金融主要是运用大数据技术开展金融服务，即集合海量结构化、半结构化、非结构化数据，通过互联网、云计算和数据挖掘等信息技术进行实时分析，向客户提供全方位的信息，并通过分析和挖掘客户的交易信息和消费习惯，精准预测客户的行为，支持开展资金融通和提供创新金融服务。

大数据在金融行业的应用近几年来迅速发展并不是偶然的，其背后是有原因的。传统金融模式侧重的是客户与金融机构面对面的交易，而大数据下的金融模式通过互联网的第三方支付平台就可以实现交易，极大地降低了金融机构的工作量以及所涉及的成本。特别是在数字经济模式下，数据融入了整个价值创造的全过程，而高质量的数据无疑成了一种重要资源，可以在竞争中发挥重要作用，这在高度依赖数据处理的金融行业尤其如此。

一方面，金融发展需要大数据的助力。社会的发展与技术的迭代推动着更高标准的金融需求，如何提供更精准的定价、更个性化的金融服务和更好的风险控制，成为金融行业必须直面的问题。更进一步，新兴科技早已渗透进生活的方方面面，全面塑造着人们的行为习惯和生活模式，这使得传统服务模式的吸引力下降或效率弱化；同时，新技术的运用往往也需要与之适应的架构，从而推动行业的相应变革。这两种内外聚合的力量促使金融行业在社会发展中不断寻找新的发展方向，而基于大数据的金融业务正是其中的重要方向之一。

另一方面，金融与大数据的结合具有互补的优势。首先，金融行业具有庞大的数据集群，各类客户、产品、交易明细、财务报表构成了丰富的数据资源，能够挖掘更深层次的信息。其次，金融行业数据结构化程度和质量相对较高，数据一般具有一定的逻辑结构，并且对实时性、准确性、一致性要求程度高，有利于进一步的分析处理。最后，金融行业业务繁多，能够为大数据的应用提供丰富的场景选择。麦肯锡公司在研究报告中指出，除互联网行业外，金融行业将是未来最具有大数据应用价值潜力的行业之一。

随着科学技术的蓬勃发展，人类社会已步入互联网技术和人工智能发达的5G时代，这为大数据金融的发展提供了很好的契机。从统计数据来看，近年来大数据在金融行业的发展已经达到了新的高度。中国大数据产业联盟的统计数据显示：2017 年，中国金融大数据的市场规模为 333.7 亿元；2018 年为 412.1 亿元，同比增长 23%；2019 年为 506.3 亿元，同比增长 22.9%；2020 年为 605.5 亿元，同比增长 19.6%。随着金融大数据市场规模的急剧上升，很多行业或企业逐渐从传统的金融业务转向了基于大数据的新兴金融业务。

10.1.3 金融大数据的相关应用

作为信息技术演化的最新产物，大数据将成为未来高信息化时代人类社会、物理世界和信息空间的重要联系纽带，并且有望第一次在人（人类社会）、机（计算机空间）、物（物理世界）之间建立起具有统一数据格式的“三元合一”的信息系统。事实上，物理世界和人类社会在信息空间中都有其数据映像，在过去自然科学的巨大发展进程中，人类对物理世界的规律认识已经取得了长足进步，但对人类社会自身的认识却相当有限，而大数据分析模式则为我们提供了一条新的认识路径。正是基于大数据在改善人类自身认知方面的巨大潜力，近年来，大数据已经成为经济和科技界关注的热点。

目前，大数据在政府、金融、交通、教育、电信、安防、传媒、电商、医疗等领域都有相应的应用。根据贵阳大数据交易所2020年的统计数据（见图10-2），在所有相关领域中，政府部门对大数据的应用占比是最大的，达到35.95%；其次是金融行业，大数据的应用占比达到25.68%。金融行业的大数据应用比例仅次于政府部门，排名第二，足以说明金融行业的大数据应用广泛程度。

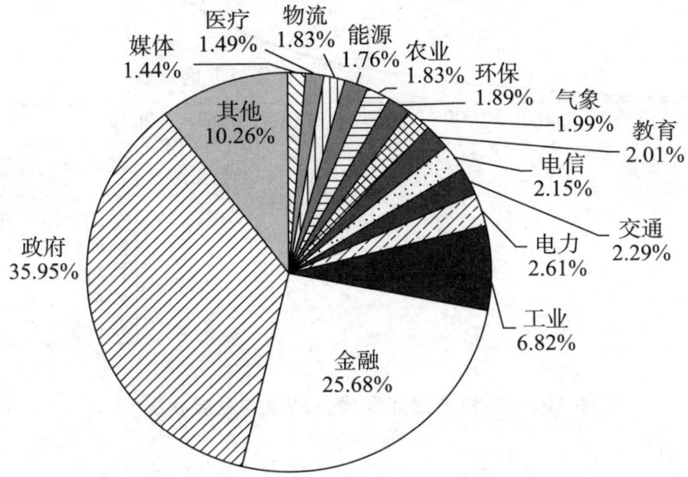

图10-2　2020年中国各行业大数据应用占比

资料来源：贵阳大数据交易所。

大数据技术与金融相结合形成独特的应用场景，在很多方面创新了金融服务的模式和方法，对传统金融行业革新、产业链价值重构、金融生态圈建设等起到了重要的推动作用，各种新型金融企业和金融新业态层出不穷。大数据、人工智能、云计算等新科技日趋成熟，推动金融行业变革，帮助企业控制风险、降低成本、发掘个性化需求与潜在价值。通过大数据技术，金融企业可以精确地刻画出客户画像。个人客户画像包括人口统计学特征、消费能力数据、兴趣数据、风险偏好等；企业客户画像包括生产、流通、运营、财务、销售和客户数据，以及上游和下游相关产业链数据。金融企业利用大数据技术对客户个人情况等静态信息和交易记录等动态信息进行综合分析，得出包括客户的消费偏好、风险偏好等在内的客户行为数据，可以为客户提供个性化的服务。

例如，精准营销中的"实时营销"，可以根据客户当时的所在地、客户最近一次交易记录等信息数据进行针对性的营销，或者把客户改变居住城市等生活状态事件挖掘成营销机会，从而大大提高了金融服务效率。大数据技术也在客户金融生命周期管理上发挥了重大的作用，它可以帮助建立监测模型，分析客户所处的金融生命周期阶段，从而为其提供差异化的服务，例如，为处于不同金融生命周期阶段的客户提供不同的理财规划方案与金融产品和服务；同时可以培养潜在客户，发挥现有客户的潜在价值，从整体上改善前瞻性金融服务水平。图10-3系统阐释了科技赋能现代金融业的发展状况。

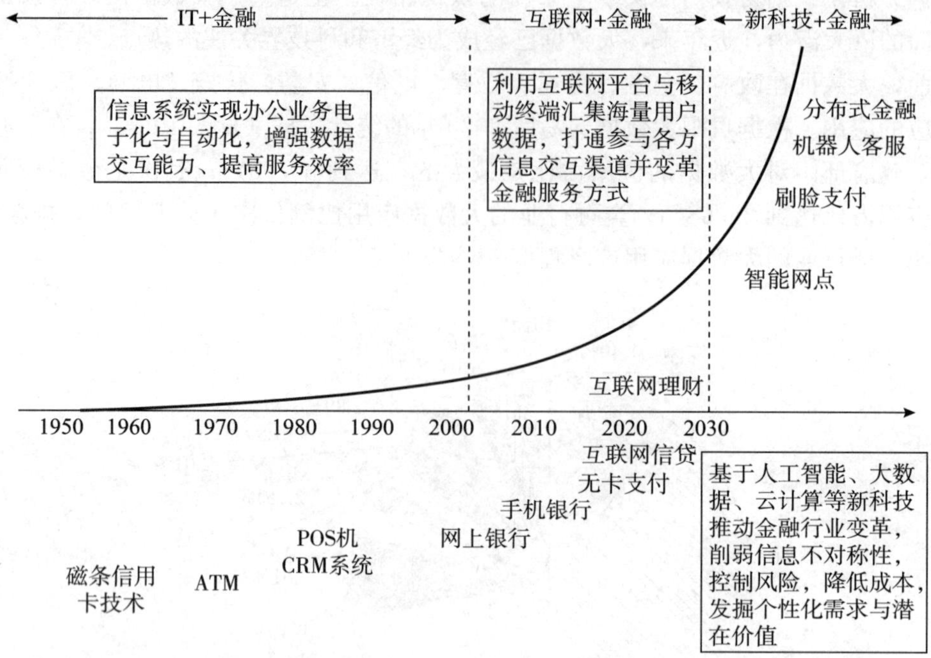

图 10－3　科技赋能现代金融业的发展状况

资料来源：艾瑞咨询研究院。

目前，金融大数据的应用主体主要为银行、保险和证券。对于银行业，大数据技术是业务运营的强大驱动力，具体应用于客户画像、精准营销、风险管控、运营优化等方面；对于保险业，大数据技术主要应用于精细化营销、精细化运营和欺诈分析；对于证券行业，其大数据技术的发展相对落后于银行业、保险业，主要的方向为股价预测、客户关系管理、投资景气指数。根据前瞻产业研究院的统计数据，2020 年大数据在银行业的投资比例为 41.1%，占金融行业的首位；其次为证券业，投资比例为 35.1%；最后为保险业，投资比例为 23.8%。

从大数据在经济分析尤其是金融稳定分析与监测方面的应用前景来看，由于金融体系是整个经济中数据信息最密集、频率最高、数量最大、增速最快、动态性最强的领域，这使得大数据分析在金融体系关联信息的获取方面具有巨大的潜力和重要的应用价值。同时，与传统的逻辑推理研究不同，大数据研究是对数量巨大的数据做统计性的搜索、比较、聚类和分类等分析归纳，因此继承了统计科学的一些特点，这使得相关性分析在大数据分析中占据重要位置。

相关性分析的目的是找出数据集里隐藏的相互关系网，一般用支持度、可信度和兴趣度等参数反映相关性。由于大数据背后的共性问题是关系网络，因此，基于动态化信息的各种网络分析将成为大数据分析范式下新的信息来源。从经济和金融学的角度来看，基于大数据的网络分析不仅为建立宏微观数据之间的关联提供了一种可能的路径，而且有助于对网络条件下的金融运行规律进行深层挖掘。

此外，金融大数据的相关应用场景还包括以下方面：

（1）识别金融欺诈。通过大数据，金融机构可以方便地做到细粒度地监控每一个人的消费信息，从而识别消费者的消费行为习惯。当发现消费者做出明显与习惯不符的举动，或不合逻辑的举动时，金融机构就可以拒绝服务，以避免更大的损失。

（2）管理金融风险。对于企业而言，赊销赊购是常态，赊销赊购发生的频率是相当高的，如果这些企业通过银行来提供信用，银行不太可能有专员来进行一项一项的核对。对银行来说，使用大数据来监控这些企业，自动控制风险，显然是一个更合适的决定。企业甚至也可以通过大数据来分析对方企业的信用风险，提前知道对方按时全额付款的可能性，再决定做不做这笔交易。

（3）减少客户和员工流失。对于一家企业而言，失去老客户常常是致命的，而大数据可以帮助销售或运营团队确定哪些类型的客户风险最大，确定客户为什么选择使用其他服务，从而减少客户流失。在减少员工流失方面，大数据对人力资源的分析有助于使人力资源部门及时了解员工离职的原因，从而改善员工的工作条件，降低员工流失的风险。

（4）评估运营风险。对一个规模较大、结构较复杂的企业来说，运营中的最大风险可能是很清楚的，但第二大和第三大风险可能就不是那么显而易见的了。大数据的力量可以让企业在运营中发现新的风险点，这些之前未知的风险点可能一直在让企业付出代价，而通过大数据技术，企业可以发现和及时清除这些风险点。

（5）降低决策风险。例如，当一家金融机构考虑开设一个新的分支网点时，就可以利用大数据来确定合适的网点位置。在传统方法下，金融机构一般只能根据一个地点的外观和地段等简单信息进行粗略的判断，有时还要借助直觉。而在大数据条件下，金融机构可以借助备选地点的人流、交易和人口统计等相关数据，做出更为科学的决策，降低选址失误的风险。

10.2 大数据金融风险管理的应用场景与特点

10.2.1 大数据金融风险管理的主要应用场景

大数据和大数据技术在金融风险管理中的应用，不仅可以作为传统金融风险管理手段的有效补充，而且在一些特定的场景下，还能使风险管理主体对各种目标金融风险做出更为及时和有效的反应，从而增强风险分析、判断和决策的能力。从目前的情况来看，大数据风险管理在一些主要的金融风险领域都有其相应的应用场景。

（一）基于大数据的信用风险管理

基于大数据的信用风险管理在传统的银行业和新兴的互联网金融领域都有其应用场景。以常见的贷款风险为例，传统的信贷评估方法一般基于银行以前的信贷数据和内部的交易信息，根据历史数据对企业做出评判。这种做法有两个潜在缺陷：一是从纵向的时间维度而言，缺乏时效性与前瞻性，因为企业的违约因素不仅依赖历史信用，还与当下的经济形势和企业当前的经营状况有关；二是从横向的数据维度而言，仅仅依靠银行内部储存的信息刻画出的企业信用特征并不完整，甚至有可能陷入小数据集的“选择性误差”之中。

相比之下，在基于大数据的金融风险管理之下，一方面企业最新的经营信息能够立即被收集并纳入风险度量模型之中，从而增加模型的准确性；另一方面通过内外部数据的联动，可以拓展关于贷款对象的信息维度，从而更加精准地对客户进行画像。通过拓展维度来实现对目标对象精准画像的方法多用于小微企业贷款。小微企业相比于大企业而言更难获得银行的贷款，主要原因是小微企业的财务管理不规范，缺乏信用记录，银行难以通过历史信息有效识别小微企业的信贷风险。

从银行业基于大数据的信用风险管理来看，大数据技术通过将现场调查与非现场数据挖掘分析相结合，可以提高信贷风险管理的精细化水平，从而更加全面地评估客户的风险状况，提升贷前风险判断和贷后风险预警能力，进而加强对潜在风险的即时防控。其主要步骤包括：(1) 通过外部数据进行客户关联画像，将企业登记状态、资金、信用、声誉、征信、股东、法人、主要管理人员、控股及关联企业等信息均纳入风险监测系统中，提升客户风险识别及预警水平；(2) 依据预先设定的风险指标和已知的风险客户评级，通过机器学习算法进行近似性匹配，完成数据挖掘分析，并依据机器学习的结果逐步调整指标范围和关联程度，完善机器学习的风险模型和算法；(3) 深度挖掘历史数据，并逐步扩展机器学习所涉及的数据范围，使风险的识别、防范和决策更为可靠和贴近现实需要。

与银行业不同，互联网金融平台的客户往往是小微企业，这些企业一般融资金额小、时间短、频率高，加之财务透明度较差，因而运用传统的风险管理方法很难有效地对其进行风险评估和控制。而互联网金融平台依托大数据技术，能够从多维度对小微企业的相关信息进行收集、整合和分析，从而缓解信息不对称问题。具体而言，互联网金融平台可以基于客户在网络上的行为数据（如网络活跃度、交易量、信用评价等）及其财务和经营数据，采取如下基于大数据的信用风险管理流程：(1) 在贷前，调取小微客户的电子商务经营数据以及第三方认证信息，并根据信用评估模型来判断企业的信用情况和违约风险；(2) 在贷中，持续监测来自电子商务平台、支付平台、物流网络等平台的客户信息，对借款企业的信息流、资金流和物流情况进行动态监控，并进行风险预警；(3) 在贷后，持续跟踪企业的经营变化和信用状况，对发生违约的客户限制其网上经营和借贷，及时进行不良资产处置。

(二) 基于大数据的市场风险管理

由于金融市场风险通常与资产的波动性密切相关，因此，对金融市场风险进行管理就必须对资产价格或投资组合的波动性进行分析、预测和控制。传统对波动性预测的方法一般基于资产收益的历史数据建立时间序列模型，并将一些宏观经济变量同时纳入波动性的预测之中。

对于金融机构而言，作为金融市场风险的接受者，一般只能未雨绸缪地尽可能降低损失。在大数据背景下，预测资产价格变动或波动性变化主要有两种思路：一是对技术分析进行优化，比如使用机器学习技术拟合历史数据，采用BP神经网络算法预测资产价格和波动性的短期变动等。但这种方法由于缺乏明确的理论支撑，模型拟合出的参数以向量的形式出现，容易导致拟合过程的“黑箱”问题。二是在基本因素即传统经济因素的基础上，加入新的与资产价格或波动性变化密切相关的其他各种大数据变量，以达到更好的预测效果。

大数据的引入增加了资产价格变动和波动性预测的数据源，同时扩展了波动性的度量方法。传统对波动性的度量主要基于日度收益率数据，而随着日内高频数据的可得性和可处理性的增强，基于日内高频数据的各种波动性度量方法开始出现，这些方法为每日实时监控金融市场风险提供了新的基础。

同时，大数据也为资产管理和投资决策提供了新的数据源，如来自网络的非结构化数据。这些数据包括媒体资讯、投资者情绪、网络搜索行为、网络消费行为等。通过大数据技术手段获取这些网络数据，有利于更准确地把握投资标的的价格变动趋势，从而预测可能出现的风险和采取必要的风险管理措施。

利用大数据对市场价格变动趋势进行预测，投资者可以趋利避害，减少价格将出现不利变动的资产头寸，从而减少投资损失。近年来，投资机构开始尝试对社交网络、电商网站、求职网站等进行大数据挖掘，分析股民情感、消费热点、就业率波动等信息，从而对市场价格走势做出预判，并以此指导投资决策。

2010年，约翰·博伦（Johan Bollen）、毛慧娜（Huina Mao）和曾晓军（Xiaojun Zeng）三位学者在《计算科学杂志》上发表论文《推特情绪可以预测股票市场》。在该论文中，他们基于6个月的推特数据和情绪状况构建每日的全球市场情绪指标，并据此对股市进行预测。他们发现，该方法可以提前三天预测道琼斯平均工业指数的变动方向，正确率达到87.6%。

在上述论文的基础上，三位学者和一位对冲基金交易员共同组建了全球首家社交媒体基金Derwent Capital。该基金的投资策略是随机选择10%的推特信息，从中寻找出诸如“警报”“快乐”“重要”等关键词，并将这些信息归类以显示不同的情绪状态，进而预测股票市场的走势。据该基金官网披露，该基金在2012年7月至2014年2月的20个月中，其间累计收益达到32.88%，并且仅在2012年12月、2013年1月和2013年2月出现了较小的亏损，亏损率分别为−0.05%、−0.06%和−0.01%。

（三）基于大数据的操作风险管理

大数据技术有能力从任何地方收集数据：不仅包括交易系统、社交媒体和电子邮件、计算机访问日志文件，甚至还包括刷门禁卡、打卡等活动。通过大数据对这些操作进行监控，一方面可以避免欺诈行为，另一方面可以减少人为失误造成的损失。

从目前的情况来看，当前利用大数据开展的操作风险管理主要是针对外部因素所带来的操作风险，如外部欺诈。在互联网时代，这是操作风险的一种主要类型。特别是随着移动互联网的发展，现代支付服务操作十分便捷，客户能够随时随地进行各种交易和转账操作。相应地，金融诈骗和盗刷案件的发生也日益频繁，这使得支付清算企业在反欺诈方面面临巨大挑战。基于大数据手段，支付企业能更加及时有效地发现欺诈行为，进而降低欺诈带来的相关损失（见表 10－1）。

表 10－1　交易欺诈方式与场景示例

欺诈方式	欺诈场景	处理方式
盗刷	客户账号在多个不同的手机上登录	要求进行身份再验证
	客户在一个不常出现的地区突然进行大额转账	
	短时间（如 1 个小时）内在不同的城市消费	
诈骗	多个客户集中在短时间内向同一账户转账	提醒客户相关风险
	发现钓鱼网站	

采用大数据手段，支付清算企业可以利用账户基本信息、交易历史、历史行为模式、当前行为模式等数据，通过智能规则引擎实时地进行反欺诈分析。整个技术实现流程包括实时采集行为日志、实时归纳行为特征、判断欺诈等级、触发风控决策和案件归并等步骤。

以平安壹钱包的智能风控系统为例，在交易欺诈防控方面，平安壹钱包的智能风控系统采用多维度数据匹配，结合终端设备指纹、身份证、银行卡、手机 SIM 卡、操作环境归属地信息、手机越狱异常等静态信息以及社交网络、人机操作识别、操作（交易）行为、频率、金额变动的动态信息，建立起了多层次、多维度和多场景的风险管理模型，可以实现金融市场交易风险的实时监测。

一般而言，在交易发生前，系统会对用户端的环境进行风险监测、设备指纹识别以及用户各类行为数据的采集；通过大数据模型实时分析欺诈概率，并对高风险账户通过人脸（指纹）识别技术以及手机动态验证码等方法直接进行在线身份确认，以避免对正常用户的干扰，提升用户体验和交易成功率。在交易后，系统会自动产生高风险交易事件，供风险管理人员分析评估，然后结合关系网络甄别欺诈团伙。

从目前已部署的模型来看，包括账户评分模型、聚类模型、社会网络模型、星网关联性模型、可信行为模型等均可以对用户的复杂行为进行有效区分。这些模型通过平台统一管理，可以实现底层存储、变量加工、模型拟合、模型评估、模型上线、自动迭代等基本功能，从而为风险管理决策提供更为全面的数据支持。此外，决策树和随机森林等方法的运用，也可以在一些情况下改进操作风险的管理。

(四) 基于大数据的流动性风险管理

流动性风险包括两类：融资流动性风险和市场流动性风险，分别对应负债端和资产端的流动性风险。融资流动性风险指的是短期负债支持长期资产从而导致的期限错配风险，而市场流动性风险指的是资产的市场价值显著小于其账面价值，导致资产大幅缩水，无法兑现，从而引发危机的可能性。

在大数据背景下，金融机构为了获客往往会推出流动性高的理财产品（如余额宝），在收益率降低或市场利率发生大的变动时，可能会引发较大的流动性风险。同时，寻求银行贷款的企业有很大一部分是创新领域的企业，这类企业有形资产少，无形资产占比大，银行在贷款过程中倘若没有正确评估贷款人的风险，产生坏账的可能性较大，因而面临更高的（由信用风险引发的）流动性风险。

流动性风险管理一般从操作性的流动性开始，通过将每日的支付序列展示出来，预测所有可能发生的现金流入和流出。大数据基于其多维数据处理技术，可以对未来的流动性风险做出更加准确的判断，进而改善流动性风险管理的效率。比如，相比普通货币型基金，余额宝面临更大的流动性风险。首先，由于与支付宝挂钩，余额宝资金会在“双十一”等消费高峰期大量流出，从而形成井喷式的挤提压力。其次，余额宝 T＋0 交易需要基金公司先行垫付资金，基金规模越大，每日的垫付资金数量越大，流动性管理的难度也会越大。在这种情况下，余额宝每天通过支付宝平台将用户赎回、消费等行为数据实时传输给天弘基金。天弘基金利用这些实时数据以及支付宝近十年的消费数据，对未来的流动性需求进行预测，预测误差一般在 5%以内。凭借大数据技术，即使“双十一”期间出现超 50 亿元的巨额赎回，余额宝仍能提前调整头寸，从而避免流动性风险的发生。

风险管理除了要应对预期损失之外，还要尽可能地应对非预期损失。为此，金融机构应注意评估那些现金流从期望的路径和来源被突然切断的压力情景，包括机构自身的特殊情况以及市场的特殊情况等，而大数据的运用则可以帮助金融机构更加准确地掌握各种压力情形出现的概率。

10.2.2　大数据金融风险管理的主要特点与潜在风险

（一）大数据金融风险管理的主要特点

大数据金融风险管理是指利用各种大数据技术，对海量的结构化、非结构化和半结构化的数据进行收集、处理和分析，实现对金融风险的量化研究，帮助金融主体制定相应的风险管理策略，以最小化金融风险和预期损失的过程。从作用方式来看，大数据金融风险管理主要是利用大数据技术对金融风险管理的各个环节进行补充、完善、改进或创新。概括而言，大数据金融风险管理具有以下几个方面的主要特征：

（1）全面性。

在信息指数级增长的大数据时代，金融业的综合经营特征越来越明显，各个金融子行业（银行、证券、保险、信托、基金等）之间出现了广泛的多业务、多品种和多方式的业务交叉。在这种情况下，网络上的很多非结构化数据（如朋友圈、搜索记录、微博评论等）可以很好地反映出信用主体的社会行为，而这些数量巨大但信息密度低的数据恰恰是传统金融风险管理所没有关注到或因为技术原因而难以关注和利用的。

大数据金融风险管理除了对信贷数据、消费记录、手机账单等结构化数据进行充分利用外，同时也对网络数据等非结构化数据以及 XML 文件等半结构化数据进行特定场景下的提取和应用。总体来看，大数据金融风险管理通过对综合、跨界经营以及大量客户等场景下所产生的海量数据的多维度利用，可以充分体现大数据技术的优势和特点，完成对目标对象金融风险的全方位、多角度和多层次分析。

（2）时效性。

传统的金融风险管理一般立足于少数几个金融机构的数据，分析人员在拿到个人或企业的数据后，再基于一定的模型进行风险估计或评分。在大部分传统情况下，风险评估模型虽然在理论上是动态的，但数据更新的速度十分缓慢，导致短期中目标对象的风险基本不变，因而很难及时准确地反映目标对象的风险动态变化。

在信息和网络化时代，信息和数据每时每刻都在产生和更新，并反映着市场主体行为的各种动态变化。正如人的行为总是会受到社会、环境和心理等因素的影响一样，对目标对象及其行为的风险评估也需要纳入能够反映其日常状况的实时网络数据。大数据金融风险管理可以随时随地地收集、分析、处理和更新各种风险指标和数据，从而使信息需求者更容易全方位地掌握目标对象的风险状况。

(3) 智能化。

近年来随着金融科技的快速发展，金融风险的管理方式也在传统“人为管理”的基础上，越来越多地纳入了各种基于大数据技术的智能化风控措施，以进一步全方位地识别目标对象的风险特征和风险程度。智能化的金融风险管理通常贯穿于整个金融风险管理的全过程，可以形成事前监测、事中控制、事后跟踪的流程化体系。

具体而言，基于当下流行的各种大数据技术，如机器学习、人工智能、区块链等，金融风险的分析和管理人员可以对散布在各个信息平台的数据进行全面收集、挖掘和提取，进而对目标对象的风险状况进行全面的量化测度，最终提高金融风险识别、测度和管理的精准度。特别是在每天都有海量新增数据产生的应用场景下，雇用大量人员每天手动处理这些数据在成本上显然是不现实的，此时通过机器学习自动建立模型，并利用大数据批量处理相关数据，就成了大数据条件下进行风险管理的唯一可行选择。

(二) 大数据金融风险管理的潜在风险

随着各种新兴金融科技的发展，大数据技术的应用一方面对金融风险的测度和管理提出了新的解决思路和方法，但另一方面也引发了新的金融风险。概括而言，大数据金融风险管理所引发的相关风险主要包括：

(1) 操作风险。

大数据金融风险管理过程中的操作风险主要包括人为风险和技术风险。人为风险是指在客户和金融机构达成交易的过程中，可能会存在操作人员的失误而导致的交易失败，如客户信息和交易信息填写错误等。技术风险主要是指大数据本身在运用过程中所隐藏的各种技术漏洞，具体包括硬件设备风险和软件系统风险等。在人们与金融机构达成交易的过程中，大数据运行所依赖的各种软硬件设备可能因数据量过于庞大而停止运行或发生运行错误，从而给相关交易主体带来风险和损失。

(2) 隐私风险。

大数据金融风险管理过程中的隐私风险主要包括客户信息泄露风险和数据监听风险等。在大数据金融模式下，金融机构可以更为全面充分地接触到客户各方面的信息，但在了解和掌握客户信息的过程中很容易滋生侵犯客户隐私的问题，这会产生相应的信任风险和后续法律风险。此外，在大数据金融运行过程中，其中一些数据可能涉及国家利益和国家安全，一旦遭遇黑客攻击，发生数据泄露，就有可能导致大量机密数据的公开或流失，进而导致国家利益受损。

（3）模型风险。

目前大数据金融风险管理总体上还处于初步发展阶段，有很多东西特别是涉及数据的统计、分析和归纳的各种算法和模型，都尚处于尝试和探索的过程中，因而潜在的模型和决策风险是难以避免的。在算法和模型尚不健全和稳健的情况下，基于大数据的金融风险分析和决策并不总是可靠的，这就需要不断地纠错和对模型算法进行动态优化，必要时借助其他风险管理手段予以应对。

（4）法律风险。

近年来，基于大数据的各种金融创新（包括金融风险管理的创新）飞速发展，导致了实践长期领先于相关立法的情况。具体而言，由于很多金融风险管理的方式方法都是首次出现，在实践上没有先例，更缺乏相应的法律法规予以规范和约束，这使得一些风险管理的做法存在法律上的争议（比如对客户信息的使用方式、程度和告知义务等问题），甚至一些金融机构和从业者恶意利用相关法律空白来获取不当收益，将自身的利益最大化建立在对客户利益受损的基础之上。

（5）系统性风险。

上面的分类主要是基于风险的性质，侧重于微观意义上的特质风险。事实上，由于大数据技术的应用会改变金融市场的整体格局，因而还伴随着相应的系统性风险。总体来看，大数据技术使得系统性风险更加容易聚集和传播，从而导致金融风险的敞口变得更多，风险管理的范围和难度变得更大。

首先，大数据背景下的风险呈现多样化的形态，除了传统的信用风险、市场风险、操作风险，还有信息安全风险和数据应用风险等，其中科技型企业的透明度相较于传统金融机构更低，因而利用监管漏洞进行风险掩饰的可能性也更大。

其次，大数据技术使得金融机构、金融市场和相关行业的相关性增强，风险外溢的可能性随之增大，其中任何一个行业中的重要企业发生危机都有可能通过关系网络的快速传导，引发交叉传染式的系统性风险。

最后，在大数据技术的应用过程中，系统性风险的顺周期性也会被加强，因为算法的趋同性会导致企业面对风险时做出类似的决策（算法的趋同性指大家都依赖一些固定算法计算风险，推荐的最优决策也类似），从而导致正反馈效应的不断强化。

10.2.3　大数据金融风险管理与传统金融风险管理的主要差异

大数据问题的深层本质在于其区别于传统自然科学数据的特点，即社会性、异质性、实时性、交互性、突发性和高噪声等，不但非结构化数据多，而且大量数据都是随机动态产生的。这些特征使得社会科学的大数据分析比科学实验的数据分析更加困难。事实上，从人类认知的角度来看，对于简单的封闭系统，基于小数据的传统因果分析相对容易做到，而对于大型复杂的开放型系统，传统的简单因果分析模型则往往难以奏效，因为彼此关联的交互性关系模式使得潜在的因果关系机制可能隐藏于整个动态脑网络系统的深层结构之中。发现无尺度网络的艾伯特-拉斯洛·巴拉巴西（Albert-László Barabási）教授认为：21世纪的网络理论正在构建一个新的理论和算法框架，并有望成为 20 世纪量子力学的后继。

以银行的个人信用风险管理为例，传统的风险控制方式一般以风控评分模型为主，同时将人工审核和考察加入一些特定的环节作为辅助，然后运用线性回归模型给出量化评估结果。这方面的典型代表是美国费埃哲公司推出的 FICO 信用评分系统。在国外，FICO 信用评分模型被普遍使用，其关注的主要因素有客户的信用偿还历史、新开立的信用账户、信用账户数、使用信用的年限以及正在使用的信用类型等。该模型有预先设定的标准，通过对上述数据的打分计算，会得到一个处于 300～850 之间的得分，得分越高说明客户的信用风险越小。但在现实应用中，FICO 信用评分结果并不能完全决定金融机构的最终判断结果，金融机构一般会参考客户的 FICO 信用得分，并结合自身的经验、判断和业务策略等做出最终的决策。

总体来看，传统的金融风险管理采用相对静态的模式，其优势是学习成本相对较低，模式相对固定，速度比较快，同时打分过程相对直观透明。这些优势使得风险管理和分析人员在获取结果的同时，能相对容易地理解和判断结果是如何产生的。但与此同时，简单性往往也伴随着局限性，由于所利用的信息维度较低，不可避免地会遗漏很多有价值的信息和数据，从而导致评估结果的准确度下降。此外，对于那些尚未产生或极少产生数据的客户群体而言，由于金融机构无法获得其模型评分所需的相关数据，往往会将其拒之门外，从而造成潜在客户的流失。

对于大数据金融风险管理而言，其风险识别和建模的思路在本质上与传统的金融风险管理并无根本差别，都是基于一定的数据来获得对客户风险的描述，进而对客户的风险程度和潜在的违约风险进行判断。从这个意义上看，大数据金融风险管理更多的是对传统金融风险管理模式的一种补充和优化。一方面，大数据金融风险管理能够利用更多维的数据，如社交媒体数据、通信通行数据等，从而对客户群体进行更全面的评估，或对传统模式下无法评估的群体进行评估，这使得更多个体能享受相应的金融服务，并且由于大数据是基于模型算法，因而能做出相对更为公平和客观的决策；另一方面，大数据金融风险管理能够实现自动化决策，从而延展了服务时间，提升了服务效率，并且拥有极快的学习速度，便于及时配置最新的技术和经验。

当然，大数据金融风险管理也有其不足之处。一方面，大数据金融风险管理的建设投入成本较高，需要相关金融机构持续大量的资金和相关资源投入，而很多中小金融机构由于不具备相应的技术、人力、物力和财力条件，会在竞争中处于劣势，从而加大金融机构之间的差距，导致金融风险越来越向中小金融机构转移。另一方面，大数据金融风险管理在统计学上有严格的要求，外部环境的一个较小改变也可能引发原有相关性的消失，从而导致相关模型失效，但如果要保证高频率地更新模型和输入数据，又会产生较高的模型维护和数据成本，特别是在经济下行期，一旦模型和数据更新不及时，极易导致大批量的客户违约。

此外，尽管大数据金融风险管理依靠全面、准确、真实的大规模数据集，确实可以在很大程度上拓展风险管理的范围和手段，但在现实生活中，由于各种“信息孤岛”的存在，数据缺失的现象仍然普遍存在，一些数据的真实性与准确性也难以得到根本的保障。表 10－2 对大数据金融风险管理与传统金融风险管理的主要差异进行了一个简要概括。

表10-2 大数据金融风险管理与传统金融风险管理的主要差异

	传统金融风险管理	大数据金融风险管理
风控模型	依靠人工经验	以模型、策略体系自动分析决策为主
数据来源	公司内部资料、央行征信资料、客户提供资料	除传统风控数据来源外的第三方数据、线上线下多维数据
数据维度	数据特征数量小，主要为以基本信息为主的强变量	数据特征数量小于1 000，主要为以基本信息、行为信息为主的弱相关变量
数据关联性	关联度低	关联度高，可交叉验证
模型设定	以线性模型为主，强因果关系	以深度学习、集成学习为主，可应用相关关系

因此，大数据金融风险管理与传统金融风险管理之间是相辅相成和互为补充的关系，大数据金融风险管理无法也不会彻底取代传统的金融风险管理。比如，对于信用风险而言，最好的度量手段还是相关金融行为产生的数据，而客户的各类网络、消费记录则是一种很好的补充，但不能完全替代前者。所以，对于大部分有足够征信记录或者有充足抵押物的客户，传统的金融风险管理方式一般足够使用；而对于那些信用上的“白户”（缺乏信用记录者），大数据金融风险管理则可以利用其多维数据的优势，对其展开基于大数据的风险评估和管理。

从目前的情况来看，面对金额过于庞大或流程过于复杂的业务，大数据金融风险管理仍不足以全面满足相关业务评估和判断的需求，需要通过人工的进一步处理来确保最终决策的安全可靠，而对于很多小额和具有稳定业务场景的金融业务，大数据金融风险管理则可以充分发挥其高效率审批的优势，同时满足更高的精度要求。对此，百融云创董事长张韶峰曾指出，大数据金融风险管理是对传统模式的一种补充，目的也是促进金融风控的进一步发展，同时结合时代背景，唤醒不同体系中沉睡的数据价值，这些都有助于解决传统金融数据不足所导致的风控难度较高的问题。

10.3 大数据金融风险管理的模型方法与流程

10.3.1 大数据金融风险管理的一般方法

（一）全面掌握数据资源

在利用大数据进行金融风险管理的过程中，金融机构会利用大数据技术的数据处理优势，通过各种方式充分掌握相关数据资源。比如，金融机构会利用爬虫、ETL、NLP等工具，尽可能地有效掌握相关领域的业务数据，同时将信息内容和客户的实际情况相关联，并通过线上和线下两个途径同时收集各种金融数据信息。

在金融风险管理中，最重要的一项基础数据是客户的信用状况。金融机构在进行信用状况的判断时，会利用有效的评分模型进行计算，以量化客户信用。与此同时，金融机构在了解真实交易情况的过程中，还会利用大数据技术和相关知识对其进行全面的处理和存储，以更加客观真实地反映违约和潜在的违约等情况，从而降低金融业务过程中的风险。比如，在中国人民银行的征信信息数据库中，存储了各个金融机构的客户信贷交易信息，金融机构结合这些信息可以更加全面地掌握客户信息，从而更好地规避金融风险。

（二）促进数据资源共享

各个机构和部门之间的信息资源共享，可以更好地确保信息的利用程度，从而更好地对金融风险进行管理。

首先是破除信息垄断，构建和运行信息资源共享体系。比如，在客户数据信息的收集过程中，结合各个行业的发展现状，对各个信息系统的客户数据进行整理综合，从而对客户的信息做到深度共享。该方法在全面监督金融风险的同时，还可以降低金融风险的发生概率。

其次是优化各个信息平台的信息调度和配置方式，方便不同平台之间的信息传输和信息配置，提高信息运用的效率。比如，利用大数据技术建立信息共享的平台和机制，随时灵活调度和配置各类信息资源，利用综合信息对客户的信用情况进行核实，从而更好地实现对金融风险的控制。

（三）系统运用大数据技术

在数据的提取方面，不同于传统的人工抽样方法，大数据技术大幅提升了数据提取过程中的覆盖率、准确性和处理性能，并可以削弱不可靠信息的相关影响，使得在数据技术层面提升金融风险的检测能力，从而显著提升金融风险管理的效果和效率。

在金融风险管理体系的完善方面，利用大数据下的数据获取、数据预处理、聚类分析、分类分析、关联分析等技术手段，可以系统地建立用户风险的计量模型，从而更加有效地甄别金融风险。除建立数学模型对金融风险进行量化评估外，还可以引入实时、更新或相关补充信息，以进一步训练模型和提高模型性能，实现模型的持续优化。

（四）注重信息安全和隐私保护

技术风险与隐私风险为传统金融风险在大数据背景下衍生出的新风险。在大数据背景下，信息的储存和应用、模型的训练往往在云端进行，这会带来一个新的风险：数据在传输的过程中可能被黑客拦截或修改；数据中心遭到外来攻击；等等。此外，机房断电、代码误设、断网都可能使重要数据丢失或篡改。这样的风险被称为技术风险。

数据传输过程中的安全保护主要依靠防火墙的建立。机房断电、代码误设等内部风险的管理主要依靠的是数据库领域的知识，即系统故障的恢复。为了应对这种突发状况，系统首先会定期对数据做一个备份，将其存在一个副本中，其次进行每一次操作之前都先记录下来，当操作未完成而突然中断时，可以索引这些记录反向操作，从而达到未操作之前的状态，这些记录在计算机领域中叫作日志。

此外，大数据在应用过程中通常涉及数据联合，但随之而来的问题是“数据孤岛”和信息隐私的问题。现实中的很多数据一般掌握在不同的企业之中，由于各个企业对数据的理解和定义不同，或者出于商业机密或用户隐私的考虑，这些企业之间往往不愿意进行数据共享，从而导致每个企业最终都只拥有自己内部的信息，造成所谓“数据孤岛”现象。在这种情况下，如何在不侵犯、不泄露用户隐私的前提下充分利用各方面的数据，是大数据金融风险管理过程中需要持续关注和解决的问题。

根据《中国数据要素市场发展报告》，国家工信安全中心将数据按照敏感度划分成了四类：公开数据、低度敏感数据、中度敏感数据和高度机密数据。其中，公开数据任何人都能获取，而高度机密数据是涉及国家安全的数据和个人核心隐私数据，不能进行流通。针对低度和中度敏感数据，目前有两个可行的模式：“数据可用不可见模式”和“数据可算不可识模式”。前一种模式的典型代表如联邦学习模型，其设计原理如图10-4所示。该模型通过加密技术，使数据拥有方之间并不直接交换数据，而是通过模型参数的交互更新来达到模型训练的效果，这样更有利于各方在不侵犯用户隐私的前提下更好地开发利用大数据（详见专栏10-1）。

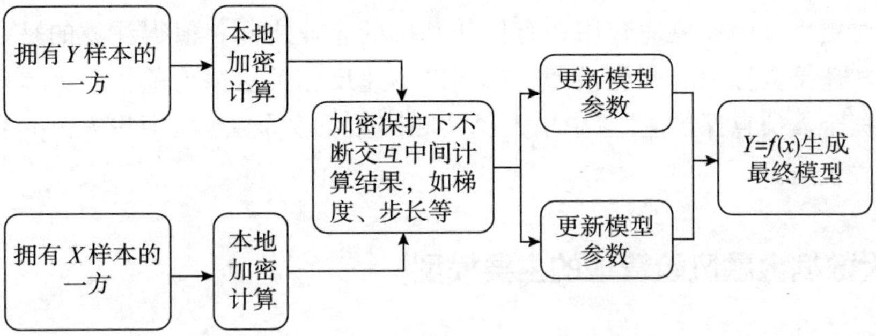

图10-4　联邦学习模型的设计原理

专栏10-1

联邦学习模型的基本原理

在传统数据处理模式下，一般是数据动而模型不动，即从各处收集购买数据，或移动数据到某一个中心点，最后在中心点建立模型。

举例而言，假设用一只羊来类比机器学习模型，草就是数据，我们希望羊吃了草以后能够长大。过去的做法是，把草买到一起来建立模型，在这一过程中，羊不动，但草被购买到中心，然后形成大数据和建立相关模型。

但出于隐私保护的需要，我们希望尽量让草不动，直接让羊动，这样羊既能吃那个地方的草，主人又不必知道到底吃了哪些草，从而达到在不侵犯隐私的情况下实现数据使用的目标。这就是联邦学习模型的基本思路，即让草不出草场，本地主人无法知道羊吃了哪些草，但最终羊可以长大。

对于联邦学习模型在现实中的应用，我们举例如下：比如每个手机都是我们个人在使用，从而形成了一系列的样本数据。由于存在不同的手机，因而虽然从每个手机上提取的特征基本都一样，但样本却不同，于是我们希望在数据不动的情况下，能够聚合这些手机上的数据，进而建立相应的大数据模型。

比如，对于一定的数据集，可以依次对应手机等终端设备上的数据。该数据集包含类似的变量，但样本却是不同的。然后，我们可以在本地建一个粗糙的模型，用 w 来表达它的参数，同时对参数加密。有密钥的人才可以看到内涵，别人和服务器看不到加密后数据包里的内容。服务器得了加密后的参数，就可以通过某种形式，对这些加密后的参数加以更新、聚合、处理，从而形成一个更大的模型。

资料来源：本专栏内容部分参考了微众银行首席 AI 官杨强在“AI 金融”系列线上讲座上所讲的相关内容。

后一种模式是对前一种模式的延伸。在数据规模较大或者对计算性能要求比较高的时候，“数据可用不可识模式”由于需要对数据进行一系列的加密处理，在性能和实时性方面难以满足要求，因而发展出了“数据可算不可识模式”，即给出的数据是去标识的数据，企业可以用这些数据计算，但无法知道这些信息具体来自哪个个体，同时，尝试对去标识化的数据进行重新标记和关联的行为也会被拦截。相较于前一种模式，该模式暴露的风险相对更大，因而更适合用在有信任基础的企业之间。值得注意的是，不论是联邦学习模型，还是去标识的训练模型，都要以不违反相关法律为前提，具体可参照《中华人民共和国个人信息保护法》《中华人民共和国数据安全法》《中华人民共和国网络安全法》等相关规定。

10.3.2 大数据金融风险管理的主要模型

如前文所述，由于大数据具有数据量大但价值密度低的特点，很多传统的数据分析模型并不能很好地适应大数据的分析需要，存在无法分析或者分析效率低等问题。为此，大数据风险管理逐渐开发出了一系列适合大数据场景的风险管理算法模型，常见的包括决策树、随机森林、神经网络、支持向量机等。另外，一些相对传统的算法和模型，如相关性分析、降维处理（如主成分分析方法）、线性回归模型或 Logistic 回归模型等，也被广泛用于大数据风险管理的相关过程中。图 10－5 给出了大数据风险管理相关模型及算法基础的一个概要。

在大数据风险管理过程中，特定的算法和模型用于实现特定的分析目标。比如，针对大数据的数据量大和维度高的问题，可以运用主成分分析等方法来降低数据维度，减少自变量之间的相关性，进而提高回归分析的准确度。

传统的线性回归模型是对目标变量和自变量之间建立线性回归方程来研究已有数据变量和目标变量之间的相关程度的大小，从而通过拟合出的线性模型对目标变量进行预测，典型的代表如信用风险管理中的信用评分模型。

Logistic 回归模型是一种广义的线性回归模型，主要用于研究某一事件的发生概率与哪些因素相关以及相关性的程度。在 Logistic 回归模型中，因变量服从“1－0”二元分布，其中 1 和 0 一般分别对应“发生”和“不发生”，因此，Logistic 回归模型被广泛用于各种事件发生概率的预测分析。

决策树是一种非统计的机器学习算法，主要通过建立一系列属性规则来实现对样本

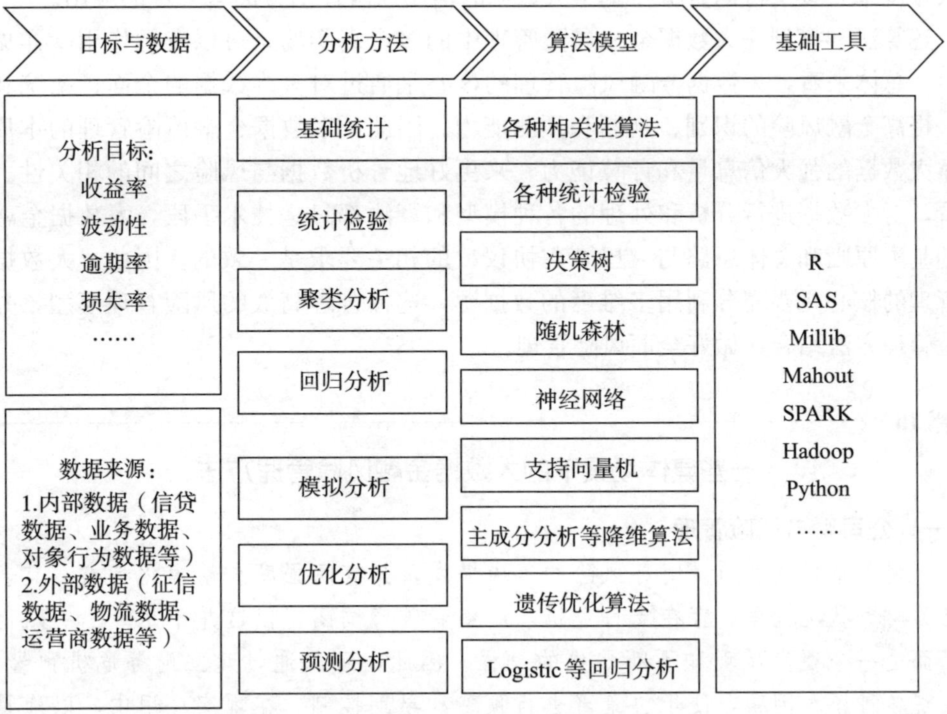

图 10-5　大数据风险管理的相关模型及算法基础

的分类，进而生成一系列的树形分类，从而实现对未知数据的分类和预测。一般而言，通过大量已知样本训练而生成的决策树准确率很高，但可能存在过度拟合的问题，导致其在未知数据的应用中偏差较大。

随机森林算法可视为决策树算法的一种拓展，它一般由多棵决策树组成，通过所有决策树投票的方式得出最终分类结果。随机森林算法对噪声和异常值有很好的过滤效果，能够在一定程度上克服过度拟合问题，尤其在对高维数据的分类方面，随机森林算法相对于同类算法一般会表现出较好的并行性和可扩展性。

> 拓展阅读
>
> 通过深度学习识别金融风险

神经网络算法的核心思想是模拟大脑中的神经系统，设立大量被称为神经元的处理单元，然后经过广泛的相互连接，最终形成复杂的网络系统。神经网络模型是一个高度复杂的非线性动力学习系统，与多元判别分析模型和 Logistic 回归模型相比，它受变量的约束小，且预测精度较高，但在模型的简洁性和可解释性等方面相对较弱。在实际应用中，神经网络模型主要用于分类（如将借款申请人分为好客户和坏客户），而多元判别分析模型和 Logistic 回归模型则可以产生线性的信用评分。

支持向量机是一类按监督学习方式对数据进行二元分类的广义线性分类器，它通过核方法进行非线性分类，是常见的核学习方法之一。支持向量机使用铰链损失函数计算经验风险，并在求解系统中加入了正则化项以优化结构风险。该方法具有处理高维度数据和进行非线性模式识别的优势，能够解决非线性的分类和回归等问题。从金融风险管理实践角度来看，支持向量机在基于大数据的信用风险评估方面有一定的应用。

上述算法和模型在大数据金融风险管理中的多个真实场景可以发挥作用（详见专栏10－2）。总体来看，大数据金融风险管理的核心是通过对多维数据的全面、系统和深度利用，提高金融风险的识别、判断和预测能力。因此，大数据金融风险管理的本质，是要依靠大数据的强大信息量和计算能力，来更好地分析数据与风险之间的相关性。从根本上看，对大数据进行分析和处理的各种模型和算法都只是技术手段，大数据金融风险管理的基本原则和总体思路与《巴塞尔协议》的相关要求是一致的。因此，大数据金融风险管理的核心是要充分利用多维度的数据源，选择合理高效的风险管理模型，并与传统风险管理方法结合，做好全面风险管理。

专栏 10－2

一些具体场景下的大数据金融风险管理方法

（一）公司财务风险管理

公司财务危机的实质是财务风险的集中爆发，具有高强度和规模化特点，其表现可以概括为财务状况极差，存在支付危机，严重者破产倒闭。但这并不是一个一蹴而就的过程，而是一个逐步显现和不断恶化的过程。因此，可以通过建立财务危机预警模型，及时发现各种不利因素，便于决策者进行预警和早期控制。在现实应用中，以海量数据为基础的主成分分析、神经网络、决策树等数据挖掘方法常被用于建立风险模型。首先是寻找指标，通过主成分分析方法找出对财务状况影响最大的因素，其次在所得因素的基础上通过决策树方法对公司的财务状况进行预测，最后运用神经网络等方法进行财务预警的相关分析。

（二）供应链金融风险管理

供应链金融是基于供应链产生的一种金融服务，指金融机构为供应链中的客户提供融资、保险、结算等服务，其风险主要是来自上下游企业的还款风险。金融机构在供应链金融风险管理中，首先会收集企业的共有属性数据，进行预处理与预分析。其次，利用信息增益等方法，计算属性与还款风险之间的关联度，并将弱关联的属性剔除。最后，以元组合并的形式筛选出高风险企业的特征属性，进行下一步的可视化分析。

（三）互联网金融风险管理

互联网金融指金融机构或互联网企业依靠互联网及云计算、大数据等技术，在开放的平台上提供金融服务。互联网金融同样需要考虑信用风险、市场风险和操作风险，其风险管理的底层逻辑也相似，但需要进一步考虑以下问题：一是反洗钱与反欺诈。互联网金融吸收电商、消费、支付、银行业务等平台实时数据，通过支持向量机、贝叶斯网络、深度神经网络等模型方法给出及时的分析与预测，大大减少了滞后性。二是舆情分析。互联网金融可利用接口（API）便利，抓取新闻资讯、社交媒体数据，借以自然语言处理进行情感分析，对负面舆情及时预警，加强声誉风险管理。

10.3.3　大数据金融风险管理的流程体系

大数据金融风险管理在不同场景中会对应不同的应用方法，但它们的底层逻辑都是相似的。一般而言，在大数据金融风险管理的流程体系中，前期工作主要包括四个部分，即数据收集、数据建模、数据画像和风险定价，如图 10－6 所示。

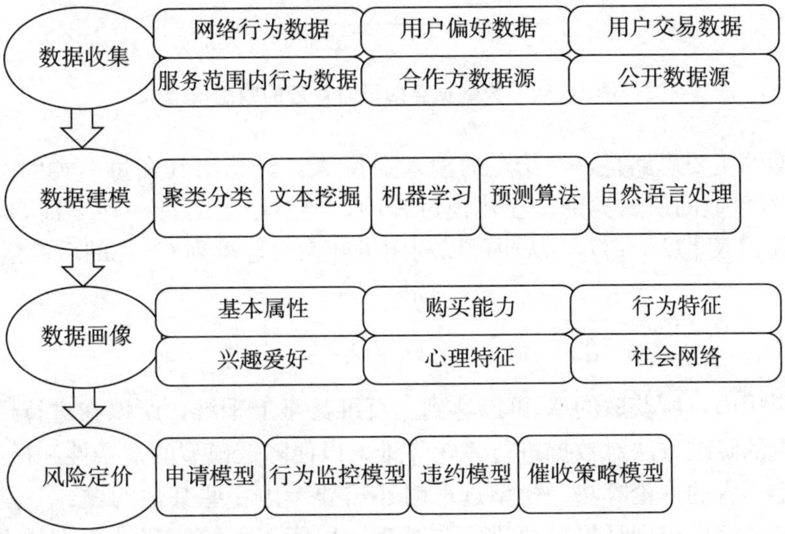

图 10－6　大数据金融风险管理的流程体系

在数据收集方面，传统金融机构使用的数据主要是客户的个人基础信息、交易信息、征信信息，而大数据金融风险管理模型对数据的抓取则深入生活中的各个领域，包括：(1) 运营商数据，即通过用户的上网时长、网络位置、相关消费、短信情况、通话记录等检测用户的网络习惯以及设备状态；(2) 用户行为数据，涵盖用户的社交状态、搜索记录、购买记录、点击行为以及在某个页面的停留时间等数据，主要用于在陌生条件下判断用户的兴趣爱好、消费能力和社交网络等情况。除了常规的数字数据外，大数据金融风险管理的数据收集还包括文本、影像、音频等非结构化数据的收集，以构建更加全面系统的数据库和信息源。

在数据建模方面，由于所收集到的数据有许多不同的模型种类，如分类、聚类、离群点检测等，设计人员需要进行合适的选取。以常用的方法分类为例，其主要功能是依据已识别出的有风险行为与无风险行为的特征，来预测正在发生的行为是否存在风险，具体又可分为判别模型与概率模型。

判别模型需要输入向量 X，X 包括预先设定的所有指标特征，而响应变量 Y 的取值为 $\{C_1, C_2, \cdots, C_m\}$，$C_i$ 表示类别，对应正常、违约、欺诈等行为。当 X 是一元数据时，可以将这一模型视为一个分段函数（见图 10－7），其核心是确定判别过程中的决策边界，即图 10－7 中的 a 和 b。

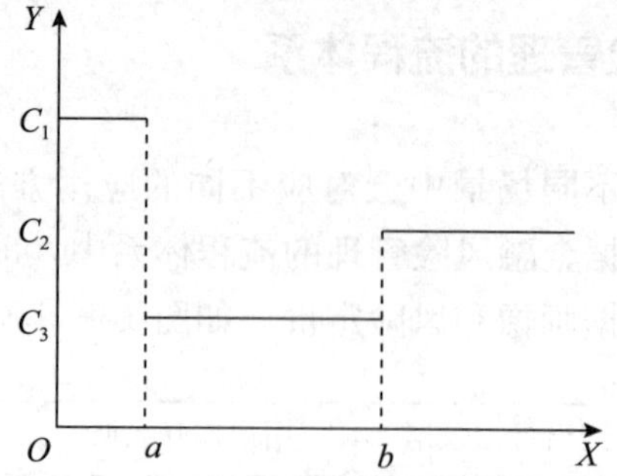

图 10-7 大数据金融风险管理的判别模型

概率模型的主要思路是，对给定的输入变量 X，计算出其在每一类别下的概率，从而得出 X 最有可能的所属类别。在建模过程中，要对结果的每一种类别 C_i 估计一种分布或密度函数 $\rho(X \mid C_i, \theta_i)$，从而可以利用贝叶斯定理得到 C_i 类的后验概率，即

$$\rho(C_i \mid X, \theta_i)=\frac{\rho(X \mid C_i, \theta_i)\rho(C_i)}{\sum_{j=1}^{m}\rho(X \mid C_j, \theta_j)\rho(C_j)}, 1 \leqslant i \leqslant m$$

在现实应用中，所获取的 X 可以达到上百维甚至上千维，所以在进行模型训练前还需要采取相应的降维方法对数据进行多轮降维，以便降低模型的复杂性和提升运算速度。

除了模型本身的理论算法，模型选取时还需要考虑一些其他问题：一是模型的可解释性，即模型的输出识别结果需要进一步处理，以便于能够解释结果为什么是好的（坏的），以及出现问题时能准确定位模型的异常之处；二是模型的更新速度，由于信息时代的经济社会变化很快，一个变量的贡献度随时可能发生巨大变化，这使得风险管理模型需要具备强大的适应性来面对高强度的更新压力；三是模型的调整优化，即模型的建立和运行不是一劳永逸的，当它从基于历史数据的虚拟训练场走向纷繁复杂的现实世界时，需要不断根据新的情况进行动态的调整和优化。

在数据画像方面，需要对用户实行标签化处理。系统人员可通过对所拥有数据进行分析，根据用户社会属性、生活习惯和消费行为等信息抽象出一个标签化的用户模型，将其划分至对应的群体场景中，完成对客户的精细化描述。数据画像的本质，一是从具体的业务场景出发了解用户的需求，从而更精准地寻找目标客户，二是基于所刻画的用户画像，设计并开发出适合目标客户的产品。

在风险定价方面，根据金融学的基本规律，高风险资产一般拥有高定价，而低风险资产则一般被给予低定价。传统的定价模式基于人海战术，更多地依赖人的经验和判断，而大数据技术则可以利用更大量和多维的数据给出更为精确的结果，同时利用科技的力量做出实时和自动化的决策。

10.4 大数据金融风险管理的中国实践

中国的大数据金融风险管理是在互联网金融兴起的大背景下逐渐发展起来的，在随后的金融科技浪潮中得到进一步拓展和加强。中国的互联网金融以移动支付和第三方支付为核心，相关企业和金融机构通过庞大人口基数下的行为塑造，充分激发了市场潜力，并迎来了快速发展的时期。从时间线来看，阿里巴巴和腾讯率先一步抢占市场，并在“支付工具”的基础上建立起庞大的互联网金融生态系统。百度、其他互联网企业和金融机构紧随其后，各自开发出了自己的大数据金融风险管理系统。本节对一些典型的做法和案例进行示例性简介。

10.4.1 阿里巴巴的欺诈风险管理

由于大数据的存在，阿里巴巴的欺诈风险管理与传统的风险管理模式存在很大差异。具体而言，为了实时识别和处理各种潜在的欺诈行为，工程师需要在新的硬件系统的基础上，创造出新的方法来便利地处理大量数据。为了支持新的算法，通常需要建立新的风险管理框架，其中一个基本的风险管理框架是如图 10－8 所示的多层风险预防框架，该框架被阿里巴巴用于支付宝的欺诈风险管理之中。

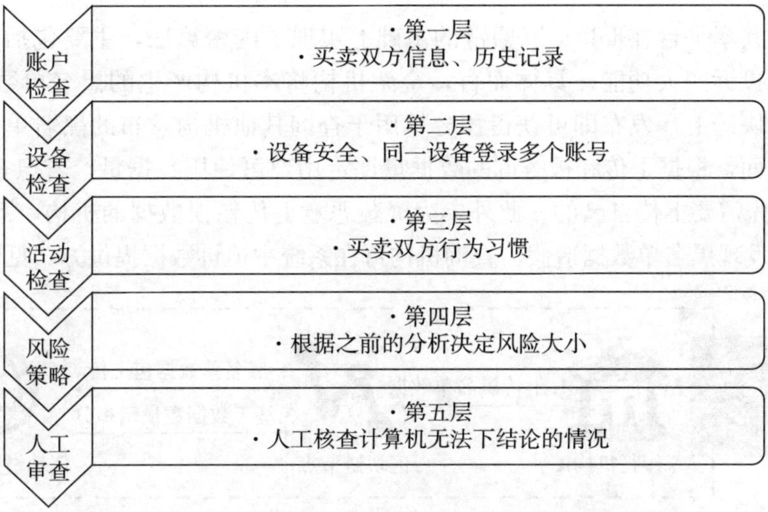

图 10－8 阿里巴巴的多层风险预防框架

阿里巴巴一共使用五个层次来防止交易中可能的各种欺诈行为。欺诈者或许能通过其中某一层，但通常很难持续地通过下一层。当交易开始的时候，阿里巴巴的多层风险预防系统会自动开始检查相关行为和交易是否涉嫌欺诈。

第一层是账户检查。检查对象包括买方和卖方的账户信息。需要明确：买方或卖方账户以前是否有不良或可疑活动？买方账户是否有可能被盗？在这一层，非常可疑的交易会被拒绝，以保护买家的权益。若比较可疑，则会触发一些额外的认证方法来再次确认情况，比如让用户输入手机验证码。

第二层是设备检查。需要明确：这个设备有没有申请大量的交易？这个设备有没有不良交易记录被存在了数据库里？处理可疑交易的方法与第一层类似。

第三层是活动检查。系统通过检查历史记录，得到买方和卖方的行为模式，以及账户、设备和使用场景之间的联系。如果交易的模式不符合买方或卖方之前的模式，就会触发风险控制。

第四层是风险策略。这一层会根据之前的分析来判断如何采取行动，包括自动通过正常的交易和打回明显的欺诈交易。

第五层是人工审查。前几层无法明确的灰色交易会被送到这一层。这类交易是最不好处理的：一方面，为了留住客户，支付宝希望提供更好的体验和让交易更加便捷；但另一方面，支付宝也不希望因为任何误判而导致客户损失。为此，可疑的交易将被人工审查，在此过程中，专员会搜寻更多的信息，并可能打电话提醒买家。

10.4.2 苏宁金融的区块链黑名单系统

2018 年 2 月 28 日，苏宁金融宣布上线目前国内金融行业首个基于区块链技术打造的黑名单共享平台，平台采用超级账本 fabric 联盟链技术，将金融机构的黑名单数据加密存储在区块链上，金融机构可通过独立部署节点接入联盟链，开展区块链黑名单数据上传和查询等业务。

该黑名单共享平台在 fabric 联盟链的基础上实现了国密算法，主要包括添加、查询、删除黑名单及投诉四大功能。具体而言，金融机构将本机构产生的黑名单数据作为一个交易发布到区块链上，发布即可获得积分，用于查询其他机构发布的黑名单数据；同时，在数据共享方面，根据上传和被查询的数据量评定用户可使用数据量，若想查看其他机构的黑名单，首先需要上传自己的。此外，为屏蔽恶意上传错误数据的机构，系统设置了投诉机制，一旦发现黑名单数据造假，查询机构可在系统中追诉数据提供方（见图 10－9）。

图 10－9　黑名单上传的激励机制

对于隐私保护问题，苏宁金融的区块链黑名单系统通过使用区块链和密码学等新兴技术来实现黑名单数据的安全、保密和隐私保护。比如，为保护隐私，所有上链数据中的客户隐私信息（如身份证号码、姓名等），均使用 HASH 算法进行脱敏处理后再加密存储。与此同时，客户贷款金额、逾期天数等敏感信息，则都经过标签化处理后保存在区块链上。此外，该系统还采用了匿名发布查询机制，即查询数据的机构和被查询机构均为匿名操作，以充分保护金融机构的商业机密。

苏宁金融的区块链黑名单系统致力于解决黑名单获取的数据不公开、不集中且获取成本高等关键问题，为金融用户共享数据和金融机构提高风控能力提供了一种新的解决途径。根据《苏宁区块链白皮书》，随着区块链技术的沉淀，苏宁金融的区块链黑名单系统还将纳入灰名单、白名单、客户标签等各种金融信用数据，最终发展为跨行业的信用数据共享平台，形成丰富多元的链上客户画像，在充分保护客户隐私和金融机构商业秘密的基础上，提高金融行业的反欺诈和风控水平。

不过，苏宁金融的区块链黑名单系统虽然在一定程度上解决了有些大公司不愿意向对手方公布自己的数据，从而造成的数据浪费问题，但仍存在不同数据由于来源不同和逻辑上相对独立而导致的“数据孤岛”问题，即对于不同来源和不同背景的数据，苏宁金融现有的区块链黑名单系统尚无法实现有效整合，迫切需要一个开放、规范的数据规则来解决这一问题。

10.4.3　微众银行的大数据风险管理

微众银行由腾讯于 2014 年牵头成立，是中国首家互联网银行，其推出的企业贷款产品可以实现从申请到提款全部在线完成。微众银行背靠腾讯丰富的数据资源和底层技术，尝试将人工智能、云计算、区块链等多种大数据技术应用于其实际业务的风险控制。

首先，针对信用风险，由于微众银行由腾讯打造，数据与微信和 QQ 连通，因而这两个应用大量的用户交易数据与征信数据可以丰富微众银行信用评级的维度。微众银行会基于用户的社交数据、个人行为、交易网络、社会特征等信息，结合央行的信用数据，从五个维度对客户的信用进行一个综合打分，同时应用模型识别客户的信用风险。根据微众银行风险管理课题组发布的信息，微众银行目前已研发出十多类模型，包括逻辑回归、决策树，以及随机森林、神经网络等。在对用户进行审批时，微众银行研发的“极光守卫”技术可以通过分析人的面部特征和质感信息来有效防范欺诈风险。

其次，针对操作风险，微众银行采取区块链技术，推出“微粒贷”备付金对账平台。由于区块链具有不可篡改和“去中心化”的特点，与微众银行合作的银行可以实时查看和核对账目，从而降低了操作风险。

最后，对于技术风险和数据应用风险，微众银行通过调用央行的征信数据，对贷款用户做出相关评估，这被部分用户批评侵犯了隐私。为此，微众银行正在开发联邦学习模型，并基于该技术推出了 FATE 企业版联邦数据网络平台，以促进数据的安全共享。

10.4.4　度小满金融的大数据风险管理

度小满金融的前身为 2015 年成立的百度金融。度小满金融在 2018 年 4 月完成与百度的拆分并正式启用，开始独立运营，旗下的产品和服务包括信贷服务、理财服务、保险经纪服务以及金融科技服务等。度小满金融在较晚的时机入局，导致其在金融领域的认知度要低于阿里巴巴和腾讯的相关产品。为此，度小满金融强调其金融科技的定位，并在相关技术研发方面取得了一定成果，如基于人工智能技术的智能语音机器人金融应用、基于人工智能和大数据技术的智能风控平台金融服务等项目均入选了金融科技应用试点。同时，信贷领域的大数据风险管理也一直是度小满金融重点发展的技术和核心竞争力之一。

(一) 流程体系

度小满金融的大数据风险管理有成熟的流程体系，如图 10－10 所示。首先，度小满金融基于贷款申请客户提交的信息初步构建画像，实现完整生命周期的追踪，继而对申请者进行身份识别，依托风控系统过滤欺诈群体。其次，在初处理的基础上，度小满金融依托申请者提供的数据、相关搜索记录、官方征信数据以及合作机构提供的外部数据进行建模计算，筛选出符合放贷条件的申请者并为其提供贷款。再次，度小满金融在借款人持有款项期间，会定时收集并动态更新其信用信息，以检测潜在的欺诈风险。最后，在贷后阶段，度小满金融在系统中再次进行信息核验，检测异常借贷行为并随时进行风险预警，同时通过智能催收系统来提升回款率。

图 10-10　度小满金融的大数据风险管理流程

(二) ABC 评分卡上的大数据优化

互联网金融在风控领域普遍使用 ABC 评分卡模型。其中，A 卡（application scorecard）模型主要用于贷前场景，计算申请者的信用程度，从而决定是否放贷以及金额、利率和期限的范围；B 卡（behavior scorecard）模型主要用于行为评分，检测已顺利完成贷款流程的客户的信用情况，并将其作为下一次授信的决策基础；C 卡（collection scorecard）模型则主要用于违约客户的催收与分析。度小满金融在构建 A 卡模型时，将申请者真实合理的借款需求和用户真实的还款意愿及能力作为关键目标，并在数据搜集上制定了三级结构：底层为基础人口统计信息、消费信息与资产情况，用来对用户进行准确画像；中层为申请者的资金端行为数据，主要通过相近的资金端行为，判断用户的真实资金状况与需求；顶层为申请者的社会活动数据。

关联网络是运用于社会关系处理的一项技术，此时用户变为网络中的一个个节点，如夜幕中的闪耀群星（见图 10-11），节点上存储了用户的个人信息以及信用情况。若两个用户是亲友、同事或交集合作者，即存在一定的社会关系，对应的两个节点就会被一条边连接起来，边上也会有描述二者关系的特征信息。现实中每个用户都可能与多个用户具有社会关系，每个节点都可能会延展开若干条边，连接上若干节点，被连接的节点可以称为它的“邻居们”。度小满金融的相关模型会对这些关联网络进行复杂运算，首先是基于节点自身数据进行卷积，其次推广到其邻居中，构建有监督的学习。这一过程可以理解为，在“物以类聚，人以群分”的思路下，通过对社会关系的精细计算，判断出好的申请者与坏的申请者。通过该项技术，度小满金融在客户决策上拥有较好的区分度。

在对 A 卡和 B 卡模型性能的进一步提升上，度小满金融大数据风险管理也注重时间序列数据的处理。其中，在贷前阶段，度小满金融会收集、整合客户在一定年限内的行为数据，如贷款审批事件、公司和公积金变更事件、征信查询事件等，从而构成多个时间轴链条，并将信息转换为所需结构格式，输入 LSTM 单元，得到输出后再将其作为输入进行多轮迭代。通过上述对贷前时间序列的处理，可以更好地把握用户的现金流需求。在贷中阶段，系统会对客户的借款和还款等行为实行全生命周期的记录，以建立丰富的

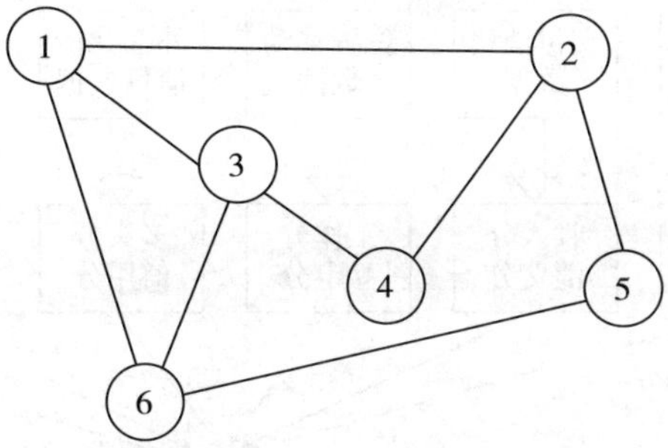

图 10-11　社会关系中的关联网络结构示意图

时间序列数据，每一次借款或还款行为都是序列上的一块切片，切片上会详细记录金额、还款时间长度、下个还款时限等信息。这些切片上的信息会被进一步转化为输入单元，并通过相应的神经网络技术予以处理，以进一步提升度小满金融的行为评分能力。C卡模型涉及较多自然语言处理、文本音频处理等技术，此处不再详细介绍。

在ABC评分卡模型的基础上，度小满金融利用“图计算网络”构建策略系统，系统由申请者筛选、申请者信用审核、防御恶意攻击、反洗钱反欺诈等基本模块组成，就像展开巨幅的3D图，所有人和要素的关系都被展现出来，能高效地识别风险，特别是主动欺诈行为以及多头借贷行为。

(三) 数据加密技术

数据处理是大数据金融风险管理的重要环节，这一过程需要保障数据的安全性。为此，度小满金融在利用大数据进行风险管理时，也注重数据本身的风险管理。由于加密处理会消耗计算资源，所以设计人员常常需要在加密强度与运算性能之间进行权衡。在一类处理场景中，度小满金融会首先分析数据的共性块与个性块，其次对个性块采用严格的加密技术，并对共性块另做处理，以在不降低加密强度的基础上维持较好的处理速度，从而提升审核和批准等过程的操作效率，并使客户拥有良好的使用体验。

(四) 模型的可解释性与稳定性

在模型的可解释性方面，度小满金融风险管理模型的基本形式为：

$$P(y=1 \mid X)=f(x_1, x_2, \cdots, x_n), X \in R^n, y=0, 1$$

传统的金融模型在 $f(X)$ 的选择上常常使用逻辑回归，且 n 一般小于20，而互联网金融模型常使用如XGBoost、FM之类的复杂模型，n 在数量上可能成百上千，这在一定程度上造成了模型解释的困难。为此，度小满金融首先对复杂的模型进行子模型特征提取，将高维数据按来源分类并转化为低维数据（见图10-12），形成子模型评分，其次输入常见的回归模型或决策模型，增强输入与输出的线性相关性，从而提升模型的解释性，一旦遇到问题，还可以反向追溯定位到底层的异常之处。

在模型的稳定性方面，度小满金融会定时对模型运算得到的用户数据（如信用评分和不良率等）进行统计，分析数据的分布情况，并通过整体和局部的表现进一步完善模

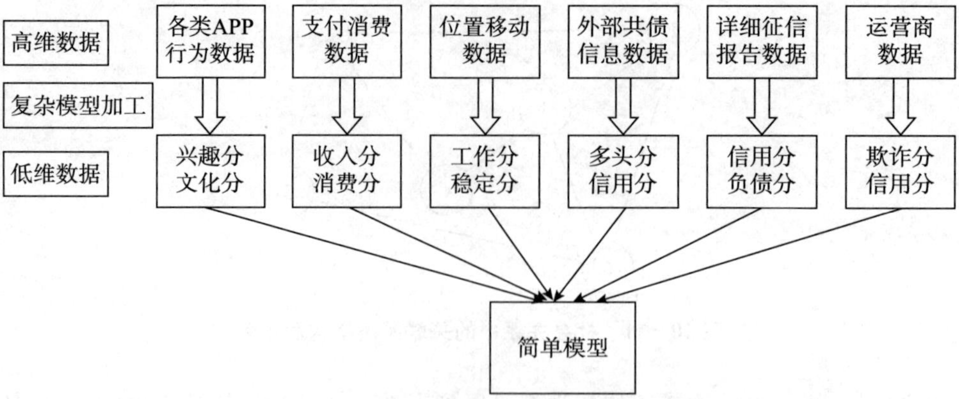

图 10-12　度小满金融的风险管理模型

型，以形成对用户的稳定评价，达到提升风险管理水平的效果。

度小满金融基于其大数据风险管理技术，搭建了方便小微企业申请信贷的服务框架，缩减了审批时间和申请程序。2020 年，度小满金融与相关合作银行一起向数百万家小微企业提供了约 3 000 亿元无抵押贷款，畅通了小微企业的融资渠道，并因此获得了《人民日报》的实名点赞。度小满金融目前已经拥有消费金融、网络信贷、支付等牌照，但缺少如蚂蚁金服、京东金融、美团金服等基于购物、出行、食宿等现实场景的应用，因而存在客户黏性不足的风险。

关键词

大数据　金融大数据　大数据金融　客户画像　大数据金融风险管理
信息孤岛　联邦学习模型　决策树　随机森林　神经网络
支持向量机

复习思考题

1. 简述大数据的主要特点及其在金融领域的应用。
2. 简要说明大数据金融风险管理与传统金融风险管理的差异。
3. 举例说明大数据金融风险管理的主要应用场景。
4. 简述大数据金融风险管理的主要模型与方法。

本章小结

附录 1A

标准法下三种资本要求的计算方法

(一) 基于敏感性方法的资本要求

1. 对单一风险因素 Delta 与 Vega 风险资本要求的计算

根据巴塞尔委员会给出的相应公式，可以对每个单一风险因素计算出其对应的敏感性。对于每个风险因素 k，需要计算出资产组合中所有工具对于同一个风险因素的净敏感性 s_k。加权敏感性 WS_k 可以通过净敏感性 s_k 与相应的风险权重 RW_k 得到：

$$WS_k = RW_k \cdot s_k \tag{1A-1}$$

在风险篮内部，Delta（以及 Vega）风险篮 b 的资本要求 K_b 必须通过使用规定的相关系数 ρ_{kl} 将相同篮内风险因素的加权敏感性加总来得到：

$$K_b = \sqrt{\mathrm{Max}\left(0,\ \sum_k WS_k^2 + \sum_k \sum_{k \neq 1} \rho_{kl} WS_k WS_l\right)} \tag{1A-2}$$

在风险篮之间，Delta（以及 Vega）风险资本要求应使用相应规定的相关系数 γ_{bc}，将在同一风险类别下不同 Delta（以及 Vega）风险篮的资本要求加总得到：

$$Delta(\text{以及}\ Vega) = \sqrt{\sum_b K_b^2 + \sum_b \sum_{c \neq b} \gamma_{bc} S_b S_c} \tag{1A-3}$$

其中，S_b 是对于风险篮 b 的所有风险因子而言的，S_c 是对于风险篮 c 的所有风险因子而言的：

$$S_b = \sum_k WS_k \tag{1A-4}$$

$$S_c = \sum_k WS_k \tag{1A-5}$$

特别地，如果将上述 S_b 和 S_c 代入式（1A－3）中得到的是负数，银行应使用式（1A－6）和式（1A－7）来替代式（1A－4）和式（1A－5），以计算 Delta（以及 Vega）风险资本要求：

$$S_b = \text{Max}[\text{Min}(\sum_k WS_k, K_b), -K_b] \tag{1A－6}$$

$$S_c = \text{Max}[\text{Min}(\sum_k WS_k, K_c), -K_c] \tag{1A－7}$$

2. 对单一风险因素 Curvature 风险资本要求的计算

对于每一个对 Curvature 风险因素 k 敏感的工具，都需要对 k 应用一个向上和向下的压力情景。如果工具的价格取决于多个风险因素，那么 Curvature 风险需分别由每个风险因素来决定。

一家银行的资产对于风险因素 k 的净 Curvature 风险资本要求由 CVR_k^+ 和 CVR_k^- 的价值决定，公式如下：

$$CVR_k^+ = -\sum_i \{V_i(x_k^{RW(Curvature)+}) - V_i(x_k) - RW_k^{Curvature} \times s_{ik}\} \tag{1A－8}$$

$$CVR_k^- = -\sum_i \{V_i(x_k^{RW(Curvature)-}) - V_i(x_k) + RW_k^{Curvature} \times s_{ik}\} \tag{1A－9}$$

其计算了在规定冲击下超出 Delta 资本要求的总增量损失。其中，i 表示一种受与风险因素 k 相关的 Curvature 风险影响的工具；x_k 为风险因素 k 的当前水平；$V_i(x_k)$ 表示在风险因素 k 的当前水平下工具 i 的价格；$V_i(x_k^{RW(Curvature)+})$ 与 $V_i(x_k^{RW(Curvature)-})$ 分别表示在 x_k 向上和向下波动后工具 i 的价格；$RW_k^{Curvature}$ 指对于工具 i 的 Curvature 风险因素 k 的风险权重；s_{ik} 指在与 Curvature 风险因素 k 对应的 Delta 风险因素下工具 i 的 Delta 敏感性。

在风险篮内部，必须使用相应规定的相关系数 ρ_{kl}，在每个风险篮中将不同风险类别的 Curvature 风险暴露加总得到该风险篮的 Curvature 风险资本要求。风险篮水平的资本要求 K_b 取向上波动情景的资本要求 K_b^+ 与向下波动情景的资本要求 K_b^- 的较大值。

$$K_b = \text{Max}(K_b^+, K_b^-) \tag{1A－10}$$

其中：

$$K_b^+ = \sqrt{\text{Max}(0, \sum_k \text{Max}(CVR_k^+, 0)^2 + \sum_{l \neq k} \sum_k \rho_{kl} CVR_k^+ CVR_l^+ \psi(CVR_k^+, CVR_l^+))} \tag{1A－11}$$

$$K_b^- = \sqrt{\text{Max}(0, \sum_k \text{Max}(CVR_k^-, 0)^2 + \sum_{l \neq k} \sum_k \rho_{kl} CVR_k^- CVR_l^- \psi(CVR_k^-, CVR_l^-))} \tag{1A－12}$$

在风险篮之间，必须使用相应规定的相关系数 γ_{bc}，将在同一风险类别下不同风险篮的 Curvature 风险资本要求加总，从而得到：

$$Curvature=\sqrt{\text{Max}\left(0,\ \sum_{b}K_{b}^{2}+\sum_{c\neq b}\sum_{b}\gamma_{bc}S_{b}S_{c}\psi(S_{b},\ S_{c})\right)} \quad (1A-13)$$

3. 对基于敏感性方法的总资本要求的计算

对于三种相关场景中的每一种，银行必须将所有风险类别的单独计算出的 Delta、Vega 与 Curvature 资本要求简单相加，以确定每种场景的总资本要求。接着，基于敏感性方法的资本要求即为三种场景资本要求的最大值。

(二) 违约风险资本要求

与违约风险资本要求相关的三种工具为：非证券化资产组合、非相关交易资产组合的证券化、相关交易资产组合（CTP）的证券化。

1. 非证券化资产组合的违约风险资本要求

违约风险头寸总额（JTD）由违约损失率（LGD）、名义金额（或面值）（$notional$）以及已经产生的累计收益和损失（$P\&L$）计算得到：

$$JTD(long)=\text{Max}(LGD\times notional+P\&L,\ 0) \quad (1A-14)$$

$$JTD(short)=\text{Min}(LGD\times notional+P\&L,\ 0) \quad (1A-15)$$

违约风险头寸净额（$net\ JTD$）关注对同一债务人风险敞口的抵消作用：如果空头风险敞口相对于多头风险敞口具有相同或更低的优先级，则针对同一债务人的多头和空头风险敞口的违约风险头寸总额可以被抵销。

为了识别在一个风险篮中净多头头寸和净空头头寸之间的对冲关系，可以根据以下公式计算套期保值收益比率（HBR）：

$$HBR=\frac{\sum netJTD_{long}}{\sum netJTD_{long}+\sum|netJTD_{short}|} \quad (1A-16)$$

每个风险篮的资本要求的计算由风险加权的违约风险多头头寸净额的和、套期保值收益比率和风险加权的违约风险空头头寸净额的和组成。在下述公式中，DCR_b 表示违约风险资本要求；i 指属于风险篮 b 的一种工具。

$$DRC_b=\text{Max}\left[\left(\sum_{i\in Long}RW_i\cdot netJTD_i\right)-HBR\cdot\left(\sum_{i\in Short}RW_i\cdot|netJTD_i|\right),\ 0\right] \quad (1A-17)$$

在不同的风险篮之间无对冲识别，因此对非证券化资产组合的总违约风险资本要求必须由风险篮水平的资本要求简单加总计算得到。

2. 非相关交易资产组合的证券化的违约风险资本要求

非相关交易资产组合的证券化的违约风险头寸总额的计算方法与非证券化资产组合的相同，但违约损失率不适用于风险敞口。至于违约风险头寸净额，非相关交易资产组合的证券化违约风险的抵消限于一个特定的证券化敞口（即具有相同标的资产池的部分）。同时，非相关交易资产组合的证券化套期保值收益比率与违约风险资本要求的计算同样需运用式（1A－16）和式（1A－17），而总违约风险资本要求同样需简单加总计算得到。

3. 相关交易资产组合的证券化的违约风险资本要求

相关交易资产组合的证券化的违约风险头寸总额与净额的计算方法与非相关交易资产组合的基本一致。在一个指数水平上的风险篮内，相关交易资产组合的证券化的违约风险资本要求通过下述与非证券化类似的方法确定：

$$DRC_b = \left(\sum_{i \in Long} RW_i \cdot netJTD_i\right) - HBR_{CTP} \cdot \left(\sum_{i \in Short} RW_i \cdot |netJTD_i|\right) \tag{1A-18}$$

相关交易资产组合的证券化的总违约风险资本要求应该通过加总风险篮水平的资本数量得到：

$$DRC_{CTP} = \text{Max}\left[\sum_b (\text{Max}[DRC_b, 0] + 0.5 \times \text{Min}[DRC_b, 0]), 0\right] \tag{1A-19}$$

（三）剩余附加风险的资本要求

根据标准法，在资本要求的其他组成部分之外，还应对所有具有剩余附加风险的工具分别计算剩余风险附加项。因此，剩余附加风险必须在标准法的其他任何资本要求之外计算：剩余风险附加项的工具范围不得对 Delta、Vega、Curvature 或违约风险资本要求的处理范围产生影响；剩余风险附加项的计算是将具有剩余附加风险的工具的总名义金额乘以风险权重后简单加总。

附录 2A

内部模型法下预期损失和相关资本要求的计算

(一) 预期损失的计算

巴塞尔委员会提出使用预期损失模型作为计算市场风险资本要求的最低标准，各国银行即监管当局都有权在此基础上实施更为严格的标准。整体银行与交易柜台的内部模型法均需要使用 97.5%的单尾置信水平每日计算预期损失。流动性水平的预期损失必须基于 10 天基准流动性水平的预期损失计算出来，并对这个基本水平结果进行缩放：

$$ES=\sqrt{(ES_T(P))^2+\sum_{j\geqslant 2}\left(ES_T(P,\ j)\sqrt{\frac{(LH_j-LH_{j-1})}{T}}\right)^2} \tag{2A-1}$$

其中，ES 指流动性监管调整后的预期损失；T 指基准长度（即 10 天）；$ES_T(P)$ 指一个头寸为 $P=(p_i)$ 的投资组合在 T 时期内其头寸 P 所面临的所有风险因素在遭遇冲击时的预期损失；$ES_T(P,\ j)$ 指一个头寸为 $P=(p_i)$ 的投资组合在 T 时期内，其头寸 P 在风险因素子集 $Q(p_i,\ j)$ 中的头寸 p_i 在遭遇冲击时的预期损失（假定其他风险因素不变）；LH_j 代表流动性期限 j，其对应的取值如下：

j	LH_j
1	10
2	20
3	40
4	60
5	120

出于市场风险资本目的的预期损失，应在使用上述资产组合的预期损失（$ES_{R,S}$）的基础上通过两个比率的校准来得到。其中，$ES_{F,C}$是基于最近 12 个月的观察期和全部风险因素计算的预期损失；$ES_{R,C}$是基于减少后的风险因素计算的预期损失。

$$ES = ES_{R,S} \times \frac{ES_{F,C}}{ES_{R,C}} \tag{2A-2}$$

（二）可建模风险因素的资本要求计算

对于那些被允许使用内部模型法的交易部门，所有被认为是可建模的风险因素都必须包含在预期损失模型中。银行必须使用这一模型在整体银行层面计算其内部模型的资本要求 *IMCC*（internally modelled capital charge）。*IMCC* 的计算基于受约束与不受约束的预期损失资本要求的加权平均值。

$$IMCC = \rho(IMCC(C)) + (1-\rho)\left(\sum_{i=1}^{B} IMCC(C_i)\right) \tag{2A-3}$$

其中：

$$IMCC(C) = ES_{R,S}\frac{ES_{F,C}}{ES_{R,C}} \tag{2A-4}$$

$$IMCC(C_i) = ES_{R,S,i}\frac{ES_{F,C,i}}{ES_{R,C,i}} \tag{2A-5}$$

其中，计算不同风险类别下资产组合的预期损失 $ES_{R,S,i}$使用的压力期间应与计算资产组合整体的预期损失$ES_{R,S}$使用的压力期间相同；ρ 是分配给公司内部模型的相对权重，其价值为 0.5；B 代表广义监管风险类别。

（三）不可建模风险因素的资本要求计算

对于每个不可建模风险因素的资本要求的计算，需使用压力情景来确定，该情景的校准至少与用于可建模风险的校准一致（即在一段压力时间内 97.5%的置信水平）。总监管资本度量的计算公式如下式所示：

$$SES = \sqrt{\sum_{i=1}^{I} ISES_{NM,i}^2} + \sqrt{\sum_{j=1}^{J} ISES_{NM,j}^2} + \sqrt{\left(\rho \times \sum_{k=1}^{K} ISES_{NM,k}\right)^2 + (1+\rho^2) \times \sum_{k=1}^{K} SES_{NM,k}^2} \tag{2A-6}$$

其中，$ISES_{NM,i}$、$ISES_{NM,j}$与$SES_{NM,k}$分别为 I、J 和 K 的压力情景下的资本要求；I 为已被证明适用于零相关性加总的不可建模特质信用价差风险因子；J 指已被证明适用于零相关性加总的不可建模特质股票风险因子；K 指符合模型的不可建模的交易柜台中的风险因素；ρ 的取值为 0.6。

（四）资本要求总和的计算

那些被允许使用内部模型法的交易柜台的总资本要求（无违约风险）C_A 等于最近观

测值和最近 60 天经乘数调整后的加权平均值中的较大值。其中，SES 是对允许使用模型但不可建模的交易柜台中的风险因素的监管资本度量总和；m_c 为银行资本要求乘数，反映了使用基于 99%置信水平的日常在险价值测度的返回检验对全面风险因素的测算结果。

$$C_A = \mathrm{Max}\{IMCC_{t-1} + SES_{t-1},\ m_c \cdot IMCC_{avg} + SES_{avg}\} \tag{2A-7}$$

市场风险的总资本要求（ACR_{total}）等于允许使用模型的交易柜台的总资本要求（$IMA_{G,A} = C_A + DRC$）加上不允许使用模型的交易柜台标准法下的资本要求（C_u）。如果至少有一个允许使用内部模型法的交易柜台在损益归因测试中被归入黄区，则需要加上附加资本 $capital\ surcharge$。附加资本的影响受到以下公式的限制：

$$\begin{aligned} ACR_{total} = &\mathrm{Min}\{IMA_{G,A} + capital\ surcharge + C_u,\ SA_{all\ desk}\} \\ &+ \mathrm{Max}\{0,\ IMA_{G,A} - SA_{G,A}\} \end{aligned} \tag{2A-8}$$

$$capital\ surcharge = k \cdot \mathrm{Max}\{0,\ SA_{G,A} - IMA_{G,A}\} \tag{2A-9}$$

其中，$k = 0.5 \times \frac{\sum_{i \in A} SA_i}{\sum_{i \in G,A} SA_i}$，$SA_i$ 表示用标准法计算的交易柜台 i 所有头寸的资本要求；$i \in A$ 表示所有在黄区的被允许的交易柜台的指数；$i \in G$，A 表示所有在黄区或绿区的被允许的交易柜台的指数。$SA_{all\ desk}$ 表示用标准法计算的所有交易柜台头寸的资本要求。

对于上述资本要求的相关规定感兴趣的读者，可进一步参考巴塞尔委员会 2019 年发布的《市场风险最低资本要求》。

主要参考文献

胡敏，韩俊莹. 中国商业银行声誉风险经济资本的度量. 金融论坛，2014（3）：67－72.

马勇. 系统性金融风险：一个经典注释. 金融评论，2011（4）：1－17.

马勇. 中央银行学. 北京：中国人民大学出版社，2020.

马勇. 金融监管学. 北京：中国人民大学出版社，2021.

王勇，隋鹏达，关晶奇. 金融风险管理. 北京：机械工业出版社，2021.

中国工商银行内控合规部课题组. 商业银行合规指数研究与应用. 金融论坛，2016（5）：59－68.

中国人民银行金融稳定分析小组. 中国金融稳定报告. 北京：中国金融出版社，2015.

Acharya，V.，Cooley，T.，Richardson，M.，Walter，I. *Manufacturing Tail Risk：A Perspective on the Financial Crisis of 2007-2009*. Boston：Now Publishers Inc，2010.

Acharya，V.，Engle，R.，Richardson，M. Capital Shortfall：A New Approach to Ranking and Regulating Systemic Risks. *American Economic Review*，2012，102（3）：59－64.

Adrian，T.，Brunnermeier，M. CoVaR. *American Economic Review*，2014，106（7）：1705－1741.

Artzner，P.，Delbaen，F.，Eber，J.，Heath，D. Coherent Measures of Risk. *Mathematical Finance*，1999，9（3）：203－228.

Benoit，S.，Colliard，J.，Hurlin，C.，Pérignon，C. Where the Risks Lie：A Survey on Systemic Risk. *Review of Finance*，2017，21（1）：109－152.

Benoit，S.，Colletaz，G.，Hurlin，C.，Pérignon，C. A Theoretical and Empirical Comparison of Systemic Risk Measures. Social Science Electronic Publishing，2013.

BIS. Funding Patterns and Liquidity Management of Internationally Active Banks. CGFS Papers No. 39，2010.

Blei，S.，Ergashev，B. Asset Commonality and Systemic Risk among Large Banks in the United States. SSRN，2014.

Brownlees，C.，Engle，R. SRISK：A Conditional Capital Shortfall Measure of Systemic Risk. *The Review of Financial Studies*，2017，30（1）：48－79.

Brownlees，C.，Engle，R. Volatility，Correlation and Tails for Systemic Risk Measurement. SSRN，2012.

Brunnermeier，M.，Gorton，G.，Krishnamurthy，A. *Liquidity Mismatch Measurement*. Chicago：University of Chicago Press，2014.

Caballero，R.，Simsek，A. Fire Sales in a Model of Complexity. *The Journal of Finance*，2013，68（6）：2549－2587.

Cai，J.，Eidam，F.，Saunders，A.，Steffen，S. Syndication，Interconnectedness，and Systemic Risk. *Journal of Financial Stability*，2018，34（C）：105－120.

Cespa，G.，Foucault，T. Illiquidity Contagion and Liquidity Crashes. *Review of Financial Studies*，2014，27（6）：1615－1660.

Chan，N.，Getmansky，M.，Haas，S.，Lo，A. Systemic Risk and Hedge Funds. NBER Working Paper No. 11200，2005.

Chockalingam，A.，Dabadghao，S. Strategic Risk，Banks，and Basel Ⅲ：Estimating Economic Capital Requirements. *Journal of Risk Finance*，2018，19（3）：225－246.

Doff，R. Defining and Measuring Business Risk in an Economic Capital Framework. *Journal of Risk Finance*，2008，9（4）：317－333.

Fiordelisi，F.，Soana，M.，Schwizer，P. The Dederminants of Reputational Risk in the Banking Sector. *Journal of Banking and Finance*，2013，37（5）：1359－1371.

Flannery，M. Financial Crises，Payment System Problems，and Discount Window Lending. *Journal of Money，Credit and Banking*，1996，28（4）：804－824.

Gonzalez-Hermosillo，B. Banking Sector Fragility and Systemic Sources of Fragility. IMF Working Paper No. 96/12，1996.

Greenwood，R.，Landier，A.，Thesmar，D. Vulnerable Banks. *Journal of Financial Economics*，2015，115（3）：471－485.

Kaufman，G. Banking and Currency Crises and Systemic Risk. World Bank Working Paper，1999.

Kodres，L.，Pritsker，M. A Rational Expectations Model of Financial Contagion. *The Journal of Finance*，2002，57（2）：769－799.

Morris，S.，Shin，H. S. Contagious Adverse Selection. *American Economic Journal：Macroeconomics*，2012，4（1）：1－21.

Moody's. Sovereign Rating History：Special Comment. New York：Moody's Investors Service，2002.

Newman, M., Barabási, A., Watts, D. *The Structure and Dynamics of Networks*. Princeton: Princeton University Press, 2006.

OCC. Comptroller's Handbook: Safety and Soundness: Liquidity. OCC website, 2012.

Perry, J., de Fontnouvelle, P. Measuring Reputational Risk: The Market Reaction to Operational Loss Announcements. Federal Reserve Bank of Boston, 2005.

Saita, F. Risk Aggregation: The Risk Manager's Perspective. European Financial Management Association Conference, 2004.

Schroeck, G. *Risk Management and Value Creation in Financial Institutions*. Hoboken: John Wiley & Sons, Inc., 2002.

Upper, C., Worms, A. Estimating Bilateral Exposures in the German Interbank Market: Is There a Danger of Contagion?. *European Economic Review*, 2004, 48 (4): 827 - 849.

Upper, C. Using Counterfactual Simulations to Assess the Danger of Contagion in Interbank Markets. Bank for International Settlements Working Paper, No. 234, 2007.

Zaik, E., Walter, J., Retting, G., James, C. RAROC at Bank of America: From Theory to Practice. *Journal of Applied Corporate Finance*, 1996, 9 (2): 83 - 92.

图书在版编目（CIP）数据

金融风险管理/马勇编著. --北京：中国人民大学出版社，2023. 1
新编 21 世纪金融学系列教材
ISBN 978-7-300-31392-4

Ⅰ.①金… Ⅱ.①马… Ⅲ.①金融风险－风险管理－高等学校－教材 Ⅳ.①F830. 9

中国国家版本馆 CIP 数据核字（2023）第 004022 号

新编 21 世纪金融学系列教材
金融风险管理
马 勇 编著
Jinrong Fengxian Guanli

出版发行	中国人民大学出版社		
社　　址	北京中关村大街 31 号	**邮政编码**	100080
电　　话	010－62511242（总编室）		010－62511770（质管部）
	010－82501766（邮购部）		010－62514148（门市部）
	010－62515195（发行公司）		010－62515275（盗版举报）
网　　址	http://www.crup.com.cn		
经　　销	新华书店		
印　　刷	北京七色印务有限公司		
开　　本	787 mm×1092 mm　1/16	**版　　次**	2023 年 1 月第 1 版
印　　张	21.5 插页 1	**印　　次**	2025 年 3 月第 4 次印刷
字　　数	491 000	**定　　价**	49.00 元

教学支持说明

1. 教辅资源获取方式

为秉承中国人民大学出版社对教材类产品一贯的教学支持，我们将向采纳本书作为教材的教师免费提供丰富的教辅资源。您可直接到中国人民大学出版社官网的教师服务中心注册下载——http://www.crup.com.cn/Teacher。

如遇到注册、搜索等技术问题，可咨询网页右下角在线 QQ 客服，周一到周五工作时间有专人负责处理。

注册成为我社教师会员后，您可长期根据您所属的课程类别申请纸质样书、电子样书和教辅资源，自行完成免费下载。您也可登录我社官网的"教师服务中心"，我们经常举办赠送纸质样书、赠送电子样书、线上直播、资源下载、全国各专业培训及会议信息共享等网上教材进校园活动，期待您的积极参与！

2. 高校教师可加入下述学科教师 QQ 交流群，获取更多教学服务

经济类教师交流群：809471792

财政金融教师交流群：766895628

国际贸易教师交流群：162921240

税收教师交流群：119667851

3. 购书联系方式

网上书店咨询电话：010－82501766

邮购咨询电话：010－62515351

团购咨询电话：010－62513136

中国人民大学出版社经济分社

地址：北京市海淀区中关村大街甲 59 号文化大厦 1506 室　100872

电话：010－62513572　010－62515803

传真：010－62514775

E-mail：jjfs@crup.com.cn